Bosch/Strauß

Berufs- und Beurkundungsrecht

AUSBILDUNGSREIHE FÜR NOTARFACHANGESTELLTE

HERAUSGEGEBEN VON DER NOTARKASSE A.D.Ö.R., MÜNCHEN

Berufs- und Beurkundungsrecht

3. Auflage

von

Notar
Andreas Bosch,
Straubing

Notar
Dr. Benedikt Strauß,
Illertissen

DeutscherNotarVerlag

Weitere Titel der Ausbildungsreihe für Notarfachangestellte

Michael Bernauer/Nora Ziegert/
Hans-Joachim Vollrath
Familienrecht, 2. Auflage
(ISBN 978-3-95646-256-6)

Christian Esbjörnsson
Gesellschaftsrecht, 3. Auflage
(ISBN 978-3-95646-323-5)

Melanie Falkner
Grundstückskaufvertrag, 3. Auflage
(ISBN 978-3-95646-313-6)

Michael Gutfried
Grundschulden, 3. Auflage
(ISBN 978-3-95646-322-8)

Jens Haßelbeck
Wohnungs- und Teileigentum, 3. Auflage
(ISBN 978-3-95646-278-8)

Franz Heitzer
Notarkosten, 3. Auflage
(ISBN 978-3-95646-277-1)

Anja Heringer/Franz Heitzer/
Hans-Joachim Vollrath
Prüfungswissen kompakt, 2. Auflage
(ISBN 978-3-95646-306-8)

Judith Junk
Erbrecht, 2. Auflage
(ISBN 978-3-95646-253-5)

Martin Jurkat
Büroorganisation, 3. Auflage
(ISBN 978-3-95646-307-5)

Sonja Karl Pelikan
Basiswissen im Notariat, 3. Auflage
(ISBN 978-3-95646-310-5)

Sonja Karl Pelikan
Grundbuch lesen und verstehen, 2. Auflage
(ISBN 978-3-95646-254-2)

Bernadette Kell
Grundbuch – Rechte in Abt. II, 3. Auflage
(ISBN 978-3-95646-328-0)

Jens Neie
Überlassungsvertrag, 3. Auflage
(ISBN 978-3-95646-317-4)

Holger Sagmeister
Anmeldungen zum Registergericht, 3. Auflage
(ISBN 978-3-95646-284-9)

Markus Sikora
Vollmachten, Genehmigungen, Zustimmungen, Beglaubigungen, 3. Auflage
(ISBN 978-3-95646-279-5)

Valentin Spernath
Grundstücksrecht Spezial, 3. Auflage
(ISBN 978-3-95646-311-2)

Michael Volmer
Vollzug von Kaufverträgen, 3. Auflage
(ISBN 978-3-95646-280-1)

Hinweis
Die Formulierungsbeispiele in diesem Buch wurden mit Sorgfalt und nach bestem Wissen erstellt. Sie stellen jedoch lediglich Arbeitshilfen und Anregungen für die Lösung typischer Fallgestaltungen dar. Die Eigenverantwortung für die Formulierung von Verträgen, Verfügungen und Schriftsätzen trägt der Benutzer. Autor und Verlag übernehmen keinerlei Haftung für die Richtigkeit und Vollständigkeit der in dem Buch enthaltenen Ausführungen und Formulierungsbeispiele.

Umschlaggestaltung: gentura, Holger Neumann, Bochum
Satz: PMGi – Agentur für intelligente Medien GmbH, Hamm
Druck: Hans Soldan Druck GmbH, Essen
ISBN 978-3-95646-336-5

Bibliografische Information der Deutschen Bibliothek
Die Deutsche Bibliothek verzeichnet diese Publikation in der Deutschen Nationalbibliografie; detaillierte bibliografische Daten sind im Internet über http://dnb.d-nb.de abrufbar.

Geleitwort

Hinter jedem guten Notar stehen seine Mitarbeiter, die den reibungslosen Ablauf im Notariat sicherstellen.

Der Beruf der Notarfachangestellten ist ein spannender und vielfältiger Beruf, der in Anforderung und Verantwortung weit über einen „gewöhnlichen" Bürojob hinausgeht. Immobilienkäufe, Testamente, Unternehmensgründungen, Eheverträge, Scheidungsvereinbarungen und einiges mehr – über die ganze Bandbreite notarieller Tätigkeiten müssen auch Sie als Mitarbeiter im Notariat tiefgehende Kenntnisse haben. Nur mit Ihrer Unterstützung kann der Notar sein Büro erfolgreich führen.

Wie kann man Sie möglichst gezielt und effizient unterstützen, um eine bestmögliche Ausbildung zum Notarfachangestellten zu absolvieren? Diese Frage haben wir uns als Notarkasse gemeinsam mit Autoren aus der Praxis, nämlich Notarinnen und Notare, Notarassessoren und Büroleitern gestellt. Zusammen mit dem Deutschen Notarverlag wurde die *„Ausbildungsreihe für Notarfachangestellte"* ins Leben gerufen. Wir haben uns zum Ziel gesetzt, Auszubildende während ihrer anspruchsvollen Ausbildungszeit und Berufsanfänger bei ihrem Einstieg in den komplexen Büroalltag zu unterstützen. Auch für Quereinsteiger zur Vermittlung von Grundlagen und für den erfahrenen Notarfachangestellten als Nachschlagewerk ist die Reihe gut geeignet.

Pro Band vermitteln die Autoren dieser Reihe anschaulich die komplette Bandbreite eines notariellen Fachgebiets von den Grundlagen bis hin zu komplexeren Fallgestaltungen. Um Ihnen die Anwendung des Erlernten zu erleichtern, enthält jedes Buch ein Kapitel zur Wissensüberprüfung. Die Lösungsvorschläge verbinden bereits einzelne Fachgebiete miteinander und geben so Gelegenheit zur Vertiefung der gewonnenen Fähigkeiten.

Des komplexen Themenbereichs *„Berufs- und Beurkundungsrecht"* haben sich in Teamarbeit *Andreas Bosch* und Dr. *Benedikt Strauß* angenommen. *Andreas Bosch*, Notar in Straubing, war bis 2021 Geschäftsführer der Bundesnotarkammer, Dr. *Benedikt Strauß*, Notar in Illertissen, hatte dieselbe Position von 2021 bis 2023 inne. Dadurch sind beide Autoren mit dem hier behandelten Themengebiet bestens vertraut.

Dr. *Helene Ludewig*

Präsidentin der Notarkasse A.d.ö.R., München

Vorwort

Das Berufs- und Beurkundungsrecht ist von elementarer Bedeutung für die notarielle Praxis und berührt jede Art notariellen Tätigwerdens. Auch die Mitarbeiterinnen und Mitarbeiter an einer Notarstelle sind ständig mit diesem Themengebiet befasst, es ist auch ihr „täglich Brot“.

Dieses Buch versucht, die Inhalte des Berufs- und Beurkundungsrechts in verständlicher Weise näherzubringen, ohne allzu sehr zu vereinfachen. Besonderer Wert wurde auf eine praxisnahe Darstellung mit vielen Beispielen gelegt.

Als Einstieg haben wir einen Blick in die Geschichte des deutschen Notariats gewählt und die vielfältigen Aufgaben des Notars in einer Gesamtübersicht zusammengefasst. Auch die Organisation der Amtsträger im Kammerwesen wird kurz dargestellt, schließlich kann Sie als Mitarbeiter das ebenso betreffen.

Der Einleitungsteil und der Teil zum notariellen Berufsrecht befassen sich damit, was der Notar als Träger eines öffentlichen Amtes eigentlich „darf“ und was nicht Diese Fragen werden hier ausführlich behandelt – immer flankiert mit der zugehörigen Gesetzesnorm.

Im Teil zum Beurkundungsrecht beschäftigt sich das Werk mit dem Beurkundungsverfahren. An dessen Ende steht in der Regel die notarielle Urkunde, doch der Weg dorthin ist gepflastert mit breitgefächerten Fragestellungen.

Die dritte Auflage berücksichtigt Änderungen und Neuerungen im notariellen Berufs- und Verfahrensrecht, die seit Erscheinen der zweiten Auflage zu verzeichnen waren. Zu nennen sind insbesondere die Erweiterung der **Online-Verfahren im Gesellschaftsrecht** zum 1.8.2023 und die Änderungen im **Geldwäscherecht** sowie in den **Richtlinienempfehlungen der Bundesnotarkammer**.

Als Orientierung finden Sie alle verwendeten Abkürzungen in einem separaten Verzeichnis.

Für Kritik und Anregungen sind wir immer dankbar.

Andreas Bosch/Dr. *Benedikt Strauß*

Straubing und Illertissen, im September 2025

Inhaltsverzeichnis

Abkürzungsverzeichnis

Abs.	Absatz
a.D.	außer Dienst
a.E.	am Ende
a.F.	alte Fassung
AG	Aktiengesellschaft
AktG	Aktiengesetz
AnfG	Anfechtungsgesetz
AO	Abgabenordnung
ArbGG	Arbeitsgerichtsgesetz
AufenthaltsV	Aufenthaltsverordnung
AVNot	Allgemeinverfügung der jeweiligen Landesjustizverwaltung betreffend die Angelegenheiten der Notarinnen und Notare
BauGB	Baugesetzbuch
BaySchlG	Bayerisches Gesetz zur obligatorischen außergerichtlichen Streitschlichtung in Zivilsachen
BDSG	Bundesdatenschutzgesetz
BeckRS	Beck-Rechtsprechung
BeurkG	Beurkundungsgesetz
BfDI	Bundesbeauftragter für den Datenschutz und die Informationsfreiheit
BGB	Bürgerliches Gesetzbuch
BGBl	Bundesgesetzblatt
BGH	Bundesgerichtshof
BNotK	Bundesnotarkammer
BNotO	Bundesnotarordnung
BRAO	Bundesrechtsanwaltsordnung
bzw.	beziehungsweise
d.h.	das heißt
DNotI	Deutsches Notarinstitut
DNotZ	Deutsche Notarzeitschrift
DONot	Dienstordnung für Notarinnen und Notare
DRiG	Deutsches Richtergesetz
DSGVO	Datenschutz-Grundverordnung
EDV	Elektronische Datenverarbeitung
EGBGB	Einführungsgesetz zum Bürgerlichen Gesetzbuch
eGbR	eingetragene Gesellschaft bürgerlichen Rechts (ab 1.1.2024)
eID	elektronische Identität
eIDAS-VO	Verordnung über elektronische Identifizierung und Vertrauensdienste für elektronische Transaktionen im Binnenmarkt
ErbbauRG	Erbbaurechtsgesetz
ErbStDV	Erbschaftsteuer-Durchführungsverordnung
ErbStG	Erbschaftsteuer- und Schenkungsteuergesetz
EStDV	Einkommensteuer-Durchführungsverordnung
EStG	Einkommensteuergesetz
etc.	et cetera
EU	Europäische Union
EuGüVO	EU-Güterrechtsverordnung

EUGVÜ	Europäisches Gerichtsstands- und Vollstreckungsübereinkommen
EUR	Euro
EuVTVO	Europäische Vollstreckungstitelverordnung
evtl.	eventuell
EWR	Europäischer Wirtschaftsraum
f., ff.	folgende, fortfolgende
FamFG	Gesetz über das Verfahren in Familiensachen und in den Angelegenheiten der freiwilligen Gerichtsbarkeit
FGG	Gesetz über die Angelegenheiten der freiwilligen Gerichtsbarkeit
FGO	Finanzgerichtsordnung
FIU	Financial Intelligence Unit
GBO	Grundbuchordnung
GbR	Gesellschaft bürgerlichen Rechts
gem.	gemäß
GenG	Genossenschaftsgesetz
gez.	gezeichnet
ggf.	gegebenenfalls
GmbH	Gesellschaft mit beschränkter Haftung
GmbHG	Gesetz betreffend die Gesellschaft mit beschränkter Haftung
GNotKG	Gerichts- und Notarkostengesetz
GrEStG	Grunderwerbssteuergesetz
GwG	Geldwäschegesetz
GwGMeldV-Immobilien	Verordnung zu den nach dem Geldwäschegesetz meldepflichtigen Sachverhalten im Immobilienbereich
HGB	Handelsgesetzbuch
Hs.	Halbsatz
i.d.R.	in der Regel
InsO	Insolvenzordnung
IPR	Internationales Privatrecht
i.S.d.	im Sinne des
i.S.v.	im Sinne von
i.V.m.	in Verbindung mit
k.A.	keine Angaben
k.F.	künftige Fassung
LG	Landgericht
lit.	Buchstabe
L.S.	locus sigilli (Ort des Siegels)
Mio.	Million, Millionen
MittBayNot	Mitteilungen des Bayerischen Notarvereins, der Notarkasse und der Landesnotarkammer (Zs.)
n.F.	neue Fassung
NJW	Neue Juristische Wochenschrift (Zs.)
NotAktVV	Verordnung über die Führung notarieller Akten und Verzeichnisse
Nr.	Nummer
Nrn.	Nummern
o.Ä.	oder ähnliches
OHG	Offene Handelsgesellschaft
PartGG	Partnerschaftsgesellschaftsgesetz

PAuswG	Personalausweisgesetz
PStG	Personenstandsgesetz
Rdn	Randnummer (interne Verweise)
Rn	Randnummer (externe Verweise)
sog.	sogenannte/-r/-s
StGB	Strafgesetzbuch
TOM	Technisch-organisatorische Maßnahmen
TraFinG	Transparenz- und Finanzinformationsgesetz
UmwG	Umwandlungsgesetz
UVZ	Urkundenverzeichnis
UVZ-Nr.	Urkundenverzeichnis-Nummer
v.a.	vor allem
VerpflichtungsG	Verpflichtungsgesetz
VersAusglG	Versorgungsausgleichsgesetz
vgl.	vergleiche
WEG	Gesetz über das Wohnungseigentum und das Dauerwohnrecht
z.B.	zum Beispiel
Ziff.	Ziffer
ZM	Zusammenfassende Meldung
ZNotP	Zeitschrift für die Notarpraxis
ZPO	Zivilprozessordnung
Zs.	Zeitschrift
ZTR	Zentrales Testamentsregister
ZVG	Gesetz über die Zwangsversteigerung und die Zwangsverwaltung
ZVR	Zentrales Vorsorgeregister

§ 1 Einführung

A. Geschichtlicher Aufriss des deutschen Notariats

Der Beruf des Notars blickt auf eine lange Historie zurück. Der Notar, dem lateinischen Wort *notarius* (= „Schreiber") entlehnt, war ursprünglich ein **Urkunden- und Gerichtsschreiber**, der Urkunden und Protokolle verfasste. Das Amt wurde ihm vom Kaiser verliehen. Unter **Kaiser Maximilian I.** entstand im Jahr 1512 die erste für ganz Deutschland geltende Notariatsverfassung, die Reichsnotarordnung. Diese enthielt bereits einige bis heute geltende **wesentliche Grundsätze und Ideen**, so etwa die heute sinngemäß in § 17 BeurkG zu findende Vorgabe, dass der Notar die Urkunde *„ohne falsche Einmischung"* zweifelsfrei zu errichten habe. Dies zeigt, dass sich der Notar bereits in dieser Zeit von einem bloßen Schreiber zu einem **(öffentlichen) Amtsträger** entwickelte, der in eigener Verantwortung ausgewogene und den Interessen aller Beteiligter gerecht werdende Urkunden zu errichten hat. 1

In der Folgezeit ging die kaiserliche Notarordnung zunehmend in den Partikularrechten der verschiedenen deutschen Länder auf. Die Folgen dieses Prozesses sind – wie sich gleich noch zeigen wird – bis heute erkennbar. 2

In **Preußen** wurde etwa der Beruf des ausschließlich zur Beurkundung berufenen Notars im 18. Jahrhundert abgeschafft und diesem ergänzend das Amt des Justizkommissars zugewiesen, der für die außerprozessuale Rechtsberatung und Vertretung zuständig war. Mit Einführung der freien Advokatur (= der Rechtsanwaltschaft) im Preußen des 19. Jahrhunderts wurden den **Rechtsanwälten** die notariellen Aufgaben ergänzend zugewiesen. Sie sollten fortan die Tätigkeit des Notars als neutralem und an den Interessen aller Beteiligter gleichermaßen orientiertem Berater sowie die Tätigkeit des Rechtsanwalts als einseitigem Interessenvertreter des jeweiligen Mandanten gleichzeitig ausüben.

Eine ähnliche Entwicklung war auch in den **norddeutschen Staaten** zu beobachten. Auch dort wurden fast ausschließlich Rechtsanwälte zu Notaren bestellt.

In den **süddeutschen Staaten** verlief die Entwicklung hingegen anders. Dort, insbesondere in Bayern, blieb es dabei, dass dem Notar als Urkundsperson nicht gestattet ist, andere Rechtstätigkeiten auszuführen. Nachdem Anfang des 19. Jahrhunderts die notariellen Aufgaben in **Bayern** zunächst noch von den unterinstanzlichen Gerichten wahrgenommen worden waren, wurden im Zuge einer Neuordnung der Gerichtsverfassung ab **1861** wieder Notare als **öffentliche Amtsträger** bestellt, die im Zusammenwirken mit den Gerichten Aufgaben der freiwilligen Gerichtsbarkeit erfüllten. 3

Im **Rheinland** wurde nach den napoleonischen Kriegen trotz des Zuschlags zu Preußen das auf dem **französischen Recht** beruhende **hauptberufliche Notariat** beibehalten, da es sich – ähnlich wie auch in Bayern – bewährt hatte und allgemein anerkannt war. 4

In **Württemberg** und **Baden** wurden schon frühzeitig Sonderwege eingeschlagen. Dort gab es die Sonderform des sogenannten **Beamtennotariats**. In **Württemberg** wurden neben einigen hauptberuflichen (Anwalts-)Notaren vornehmlich **Justizbeamte** ohne Befähigung zum Richteramt zu sogenannten Amts- bzw. Bezirksnotaren ernannt und ihnen zudem die Aufgaben des Grundbuchamtes sowie des Vormundschafts- und Nachlassgerichts zugewiesen. In **Baden** wurden diese Aufgaben, bei nahezu identischen Zuständigkeiten, **Juristen** mit Befähigung zum Richteramt zugewiesen (sogenannte Richternotare). 5

In Baden-Württemberg wurde zum 1.1.2018 nach rund zehnjähriger Vorbereitung ebenfalls das **hauptberufliche Notariat eingeführt**. Die vormaligen Amts- bzw. Bezirks- und Richternotare konnten als sogenannte Statuswechsler in den Beruf des hauptberuflichen Notars wechseln. Wer nicht wechseln wollte, konnte in den Justizdienst übertreten und findet dort nun im justiziellen Bereich der vorsorgenden Rechtspflege Verwendung. 6

Im Zuge der Wiedervereinigung wurde auch in den **„neuen" Bundesländern** das **hauptberufliche Notariat** eingeführt, nachdem dort zuvor zu DDR-Zeiten nach dem zweiten Weltkrieg 7 ein Staatsnotariat eingeführt worden war. Eine Sonderrolle nimmt insoweit jedoch **Berlin** ein: Dort werden bis heute einheitlich nur **Rechtsanwälte** zu Notaren bestellt.

B. Überblick über die Aufgaben der Notare

8 Der Notar ist gemäß § 1 BNotO **unabhängiger Träger eines öffentlichen Amtes**, der für die Beurkundung von Rechtsvorgängen und andere Aufgaben auf dem Gebiet der vorsorgenden Rechtspflege in den Ländern bestellt wird.

9 Das deutsche System der vorsorgenden Rechtspflege zeichnet sich dadurch aus, dass nicht mit Blick in die Vergangenheit bereits entstandene Meinungsverschiedenheiten und Streitigkeiten zwischen mindestens zwei Rechtssubjekten in einem rechtsförmigen Verfahren einer Entscheidung zugeführt werden. Diese rückwärtsgewandte Streitentscheidungsfunktion ist in unserem Rechtssystem der sogenannten streitigen Gerichtsbarkeit überantwortet, die ausschließlich von staatlichen Gerichten wahrgenommen wird. Vielmehr dient die sogenannte **vorsorgende Rechtspflege** dazu, die Rechtsbeziehungen der Beteiligten von vornherein so zu regeln und zu ordnen, dass den rechtlichen Belangen des Einzelnen bestmöglich Rechnung getragen wird und im Sinne eines umfassenden Interessenausgleichs **später aufkommender Streit** von vornherein **verhindert** wird.

Diese streitvermeidende vorsorgende Tätigkeit wird auch von Gerichten wie etwa den Nachlass- und Registergerichten oder auch dem Grundbuchamt wahrgenommen, vereinzelt sind auch Verwaltungsbehörden wie das Standesamt eingebunden.

10 Neben den Gerichten ist maßgeblicher Akteur im deutschen System der vorsorgenden Rechtspflege jedoch der **Notar**. Er ist damit betraut, im eigenen Namen und in eigener Verantwortung die Angelegenheiten der vorsorgenden Rechtspflege als staatlich-hoheitlicher Tätigkeit wahrzunehmen. Hierzu zählen vor allem die schon in § 1 BNotO genannten **Beurkundungstätigkeiten**, die teilweise im jeweils einschlägigen Gesetz (z.B. in § 311b Abs. 1 BGB) zwingend durch entsprechende Formerfordernisse vorgesehen sind. Daneben nimmt der Notar in vielen Fällen auch ohne zwingendes Formerfordernis auf Wunsch der Beteiligten Beurkundungen vor, die diesen rechts- und beweissicher fachkundige juristische Ausarbeitungen ermöglichen. Im Mittepunkt steht dabei regelmäßig die Beurkundung von Willenserklärungen i.S.d. §§ 6 ff. BeurkG.

11 Zu den Aufgaben des Notars zählen weiter – wie insbesondere auch § 20 BNotO entnommen werden kann –

- die Beurkundung von tatsächlichen Vorgängen i.S.d. §§ 36 ff. BeurkG sowie
- die Beglaubigung von Unterschriften i.S.d. § 40 BeurkG und von Abschriften i.S.d. § 42 BeurkG.

Zu nennen sind weiter insbesondere

- die Vornahme von Verlosungen,
- die Aufnahme von Vermögensverzeichnissen,
- das Anlegen von Siegeln und
- die Ausstellung von Bescheinigungen über amtlich wahrgenommene Tatsachen.

In den Aufgabenkreis des Notars fallen als *„andere Aufgaben auf dem Gebiet der vorsorgenden Rechtspflege“* i.S.d. § 1 BNotO

- die Verwahrung von Wertgegenständen und Geld i.S.d. §§ 57 ff. BeurkG,
- das Einholen behördlicher Genehmigungen,
- die Beratung der Beteiligten außerhalb von gerichtlichen Verfahren sowie
- die Erstellung von Urkundsentwürfen.

C. Notariatsverfassungen in Deutschland

12 Durch die historischen Umstände (siehe oben Rdn 1 ff.) bedingt, gibt es in Deutschland bis heute **keine einheitliche Notariatsverfassung**. Die Reichsnotarordnung hatte zunächst noch die einheitliche Einführung des hauptberuflichen Notariats angestrebt. Die im Jahr 1961 in

Kraft getretene Bundesnotarordnung (BNotO) hält demgegenüber an der überkommenen uneinheitlichen Gestaltung des Notariats fest.

I. Hauptberufliches Notariat

Wesentlich für das hauptberufliche Notariat ist, dass der Notar auf Lebenszeit bestellt wird und sein Amt **hauptberuflich** ausübt (§ 3 Abs. 1 BNotO). Letzteres bedeutet, dass der Notar nicht zugleich einen anderen Beruf ausüben darf, insbesondere kann er nicht zugleich auch Rechtsanwalt sein (vgl. § 8 BNotO). 13

Zum hauptberuflichen Notar kann gemäß § 5 Abs. 1, 5 BNotO ernannt werden, wer durch das erfolgreiche (und regelmäßig auch gute) Bestehen der beiden juristischen Staatsexamina die Befähigung zum Richteramt i.S.d. § 5 DRiG erlangt und zudem eine mindestens dreijährige praktische Ausbildungszeit als Notarassessor i.S.d. §§ 5a, 7 BNotO absolviert hat. Die gesetzlichen Vorgaben zum Bewerbungs- und Ernennungsverfahren sind vor allem in § 6 Abs. 1 und 2 BNotO zu finden.

> *Merke:* 14
>
> Das hauptberufliche Notariat besteht in den folgenden Gebieten: Bayern, Brandenburg, Hamburg, Mecklenburg-Vorpommern, Teilen Nordrhein-Westfalens (und zwar in den Oberlandesgerichtsbezirken Köln und Düsseldorf mit Ausnahme des rechtsrheinischen Gebiets des Landgerichtsbezirks Duisburg und des Amtsgerichtsbezirks Emmerich), Rheinland-Pfalz, Saarland, Sachsen, Sachsen-Anhalt, Baden-Württemberg und Thüringen.

II. Anwaltsnotariat

Der Anwaltsnotar ist **Notar und zugleich Rechtsanwalt**. Er übt das Amt des Notars gemäß § 3 Abs. 2 BNotO nur im **Nebenberuf** aus. Seine Berufsbezeichnung lautet zwar „*Rechtsanwalt und Notar*“, das notarielle wie auch das rechtsanwaltliche Berufsrecht sorgen jedoch für eine klare Trennung der beiden Tätigkeiten (dazu ausführlicher unter § 2 Rdn 61 f. und 109 ff.). Der Anwaltsnotar ist in Bezug auf eine konkrete Tätigkeit daher immer Rechtsanwalt **oder** Notar. Eine Tätigkeit in der einen Funktion schließt in derselben Angelegenheit eine spätere Tätigkeit in der anderen Funktion grundsätzlich aus. 15

Auch der Anwaltsnotar benötigt für seine Ernennung gemäß § 5 Abs. 1, 5 BNotO die Befähigung zum Richteramt i.S.d. § 5 DRiG. Zudem muss er die Anforderungen der §§ 5b und 6 Abs. 1, 3 BNotO erfüllen und weiterhin auch die notarielle Fachprüfung i.S.d. §§ 5b Abs. 1 Nr. 3, 7a–7i BNotO erfolgreich absolviert haben. 16

> *Merke:* 17
>
> Das Anwaltsnotariat besteht der preußischen Rechtstradition folgend in den folgenden, ehemals preußischen Gebieten: Berlin, Bremen, Hessen, Niedersachsen, Nordrhein-Westfalen (mit Ausnahme der Gebiete des rheinischen Rechts, siehe oben Rdn 14) und Schleswig-Holstein.

D. Kammerwesen

I. Die Notarkammern

Ähnlich wie andere freie Berufe (wie Rechtsanwälte, Wirtschaftsprüfer, Steuerberater und Ärzte) sind auch Notare berufsständisch organisiert und zum Zweck der **Selbstverwaltung** in einer Körperschaft des öffentlichen Rechts, der jeweiligen örtlichen **Notarkammer**, zusammengefasst. Wie in den §§ 65 ff. BNotO näher geregelt, bilden alle Notare eines Oberlandesgerichtsbezirks eine Notarkammer. In Bundesländern, in denen es mehrere Oberlandesgerichte gibt, haben die jeweiligen Landesregierungen die Möglichkeit, mehrere Oberlandesgerichtsbezirke, oder auch Teile von diesen, zu einer Notarkammer zusammenzufassen. Von 18 dieser Möglichkeit ist in Bayern, Hessen und Nordrhein-Westfalen Gebrauch gemacht worden.

Insgesamt gibt es aktuell **21 Notarkammern** in Deutschland.

19 Jeder Notar ist kraft Gesetzes und ohne Wahlmöglichkeit (zwangsweise) Mitglied der für ihn zuständigen Notarkammer und zur Entrichtung von Mitgliedsbeiträgen verpflichtet. Die Notarkammern unterliegen als Körperschaften des öffentlichen Rechts der Staatsaufsicht durch die zuständige Landesjustizverwaltung, d.h. dem Justizminister bzw. dem Justizsenator. Die Aufsichtsbehörde übt dabei eine reine Rechtsaufsicht aus. Sie ist daher darauf beschränkt, die Einhaltung von Gesetz und Satzung sowie die Erfüllung der den Notarkammern kraft Gesetzes übertragenen Aufgaben zu überprüfen. Zu Anweisungen in konkreten Sachfragen ist die Aufsichtsbehörde nicht befugt.

20 Die Notarkammern regeln ihre internen Verhältnisse und Zuständigkeiten sowie die Geschäftsführung im Rahmen der teilweise nur spärlich vorhandenen gesetzlichen Vorgaben durch **Satzung**, die der Genehmigung der jeweiligen Landesjustizverwaltung bedarf.

Organe der Notarkammern sind gemäß § 68 BNotO der **Vorstand** und die **Versammlung** der Notare. Die Alltagsgeschäfte werden durch eine Geschäftsführung erledigt. Mindestens einmal im Jahr findet eine solche, typischerweise „*Kammerversammlung*" genannte Zusammenkunft aller Notarinnen und Notare einer Notarkammer statt, in welcher nach allgemeinen demokratischen Prinzipien die eigentliche Willensbildung innerhalb der Kammer stattfindet. Zentrales Mittel dafür sind vor allem Wahlen und Beschlüsse, insbesondere

- wählt die Kammerversammlung den Vorstand,
- befindet über dessen Entlastung nach Ablauf des Geschäftsjahres und
- bestimmt die Haushaltsführung.

21 Die Aufgaben der Notarkammern sind in § 67 BNotO niedergelegt. Hauptaufgaben sind die Standesaufsicht und die Standesvertretung. Dabei gibt es sowohl gesetzliche Pflichtaufgaben (vgl. § 67 Abs. 2 und 3 BNotO) als auch freiwillige Aufgaben, die zusätzlich wahrgenommen werden können (vgl. § 67 Abs. 4 BNotO).

II. Die Kassen (Notarkasse und Ländernotarkasse)

22 Im Bereich der Landesnotarkammer Bayern und des Regierungsbezirks Pfalz des Bundeslandes Rheinland-Pfalz gibt es neben den beiden Notarkammern zudem die **Notarkasse** mit Sitz in München, welche als eine Anstalt des öffentlichen Rechts ausgestaltet ist. Gleiches gilt für die **Ländernotarkasse** mit Sitz in Leipzig, die für die „neuen" Bundesländer mit Ausnahme Berlins zuständig ist.

Die Organisation sowie die Aufgaben dieser beiden Anstalten des öffentlichen Rechts sind in §§ 113, 113a BNotO beschrieben. Als wesentlich ist dabei die Versorgung ausgeschiedener Notare sowie die einheitliche Durchführung der Versicherung der Notare zu nennen. Hinzu kommt im Bereich der Notarkasse die Beschäftigung fachkundiger Personen (sog. **Kassenbeschäftigte**), die Notaren zur Dienstleistung zugewiesen werden. Bei den Kassenbeschäftigten handelt es sich um besonders hochqualifizierte Mitarbeiter, die oftmals das „Rückgrat" einer Notarstelle bilden.

III. Die Bundesnotarkammer

23 Die 21 Notarkammern sind ihrerseits – wiederum ähnlich wie andere freie Berufe wie Rechtsanwälte, Steuerberater und Ärzte – zu einer Körperschaft des öffentlichen Rechts auf Bundesebene zusammengeschlossen, nämlich der **Bundesnotarkammer** mit Sitz in Berlin.

Diese unterliegt als „Kammer der Kammern" und damit als **Verbandskörperschaft** der Staatsaufsicht durch das Bundesministerium der Justiz und für Verbraucherschutz. Die Aufgaben der Bundesnotarkammer sind in den §§ 78 ff. BNotO näher beschrieben. Bedeutsam ist dabei, dass die Bundesnotarkammer den einzelnen Notarkammern gegenüber **nicht etwa**

übergeordnet oder weisungsbefugt ist. Vielmehr soll sie gesetzlich näher beschriebene Aufgaben erledigen, die die Gesamtheit der in Deutschland tätigen Notare betreffen.

> *Hinweis:*
>
> Eine wesentliche Aufgabe ist dabei die aktive Begleitung von Gesetzgebungsverfahren (insbesondere auf Bundesebene) sowie die Repräsentation des deutschen notariellen Berufsstandes auf nationaler und internationaler Ebene.

Weiterhin betreibt die Bundesnotarkammer einige für die vorsorgende Rechtspflege höchst **bedeutsame Register** wie
- das **zentrale Vorsorgeregister** (ZVR) zur Erfassung und Erleichterung der Auffindbarkeit von Vorsorgeurkunden wie Vorsorgevollmachten und Patientenverfügungen sowie
- das **zentrale Testamentsregister** (ZTR) zur Erfassung von erbrechtsrelevanten Urkunden (insbesondere notariellen Testamenten und Erbverträgen, aber auch Eheverträgen und Scheidungsvereinbarungen).

Einem weiteren Auftrag des Gesetzgebers folgend hat die Bundesnotarkammer zudem ein **elektronisches Urkundenarchiv** errichtet. In diesem Archiv werden seit dem 1.1.2022 zunächst das Urkunden- und das Verwahrungsverzeichnis geführt. Alle seit dem 1.7.2022 errichteten notariellen Urkunden sind hier elektronisch einzustellen (elektronische Urkundensammlung).

Seit dem 1.8.2022 betreibt die Bundesnotarkammer weiterhin auch ein **Videokommunikationssystem**, über das die Notarinnen und Notare in Teilbereichen des Gesellschaftsrechts Urkundstätigkeiten erstmals auch mittels Videokommunikation durchführen können. Damit ist ein persönliches Erscheinen des/der Beteiligten vor dem Notar insoweit zwar selbstverständlich unverändert möglich, aber nicht mehr zwingend erforderlich (dazu mehr siehe § 2 Rdn 204 ff.).

Die Organe der Bundesnotarkammer sind denen der Notarkammern nachgebildet. 24
- Oberstes Organ ist die mindestens zweimal jährlich zusammenkommende **Generalversammlung**, in welcher die Notarkammern durch ihre Präsidenten oder durch ein anderes Mitglied der jeweiligen Notarkammer vertreten werden.
- Exekutivorgan im engeren Sinne ist das **Präsidium**, das von der Vertreterversammlung auf eine Dauer von vier Jahren gewählt wird und sich aus einem Präsidenten, zwei Stellvertretern und vier weiteren Mitgliedern zusammensetzt.
- Die Alltagsgeschäfte werden – ähnlich wie bei den Notarkammern – durch eine **Geschäftsführung** erledigt, die bei der Bundesnotarkammer traditionellerweise mit Notarassessoren aus den verschiedenen Kammerbezirken besetzt wird.

E. Digitalisierung im Notarwesen

Wie die gesamte Gesellschaft und der Rechtsstaat im Allgemeinen beschäftigt sich auch der notarielle Berufsstand seit längerem und sehr intensiv mit Fragen der Digitalisierung. In engem Zusammenwirken mit Bund und Ländern wurden über die Jahre insbesondere mit Blick auf den elektronischen Rechtsverkehr in Registersachen und zunehmend auch in Grundbuchsachen digitale Lösungen gefunden, die sich rundum bewährt haben. Nach dem großen Digitalisierungsschub in den Jahren 2023 und 2024 bleibt der notarielle Berufsstand jedoch nicht stehen, sondern schreitet mit weiteren digitalen Innovationen voran. 25

Insbesondere der Start des elektronischen Urkundenarchivs zum 1.1.2022 hat bedeutende Umwälzungen für die notarielle Praxis mit sich gebracht. Vor allem die **Verwahrung der Urkunden** und die **Führung der Bücher, Akten und Verzeichnisse** sind völlig **neu geordnet worden**. 26

Wie an anderer Stelle noch näher erläutert wird (siehe § 2 Rdn 227 ff.), sind auf der Grundlage der §§ 35 f. BNotO viele bedeutsame Regelungen, die bislang in der DONot zu finden waren, mit Blick auf die Normenhierarchie erheblich aufgewertet worden und nunmehr in der **NotAktVV** geregelt (zu den normativen Grundlagen des Notarwesens siehe siehe § 2 Rdn 2 ff.).

Nachdem das Urkundenverzeichnis sowie das Verwahrungsverzeichnis bereits zum 1.1.2022 gestartet waren, ist die elektronische Urkundensammlung seit dem 1.7.2022 zu führen (vgl. dazu die Übergangsvorschriften in § 76 BeurkG).

27 Kernelemente dieser umfangreichen Reform, die von elementarer Bedeutung für die Zukunftsfähigkeit des deutschen Notariats und die Anpassung an die Fortentwicklung der Digitalisierung war und ist, sind

- die Verwahrung einer **digitalisierten Abschrift** der Urkunde als elektronische Fassung der Urschrift im Elektronischen Urkundenarchiv bei der Bundesnotarkammer (vgl. §§ 45 Abs. 3, 56 Abs. 4 BeurkG, mit Blick auf letztwillige Verfügungen ist aber die Sondervorschrift des § 34 Abs. 4 BeurkG zu beachten),
- die Möglichkeit, (auch) in digitaler Form verwahrte **Papierurkunden** erheblich früher zu vernichten (nach 30 statt nach 100 Jahren),
- die Möglichkeit, **Ausfertigungen und beglaubigte Abschriften** direkt aus dem Elektronischen Urkundenarchiv zu erteilen,
- die Ersetzung von Urkundenrolle, Masse- und Verwahrungsbüchern durch **Urkundenverzeichnis** und **Verwahrungsverzeichnis**,
- die Möglichkeit, die Nebenakten in einem **Elektronischen Notaraktenspeicher** elektronisch zu führen (was technisch derzeit aber noch nicht umgesetzt ist).

28 Ein weiterer Treiber der fortschreitenden Digitalisierung des Notarwesens war und ist zudem die Einführung der **Online-Verfahren im Gesellschaftsrecht**. Hierbei handelt es sich um die Übertragung des bewährten Präsenzverfahrens bei Beurkundung und Beglaubigung in ein hochsicheres Online-Verfahren unter Federführung der Bundesnotarkammer. Die Anwendung dieses Verfahrens ist allerdings aus guten Gründen auf spezifische Felder des Gesellschaftsrechts beschränkt (u.a. GmbH-Gründung). Neben den Vorschriften zum Umgang mit herkömmlich in Papierform errichteten Urkunden musste der Gesetzgeber auch Vorschriften für die Errichtung und den Umgang mit gemäß §§ 16b, 40a BeurkG erstellten (originär) **elektronischen Urkunden** schaffen – unter Einsatz qualifizierter elektronischer Signaturen anstelle der herkömmlichen Unterschrift der Beteiligten wie auch des Notars (siehe § 2 Rdn 231, 289, 524).

29 Mit Blick auf die Errichtung derartiger Urkunden gilt es zu bedenken, dass **Vermerkurkunden i.S.v. § 39a BeurkG** schon bislang originär elektronisch errichtet werden konnten. Für **Niederschriften nach §§ 6 ff. BeurkG** war dies bislang hingegen nicht möglich. Der Gesetzgeber musste daher in den §§ 16a ff. BeurkG einige Sondervorschriften für die Errichtung originär elektronischer Niederschriften schaffen. Vorbehaltlich dieser Sondervorschriften erklärt § 16b Abs. 1 S. 2 BeurkG aber die für das Präsenzverfahren geltenden allgemeinen Verfahrensvorschriften der §§ 6 ff. BeurkG für entsprechend anwendbar.

Auch der Umgang mit derartigen originär-elektronisch errichteten Urkunden ist insbesondere in NotAktVV und DONot näher geregelt.

Auf diese Entwicklungen wird in diesem Arbeitsbuch an den jeweils relevanten Stellen ausführlich eingegangen.

30 Perspektivisch ist bereits jetzt absehbar, dass der Gesetzgeber zeitnah auch gesetzliche Vorschriften für die **Einführung einer elektronischen Präsenzbeurkundung** schaffen wird. Danach wird es nach derzeitigem Planungsstand möglich, aber nicht verpflichtend sein, **auch im Rahmen des Präsenzverfahrens im Notarbüro originär elektronische Urkunden** zu errichten. Auf diese Weise können die bislang im Präsenzverfahren unvermeidlichen vielfach doppelten Medienbrüche (Vorbereitung der Urkunde digital, Ausdrucken des Entwurfs der Urkunde für die Beurkundung, nach Abschluss der Beurkundung Einscannen der Urkunde, um diese in die elektronische Urkundensammlung einzustellen) zukünftig vermieden werden.

31 Ein weiterer, ebenfalls bereits jetzt absehbarer Meilenstein im Rahmen der fortschreitenden Digitalisierung des Notarwesens wird die **Digitalisierung des Vollzugs von Immobilienkauf-**

verträgen sein. Während bislang bei der Abwicklung von Immobilienkaufverträgen Anzeigen, Anträge und Genehmigungen zu großen Teilen noch in Papierform zwischen Notarbüros, Gerichten und Behörden übermittelt werden müssen, wird es nach den gegenwärtigen Planungen des Gesetzgebers in Umsetzung des **Digitalisierungsprojekts eNoVA** (elektronischer Notar-Verwaltung-Austausch) bald möglich werden, dass die vorbeschriebenen Vorgänge zukünftig ebenfalls überwiegend digital erfolgen können. Insbesondere auch mit Blick auf die Veräußerungsanzeigen an die Finanzbehörden oder auch die Abfrage von öffentlich-rechtlichen Vorkaufsrechten (etwa nach dem Baugesetzbuch oder auch nach dem Naturschutzrecht) wird die Umsetzung des Digitalisierungsprojekts eNoVA erhebliche Effizienzgewinne für alle Beteiligten mit sich bringen.

Nach derzeitigem Planungsstand werden im Rahmen des digitalen Austauschs insbesondere auch sog. **strukturierte Datensätze** zum Einsatz kommen, welche dem jeweiligen Empfänger der betreffenden Daten eine einfache und sehr effiziente Weiterverarbeitung derselben ermöglichen werden.[1] Ein erster Teilbereich des Projekts eNoVA ist bereits gestartet und kann in der Praxis verwendet werden: Der Versand der Kaufverträge an den Gutachterausschuss zur Kaufpreissammlung über das „eNoVA"-Modul der Software XNP. 32

1 Siehe hierzu jüngst (August 2025) den Referentenentwurf des BMJV eines Gesetzes zur Digitalisierung des Vollzugs von Immobilienverträgen, der gerichtlichen Genehmigungen von notariellen Rechtsgeschäften und der steuerlichen Anzeigen der Notare.

§ 2 Berufsrecht und Beurkundungsrecht in der notariellen Praxis

A. Allgemeines

Das notarielle Berufsrecht ist im Wesentlichen in der **Bundesnotarordnung** (BNotO) geregelt. In dieser sind weiterhin **Verordnungsermächtigungen** enthalten, die dem Bund bzw. teilweise auch den Ländern zur Konkretisierung der berufsrechtlichen Vorgaben der BNotO den Erlass von Rechtsverordnungen gestatten. 1

Mit Blick auf den Start des Elektronischen Urkundenarchivs zum 1.1.2022 ist die **Verordnung über die Führung notarieller Akten und Verzeichnisse** (NotAktVV) von besonderer Bedeutung. Sie beruht auf § 36 BNotO (und § 59 BeurkG) und ist ebenfalls am 1.1.2022 vollumfänglich in Kraft getreten. In der NotAktVV ist die Führung von Akten und Verzeichnissen durch die Notarinnen und Notare in Konkretisierung der Vorgaben von § 35 BNotO einer umfassenden Neuregelung zugeführt worden.

> *Merke:*
>
> Das Berufsrecht beschäftigt sich grob gesagt mit der Frage, was der Notar als Träger eines öffentlichen Amtes „*darf*" und was er „*nicht darf*". Dies betrifft vielfältige Fragen (ausführlich dazu Rdn 6–197).
>
> Darf z.B. eine Notarin für ihren Ehemann eine Vorsorgevollmacht beurkunden oder nicht (sog. Mitwirkungsverbote)? Oder darf z.B. ein Notar einen Rechtssuchenden, der um Beurkundung ersucht, einfach ablehnen?

Eine maßgebliche Rolle in der Praxis spielt weiterhin auch die **Dienstordnung für Notarinnen und Notare** (DONot), bei der es sich um aufsichtsrechtliche Verwaltungsbestimmungen handelt, die von den Bundesländern im Wesentlichen gleichlautend erlassen worden sind. Sie konkretisieren die Voraussetzungen und Maßstäbe der Rechtsaufsicht näher, die den Ländern gemäß §§ 92 ff. BNotO über die Notare obliegt (vgl. dazu Rdn 64 ff.). 2

Im Zuge des vollumfänglichen Inkrafttretens der NotAktVV zum 1.1.2022 hat auch die DONot – ebenfalls mit Wirkung zum 1.1.2022 – eine grundlegende Überarbeitung erfahren. Die bislang in der DONot enthaltenen Vorschriften zur Führung von Akten und Verzeichnissen finden sich nun einheitlich in der NotAktVV. Der DONot bleiben demgegenüber nur noch die darüber hinausgehenden, nicht die Akten- und Verzeichnisführung betreffenden Vorschriften vorbehalten.

Eine weitere Rechtsquelle sind die **Allgemeinverfügungen der Landesjustizverwaltungen betreffend die Notare** (AVNot), die sich insbesondere mit Antrags- und Bescheidungsverfahren im Zusammenhang mit einem Notaramt (insbesondere im Hinblick auf dessen Ausschreibung und Besetzung) beschäftigen. 3

Das Beurkundungsrecht, das vielfach auch unter den Begriff des notariellen Berufsrechts gefasst wird, ist im Wesentlichen im **Beurkundungsgesetz** (BeurkG) geregelt. Es enthält das Verfahrensrecht, das für öffentliche Beurkundungen durch den Notar gilt. 4

> *Merke:*
>
> Das Beurkundungsrecht beschäftigt sich – wie der Name schon sagt – hauptsächlich mit dem Ablauf des Beurkundungsverfahrens, also des Verfahrens, an dessen Ende eine notarielle Urkunde steht. Hierbei ergeben sich vielfältige und breitgefächerte Fragen (siehe Rdn 202–639). Was genau muss z.B. ein Notar vorlesen? Oder wie ist z.B. mit ausländischen Beteiligten umzugehen, die der deutschen Sprache nicht mächtig sind?

5 *Praxistipp:*

In diesem Buch werden an vielen Stellen Rechtsquellen zitiert. Es empfiehlt sich sehr, diese Quellen im Original zu lesen. Denn – wie ein unter Juristen bekanntes Sprichwort sagt – *„ein Blick in das Gesetz erleichtert die Rechtsfindung“*.

Die Lektüre dieses Buches setzt daher das parallele Durchlesen der zugrundeliegenden Rechtsquellen voraus, ansonsten wäre es nur halb so verständlich. Auch für die Vorbereitung auf Prüfungsarbeiten, in denen man eine Textsammlung mit Rechtsquellen verwenden darf, ist eine von Anfang an konsequente Beschäftigung mit dem Gesetzestext Gold wert!

Neben den bereits genannten hauptsächlichen Rechtsquellen (siehe Rdn 2–4) speist sich das notarielle Berufs- und Verfahrensrecht natürlich auch aus Rechtsquellen, die anderen Regelwerken entstammen, wie etwa der Zivilprozessordnung (ZPO) oder dem Geldwäschegesetz (GwG). Sie finden alle notwendigen Rechtsquellen oftmals in den einschlägigen notariellen Textsammlungen,[1] ansonsten auch im Internet.[2]

B. Berufsrecht

I. Der Notar als unabhängiger Träger eines öffentlichen Amtes (§ 1 BNotO)

1. Teil der vorsorgenden Rechtspflege

6 Der Notar ist gemäß § 1 BNotO *„unabhängiger Träger eines öffentlichen Amtes“*, der *„für die Beurkundung von Rechtsvorgängen und anderen Aufgaben auf dem Gebiet der vorsorgenden Rechtepflege in den Ländern“* bestellt wird. Anders als etwa ein Rechtsanwalt ist der Notar **kein klassischer Freiberufler**. Er übt sein Amt aber in freiberuflichen Strukturen aus.

7 Wie die meisten anderen kontinentaleuropäischen Rechtsordnungen setzt auch die deutsche Rechtsordnung auf das sog. **Zweisäulenmodell**.

Die staatlichen Gerichte sorgen in rechtsförmlichen Verfahren dafür, dass zwischen einzelnen Rechtssubjekten aufgekommene rechtliche Streitigkeiten einer Klärung zugeführt werden. Daneben bzw. besser davor tritt aber als zweite Säule die sog. **vorsorgende Rechtspflege**.

8 Der **Notar** sorgt im Rahmen des Beurkundungsverfahrens dafür, dass insbesondere unerfahrene und rechtlich ungewandte Beteiligte umfassend aufgeklärt und belehrt und so vor rechtlicher Benachteiligung geschützt werden. Zugleich gewährleistet der Notar durch seine Amtstätigkeit Rechts- und Beweissicherheit und vermeidet so, dass zwischen den Beteiligten überhaupt erst Streitigkeiten aufkommen, die dann späterer gerichtlicher Klärung bedürften. Der Notar wird gewissermaßen als *„Richter im Vorfeld“* und verlängerter Arm des Staates tätig. Ihm kommt im Rahmen seiner Aufgaben **eine eigene hoheitliche Kontroll- und Entscheidungskompetenz** zu, die weit über eine rein vorbereitende, helfende oder unterstützende Tätigkeit hinausgeht.

9 Der Notar sorgt so für eine **erhebliche Entlastung des Staates und der Justiz**. Dies gilt insbesondere für die öffentlichen Register wie das **Handelsregister** und das **Grundbuch**, die gerade wegen der vorsorgenden Tätigkeit des Notars eine erhöhte Richtigkeitsgewähr bieten und daraus resultierend auch öffentlichen Glauben genießen können.

2. Unabhängigkeit und Unparteilichkeit (§ 14 Abs. 3 BNotO)

10 § 14 Abs. 3 S. 1 BNotO statuiert als eine der zentralen Vorschriften des notariellen Berufsrechts zunächst, dass sich der Notar nicht nur seines **ihm anvertrauten öffentlichen Amtes**

1 Z.B. Notarkasse A.d.ö.R. (Hrsg.), Handbuch für das Notariat in Bayern und der Pfalz, 29. Aufl. 2025; auch viele andere.

2 So etwa auf der Seite *www.gesetze-im-internet.de* (zuletzt abgerufen am 2.8.2025).

würdig erweisen muss. Vielmehr hat er gemäß § 14 Abs. 3 S. 2 BNotO auch jedes Verhalten zu vermeiden, das den **Anschein** erwecken könnte, dass er gegen die ihm gesetzlich auferlegten **Pflichten verstößt bzw. verstoßen könnte**. Insbesondere hat er schon den **Anschein der Abhängigkeit oder Parteilichkeit** nach besten Kräften zu **vermeiden**. Der Notar kann seine Rolle als Gestalter von und Garant für Privatautonomie nur dann effektiv wahrnehmen, wenn sein eigenes Auftreten nach außen – und auch das seiner Mitarbeiter – konsequent darauf ausgerichtet ist, seine Unabhängigkeit und Unparteilichkeit zu zeigen und zu untermauern.

Bezüglich der erforderlichen Unabhängigkeit sind nicht nur wirtschaftliche und rechtliche Verflechtungen mit Beteiligten zu vermeiden, auch schon **rein faktische Abhängigkeitsverhältnisse sind schädlich**. Dies betrifft nicht nur die Entscheidung in der Sache, auch auf die Organisation und die äußere Gestaltung des Beurkundungsverfahrens ist verstärkt zu achten. 11

> *Beispiel:*
>
> Klassisches Beispiel ist die Vornahme von Beurkundungen im Büro eines Maklers oder eines Bauträgers, die so regelmäßig nicht stattfinden darf, weiterhin können auch (wiederholte) Beurkundungen in den Räumlichkeiten einer Gemeinde insoweit durchaus problematisch sein (siehe dazu ausführlich auch Rdn 35).

Unparteilichkeit darf nicht im Sinne eines strikten Neutralitätsgebots missverstanden werden. 12
Dem Notar ist es nicht generell untersagt, im Rahmen seiner Amtstätigkeit verstärkt die Interessen einzelner Beteiligter in den Blick zu nehmen, ist es doch Aufgabe des Notars, seine **Urkunden so ausgewogen wie möglich zu gestalten**. Insbesondere wenn zwischen den Beteiligten Informationsasymmetrien oder Machtungleichgewichte herrschen, ist es seine Aufgabe, für einen angemessenen Ausgleich zwischen den Beteiligten zu sorgen und der zunächst unterlegenen Partei im Ergebnis ein Verhandeln auf Augenhöhe zu ermöglichen. Gerade hier zeigt sich die stark **verbraucherschützende Funktion** der notariellen Amtstätigkeit.

3. Persönliche und eigenverantwortliche Amtsführung (§§ 38 ff. BNotO)

a) Grundsatz der persönlichen Amtsausübung

Die gesetzlich vorgesehene **flächendeckende Versorgung der Bevölkerung** mit notariellen Leistungen (§ 4 BNotO) sowie die **Urkundsgewährungspflicht** i.S.d. § 15 BNotO erfordern es zumindest im Grundsatz, dass jede Notarstelle an jedem Werktag eines Jahres geöffnet ist und der Amtsinhaber dabei den Rechtsuchenden möglichst umfassend zur Verfügung steht. 13

Die §§ 38–46 BNotO sollen einen derartigen **möglichst ununterbrochenen Dienstbetrieb** des Notars sicherstellen. Zugleich verkennt der Gesetzgeber aber auch nicht, dass auch der Notar gelegentlich Erholung und Urlaub nötig hat oder aus anderen Gründen an einer persönlichen Amtsausübung gehindert ist. 14

Für derartige Fälle hält das Gesetz die Möglichkeit bereit, dem Notar gemäß § 39 BNotO einen **Vertreter** zu bestellen, der ihn zeitweise vertritt. Um der Aufsichtsbehörde einen möglichst vollständigen und transparenten Überblick über die Besetzung der notariellen Geschäftsstellen zu ermöglichen, sind Abwesenheitszeiten des Notars von über einer Woche unverzüglich der Aufsichtsbehörde anzuzeigen (§ 38 S. 1 BNotO). Will sich der Notar länger als einen Monat von seinem Amtssitz entfernen, muss er dafür sogar die Genehmigung der Aufsichtsbehörde einholen (§ 38 S. 2 BNotO).

b) Notarvertreter (§ 39 BNotO)

Ist der Notar (erlaubt) abwesend oder vorübergehend an der Amtsausübung persönlich gehindert, kann ihm auf Antrag gemäß § 39 Abs. 1 BNotO durch die **Aufsichtsbehörde** – d.h. den **Präsidenten des Landgerichts**, in dessen Bezirk der vertretene Notar seinen Amtssitz hat – für die Zeit seiner Abwesenheit oder Verhinderung ein Vertreter bestellt werden. 15

Die an die Person und die Qualifikation des Notarvertreters gestellten Anforderungen sind – auch abhängig von der jeweiligen Notariatsverfassung – in den einzelnen Bundesländern un- 16 terschiedlich geregelt. Nach § 39 Abs. 3 S. 1 BNotO sind aber jedenfalls die Anforderungen an die persönliche und fachliche Eignung des Notarvertreters grundsätzlich mit den an den Notar zu stellenden Anforderungen identisch. Der Notarvertreter muss insbesondere auch über die Befähigung zum Richteramt i.S.d. § 5 DRiG verfügen (vgl. dazu § 5 Abs. 1, 2 und 5 BNotO).

Während unter Beachtung dieser Vorgaben teilweise nur andere Notare, Notare a.D., Notarassessoren und erfahrene und verdiente (ehemalige) Justizangehörige (insbesondere Richter a.D.) zu Notarvertretern bestellt werden (so etwa in Bayern), können in anderen Bundesländern (insbesondere in den Bezirken der Anwaltsnotarkammern) auch Rechtsanwälte und andere Volljuristen mit Befähigung zum Richteramt i.S.d. § 5 DRiG zu Vertretern bestellt werden. Gleiches gilt auch für einige Kammern des hauptberuflichen Notariats (so etwa in Hamburg und Baden-Württemberg).

Praxistipp:

Vor Beginn der Amtstätigkeit des Notarvertreters sollte unbedingt überprüft und sichergestellt werden, dass die Vertreterbestellung tatsächlich erfolgt ist. Eine **rückwirkende Vertreterbestellung** ist **nicht möglich**. Nimmt der Notarvertreter **ohne die erforderliche Vertreterbestellung** Beurkundungen vor, sind diese **unheilbar nichtig**!

Idealerweise liegt die Vertreterbestellung zu Beginn der Amtstätigkeit des Notarvertreters bereits schriftlich vor. Falls dies insbesondere in Eilfällen aus zeitlichen Gründen nicht gewährleistet werden kann, kann die Vertreterbestellung ggf. vorab auch per Fax übermittelt werden. Nach den Vorschriften der BNotO ist die Vertreterbestellung in diesem Fall aber ggf. von der Aufsichtsbehörde noch schriftlich nachzureichen.

Nach einer zum 1.8.2021 in Kraft getretenen Neufassung des § 40 BNotO bedarf die Bestellung selbst keiner besonderen Form, sodass sie – vor allem in Eilfällen – auch mündlich (bzw. telefonisch) möglich ist. Dennoch ist auch in diesem Fall die schriftliche Bestellung nachzureichen. Die Vertreterbestellung ist nach § 40 Abs. 1 S. 2 BNotO nunmehr auch dann wirksam, wenn sie erfolgen sollte und sich das aus den Akten der Aufsichtsbehörde ergibt. Gleichwohl sollte man sich immer versichern, dass die Vertreterbestellung **schriftlich** bzw. **qualifiziert elektronisch signiert** oder zumindest als **Telefax** vorliegt.

Beginn und Beendigung der Vertretung waren nach bis einschließlich 31.12.2021 geltender Rechtslage in der Urkundenrolle zu vermerken. Dabei waren jeweils der genaue Zeitpunkt anzugeben (unabhängig davon, ob tatsächlich Beurkundungen vorgenommen wurden, vgl. § 33 Abs. 4 DONot a.F.). Seit dem 1.1.2022 sind im Urkundenverzeichnis nach § 11 NotAktVV unter anderem auch Angaben zur Amtsperson, d.h. zu der die Beurkundung vornehmenden Person, zu machen. Diese kann daher ohne weiteres dem Urkundenverzeichnis entnommen werden.

17 Der vertretene Notar hat sich ab der Übernahme des Amtes durch den Notarvertreter der Amtsausübung zu enthalten. Die Bestellung eines Notarvertreters dient demnach nicht der Ausweitung der Amtstätigkeit eines Notars, es sollen allein Abwesenheitszeiten des Amtsinhabers überbrückt werden.

18 Der Notarvertreter ist – wie auch der vertretene Notar – Inhaber eines **öffentlichen Amtes** und unterliegt berufsrechtlich den gleichen Amtspflichten. Seine Befugnis dauert bis zum Ablauf der Gültigkeit des Bestellungsaktes, erlischt jedoch zugleich mit dem etwaigen Erlöschen des Amtes des vertretenen Notars. Der Notarvertreter handelt auf Kosten und für Rechnung des vertretenen Notars und nimmt in Vertretung dessen Amt wahr. Er hat Siegel und Stempel des Notars zu gebrauchen und seiner Unterschrift einen ihn **als Vertreter kennzeichnenden Zusatz** beizufügen (vgl. § 41 Abs. 1 S. 2 BNotO).

19 In der Zuständigkeit und Kompetenz des vertretenen Notars verbleiben in jedem Fall Entscheidungen im sächlich-organisatorischen und personellen Bereich (vgl. § 44 Abs. 1 S. 2 BNotO im Gegenschluss).

Weiterführender Hinweis:

Der Notarvertreter haftet gemäß § 46 BNotO gegenüber Geschädigten für Amtspflichtverletzungen neben dem vertretenen Notar als Gesamtschuldner. Im Innenverhältnis zwischen Notar und Notarvertreter haftet aber der Notar nach der seit dem 1.8.2021 geltenden Rechtslage grundsätzlich allein. Anders ist dies nur bei einer vorsätzlichen oder zumindest grob fahrlässigen Amtspflichtverletzung des Notarvertreters – in diesem Fall haftet dieser im Innenverhältnis allein.

Nach bis Ende Juli 2021 geltender Rechtslage haftete nach der BNotO demgegenüber im Innenverhältnis grundsätzlich der Notarvertreter allein, was möglicherweise im Bereich des Anwaltsnotariats angemessen war, zumindest aber im Bereich des hauptberuflichen Notariats meist nicht interessengerecht erschien. Das bisherige gesetzliche Regel-Ausnahme-Verhältnis wurde daher im hauptberuflichen Notariat häufig umgekehrt und die Bestellung eines Notarvertreters (insbesondere eines Notarassessors) davon abhängig gemacht, dass der vertretene Notar im Innenverhältnis die alleinige Haftung für mögliche Amtspflichtverletzungen des Notarvertreters übernahm. Ausgenommen davon waren aber schon bislang Fälle vorsätzlichen oder grob fahrlässigen Handelns des Notarvertreters; hier blieb es schon bislang bei dessen vorrangiger Haftung im Innenverhältnis.

Angesichts der zum 1.8.2021 erfolgten Umkehrung des gesetzlichen Regel-Ausnahme-Verhältnisses besteht nun im hauptberuflichen Notariat kein Regelungsbedarf mehr, vielmehr stellt sich nun im Bereich des Anwaltsnotariats die Frage nach der Notwendigkeit bzw. Zweckmäßigkeit einer Modifikation der (dispositiven) gesetzlichen Regelung.

Über die Bestellung eines Notarvertreters für den Einzelfall der Abwesenheit und/oder Verhinderung des Notars hinausgehend ermöglicht § 39 Abs. 1 S. 2 BNotO auch die Bestellung eines **ständigen Notarvertreters**. Nach § 39 Abs. 1 S. 3 und 4 BNotO kann ggf. auch ein weiterer ständiger Notarvertreter bestellt werden. 20

Nach § 39 Abs. 1 S. 2 BNotO in der bis Ende Juli 2021 geltenden Fassung sollte die Bestellung eines ständigen Notarvertreters die Dauer von einem Jahr in der Regel nicht überschreiten. Diese zeitliche Höchstgrenze ist vom Gesetzgeber mit Wirkung zum 1.8.2021 aufgehoben worden. Nach bisheriger Praxis wurde ein ständiger Notarvertreter regelmäßig für jeweils ein Kalenderjahr bestellt, fortan ist auch ein längerer Bestellungszeitraum denkbar.

Vorteil einer ständigen Vertretung ist für den Amtsinhaber in jedem Fall, dass die Formalitäten für die Vertreterbestellung nur einmal pro Bestellungszeitraum erfüllt werden müssen. Zugleich stellt die ständige Vertretung aber hinsichtlich der Sicherstellung einer persönlichen Amtsausübung durch den Amtsinhaber und die Sicherung deren Qualität (zumindest abstrakt) auch eine erhöhte Gefahr dar. In vielen Notarkammerbezirken wird die Bestellung eines ständigen Vertreters aus diesem Grund sehr restriktiv gehandhabt, um eine Aushöhlung der persönlichen Amtsausübung und etwaige Missbräuche zu verhindern.

Die aus der Bestellung einer ständigen Vertretung resultierenden Gefahren für die Höchstpersönlichkeit der Amtsausübung sind zwar nicht von der Hand zu weisen. Zugleich ist jedoch auch zu berücksichtigen, dass etwaige Missstände von der Aufsichtsbehörde wegen der mit der Bestellung eines ständigen Vertreters verbundenen **Meldepflichten** (vgl. § 19 Abs. 5 DONot) leicht aufgedeckt werden können. Unter dem Aspekt der Verhältnismäßigkeit kann daher bei konsequenter Aufsicht zumindest in geeignet und angemessen erscheinenden Fällen (wie etwa im Falle der Erziehung minderjähriger Kinder durch den Notar/die Notarin) durchaus auch eine großzügigere Verwaltungspraxis angezeigt sein. 21

Neben einem bereits bestellten ständigen Notarvertreter ist auch die Bestellung eines **Notarvertreters für den Einzelfall** jederzeit möglich. Dies stellt nunmehr auch § 39 Abs. 1 S. 3 BNotO ausdrücklich klar. Voraussetzung ist allerdings, dass auch der ständige Notarvertreter an einer Übernahme der Amtsgeschäfte gehindert ist. 22

Die persönlichen und fachlichen Anforderungen an einen ständigen Notarvertreter waren – ebenso wie die Anforderungen an einen Einzelfallvertreter – in den verschiedenen Notar- 23 kammerbezirken schon immer teilweise sehr unterschiedlich ausgestaltet. In § 39 Abs. 3 S. 2 BNotO hat der Gesetzgeber mit Wirkung zum 1.8.2021 aber ausdrücklich geregelt, dass eine ständige Vertretung im Bereich des hauptberuflichen Notariats nur einem Notar, einem Notarassessor oder einem Notar a.D. übertragen werden soll. Im Bereich des Anwaltsnotariats kann gemäß § 39 Abs. 3 S. 3 BNotO hingegen nach Anhörung der Notarkammer weiterhin auch ein Rechtsanwalt als ständiger Notarvertreter bestellt werden.

c) Notariatsverwalter (§ 56 BNotO)

24 Während der Notarvertreter vorübergehend vom Amtsinhaber abgeleitete Befugnisse wahrnimmt und diesen nur vorübergehend vertritt, kommt der Notariatsverwalter dann ins Spiel, wenn es einen **Amtsinhaber zumindest vorübergehend nicht mehr gibt**. Bestellt wird der Notariatsverwalter vom Präsidenten des Landgerichts, in dessen Zuständigkeitsbereich der Notar, dessen Amt verwaltet wird, seinen Amtssitz hat(te).

25 Die vom Notariatsverwalter zu überbrückende Vakanz im Notaramt schlägt sich unter anderem auch in der Urkundengestaltung nieder. Während der **Notarvertreter Urkunden in Vertretung des Amtsinhabers** errichtet und dabei dessen Siegel führt, errichtet der **Notariatsverwalter** die Urkunden **in eigenem Namen** und führt dabei auch ein **eigenes Siegel**.

26 Gemäß § 56 Abs. 1 BNotO ist im Bereich des **hauptberuflichen Notariats** in der Regel ein Notariatsverwalter zu bestellen, wenn

- das Amt des (hauptberuflichen) Notars **erloschen** ist oder
- dieser seinen **Amtssitz verlegt** hat.

Im Bereich des **Anwaltsnotariats** kann bei einem Erlöschen des Amtes des Anwaltsnotars unter den Voraussetzungen des § 56 Abs. 2 BNotO ein Notariatsverwalter bestellt werden. Anders als im hauptberuflichen Notariat ist eine Notariatsverwaltung im Bereich des Anwaltsnotariats von Gesetzes wegen jedenfalls im Regelfall auf eine Abwicklung der Notarstelle ausgerichtet.

Soll im Bereich des hauptberuflichen Notariats abweichend vom Regelfall eine Notarstelle nicht erneut ausgeschrieben, sondern vielmehr eingezogen werden, gilt nach § 56 Abs. 1 S. 2 BNotO die Vorschrift des § 56 Abs. 2 BNotO entsprechend. Seit dem 1.8.2021 ist mithin auch im Bereich des hauptberuflichen Notariats eine sog. **Abwicklungsverwaltung** möglich.

Für beide Notariatsformen sieht weiterhin § 56 Abs. 3 BNotO im Falle einer **Amtsniederlegung** nach § 48b BNotO (Amtsniederlegung **zum Zweck der Betreuung und Pflege**) und dem mit Wirkung zum 1.8.2021 neu geschaffenen § 48c BNotO (Amtsniederlegung **aus gesundheitlichen Gründen**) die Möglichkeit der Bestellung eines Notariatsverwalters vor. Das gilt gemäß § 56 Abs. 4 BNotO weiterhin im Falle einer **vorläufigen Amtsenthebung** nach § 54 BNotO, wenn die Bestellung eines Notarvertreters nicht zweckmäßig erscheint sowie nach § 56 Abs. 5 BNotO für den Fall, dass ein Notar mit Genehmigung der Aufsichtsbehörde ein besoldetes Amt ausübt und daher nach § 8 Abs. 1 S. 2 BNotO vorübergehend daran gehindert ist, sein Notaramt persönlich auszuüben.

27 Wie beim Notarvertreter richten sich die in persönlicher und fachlicher Hinsicht an einen Notariatsverwalter zu stellenden Anforderungen gemäß § 56 Abs. 6 S. 1 BNotO nach § 5 Abs. 1, 2 und 5 BNotO und damit nach den auch für Notare geltenden Vorschriften. Notarassessoren sind gemäß § 56 Abs. 6 S. 2 BNotO verpflichtet, das Amt eines Notariatsverwalters zu übernehmen. Ein Notariatsverwalter unterliegt grundsätzlich der **gleichen Pflichtenbindung** wie ein Notar (§ 57 Abs. 1 BNotO, § 19 Abs. 1 DONot). Er hat insbesondere gemäß § 58 Abs. 1 BNotO die Akten und Verzeichnisse des Notars, an dessen Stelle er bestellt ist, sowie die dem Notar amtlich übergebenen Urkunden und Wertgegenstände zu übernehmen und gemäß § 58 Abs. 2 BNotO die vom Notar begonnenen Amtsgeschäfte fortzuführen. Der Notariatsverwalter führt das Amt **auf Rechnung der zuständigen Notarkammer** bzw. **der Notarkasse** bzw. **Ländernotarkasse** (vgl. § 113 Abs. 3 Nr. 7 BNotO) und hat im Grundsatz monatlich mit dieser abzurechnen (§§ 59, 60 BNotO). Er ist umfassend zur Gewährung von Akteneinsicht verpflichtet (§ 63 BNotO).

Unterlaufen dem Notariatsverwalter **Amtspflichtverletzungen**, haftet er gesamtschuldnerisch mit der örtlichen Notarkammer bzw. der Notarkasse/der Ländernotarkasse gemäß § 61 Abs. 1 S. 1 BNotO. Im Innenverhältnis ist zumindest nach dem Gesetz der Notariatsverwalter allein verantwortlich. 28

In der Praxis wird in Anbetracht der Regelung des § 56 Abs. 6 Abs. 2 BNotO zumindest im Bereich des hauptberuflichen Notariats das Innenverhältnis regelmäßig umgekehrt. Wenn kein Vorsatz oder grobe Fahrlässigkeit vorliegt, wird dem Notariatsverwalter danach Freistellung durch die Notarkammer bzw. die Notarkasse/die Ländernotarkasse gewährt.

Die **Beendigung** der Notariatsverwaltung richtet sich nach den Bestimmungen des § 64 BNotO, welcher die in § 56 BNotO vorgesehenen Anlässe für die Einrichtung einer Notariatsverwaltung spiegelt. Sie endet danach im Bereich des hauptberuflichen Notariats gemäß § 64 Abs. 1 BNotO insbesondere, wenn das zwischenzeitlich verwaiste Amt einem **neuen Amtsinhaber zugewiesen** wird oder der vorläufig seines Amtes enthobene oder an der persönlichen Amtsausübung gehinderte **Notar sein Amt wieder übernimmt**. Gleiches gilt, wenn ein Notar, der nach §§ 48b Abs. 2 S. 1, 48c Abs. 3 S. 1 BNotO **sein Amt mit Rückkehrabsicht** in sein bisheriges Amt **niedergelegt** hat, erneut bestellt wird. 29

Nach § 64 Abs. 1 S. 2 BNotO enden die Amtsbefugnisse des Notariatsverwalters **zu dessen Schutz und auch zum Schutz des Rechtsverkehrs** in den vorbeschriebenen Fällen aber erst in dem Moment, in welchem dem Notariatsverwalter die **Beendigung seines Amtes** von der Landesjustizverwaltung **mitgeteilt** worden ist. Im Sonderfall der Abwicklungsverwaltung nach § 64 Abs. 1 S. 2 BNotO i.V.m. § 64 Abs. 2 S. 1 BNotO endet das Amt des Notariatsverwalters gemäß § 64 Abs. 1 S. 2 BNotO (auch) im hauptberuflichen Notariat mit dem Ablauf des Bestellungszeitraums.

Im Bereich des Anwaltsnotariats führt regelmäßig der Ablauf des Bestellungszeitraumes zum **Erlöschen des Amtes** als Notariatsverwalter (vgl. § 64 Abs. 2 S. 1 BNotO). Weitere Erlöschensgründe sind gemäß § 64 Abs. 2 S. 2 BNotO auch im Bereich des Anwaltsnotariats zudem, dass der vorläufig seines Amtes enthobene oder an der persönlichen Amtsausübung gehinderte **Notar sein Amt wieder übernimmt**. Gleiches gilt für den Fall, dass ein Notar, der nach §§ 48b Abs. 2 S. 1, 48c Abs. 3 S. 1 BNotO **sein Amt mit Rückkehrabsicht** in sein bisheriges Amt **niedergelegt** hat, erneut bestellt wird. In diesen Fällen gilt § 64 Abs. 1 S. 2 BNotO entsprechend.

Im Bereich des hauptberuflichen Notariats ist es in der Praxis vielfach üblich, den Notariatsverwalter unabhängig von der Gesamtdauer der Verwaltung nach Ablauf einer gewissen Zeit (regelmäßig nach Ablauf von sechs Monaten) **auszuwechseln** und durch einen anderen Notariatsverwalter zu ersetzen. Insoweit gelten die besonderen Anforderungen des § 56 Abs. 7 BNotO (Erfordernis eines wichtigen Grundes für vorzeitigen Widerruf der Bestellung durch die Landesjustizverwaltung) nicht. Der Präsident der jeweiligen Notarkammer nimmt durch einen solchen Wechsel in der Person des Notariatsverwalters lediglich seine Personalhoheit i.S.d. § 7 Abs. 3 S. 2 BNotO wahr. 30

4. Bedürfnisprüfung und Zuweisung eines Amtssitzes, Geschäftsstelle (§§ 4, 10 BNotO)

Nach § 4 S. 1 BNotO sind die Landesjustizverwaltungen verpflichtet, bei der Festlegung der Gesamtzahl der Notare in ihrem Zuständigkeitsbereich die **Erfordernisse einer geordneten Rechtspflege** zu berücksichtigen. Dabei sind insbesondere das Bedürfnis nach einer angemessenen Versorgung der Rechtsuchenden mit notariellen Leistungen und die Wahrung einer geordneten Altersstruktur des Notarberufs zu berücksichtigen. 31

Bei der Entscheidung, ob neue Notarstellen geschaffen oder umgekehrt bestehende Notarstellen eingezogen werden sollen, richtet sich die Landesjustizverwaltung vorrangig am Geschäftsanfall, d.h. am **Urkundenaufkommen** aus. Die Notarstellen sind insgesamt bedarfsgerecht und flächendeckend zu planen und zu organisieren, zugleich muss aber auch sichergestellt sein, dass die einzelnen Notarstellen auch wirtschaftlich lebensfähig und gleichbleibend leistungsfähig sind.

Auch in strukturschwächeren Regionen muss eine ortsnahe Versorgung der rechtsuchenden Bevölkerung mit notariellen Leistungen sichergestellt werden. In den letzten Jahren war in vielen Teilen Deutschlands zu beobachten, dass sich auch die Justiz zunehmend aus der Fläche zurückzieht und auch in der Gerichtslandschaft Konzentrationstendenzen immer stärker zu Tage treten. Umso wichtiger ist es, den **Notar als Außenstelle der Justiz und ortsnahen Ansprechpartner für den Bürger** auch **in der Fläche** zu sichern.

32 Die jeweilige Landesjustizverwaltung weist dem Notar gemäß § 10 Abs. 1 S. 1 BNotO einen **bestimmten Ort als Amtssitz** zu. In Städten mit mehr als 100.000 Einwohnern kann dem Notar ein bestimmter Stadtteil als Amtssitz zugewiesen werden (§ 10 Abs. 1 S. 2 BNotO). Während im Bezirk der rheinischen Notarkammer von dieser Möglichkeit teilweise Gebrauch gemacht worden ist, gibt es z.B. im Bezirk der Landesnotarkammer Bayern bis heute keine derartige Beschränkung des Amtssitzes auf einen Stadtteil.

33 Der Notar ist gemäß § 10 Abs. 2 S. 1 BNotO verpflichtet, an dem ihm zugewiesenen Amtssitz seine **Geschäftsstelle** zu halten. Die frühere sog. **Residenzpflicht** ist zwischenzeitlich aufgehoben worden. Der Notar muss also nicht mehr an seinem Amtssitz seine Wohnung unterhalten. Er hat diese aber so zu wählen, dass er seine Amtsgeschäfte ordnungsgemäß wahrnehmen kann. Nur bei einer konkreten Beeinträchtigung der Rechtspflege kann die zuständige Landesjustizverwaltung dem Notar eine Residenzpflicht auferlegen (§ 10 Abs. 2 S. 2 BNotO).

34 Gemäß § 10 Abs. 3 BNotO hat der Notar seine Geschäftsstelle **während der üblichen Öffnungszeiten** offen zu halten, was nicht zwingend die ununterbrochene Anwesenheit des Notars voraussetzt. Es geht hier vorrangig darum, die **Geschäftsstelle des Notars als organisatorische Einheit** während den üblichen Öffnungszeiten für Rechtsuchende zur Verfügung zu stellen. Maßgeblich sind jeweils die ortsüblichen Verhältnisse. Dem Notar steht es selbstverständlich jederzeit frei, über die üblichen Geschäftszeiten hinaus der rechtsuchenden Bevölkerung zur Verfügung zu stehen.

Aus den Vorschriften des GNotKG (vgl. Nr. 26000 KV GNotKG) kann man ganz vorsichtig herauslesen, dass der Gesetzgeber jedenfalls die Zeiten vor 8 Uhr und nach 18 Uhr als nicht mehr übliche Geschäftszeiten ansieht. Außerhalb dieser Zeiten fällt eine Zusatzgebühr an.

35 Die BNotO geht zumindest implizit davon aus, dass der Notar seiner Beurkundungstätigkeit grundsätzlich in seiner Geschäftsstelle nachgehen soll. Explizit sind keine unmittelbaren Beschränkungen oder gar Verbote enthalten, Beurkundungen außerhalb der Geschäftsstelle vorzunehmen, so lange der Notar nur innerhalb seines Amtsbereichs i.S.d. § 10a BNotO bleibt.

§ 67 Abs. 2 S. 3 Nr. 9 BNotO sieht aber eine Ermächtigung für die Notarkammern vor, durch Satzung Grundsätze für Beurkundungen außerhalb der Geschäftsstelle (und des Amtsbereichs) zu formulieren. Die Notarkammern haben von dieser Ermächtigung durchgängig Gebrauch gemacht und fordern für die Vornahme von **Amtsgeschäften außerhalb der Geschäftsstelle** das Vorliegen *„sachlicher Gründe“*. Durch diese Vorgaben soll insbesondere der Anschein amtswidriger Werbung i.S.d. § 29 BNotO sowie Abhängigkeit und Parteilichkeit des Notars (vgl. dazu § 14 Abs. 3 S. 2 BNotO) vermieden werden. Letzteres wäre ohne Zweifel zu befürchten, wenn der Notar z.B. systematisch Beurkundungen in den Räumlichkeiten eines **Maklers oder Bauträgers** vornähme.

> *Weiterführender Hinweis:*
>
> Der BGH hat in seiner jüngeren Rechtsprechung[3] aber auch mehrfache Beurkundungen in den Räumlichkeiten einer (selbst an der Beurkundung beteiligten) **Gemeinde** als problematisch erachtet. Es empfiehlt sich daher auch insoweit ein möglichst bedachtes und vorsichtiges Vorgehen, geht es doch stets darum, schon den Anschein einer Abhängigkeit

3 BGH MittBayNot 2021, 616 ff.

und Parteilichkeit des Notars zu vermeiden. Zwar mag es bei Beurkundungen in den Räumlichkeiten einer Gebietskörperschaft eher denkbar erscheinen, im Einzelfall einen Sachgrund für eine derartige Auswärtsbeurkundung zu finden, doch sollte sich der Notar der Außenwirkung seines Handelns immer bewusst sein.

5. Amtsbereich und Amtsbezirk (§§ 10a, 11 BNotO)

Der **Amtsbereich** des Notars ist nach § 10a Abs. 1 BNotO regelmäßig der **Bezirk des Amtsgerichts,** in welchem der Notar seinen Amtssitz hat. 36

Der **Amtsbezirk** des Notars ist demgegenüber gemäß § 11 Abs. 1 BNotO der **Bezirk des Oberlandesgerichts**, in welchem er seinen Amtssitz hat.

Weiterführender Hinweis:

Die BNotO kannte ursprünglich nur den OLG-Bezirk als Beschränkung der örtlichen Zuständigkeit des Notars. Der Amtsbereich war demgegenüber nur untergesetzlich normiert und wurde erst später im Bundesrecht verankert. Die *„engeren räumlichen Amtsbereiche“* waren bei Schaffung des § 10a BNotO durch untergesetzliche Vorschriften bereits in Umrissen vorhanden und sind teilweise (so etwa in Bayern) auch unter Geltung des § 10a BNotO beibehalten worden. Sie decken sich daher nicht stets und vollständig mit den Amtsgerichtsbezirken.

Unausgesprochenes Leitbild des Gesetzes ist, dass der Notar seine Amtstätigkeit grundsätzlich in und aus seiner Geschäftsstelle (heraus) erbringt. Je weiter sich der Notar von seiner Geschäftsstelle entfernt, desto größer ist der Rechtfertigungsdruck für ihn. Während er innerhalb des Amtsbereichs für ein auswärtiges Tätigwerden nur einen sachlichen Grund benötigt, braucht es ein **besonderes berechtigtes Interesse** der Rechtsuchenden, um den **Amtsbereich zu verlassen**. 37

Ein Verlassen des Amtsbezirks ist dem Notar sogar nur bei Vorliegen von Gefahr im Verzug oder bei Vorliegen einer Genehmigung der Aufsichtsbehörde gestattet. Beides kommt in der Praxis nur höchst selten vor.

Die BNotO will durch die örtliche Beschränkung des Notars auf seinen Amtsbereich, die aus seinem öffentlichen Amt resultiert, sicherstellen, dass dieser sich im Sinne einer geordneten Rechtspflege gemäß § 4 BNotO vorrangig **um die Versorgung der rechtsuchenden Bevölkerung in dem ihm anvertrauten Amtsbereich** kümmert. Ohne diese Beschränkung bestünde die Gefahr, dass Fehlanreize gesetzt würden, sich auf die Gewinnung finanziell und/oder fachlich interessanterer auswärtiger Beurkundungsaufträge zu konzentrieren, was die Organisation des Notarwesens i.S.d. § 4 BNotO erheblich erschwerte. 38

Von der Beschränkung auf den Amtsbereich erfasst werden allerdings nur die in den §§ 20–22 BNotO näher beschriebenen *„Urkundstätigkeiten“*. Betreuungstätigkeiten i.S.d. §§ 23, 24 BNotO sind demgegenüber vom Anwendungsbereich der Vorschrift nicht erfasst.

Praxistipp: 39

Bei der Vereinbarung von **Auswärtsterminen** sollte auch seitens der Mitarbeiter genau auf die **Grenzen des jeweiligen Amtsbereichs und des Amtsbezirks** geachtet werden. Insbesondere die Amtsgerichtsbezirke sind teilweise etwas unübersichtlich und zerklüftet gestaltet. Im Trubel des Alltags kann es für den Notar mitunter schwierig werden, die räumlichen Grenzen seiner Zuständigkeit im Detail im Blick zu behalten. Er ist stark darauf angewiesen, dass seine Mitarbeiter diese Aspekte schon bei der Anbahnung der Beurkundungstermine im Blick behalten.

Unter Rekurs auf die Ermächtigung in § 67 Abs. 2 S. 3 Nr. 9 BNotO haben die Notarkammern weitgehend übereinstimmend Richtlinien erlassen, die sich mit Grundsätzen für Beurkundungen außerhalb des Amtsbereichs beschäftigen. Danach sind für eine **amtsbereichsüberschreitende Urkundstätigkeit** des Notars regelmäßig besondere **berechtigte Interessen der Recht-**

suchenden erforderlich. Während die Beurkundung im Amtsbereich den gesetzlichen Regelfall darstellt, ist ein Tätigwerden außerhalb des Amtsbereichs nur im (eng auszulegenden) Ausnahmefall gestattet.

40 Die Richtlinien der Notarkammern haben zur Erleichterung der praktischen Handhabung weitgehend übereinstimmend **Regelbeispiele** entwickelt. Wenn diese vorliegen, ist dem Notar ein Tätigwerden außerhalb seines Amtsbereichs gestattet. Im Einzelnen geht es sinngemäß meist um folgende Fälle:

- Gefahr im Verzug,
- Fertigung eines Entwurfes durch den Notar mit anschließender, aus unvorhersehbaren Gründen notwendig werdender Beurkundung außerhalb des Amtsbereichs,
- Vornahme einer gemäß § 21 GNotKG wegen falscher Sachbehandlung für die Beteiligten kostenfreien Beurkundung (die regelmäßig dazu dienen soll, die infolge eines Fehlers des Notars eingetretenen Rechtsfolgen einer Beurkundung zu korrigieren),
- Vorliegen einer besonderen Vertrauensbeziehung zwischen den Beteiligten und dem Notar (nicht hingegen zwischen den Beteiligten und den Mitarbeitern des Notars!),
- Aufenthalt eines im Amtsbereich des Notars wohnenden Beteiligten in einem Krankenhaus außerhalb des Amtsbereichs.

41 Die genannten Regelbeispiele schließen das Vorliegen **weiterer Ausnahmefälle** selbstverständlich nicht aus („*insbesondere*"). Diese sind jedoch – wie auch die Regelbeispiele selbst – nur sehr **restriktiv** zu handhaben. Wird der Notar in derartigen Ausnahmefällen außerhalb seines Amtsbereichs tätig, hat er dies unter Angabe von Gründen unverzüglich der **Notarkammer anzuzeigen** (§ 10a Abs. 3 BNotO).

42 Während eine amtsbereichsüberschreitende Urkundstätigkeit des Notars in eng umgrenzten Ausnahmefällen möglich ist, **scheidet** eine Urkundstätigkeit **außerhalb des Amtsbezirks** regelmäßig **aus.** Eine solche bedarf gemäß § 11 Abs. 2 BNotO stets der Genehmigung durch die **Aufsichtsbehörde.**

Anders ist dies nur bei Vorliegen von Gefahr im Verzug. Die Anforderungen an einen solchen Notfall sind nochmals deutlich höher als bei einem Überschreiten der Grenzen des eigenen Amtsbereichs. Die dort teilweise angestellten Erwägungen zu Korrekturstunden i.S.d. § 21 GNotKG können – wie von der Rechtsprechung bereits bestätigt[4] – bezüglich des Amtsbezirks nicht nutzbar gemacht werden. Auch in diesen Fällen ist dem betreffenden Notar regelmäßig zuzumuten, die Beurkundung durch einen Kollegen vornehmen zu lassen, dessen Amtsbezirk den Wohnsitz der Beteiligten umfasst.

43 **Gefahr im Verzug** i.S.d. § 11 Abs. 2 BNotO liegt nur vor, wenn die Gefahr besteht, dass die dringend notwendige Amtshandlung durch einen ortsnahen Notar nicht mehr rechtzeitig vorgenommen werden kann und der Urkundsgewährungsanspruch gemäß § 15 BNotO in der Folge leer zu laufen droht. Liegt tatsächlich einmal ein solcher Notfall vor und wird der Notar in der Folge amtsbezirksübergreifend tätig, hat er die Beurkundung unverzüglich dem Präsidenten des zuständigen Oberlandesgerichts sowie der Notarkammer unter Angabe von Gründen anzuzeigen. Eine Genehmigung i.S.d. § 11 Abs. 2 BNotO kann allenfalls in eng umgrenzten, in der Praxis de facto nicht vorkommenden Ausnahmefällen in Betracht kommen.

44 **Neuerungen** haben sich bezüglich des Amtsbereichs- und Amtsbezirksprinzips zum 1.8.2022 durch die **Einführung der Online-Verfahren in Teilbereichen des Gesellschaftsrechts** ergeben.

Die bislang allein auf das notarielle Präsenzverfahren zugeschnittenen Vorschriften der §§ 10a f. BNotO kommen zwangsläufig an ihre Grenzen, wenn der Notar Urkundstätigkeiten über das Videokommunikationssystem der Bundesnotarkammer nach § 78p BNotO vornimmt, wären danach doch insoweit grundsätzlich alle deutschen Notare allzuständig. Um das für das Funktionieren des Notarwesens essenzielle Amtsbereichs- und Amtsbezirksprinzip auch in der digitalen Welt aufrechterhalten und fortführen zu können, hat der Gesetzgeber in

4 BGH BeckRS 2017, 108586.

§ 10a Abs. 3 BNotO für den Amtsbereich und in § 11 Abs. 3 BNotO für den Amtsbezirk **Sonderregelungen** geschaffen. Danach ist ein Notar für eine Online-Beurkundung bzw. Online-Beglaubigung nur dann „zuständig", wenn ein in § 10a Abs. 3 bzw. in § 11a Abs. 3 BNotO genannter **Anknüpfungspunkt** greift (bitte dort nachlesen!). Bei Vorliegen dieser Voraussetzungen gilt die Urkundstätigkeit gemäß § 11 Abs. 3 BNotO auch als im Amtsbezirk vorgenommen. Eine Überschreitung des Amtsbereichs bzw. Amtsbezirks ist **nur in sehr engen Ausnahmefällen** möglich.

Hierzu hat die Generalversammlung der Bundesnotarkammer Änderungen in den Richtlinienempfehlungen beschlossen, die von den Notarkammern in ihren Richtlinien umgesetzt worden sind. Unabhängig davon gilt wie bereits vorbeschrieben, dass gerade im Rahmen der Online-Verfahren eine Überschreitung der in § 10a Abs. 3 BNotO und in § 11 Abs. 3 BNotO vorgesehenen Anknüpfungspunkte nur in sehr engen Ausnahmefällen zulässig ist.

Wichtig ist in diesem Zusammenhang zu erwähnen, dass auch im Fall des Online-Verfahrens die für das Präsenzverfahren geltenden Vorschriften des § 10a Abs. 2 und des § 11 Abs. 2 BNotO neben den eben genannten Vorschriften Anwendung finden, wobei es nach § 16b Abs. 3 S. 1 BeurkG hinsichtlich des Orts der Amtsausübung auf den physischen Aufenthaltsort des Notars ankommt.[5] Dies bedeutet, dass ein Notar auch dann, wenn ein Anknüpfungspunkt nach § 10a Abs. 3 BNotO erfüllt ist, dennoch nicht von einem Ort außerhalb seines Amtsbereichs per Videokommunikation beurkunden darf.

6. Grenzüberschreitung (§ 11a BNotO)

In § 11a BNotO kommen die Besonderheiten des gerade auch für das öffentliche Amt des Notars geltenden völkerrechtlichen **Territorialitätsprinzips** zum Ausdruck. Notarielle Amtsausübung ist als hoheitliche Tätigkeit auf das **Gebiet des Bestellungsstaates** begrenzt. **Außerhalb** des Bestellungsstaates verfügt der Notar über **keinerlei Amtsbefugnisse**. In der Folge wäre daher etwa eine Beurkundung durch einen deutschen Notar im Ausland unwirksam. 45

Zugleich ist nicht zu verkennen, dass auch der deutsche Notar im Rahmen seiner Amtsausübung zunehmend mit **internationalen, grenzüberschreitenden Sachverhalten** in Berührung kommt. § 11a BNotO versucht in Erkenntnis dessen – trotz der beschriebenen Einschränkungen, die sich aus dem öffentlichen Amt des Notars ergeben – diesem die **Möglichkeit einer transnationalen Zusammenarbeit** zu eröffnen. Der Gesetzgeber bedient sich dabei passender Elemente, die aus dem grenzüberschreitenden Rechtshilfeverkehr bekannt sind. Es geht auch darum, den transnationalen Rechtsverkehr von Hoheitsträgern zu regeln. 46

§ 11a BNotO liegt dabei die Vorstellung zu Grunde, dass der die nationalen Grenzen überschreitende Notar im Ausland **keine hoheitlichen Funktionen** wahrnimmt, sondern vielmehr nur eine dem ausländischen Kollegen dienende und diesen **unterstützende Funktion** entfaltet. 47

Hinderlich ist in diesem Zusammenhang, dass es nach wie vor – anders als im Bereich der Rechtshilfe – für notarielle Tätigkeiten **keine zwischenstaatlichen Abkommen oder Übereinkommen** gibt. Den deutschen Notar treffen in jedem Fall gemäß § 11a S. 2 BNotO auch bei einer Tätigkeit im Ausland alle Amtspflichten, die ihm nach deutschem Recht obliegen. Gemäß § 11a S. 4 BNotO hat umgekehrt auch ein ausländischer, auf Bitte eines deutschen Kollegen auf deutschem Staatsgebiet tätig werdender Notar die berufsrechtlichen Vorgaben des deutschen notariellen Berufsrechts zu beachten.

Nach wohl allgemeiner Auffassung regelt § 11a BNotO die Möglichkeiten grenzüberschreitender Zusammenarbeit aber nicht abschließend. Insbesondere ist es nach wie vor und ohne Einschränkungen möglich, ohne eigene Tätigkeit im Ausland **gutachterliche Stellungnahmen** einzuholen oder auch selbst zu verfassen. 48

5 Siehe dazu mit ausführlicher Begründung BeckOK BNotO/*Strauß*, 116. Ed. 1.2.2025, RLEmBNotK IX. Grundsätze zu Beurkundungen außerhalb der Geschäftsstelle, des Amtsbereichs und des Amtsbezirks Rn 40 ff.

7. Auftreten in Öffentlichkeit und Werbung (§ 29 BNotO)

49 § 29 Abs. 1 BNotO sieht vor, dass der Notar jedes gewerbliche Verhalten, insbesondere eine dem öffentlichen Amt widersprechende Werbung, zu unterlassen hat. § 29 Abs. 2 und 3 BNotO enthalten Sonderreglungen für Anwaltsnotare.

Weiterführender Hinweis:

Während die berufsrechtlichen Vorgaben der BRAO zum Werbeverhalten des Rechtsanwalts in den vergangenen Jahren eine erhebliche Liberalisierung erfahren haben, sind die berufsrechtlichen Vorgaben für den Notar nach wie vor und mit gutem Grund deutlich enger gefasst. Das dem Notar anvertraute **öffentliche Amt** erfordert zur Sicherung seiner Unparteilichkeit und Unabhängigkeit, dass er von werbewirksamen Maßnahmen möglichst zurückhaltend Gebrauch macht. Insbesondere im Bereich des Anwaltsnotariats ist verstärkt darauf zu achten, bezüglich des Notaramtes die strengeren Vorgaben des notariellen Berufsrechts einzuhalten.

50 Vereinfacht können die Vorgaben des notariellen Berufsrechts zum Auftritt des Notars in der Öffentlichkeit dahingehend zusammengefasst werden, dass berufswidriges, weil gewerbliches Verhalten dann vorliegt, wenn der **Bekanntheitsgrad** des Notars **nicht durch seine eigene fachliche Leistung**, sondern durch **Werbemaßnahmen** erhöht werden soll. Während danach die **sachliche Information** der rechtsuchenden Bevölkerung über das Tätigkeitsspektrum der Notare **zulässig** und sogar erwünscht ist, hat der Notar Verhaltensweisen zu unterlassen, die ohne Vermittlung von Informationen darauf gerichtet sind, seine **Person in den Vordergrund zu stellen** und eine **(wirtschaftliche) Werbewirkung** für seine Geschäftsstelle(n) zu erzielen. Der Notar hat insoweit nicht nur die Pflicht, berufsrechtswidriges Werbeverhalten selbst zu unterlassen, vielmehr hat er bei **amtswidriger Werbung durch Dritte** auch die Pflicht, darauf hinzuwirken, dass derartiges Verhalten auch durch Dritte unterlassen wird, droht sonst doch leicht der Anschein der Abhängigkeit und Parteilichkeit des Notars.

Beispiel:

Ein Notar darf im Rahmen einer Vortragsveranstaltung an einer örtlichen Volkshochschule über den Tätigkeitsbereich der Notare und über die Vorteile informieren, die mit notariellen Urkunden verbunden sind (z.B. im Erb- oder auch im Familienrecht). Dies stellt eine rein sachliche Information der Bevölkerung dar.

Hingegen ist es **nicht** erlaubt, wenn der Notar sich öffentlich als ausgewiesenen Spezialisten in einem bestimmten Rechtsgebiet anpreist und sich gar gegenüber anderen Notarkollegen ausdrücklich hervorhebt. Besondere Vorsicht und Zurückhaltung hat der Notar weiterhin auch bei Auftritten in **sozialen Netzwerken** walten zu lassen, **nicht** erlaubt sind insoweit etwa Reaktionen auf gewerbliche oder sonst werbende Beiträge Dritter oder auch Reaktionen auf Transaktionsberichte und sonstige Berichte über Amtstätigkeiten, insbesondere wenn darin auf die notarielle Mitwirkung Bezug genommen wird.

51 Um die generalklauselartigen Vorgaben des § 29 BNotO mit Leben zu füllen, sieht § 67 Abs. 2 S. 3 Nr. 7 BNotO eine Ermächtigung zugunsten der **Notarkammern** vor, durch Satzung **Richtlinien** zu den Anforderungen und Grenzen des Auftretens des Notars in der Öffentlichkeit zu erlassen. Abstrakt können die Grenzen regelmäßig nicht formuliert werden. Es bedarf im Einzelfall jeweils einer Betrachtung sämtlicher Umstände, wobei aber insbesondere der Häufigkeit des Verhaltens maßgebliche Bedeutung zukommt.

52 Die Richtlinien der örtlichen Notarkammern enthalten im jeweiligen Abschnitt VII. insbesondere Vorgaben

- zu den Maßstäben für **gewerbliches, reklamehaftes Verhalten**,
- zur Zulässigkeit des Hinweises auf bestehende oder ehemalige weitere Tätigkeiten i.S.v. § 8 Abs. 1, 3 und 4 BNotO und **Ehrenämter**,
- zu den Anforderungen für die Eintragung in **Verzeichnisse** sowie
- zu den Anforderungen für **Internet-Domainnamen** und **E-Mail-Adressen**.

8. Kollegialität (§ 31 BNotO)

In Anknüpfung an die in § 14 Abs. 3 S. 1 BNotO statuierten Verhaltensanforderungen sieht § 31 BNotO vor, dass sich der Notar gegenüber Kollegen, Gerichten, Behörden, Rechtsanwälten und anderen Beratern seiner „Auftraggeber" in einer **seinem Amt entsprechenden Weise** verhalten muss. 53

Weiterführender Hinweis:

Ob es einer derartigen, erst 1998 in die BNotO eingefügten Vorschrift wirklich bedarf, erscheint eher fraglich, ergeben sich die entsprechenden Pflichten zu sachlichem, redlichem, höflichem und kollegialem Verhalten doch bereits auch aus § 14 BNotO. Zudem schließt § 14 BNotO auch andere, in § 31 BNotO nicht genannte Personen, mit denen der Notar im Rahmen seiner Amtstätigkeit in Berührung kommt, mit ein (z.B. Banken im Zusammenhang mit Kreditfinanzierungen und flankierenden dinglichen Sicherungs- und Verwertungsrechten, insbesondere bei der Abwicklung von Treuhandaufträgen).

Die Richtlinien der Notarkammern beschäftigen sich auf der Grundlage der Ermächtigung in § 67 Abs. 2 S. 3 Nr. 11 BNotO mit einer Konkretisierung insbesondere der Vorgaben zum Verhalten gegenüber Kollegen. Relevant werden die entsprechenden Pflichten in der Praxis vor allem im Zusammenhang mit **Amtsnachfolgen** und in diesem Zusammenhang in der Zwischenzeit vielfach erforderlich werdenden **Notariatsverwaltungen**. 54

Wie auch in den Richtlinien der Notarkammern jeweils ausgeführt ist, ist es dem Notar kollegialiter selbstverständlich auch untersagt, Mitarbeiter eines anderen Notars abzuwerben bzw. eine solche Abwerbung auch nur zu versuchen (sei es persönlich oder auch durch Mitarbeiter, zudem ist unerheblich, auf welche Art und Weise die Kontaktaufnahme erfolgt). In jüngerer Zeit ist insoweit insbesondere auch der Einsatz von Personalvermittlungen zur Mitarbeitergewinnung in den Fokus gerückt. Zwar ist die Beauftragung einer Personalvermittlung per se durchaus zulässig, der Notar hat jedoch sicherzustellen, dass auch seitens der beauftragten Personalvermittlung keine aktiven Abwerbeversuche unternommen werden dürfen, die Initiative hat vielmehr in jedem Fall allein vom jeweiligen Bewerber auszugehen.

9. Nebenbeschäftigungen, Beteiligungen (§§ 8, 14 Abs. 5 BNotO)

Das öffentliche Amt des Notars bringt es für den einzelnen Amtsinhaber mit sich, dass er – im Vergleich zu klassischen Freiberuflern wie Rechtsanwälten – weitergehenden Beschränkungen der Berufsausübungsfreiheit unterliegt. Es handelt sich insoweit um einen sog. **staatlich gebundenen Beruf**. 55

Diese besonderen staatlichen Bindungen zeigen sich vor allem an den Vorgaben des § 8 BNotO, welcher die Ausübung von **Nebentätigkeiten** unter besondere Voraussetzungen stellt. Gemäß § 8 Abs. 1 BNotO darf der Notar grundsätzlich nicht zugleich Inhaber eines besoldeten Amtes sein. Es besteht aber die Möglichkeit, **Ausnahmen** durch die zuständige **Landesjustizverwaltung** zuzulassen (was insbesondere im Hinblick auf die hauptamtliche Übernahme kommunaler Spitzenämter relevant werden kann). 56

Gemäß § 8 Abs. 2 BNotO darf der Notar grundsätzlich **keinen weiteren Beruf** ausüben. In Übereinstimmung mit den Vorgaben des § 9 Abs. 2 BNotO (ausführlich siehe Rdn 62) darf der Anwaltsnotar jedoch zugleich den Beruf des Patentanwalts, des Wirtschaftsprüfers, des Steuerberaters und des vereidigten Buchprüfers ausüben.

Nach § 8 Abs. 3 BNotO bedarf der Notar der **Genehmigung der Aufsichtsbehörde** für die Übernahme einer **Nebentätigkeit** gegen Vergütung, insbesondere zu einer **gewerblichen** Tätigkeit und zum Eintritt in den Vorstand, Aufsichtsrat, Verwaltungsrat oder ein sonstiges Organ einer **auf Erwerb gerichteten Gesellschaft**, **Genossenschaft** oder eines in einer anderen Rechtsform betriebenen **wirtschaftlichen Unternehmens**. 57

Die Erteilung einer Genehmigung ist wiederum davon abhängig zu machen, dass die Tätigkeit **mit dem öffentlichen Amt des Notars vereinbar** ist und das Vertrauen in die Unabhängigkeit und Unparteilichkeit des Notars nicht beeinträchtigt werden kann.

> *Beispiel:*
>
> Während also die Tätigkeit in einem Aufsichtsgremium wie einem Aufsichts- oder Beirat einer juristischen Person oder Personengesellschaft vielfach genehmigungsfähig ist, ist eine Tätigkeit in einem Exekutivorgan wie dem Vorstand einer Aktiengesellschaft oder auch der Geschäftsführung einer GmbH regelmäßig deutlich kritischer zu bewerten.

Relevant ist in diesem Zusammenhang weiterhin auch der Unternehmensgegenstand der betreffenden Gesellschaft. Im Ergebnis kommt es aber auch insoweit wieder auf die Besonderheiten des jeweiligen Einzelfalles an.

58 § 8 Abs. 4 BNotO sieht schließlich im Sinne einer Rückausnahme vor, dass der Notar für einige Tätigkeiten **keine Genehmigung** benötigt. Dazu zählen die Tätigkeiten als **Testamentsvollstrecker, Insolvenzverwalter, Vormund** und **Schiedsrichter**.

59 § 14 Abs. 5 BNotO beschäftigt sich mit **Gesellschaftsbeteiligungen**, die mit dem öffentlichen Amt des Notars unvereinbar sein können. Maßgeblich sind hier der **Gesellschaftszweck** und **die rechtliche und wirtschaftliche Stellung des Notars** in der Gesellschaft. Klar ist dabei im Ausgangspunkt, dass es auch dem Notar möglich sein muss, sein Vermögen zu verwalten und sich am Wirtschaftsleben zu beteiligen. An bloßen Besitzgesellschaften kann sich der Notar daher regelmäßig unabhängig von der Rechtsform der Gesellschaft, von deren Unternehmensgegenstand und der Höhe seiner Beteiligung beteiligen.

Umgekehrt ist die Beteiligung an einer erwerbswirtschaftlichen Gesellschaft mit einem Unternehmensgegenstand, der als Nebentätigkeit nach § 8 BNotO nicht genehmigungsfähig wäre, zumindest dann unzulässig, wenn der Notar direkt oder indirekt die Mehrheit der Stimmen hält und damit i.S.d. § 17 AktG einen beherrschenden Einfluss ausübt. In der Sache liegt in diesem Fall nichts anderes als eine Umgehung von § 8 Abs. 2 BNotO vor. Gleiches gilt, wenn nach den jeweiligen Stimmrechtsverhältnissen alle wesentlichen Geschäftsführungsmaßnahmen der Zustimmung des Notars als Gesellschafter bedürfen.

10. Verbot von Vermittlungsgeschäften und Gewährleistungen (§ 14 Abs. 4 BNotO)

60 § 14 Abs. 4 BNotO nennt **Tätigkeiten**, die dem Notar wegen offensichtlicher Unvereinbarkeit mit seinem öffentlichen Amt **verboten** sind. Dazu zählt insbesondere die Tätigkeit als **Makler** (für den **Anwaltsnotar** gilt dies auch in seiner Rolle **als Rechtsanwalt**) oder die Mitwirkung bei der Vermittlung von Urkundsgeschäften.

Weiterhin ist es dem Notar untersagt, **Bürgschaften** oder **sonstige Gewährleistungen** zu übernehmen.

Die Vorschrift des § 14 Abs. 4 BNotO wird nunmehr mit Blick auf das Verbot der **Vermittlung** von Urkundsgeschäften auch in Ziff. VI. Nr. 4 der Richtlinienempfehlungen der BNotK präzisiert. Unter Vermittlung von Urkundsgeschäften ist jede Tätigkeit zu verstehen, die darauf abzielt, einem bestimmten Notar einen Urkundsauftrag zukommen zu lassen. Darunter fällt insbesondere die Vermittlung durch (in der Praxis überdies völlig überflüssige) „Vermittlungsportale“, die gegen Entgelt die Vereinbarung möglichst zügiger Notartermine vornehmen. Der Notar darf auch ein derart „vermitteltes“ Urkundsgeschäft aufgrund des damit verbundenen Anscheins der Abhängigkeit und Parteilichkeit (vgl. § 14 Abs. 3 S. 2 BNotO) nicht durchführen. Unproblematisch sind hingegen durch Makler vermittelte Kaufverträge oder bloße Empfehlungen durch Rechtsanwälte.[6]

6 Siehe hierzu näher Rundschreiben der Bundesnotarkammer Nr. 2/2025 vom 15.5.2025.

11. Zulässigkeit beruflicher Verbindungen (§ 9 BNotO)

§ 9 BNotO regelt als weitere Ausprägung der durch das öffentliche Amt bedingten Beschränkungen der Berufsausübungsfreiheit des Notars die Zulässigkeit beruflicher Verbindungen. 61

Hauptberuflich tätige Notare und auch Anwaltsnotare dürfen sich nach § 9 Abs. 1 S. 1 BNotO nur mit **am selben Amtssitz bestellten Notaren** zur **gemeinsamen Berufsausübung** verbinden bzw. mit diesen **gemeinsame Geschäftsräume** haben. Überörtliche Sozietäten sind daher zumindest dem hauptberuflichen Notar nicht erlaubt. Zu den Besonderheiten im Anwaltsnotariat sogleich mehr (siehe Rdn 62).

Gemäß § 9 Abs. 1 S. 2 BNotO kann zudem durch Rechtsverordnung bestimmt werden, dass eine Verbindung zur gemeinsamen Berufsausübung sowie die Nutzung gemeinsamer Geschäftsräume einer **Genehmigung durch die Aufsichtsbehörde** bedarf und dass eine Verbindung nur unter bestimmten Voraussetzungen zulässig ist (insbesondere kann eine Höchstzahl der beteiligten Berufsangehörigen bestimmt werden). In der Praxis ist insbesondere in den Ländern mit hauptberuflichem Notariat von dieser Ermächtigung weitgehend Gebrauch gemacht worden. In der Mehrzahl der Bundesländer mit hauptberuflichem Notariat ist etwa vorgesehen, dass sich der Notar mit nur einem Sozius verbinden darf.

Anwaltsnotare dürfen sich gemäß § 9 Abs. 2 S. 1 BNotO – über § 9 Abs. 1 BNotO hinausgehend – auch **miteinander**, mit anderen Mitgliedern einer **Rechtsanwaltskammer** sowie mit **Patentanwälten, Steuerberatern, Steuerbevollmächtigten, Wirtschaftsprüfern** und **vereidigten Buchprüfern** zur gemeinsamen Berufsausübung verbinden oder mit ihnen gemeinsame Geschäftsräume unterhalten. 62

Dabei ist zu beachten, dass eine Sozietät insoweit jeweils **nur in Bezug auf die rechtsanwaltliche Berufsausübung** möglich ist. Das **Notaramt** selbst ist **nicht sozietätsfähig** (vgl. § 9 Abs. 2 S. 3 BNotO). Auf diese Weise soll gewährleistet werden, dass der Notar seine Amtstätigkeit frei von Weisungen objektiv und neutral ausüben kann. Die Beschränkung der Sozietätsfähigkeit soll mithin seine wirtschaftliche und persönliche Unabhängigkeit und Unparteilichkeit gewährleisten.

> *Weiterführender Hinweis:*
>
> Der Bundesgesetzgeber hat weitgehend parallel zur Reform des notariellen Berufsrechts auch **das anwaltliche Berufsrecht** einer grundlegenden Überarbeitung unterzogen. Die betreffenden Änderungen sind zum 1.8.2022 in Kraft getreten. Im anwaltlichen Berufsrecht war die Reform insbesondere auch wegen einschlägiger Entscheidungen des Bundesverfassungsgerichts (konkret zu Ärzten und Apothekern)[7] geboten, dieses hatte jedenfalls mit Blick auf Ärzte und Apotheker eine Erweiterung des Kreises der für den Rechtanwalt soziierungsfähigen Berufe eingefordert.

Der Gesetzgeber ist im neuen § 59c BRAO weit darüber hinausgegangen und hat die **Soziierungsfähigkeit** jedenfalls im Grundsatz auf alle Freien Berufe i.S.v. § 1 Abs. 2 PartGG erstreckt (vgl. § 59c Abs. 1 S. 1 Nr. 4 BRAO). Wegen der Besonderheiten des öffentlichen Amtes des Notars hat der Gesetzgeber diese Änderungen aber richtigerweise auf die Tätigkeit des Nur-Rechtsanwalts beschränkt, für den Anwaltsnotar sind die Vorgaben in § 9 Abs. 2 BNotO unverändert geblieben, insbesondere hat der Gesetzgeber zu Recht auch an der **mangelnden Sozietätsfähigkeit des Notaramtes** festgehalten. Im Bereich des Anwaltsnotariats prägt die Sozietät nach § 9 Abs. 2 BRAO unverändert die Praxis, der Gesetzgeber hat aber mit Wirkung zum 1.8.2022 die bislang nur für hauptberufliche Notare geltende Vorschrift des § 9 Abs. 1 BNotO auch auf Anwaltsnotare erstreckt. Damit wurde klargestellt, dass sich auch Anwaltsnotare zu einer **reinen Anwaltsnotar-Sozietät** zusammenschließen können, an der keine Nur-Rechtsanwälte und Angehörige sonstiger für den Rechtsanwalt sozietätsfähiger Berufe beteiligt sind, ein Umstand, der auch nach der vorher geltenden Rechtslage niemals ernsthaft in Frage gestellt worden war.

7 BVerfG NJW 2016, 700.

Bedeutsam ist aber, dass Verbindungen nach § 9 Abs. 1 BNotO und § 9 Abs. 2 S. 1 BNotO gemäß § 9 Abs. 2 S. 3 BNotO strikt zu trennen sind, dies gilt insbesondere auch mit Blick auf die ansonsten bei Verbindungen i.S.v. § 9 Abs. 2 S. 1 BNotO üblichen Abreden zur Verteilung des notariellen Gebührenaufkommens (dazu mehr unter Rdn 73 ff.). Diese sind bei Beteiligung des Anwaltsnotars an mehreren beruflichen Verbindungen i.S.v. § 9 Abs. 1, 2 S. 1 BNotO nicht zulässig.

63 Gemäß § 9 Abs. 3 BNotO ist bei allen Formen der Soziierung darauf zu achten, dass durch diese die **persönliche und eigenverantwortliche Amtsführung, Unabhängigkeit und Unparteilichkeit** des Notars nicht beeinträchtigt wird. Die Norm spielt eine besondere Rolle im Zusammenhang mit § 17 BNotO und der Verteilung der Gebühreneinnahmen des Notars in Sozietäten (dazu mehr unter Rdn 80).

12. Aufsicht und Disziplinarrecht (§§ 92 ff. BNotO)

64 Als Träger eines öffentlichen Amtes unterliegen Notare nach §§ 92 ff. BNotO der **Dienstaufsicht**. Diese wird von den Aufsichtsbehörden vor allem durch **regelmäßige Dienstprüfungen** ausgeübt, die für gewöhnlich alle vier Jahre durchgeführt werden (§ 15 DONot, zum Ablauf der Amtsprüfung siehe weiterhin die Vorgaben von §§ 16 f. DONot). Neubestellte Notare werden gemäß § 93 Abs. 1 S. 3 BNotO erstmals innerhalb der ersten zwei Jahre ihrer Tätigkeit geprüft. Bei Bedarf sind gemäß § 92 Abs. 1 S. 2 BNotO auch jederzeit **Zwischenprüfungen** und **Stichproben** möglich.

65 **Aufsichtsbehörden** sind gemäß § 92 BNotO

- der **Präsident des Landgerichts**,
- der **Präsident des Oberlandesgerichts** und
- die **Landesjustizverwaltung**, d.h. das Landesministerium der Justiz (in den Stadtstaaten andere Benennung, nämlich Senatsverwaltung für Justiz in Berlin, Justizbehörde in Hamburg oder Justizsenator in Bremen).

Keine Aufsichtsbehörden in diesem Sinne sind demgegenüber die örtlichen **Notarkammern**. Ihre Aufgaben ergeben sich aus § 67 BNotO. Sie unterstützen die Aufsichtsbehörden aber bei der Führung der Dienstaufsicht.

66 Der **Gegenstand der Geschäftsprüfungen** ist in § 93 Abs. 2 BNotO näher beschrieben, der zum 1.1.2022 neu geschaffene § 18 DONot konkretisiert dies weiter. Zu prüfen ist danach die ordnungsgemäße Erledigung der Amtsgeschäfte des Notars. Die Prüfung erstreckt sich dabei insbesondere auf

- die Einrichtung der **Geschäftsstelle**,
- die Führung und Aufbewahrung der **Bücher, Verzeichnisse und Akten**,
- die ordnungsgemäße automatisierte Verarbeitung **personenbezogener Daten**,
- die vorschriftsmäßige Verwahrung von **Wertgegenständen**,
- die rechtzeitige Anzeige von **Vertretungen**,
- das Bestehen einer **Haftpflichtversicherung** sowie
- die ordnungsgemäße **Kostenberechnung** und **Kostenerhebung**.

Bezüglich der Notarkosten gelten Besonderheiten in Bayern und in den ostdeutschen Bundesländern, da dort die **Notarkasse** mit Sitz in München bzw. die **Ländernotarkasse** mit Sitz in Leipzig die diesbezüglichen Prüfungen vornimmt (vgl. § 93 Abs. 3 S. 7 BNotO).

67 Die Aufsichtsbehörden bedienen sich in der Praxis neben Notaren (vgl. § 93 Abs. 3 S. 2 BNotO) regelmäßig auch speziell dafür ausgebildeter Hilfspersonen (Beamte der Justizverwaltung, regelmäßig kommen insbesondere Bezirksrevisoren zum Einsatz).

§ 93 Abs. 4 BNotO sieht umfassende **Mitwirkungs- und Informationspflichten** des Notars sowie der Personen, mit denen er sich zur gemeinsamen Berufsausübung verbunden hat oder mit denen er gemeinsame Geschäftsräume unterhält, vor. Letztere sind aber nur insoweit zur Mitwirkung und Auskunft verpflichtet, soweit es um die Überprüfung der Einhaltung der Mitwirkungsverbote nach § 3 BeurkG geht.

Der Notar unterliegt damit einer umfassenden, vornehmlich präventiv wirkenden **Aufsicht durch den Staat**. Bedeutsam ist aber, dass er als unabhängige Amtsperson nicht etwa einer Weisungsbefugnis der Aufsichtsbehörde unterliegt, vielmehr beschränkt sich die Aufsicht auf die **Einhaltung von Recht und Gesetz**. Wendet der Notar das materielle Recht falsch an und entstehen den Beteiligten dadurch wirtschaftliche Nachteile, haftet der Notar (ausführlich dazu Rdn 70 ff.) für Schäden aufgrund seiner Pflichtverletzungen gemäß § 19 BNotO. 68

Im Falle eines **Dienstvergehens** i.S.d. § 95 BNotO können von der Dienstaufsicht **Disziplinarmaßnahmen** verhängt werden, die in § 97 BNotO näher bezeichnet sind. Disziplinarmaßnahmen reichen von einem **Verweis** über eine **Geldbuße** bis hin zu einer (ggf. vorübergehenden, vgl. dazu für den Anwaltsnotar § 97 Abs. 3 BNotO) **Entfernung aus dem Amt**. 69

Die Schwere der Sanktion richtet sich entsprechend des Grundsatzes der Verhältnismäßigkeit stets nach der Schwere des jeweiligen Dienstvergehens. In minderschweren Fällen („*Amtspflichtverletzungen leichterer Art*") kann die Notarkammer außerhalb eines Disziplinarverfahrens auch eine **Ermahnung** i.S.d. § 75 BNotO aussprechen. Gleiches gilt nach § 94 Abs. 1 BNotO auch für die Aufsichtsbehörde. Dieser steht bei Amtspflichtverletzungen leichterer Art das ebenfalls vordisziplinarische Mittel der **Missbilligung** zur Verfügung.

13. Amtshaftung und Haftpflichtversicherung (§§ 19, 19a BNotO)

Verletzt der Notar eine gegenüber einem anderen bestehende Amtspflicht vorsätzlich oder fahrlässig, hat er dem Geschädigten den daraus entstehenden **Schaden** zu **ersetzen** (§ 19 BNotO). Im Falle fahrlässiger Amtspflichtverletzungen haftet der Notar nur, wenn der Verletzte nicht auf andere Weise (etwa von einem anderen Schädiger) Ersatz erlangen kann. 70

Gemäß § 19a Abs. 1 BNotO ist der Notar verpflichtet, eine Vermögensschadens-Haftpflichtversicherung mit einer **Mindestversicherungssumme** von 500.000 EUR pro Versicherungsfall abzuschließen. Die Leistungen des Versicherers für alle innerhalb eines Versicherungsjahres verursachten Schäden dürfen auf 1 Mio. EUR begrenzt werden. Fehlt die notwendige Haftpflichtversicherung bereits zum Zeitpunkt der Bestellung zum Notar, ist diese nach § 6a Abs. 1 BNotO zu versagen. Bei einem bereits im Amt befindlichen Notar führt ein Wegfall des Versicherungsschutzes zunächst zur vorläufigen und letztlich zur endgültigen Amtsenthebung (§§ 54 Abs. 1 Nr. 2, 50 Abs. 1 Nr. 12 BNotO). 71

Neben der individuellen Haftpflichtversicherung des einzelnen Notars spielen einige weitere, von den örtlichen Notarkammern zu unterhaltende Versicherungsverträge eine wichtige Rolle. Gemäß § 67 Abs. 3 Nr. 3 BNotO unterhalten die Notarkammern zunächst sog. **Gruppenanschlussversicherungsverträge**. Diese kommen zur Geltung, wenn die Basishaftpflichtversicherung des Notars wegen Erreichens der Deckungssumme nicht ausreicht, um den eingetretenen Schaden auszugleichen. Pro Versicherungsfall steht so eine (zusätzliche) Versicherungssumme von bis zu 500.000 EUR zur Verfügung. 72

> *Weiterführender Hinweis:*
>
> Problematisch kann es für den Geschädigten im – eher theoretischen – Fall einer vorsätzlichen Schädigung durch einen Notar werden. Ersatzansprüche wegen wissentlicher Pflichtversicherung sind vom Versicherungsschutz der Basishaftpflichtversicherung des Notars ausgeschlossen (§ 19a Abs. 2 Nr. 1 BNotO). Wäre in einem solchen Fall der Notar auch noch vermögenslos, würde diese Deckungs- bzw. Versicherungslücke zu Lasten des Geschädigten gehen. Um dies zu vermeiden, sieht die BNotO ein System der sog. **Vertrauensschadensvorsorge** vor.

Die Notarkammern sind verpflichtet, eine sog. **Vertrauensschadensversicherung** vorzuhalten (§ 67 Abs. 3 Nr. 3 BNotO). Besteht wegen vorsätzlichen Handelns des Notars kein Versicherungsschutz in der Basishaftpflichtversicherung und kann der Geschädigte auch auf andere Weise keinen Ersatz erlangen, steht ihm aus der Vertrauensschadensversicherung im einzelnen Schadensfall bis zu 255.650 EUR zur Verfügung; die Jahreshöchstleistung pro Notar beträgt 1.022.600 EUR. Der Vertrauensschadensfonds wird von den Notarkammern solidarisch unterhalten. Die Erträge dieses öffentlich-rechtlichen Zweckvermögens werden zur Unterhaltung einer sog. Exzedentenversicherung genutzt, die ihrerseits Mittel zur Aufstockung der zur Verfügung stehenden Jahreshöchstleistungen der Vertrauensschadensversicherung zur Verfügung stellt. Reichen die Versicherungssummen insgesamt nicht aus, stellt der Vertrauensschadensfonds auf freiwilliger Basis weitere Mittel zur Verfügung.

Entschädigt werden ausschließlich unmittelbare Vermögensschäden, nicht hingegen mittelbare Vermögensschäden wie Zinsschäden und Rechtsverfolgungskosten. Die Ausschlussfrist für die Bereitstellung von Regulierungsmitteln beträgt vier Jahre gerechnet ab Begehung der zum Schaden führenden Amtspflichtverletzung.

II. Gebührenerhebung (§ 17 BNotO)

1. Gesetzliche Wertgebühr

73 Das Gerichts- und Notarkostengesetz (GNotKG) geht in Angelegenheiten der freiwilligen Gerichtsbarkeit vom **Grundsatz der Wertgebühr** aus. D.h. die **Gebührenhöhe** hängt nicht etwa vom Aufwand des Notars oder auch der Schwierigkeit der jeweiligen Amtstätigkeit ab, sondern es entscheidet grundsätzlich der **Geschäftswert** i.S.d. § 34 GNotKG über die Höhe der Gebühr.

Der im Einzelfall maßgebliche Geschäftswert ist unter Heranziehung der **Geschäftswertvorschriften** des GNotKG zu ermitteln. Für den Notar relevant sind insoweit die §§ 40–45 GNotKG und die §§ 97–124 GNotKG.

74 Durch die Entscheidung für eine wertabhängige Gebühr verwirklicht das GNotKG insbesondere auch das **Sozialstaatsprinzip**.

Der Notar erbringt im Bereich niedrigerer Geschäftswerte häufig Amtstätigkeiten, die unter betriebswirtschaftlichem Blickwinkel nicht kostendeckend zu betreiben sind, die aber zugleich bei alternativer Bemessung der Gebühr nach Aufwand oder Schwierigkeit für nicht unerhebliche Teile der Bevölkerung nicht mehr erschwinglich wären. Amtstätigkeiten im Bereich höherer Geschäftswerte dienen dann unter anderem der **Quersubventionierung** solcher betriebswirtschaftlich gesehen unrentabler Amtstätigkeiten.

75 In eng begrenzten **Sonderfällen** sieht das GNotKG in Abweichung davon **Festgebühren** vor. Das System der Wertgebühr wird dadurch jedoch nicht ernsthaft in Frage gestellt. Die Festgebühren betreffen regelmäßig nicht das Beurkundungsverfahren an sich, sondern vielmehr einfache und **standardisierungsfähige Vorgänge**, wie etwa die Erteilung beglaubigter Abschriften bzw. notarieller Tatsachenzeugnisse oder auch die Erwirkung einer Apostille bzw. einer Legalisation.

2. Gebührenerhebungspflicht

76 Der Notar ist gemäß § 17 Abs. 1 GNotKG grundsätzlich verpflichtet, für seine Tätigkeit die gesetzlich vorgeschriebene Gebühr zu erheben. Vorbehaltlich des § 125 GNotKG (dazu näher unter Rdn 81 ff.) sind insbesondere auch **Vereinbarungen über die Höhe der Gebühr unwirksam**, soweit nicht in § 126 GNotKG für **eng umgrenzte Ausnahmefälle** etwas anderes geregelt ist. Nach § 17 Abs. 1 S. 2 und 3 BNotO kann der Notar weiterhin von der Erhebung der Gebühren absehen oder diese ermäßigen, wenn die Gebührenerhebung aufgrund außergewöhnlicher Umstände des Falls unbillig wäre und die Notarkammer bzw. die Notarkasse/Ländernotarkasse ihre Zustimmung dazu erteilt hat. Eine solche Zustimmung wird in der Praxis nur im Ausnahmefall erteilt. Denkbar ist das aber etwa in Fällen von Naturkatastrophen wie Hochwasser oder Bränden.

> *Weiterführender Hinweis:*
>
> Nach bis Ende Juli 2021 geltender Rechtslage war ein Verzicht auf eine Gebührenerhebung vor allem bei der Vornahme von Amtsgeschäften zugunsten von Standesangehörigen weithin üblich, d.h. sowohl bei Notarinnen und Notaren als auch bei deren Mitarbeitern

(sowie teilweise auch bei deren Angehörigen) konnte auf eine Gebührenerhebung verzichtet werden. Der Gesetzgeber hat diese Praxis für nicht mehr zeitgemäß erachtet und daher mit Wirkung zum 1.8.2021 für unzulässig erklärt. Bereits zuvor war die praktische Handhabung des sog. **Standesangehörigenprivilegs** wegen zahlreicher sich ggf. stellender einkommens- und umsatzsteuerlicher Fragen und Problemen zunehmend schwieriger geworden.

Die Kostenerhebung erfolgt aufgrund einer den Anforderungen des § 19 GNotKG entsprechenden **Berechnung**. Dabei sind zwingend die in § 19 Abs. 1 und 2 GNotKG genannten Angaben zu berücksichtigen. Weiterhin „*sollen*" auch die in § 19 Abs. 3 GNotKG genannten Angaben enthalten sein (was wiederum entgegen dem Gesetzeswortlaut eine unbedingte Dienstpflicht des Notars darstellt, siehe zu sog. Soll-Vorschriften ausführlich Rdn 245). 77

Neben den Angaben nach § 19 GNotKG sind weiterhin auch die Vorgaben des **Umsatzsteuergesetzes** (konkret des § 14 UStG) zu berücksichtigen. Zudem ist gemäß § 7a GNotKG eine **Rechtsbehelfsbelehrung** beizufügen.

Praxistipp:

Soweit – wie vielfach üblich – Mitarbeiter des Notars die Abrechnung vorgenommener Amtstätigkeiten vorbereiten und insbesondere die Kostenberechnung i.S.d. § 19 GNotKG erstellen, ist auch hier mit **größter Sorgfalt** vorzugehen. Das gesamte notarielle Kostenrecht fußt auf dem Gedanken, dass es überall in seinem Geltungsbereich möglichst einheitlich angewendet wird.

Zur Sicherstellung einer möglichst einheitlichen Rechtsanwendung wird insbesondere auch die Einhaltung der kostenrechtlichen Vorschriften im Rahmen von **Amts- bzw. Kostenprüfungen** besonders gründlich kontrolliert. Werden im Rahmen derartiger Prüfungen Unstimmigkeiten bzw. Fehler aufgedeckt, ist der Notar verpflichtet, zu wenig erhobene Gebühren nachträglich zu erheben. Zu viel erhobene Gebühren sind zu erstatten. Das Erfordernis derartiger nachträglicher Zahlungsvorgänge ist den Beteiligten regelmäßig nur schwierig zu vermitteln, was nachvollziehbar ist. Daher sollte es nach Möglichkeit von vornherein vermieden werden.

3. Gebührendurchsetzungspflicht

Die Pflicht des Notars zur Erhebung der gesetzlich vorgeschriebenen Gebühren endet (selbstverständlich) nicht mit der Ausstellung der Kostenrechnung. Vielmehr ist er auch verpflichtet, diese soweit erforderlich auch **zwangsweise einzutreiben**. Gemäß § 89 GNotKG kann der Notar seine Forderung mittels einer dem Zahlungspflichtigen mitgeteilten, vom Notar unterschriebenen und mit einer Vollstreckungsklausel des Notars versehenen Ausfertigung der Kostenberechnung nach den Vorschriften der Zivilprozessordnung (ZPO) beitreiben lassen. 78

Abgesehen von den in § 17 Abs. 2 BNotO beschriebenen Sonderfällen **entfällt** die **Durchsetzungspflicht** des Notars hinsichtlich seiner Gebührenforderung nur, wenn 79

- die Eintreibung offensichtlich unmöglich ist oder
- die damit verbundenen Kosten, die bei Erfolglosigkeit seiner Bemühungen regelmäßig zusätzlich beim Notar verbleiben, in keinem Verhältnis zur einzutreibenden Forderung stehen.

Die örtlichen Notarkammern bzw. die Notarkasse und Ländernotarkasse haben allesamt Richtlinien erlassen, die sich mit der Abschreibung uneinbringlicher Gebühren beschäftigen und so dem Notar als Handreichung für die Handhabung der Gebührendurchsetzungspflicht im Einzelfall dienen können.

4. Verbot der Gebührenteilung

§ 17 Abs. 1 S. 4 BNotO sieht vor, dass der Notar im Zusammenhang mit einem Amtsgeschäft weder **Vorteile versprechen oder gewähren** darf noch darf er **Dritte** an den **Gebühren beteiligen**. 80

Weiterführender Hinweis:

Im Hinblick auf das Anwaltsnotariat war phasenweise umstritten, ob § 17 Abs. 1 S. 4 BNotO auch im Rahmen einer **Gewinnverteilungsabrede zwischen einem Anwaltsnotar und seinen** mit ihm nach § 9 Abs. 2 S. 1 BNotO zur hinsichtlich der Tätigkeit als Rechtsanwalt gemeinsamen Berufsausübung verbundenen **Rechtsanwalts-Sozien** Anwendung finden muss. Im Rahmen derartiger Abreden war und ist es im Bereich des Anwaltsnotariats seit jeher üblich, dass die Notargebühren und die Einnahmen aus der Tätigkeit als Rechtsanwälte regelmäßig „in einen Topf" geworfen werden und nach einem einheitlich vereinbarten Gewinnverteilungsschlüssel zwischen Anwaltsnotar und seinen Rechtsanwalts-Sozien verteilt werden. Wären die Rechtsanwalts-Sozien Dritte i.S.d. § 17 Abs. 1 S. 4 BNotO wäre derartigen Praktiken von vornherein der Boden entzogen. Nach mittlerweile überwiegend geteilter Auffassung liegt insoweit aber kein Drittverhältnis vor.

Anders ist dies aber, falls von der durch § 9 Abs. 1 BNotO nunmehr auch Anwaltsnotaren eröffneten Möglichkeit einer nur aus Anwaltsnotaren bestehenden Berufsverbindung (ohne Beteiligung von Nur-Rechtsanwälten und Angehörigen anderer sozietätsfähiger Berufe) Gebrauch gemacht wird. Sind die betreffenden Anwaltsnotare zugleich auch Mitglied einer anderen beruflichen Verbindung i.S.v. § 9 Abs. 2 S. 1 BNotO, sind die **verschiedenen Berufsausübungsgemeinschaften** nach § 9 Abs. 2 S. 3 BNotO **strikt zu trennen**. Das gilt insbesondere auch für das Gebührenaufkommen i.S.d. § 17 BNotO.

Die eigenverantwortliche Amtsführung sowie die Unabhängigkeit und Unparteilichkeit des Anwaltsnotars sind insoweit vielmehr allein unter Berücksichtigung der Vorgaben des § 9 Abs. 3 BNotO zu wahren.[8]

5. Gebührenvereinbarung als öffentlich-rechtlicher Vertrag

81 In Anknüpfung an § 125 GNotKG sieht § 126 Abs. 1 S. 1 GNotKG vor, dass der Notar für seine Tätigkeit als **Mediator** oder **Schlichter** durch schriftlich zu fassenden (vgl. § 126 Abs. 2 GNotKG) **öffentlich-rechtlichen Vertrag** i.S.d. §§ 54 ff. VwVfG bzw. die entsprechenden Vorschriften der Verwaltungsverfahrensgesetze der Länder eine **Gegenleistung in Geld vereinbaren** kann. Gleiches gilt gemäß § 126 Abs. 1 S. 2 GNotKG für **Amtstätigkeiten**, für die im GNotKG **keine Gebühr bestimmt** ist und die nicht mit anderen gebührenpflichtigen Tätigkeiten zusammenhängen.

82 Die danach vereinbarte Gegenleistung muss gemäß § 126 Abs. 1 S. 3 GNotKG unter Berücksichtigung aller Umstände angemessen sein, insbesondere der **Umfang** und die **Schwierigkeit** der Tätigkeit sind dabei entsprechend zu berücksichtigen. Insbesondere im Bereich der Mediation und Schlichtung kann sich der Notar an den Maßstäben orientieren, die für andere Berufsgruppen wie Wirtschaftsanwälte und Mediatoren gelten. Der für die Tätigkeit eventuell bestehende erhöhte Personalaufwand, insbesondere der zusätzliche Einsatz von Mitarbeitern des Notars, kann gegenleistungserhöhend berücksichtigt werden.

83 Die **Kostenerhebung** erfolgt bei einer Gebührenvereinbarung gemäß § 126 Abs. 3 S. 1 GNotKG entsprechend der allgemeinen Vorschriften des GNotKG zur Beitreibung notarieller Kostenberechnungen; insbesondere sind auch die Förmlichkeiten des § 19 GNotKG zu beachten.

III. Urkundsgewährung

1. Urkundsgewährungspflicht (§ 15 BNotO)

84 § 15 Abs. 1 S. 1 BNotO erlegt dem Notar die Verpflichtung auf, seine Urkundstätigkeit i.S.d. § 10a BNotO nicht ohne ausreichenden Grund zu verweigern. Diese Pflicht tritt neben die Pflicht zur generellen Amtsbereitschaft. Die Urkundsgewährungspflicht ist einer der zentralen Ansprüche des rechtsuchenden Bürgers, die vor allem auch aus der Entscheidung des Ge-

8 OLG Celle BeckRS 2010, 1871.

setzgebers resultiert, für bestimmte, besonders **wichtige Rechtsgeschäfte** durch Formvorschriften eine **Beurkundungspflicht** vorzusehen. Der Urkundsgewährungsanspruch steht den Beteiligten grundsätzlich aber selbstverständlich auch dann zu, wenn das materielle Recht keine besondere Form vorschreibt und die Beteiligten vielmehr **aus freien Stücken** die Dienste eines Notars in Anspruch nehmen wollen.

Bereits dem Gesetzeswortlaut nach besteht der Urkundsgewährungsanspruch gemäß § 15 Abs. 1 S. 1 BNotO nur dann nicht, wenn der Notar **ausreichenden Grund** hat, die begehrte **Amtstätigkeit zu versagen**. Ein solcher Grund kann zunächst zwingenden Charakter haben. Der Notar kann danach in bestimmten Fällen gesetzlich verpflichtet sein, seine Amtstätigkeit zu versagen. 85

Für die **Online-Verfahren im Gesellschaftsrecht** hat der Gesetzgeber in §§ 16a Abs. 2, 40a Abs. 5 BNotO Sondervorschriften geschaffen. Danach hat der Notar den/die Beteiligten auf das Präsenzverfahren zu verweisen, falls er die Erfüllung seiner Amtspflichten im Online-Verfahren nicht gewährleisten kann. Neben derartigen zwingenden Versagungsgründen gibt es auch gesetzliche Vorschriften, die es in das pflichtgemäße Ermessen des Notars stellen, ob er der ihm angetragenen Amtstätigkeit nachkommt. In diesen Fällen kann der Notar seine Mitwirkung verweigern, muss dies aber nicht.

2. Von der Urkundsgewährungspflicht nicht erfasste Tätigkeiten

Die Urkundsgewährungspflicht umfasst die ordnungsgemäße und vollständige Durchführung eines Beurkundungsverfahrens nach dem BeurkG. Schon ausweislich des Gesetzeswortlautes erfasst der Urkundsgewährungsanspruch aber **nur** Urkundstätigkeit i.S.d. §§ 20–22 BNotO (vgl. dazu auch § 10a Abs. 2 BNotO). 86

Verwahrungstätigkeiten i.S.d. § 23 BNotO sowie **Betreuungstätigkeiten** i.S.d. § 24 BNotO werden demgegenüber vom Anwendungsbereich des § 15 Abs. 1 S. 1 BNotO **nicht erfasst**. Die Übernahme dieser Tätigkeiten steht vielmehr im pflichtgemäßen Ermessen des Notars. Dennoch kann der Notar dann zur Übernahme derartiger Tätigkeiten verpflichtet sein, wenn die Verwahrungs- und Betreuungstätigkeiten in engem Zusammenhang mit einer Urkundstätigkeit steht oder diese ohne die ergänzenden Tätigkeiten im Ergebnis ins Leere liefe. 87

Übernimmt der Notar eine Tätigkeit, die nicht der Urkundsgewährungspflicht unterfällt, ist er selbstverständlich verpflichtet, die übernommene Tätigkeit ordnungsgemäß auszuführen.

Beispiele: Betreuungstätigkeit

Im Rahmen der Abwicklung von Immobilienkaufverträgen:
- die **Fälligkeitsmitteilung** des Notars bezüglich des Kaufpreises,
- die Einholung von **Genehmigungen** und sonstigen, für den Vollzug erforderlichen Unterlagen wie **Lastenfreistellungserklärungen** von Gläubigern sowie
- die **Überwachung** der **Kaufpreiszahlung** und
- die **Umschreibung** des **Eigentums** auf den Erwerber nach ordnungsgemäßer Bezahlung des Kaufpreises.

Praxistipp: 88

Die Frage, ob der Notar eine ihm angetragene Urkundstätigkeit ablehnt, ist eine Verfahrensentscheidung, die grundsätzlich keiner besonderen Form bedarf. Je nach Verfahrensstand kann aber eine schriftliche Ablehnung sinnvoll erscheinen, dient diese vor allem doch auch der Dokumentation. Auch bei zunächst mündlicher Ablehnung bietet sich die Abfassung zumindest eines **Aktenvermerks** an. Tritt der Ablehnungsgrund erst im Rahmen des Vollzugs einer Urkunde zu Tage, sollte regelmäßig ein **schriftlicher Bescheid** erteilt werden.

3. Beschwerdemöglichkeit (§ 15 Abs. 2 BNotO)

89 Gegen die (unberechtigte) Verweigerung einer Urkundstätigkeit durch den Notar steht den Beteiligten gemäß § 15 Abs. 2 BNotO das **Rechtsmittel** der Beschwerde zur Verfügung. Diese ist – anders als der Urkundsgewährungsanspruch – auch nicht auf Urkundstätigkeiten i.S.d. §§ 20–22 BNotO beschränkt, vielmehr ist die Verweigerung jedweder Amtstätigkeit beschwerdefähig.

90 Das Beschwerdeverfahren richtet sich nach den Vorschriften des FamFG, insbesondere nach den §§ 59 ff. FamFG. Die Besonderheit des Verfahrens nach § 15 Abs. 2 BNotO liegt darin begründet, dass der Notar in diesem nicht nur Verfahrensbeteiligter ist, vielmehr hat er selbst die Funktion einer **ersten Instanz**. Hilft der Notar der Beschwerde nicht ab, hat er sie dem Landgericht, in dessen Bezirk er seinen Amtssitz hat, zur Entscheidung vorzulegen.

91 Ist der Beschwerdeführer nach Auffassung des Beschwerdegerichts durch die Verweigerung der Amtstätigkeit in seinen Rechten verletzt, hat der Notar die ihm angetragene Amtstätigkeit zu Unrecht verweigert, weist ihn das **Beschwerdegericht** bindend an, die begehrte Amtshandlung vorzunehmen.

4. Vorbescheidsverfahren

92 Ist die begehrte Amtshandlung nach Auffassung des Notars vom **Urkundsgewährungsanspruch** umfasst und daher von diesem vorzunehmen, wird dies jedoch von einem der Beteiligten in Abrede gestellt, steht dem Notar die Möglichkeit offen, einen sog. **Vorbescheid** zu erlassen, mittels welchem er die Ausführung der ihm angetragenen Urkundstätigkeit ankündigen kann. Der notarielle Vorbescheid ist im Gesetz zwar nicht ausdrücklich vorgesehen, nach einhelliger Auffassung auch unter Geltung des FamFG aber auch nicht verboten. Er stellt zugleich lediglich eine **Handlungsoption** für den Notar dar. Er ist keinesfalls verpflichtet, ein Vorbescheidsverfahren durchzuführen.

93 Weitere **Anwendungsfälle** des notariellen Vorbescheids sind bei Vollzug einer Urkunde aufkommende **Auslegungsschwierigkeiten** und **Meinungsverschiedenheiten** unter den Beteiligten. In der Praxis kommt er weiterhin zur Anwendung, wenn der Notar von allen Beteiligten übereinstimmend bevollmächtigt worden ist, für diese bei Vorliegen bestimmter Voraussetzungen eine bestimmte **Erklärung abzugeben**, zwischen den Beteiligten aber gerade streitig ist, ob diese Voraussetzungen tatsächlich vorliegen. Dies bietet sich vor allem auch bei Maßnahmen an, die schlecht rückgängig gemacht werden können.

94 Erlässt der Notar einen Vorbescheid, wird dieser **Gegenstand des Beschwerdeverfahrens** nach § 15 Abs. 2 BNotO. Ist die Beschwerde begründet, weist das Beschwerdegericht den Notar an, die begehrte Amtshandlung nicht vorzunehmen.

Gegen die Entscheidung des Landgerichts steht den Beteiligten die **Rechtsbeschwerde** zum BGH zur Verfügung, die allerdings der Zulassung durch das Beschwerdegericht bedarf. Prüfungsmaßstab des BGH ist allein, ob die Entscheidung auf Rechtsfehlern beruht. Eine Feststellung von Tatsachen findet durch das Rechtsbeschwerdegericht nicht statt.

> *Beispiel:*
>
> Der Notar beabsichtigt, eine Masse an den Beteiligten Benno Begünstigt auszuzahlen; hiergegen hat der Beteiligte Stephan Streiter aus Rechtsgründen Einwendungen erhoben.
>
> In diesem Fall kann der Notar zunächst den Beteiligten seine Absicht ankündigen, die Masse an Herrn Begünstigt auszukehren, und unter Fristsetzung auffordern, vorab ein Beschwerdeverfahren gemäß § 15 Abs. 2 BNotO einzuleiten.
>
> Der Vorbescheid muss mit einer entsprechenden Rechtsbehelfsbelehrung versehen sein.

Ob der Notar auch die Absicht eines **Untätigbleibens** durch Vorbescheid ankündigen kann, ist umstritten;[9] nach mittlerweile weitgehend etablierter Praxis ist jedoch auch dies möglich und zulässig.

5. Ablehnungspflicht (§ 14 Abs. 2 BNotO, § 4 BeurkG)

Der Notar muss seine Amtstätigkeit **zwingend versagen**, wenn sie mit seinen Amtspflichten nicht vereinbar wäre. Dies ist gemäß § 14 Abs. 2 BNotO, § 4 BeurkG insbesondere der Fall, wenn seine Mitwirkung an Handlungen verlangt wird, mit denen **erkennbar unerlaubte oder unredliche Zwecke** verfolgt werden. Dies gilt insbesondere, wenn durch die notarielle Amtstätigkeit ein falscher Anschein erweckt werden soll, durch den Beteiligte oder auch Dritte in die Gefahr eines folgenschweren Irrtums gebracht werden sollen. Denkbar wäre das, wenn durch die Einschaltung des Notars der Anschein von Seriosität erweckt oder eine Sicherheit vorgetäuscht werden soll, welche die notarielle Amtshandlung im konkreten Fall nicht leisten kann. 95

Weiterführender Hinweis:

In jüngerer Zeit sind in diesem Zusammenhang in der notariellen Praxis insbesondere auch immer wieder Gruppierungen wie die sog. **Reichsbürgerbewegung** relevant geworden. Angehörige dieser organisatorisch und ideologisch sehr heterogenen Szene lehnen die Existenz der Bundesrepublik Deutschland als souveränen und legitimen Staat wie auch dessen Rechtsordnung meist entschieden ab. Obwohl auch der Notar als Träger eines öffentlichen Amtes Vertreter dieses abgelehnten „Systems" ist, wird er mitunter mit dem Ansinnen konfrontiert, selbst verfasste Texte notariell zu beglaubigen. Die zu beglaubigenden Texte sind vielfach zumindest weitgehend unverständlich und für einen sich nicht in den betreffenden Kreisen Bewegenden kaum nachvollziehbar. Teilweise finden sich aber auch Ausführungen (insbesondere über Politiker), welche die Strafbarkeitsschwelle überschreiten (insbesondere im Hinblick auf die §§ 185 ff. StGB).

Das Ziel der angestrebten notariellen Beglaubigung dieser Dokumente besteht regelmäßig darin, diesen Dokumenten gerade durch die notarielle Beglaubigung eine **vermeintliche besondere Seriosität** zu verleihen oder einen bestimmten Rechtsschein zu setzen.

In solchen Fällen liegt es nahe, das Vorliegen unredlicher Zwecke i.S.d. § 14 Abs. 2 BNotO, § 4 BeurkG i.V.m. § 40 Abs. 2 BeurkG besonders gründlich zu prüfen und die Amtstätigkeit ggf. zu verweigern. Der Notar sollte bezüglich der vorgelegten Texte in jedem Fall **stichprobenartig** prüfen, ob Anhaltspunkte für eine **missbräuchliche Verwendung** gegeben sind, die der die Beglaubigung Ersuchende nicht nachvollziehbar erläutern kann. 96

Praxistipp:

Da Beglaubigungen im Büroalltag mitunter „zwischen Tür und Angel" vorgenommen werden, sollten auch die Mitarbeiter des Notars schon bei der Vorbereitung auf verdächtige Inhalte achten und den Notar bei Auffälligkeiten frühzeitig über ihre Wahrnehmungen informieren.

Der Notar hat seine Mitwirkung weiterhin zu versagen, wenn er von der **Nichtigkeit** des beabsichtigten **Rechtsgeschäfts** überzeugt ist (z.B. wegen eines Gesetzesverstoßes i.S.d. § 134 BGB oder wegen eines Verstoßes gegen die guten Sitten i.S.d. § 138 Abs. 1 und 2 BGB) oder sich die Überzeugung gebildet hat, dass einer der Beteiligten **nicht** über die erforderliche **Geschäftsfähigkeit** verfügt. 97

Infolge des völkerrechtswidrigen Angriffskrieges Russlands besonders in den Fokus geraten sind in jüngerer Zeit auch wieder von der Europäische Union erlassene Sanktionen. Ähnlich wie auch bereits hinsichtlich anderer Länder (etwa Belarus, Iran oder Nordkorea) hat die Europäische Union gegen einzelne russische natürliche und juristische Personen und sonstige 98

9 Siehe hierzu *Everts*, ZNotP 2005, 220; *Reithmann*, ZNotP 2005, 57.

Einrichtungen und Organisationen („**Sanktionierte**“) umfassende Sanktionen erlassen.[10] Da nach Art. 2 Abs. 2 der betreffenden EU-Verordnung untersagt ist, den Sanktionierten unmittelbar oder mittelbar Gelder oder wirtschaftliche Ressourcen zur Verfügung zu stellen oder zugute kommen zu lassen, hat der Notar Amtstätigkeiten, welche den Sanktionierten im vorbeschriebenen Sinne dienen, regelmäßig – vorbehaltlich der in der betreffenden EU-Verordnung vorgesehenen Rückausnahmen – abzulehnen. Zu Unsicherheiten hat zwischenzeitlich weiterhin auch das 8. EU-Sanktionspaket geführt, das am 7.10.2022 in Kraft getreten ist und ein weitreichendes Verbot der Erbringung von Rechtsberatungsdienstleistungen vorsieht. Nach Art. 5n Abs. 2 der Verordnung (EU) Nr. 833/2014 des Rates vom 31.7.2014, ABl L 229 vom 31.7.2014, S. 1, ist es vorbehaltlich der wiederum in der betreffenden EU-Verordnung vorgesehenen Rückausnahmen verboten, für die Regierung Russlands sowie für in Russland niedergelassene juristische Personen, Organisationen und Einrichtungen unmittelbar oder mittelbar Dienstleistungen im Bereich der Rechtsberatung zu erbringen. Bis zu einer klärenden Entscheidung des Europäischen Gerichtshofes vom 5.9.2024[11] sahen sich Notarinnen und Notare mit der Ungewissheit konfrontiert, ob ihre Amtstätigkeit in den Anwendungsbereich der vorgenannten EU-Verordnung fällt und damit ggf. zu versagen ist. In dem vorgenannten Urteil hat der EuGH nunmehr entschieden, dass Notarinnen und Notare jedenfalls bei Amtstätigkeiten, hinsichtlich derer eine Beurkundungspflicht besteht (etwa nach § 311b Abs. 1 BGB oder auch nach § 15 Abs. 3 und 4 GmbH) keine Rechtsberatung im Sin ne der betreffenden EU-Verordnung erbringen und damit nicht unter deren Adressatenkreis fallen, insoweit besteht nun also Rechtssicherheit. Noch ungeklärt ist die Rechtslage hingegen mit Blick auf Amtstätigkeiten des Notars, hinsichtlich derer keine Beurkundungspflicht besteht, es mithin um eine Inanspruchnahme notarieller Tätigkeiten auf freiwilliger Basis geht. Insoweit ist nach wie vor zu empfehlen, Vorsicht walten zu lassen und vorher mit der zuständigen Aufsichtsbehörde und/oder auch der zuständigen Notarkammer Rücksprache zu halten.

99 Auch **formnichtige Rechtsgeschäfte** darf der Notar nicht beurkunden. Dies gilt auch dann, wenn das einschlägige materielle Recht die Möglichkeit der Heilung eines formnichtigen Rechtsgeschäfts vorsieht (wie etwa § 311b Abs. 1 S. 2 BGB). Der Notar muss so weit wie möglich die Rechtswirksamkeit des von ihm beurkundeten Rechtsgeschäfts sicherstellen und darf nicht auf den Eintritt von Umständen spekulieren, derer er sich nicht sicher sein kann (z.B. Heilung eines formunwirksamen Grundstückskaufvertrags durch Vollzug der Auflassung im Grundbuch).

Gleiches gilt, wenn der Notar bereits im Vorfeld der Beurkundung weiß, dass dem **Vollzug** der zu erstellenden Urkunde dauerhafte und unüberwindliche **Hindernisse** entgegenstehen (z.B., wenn eine Beurkundung unter Mitwirkung eines vollmachtlosen Vertreters vorgenommen werden soll und schon vor der Beurkundung klar ist, dass der Vertretene die Erklärungen des Vertreters nicht genehmigen wird).

100 Besonderes Augenmerk hat der Notar zudem auf etwaige Probleme im Hinblick auf eine mögliche **Klauselkontrolle** nach den §§ 305 ff. BGB zu legen. In vielen Fällen notarieller Amtstätigkeit ist der Anwendungsbereich der §§ 305 ff. BGB zwar nicht eröffnet (vielfach mangelt es insoweit jedenfalls an einem „Stellen“ der vorformulierten Vertragsbedingungen i.S.d. § 305 Abs. 1 BGB). Insbesondere bei Vorliegen eines Verbrauchervertrages i.S.d. § 310 Abs. 3 BGB ist dies aber regelmäßig anders zu beurteilen.

101 Umstritten ist, wie sich der Notar zu verhalten hat, wenn bei einem Beteiligten bezüglich des zu beurkundenden Rechtsgeschäfts erkennbar ein zur Anfechtung berechtigender **Irrtum** vorliegt (insbesondere nach §§ 119, 123 BGB). Der Notar hat im Rahmen seiner Amtstätigkeit eine bestmögliche **Aufklärung der Beteiligten** i.S.d. § 17 BeurkG sicherzustellen. Bestehen die Beteiligten trotz Aufklärung auf einem Tätigwerden des Notars, ist der Notar nach wohl überwiegender Auffassung zur Ablehnung der an ihn herangetragenen Amtstätigkeit zumindest berechtigt, eventuell – vor allem mit Blick auf Fälle der arglistigen Täuschung i.S.d.

10 Siehe Verordnung (EU) Nr. 269/2014 des Rates vom 17.3.2014, ABl L 78 vom 17.3.2014, S. 6.
11 EuGH, Urt. v. 5.9.2024 – C 109/23, ZWE 2025, 23.

§ 123 BGB – sogar verpflichtet. Nach anderer Auffassung soll es demgegenüber primär in der Verantwortung des Anfechtungsberechtigten liegen, über die Geltendmachung seines Gestaltungsrechts zu entscheiden. Der Notar ist daher auch in diesem Fall grundsätzlich gehalten, die ihm angetragene Amtstätigkeit vorzunehmen.

Nochmals schwieriger gestaltet sich die Lage, wenn eine mögliche Anfechtbarkeit des beurkundeten Rechtsgeschäfts nach den Vorschriften der **Insolvenzordnung** (§§ 129 ff. InsO) oder auch nach den Vorschriften des **Anfechtungsgesetzes** (§§ 1 ff. AnfG) im Raum steht. Dies betrifft die Situation, dass eine Person, gegen die Zwangsvollstreckungsmaßnahmen zu erwarten sind oder die kurz vor der Insolvenz steht, ihr Vermögen zur Verhinderung eines Gläubigerzugriffs auf Dritte „verschiebt". 102

Während der Notar teilweise als verpflichtet angesehen wird, seine Amtstätigkeit zu versagen, wird auch darauf hingewiesen, er einen möglichen Anfechtungsprozess nicht vorwegnehmen könne und sollte und er mithin im Regelfall (vorbehaltlich des Vorliegens weiterer Umstände wie etwa des Verdachts auf eine Straftat, z.B. Insolvenzdelikte gemäß § 283 StGB) tätig werden müsse.

6. Mitwirkungsverbote (§ 16 BNotO, § 3 BeurkG)

§ 3 BeurkG sieht für die Vornahme von Beurkundungen durch den Notar eine Reihe von Mitwirkungsverboten vor, die zu den **zentralen Vorschriften des notariellen Berufsrechts** zählen. Im Kern geht es wiederum darum, im Interesse einer geordneten Rechtspflege ein Tätigwerden des Notars zu vermeiden, das den Anschein erwecken könnte, dass dieser entgegen § 14 Abs. 1 S. 2, Abs. 3 S. 2 BNotO nicht unabhängig und unparteilich sein könnte. 103

Soweit einer der Tatbestände des § 3 Abs. 1 BeurkG erfüllt ist, soll der Notar nach dem Gesetzeswortlaut eine Mitwirkung versagen. Das bedeutet aber **nicht** etwa, dass dem Notar insoweit ein wie auch immer geartetes **Ermessen** zustünde, vielmehr begründen die einzelnen Tatbestände des § 3 BeurkG unbedingte **Amtspflichten**, die der Notar zu erfüllen hat und daher die ihm angetragene Amtstätigkeit zu versagen hat. 104

„Soll" ist im Rahmen des Beurkundungsgesetzes regelmäßig als *„muss"* zu lesen und zu verstehen. Eine Nichtbeachtung der entsprechenden Amtspflichten führt zwar **nicht** zur Unwirksamkeit der betreffenden **Amtshandlung**, zieht aber – wie auch bei sonstigen Amtspflichtverletzungen des Notars – **disziplinarische Folgen** nach sich, die in erheblichen und wiederholten Fällen bis zur Amtsenthebung reichen können (vgl. § 50 Abs. 1 Nr. 9 BNotO).

Von den dem Wortlaut nach nur als Soll-Bestimmungen formulierten Mitwirkungsverboten gemäß § 3 BeurkG **zu unterscheiden** sind die in den §§ 6, 7 und 27 BeurkG geregelten und im Anschluss ebenfalls noch näher darzustellenden **Ausschließungs- bzw. Unwirksamkeitsgründe.** Diese entheben den Notar – anders als die Mitwirkungsverbote nach § 3 BeurkG – schon ihrem Wortlaut nach der Möglichkeit, die betreffende Amtstätigkeit wirksam zu entfalten. Missachtet der Notar das Vorliegen eines Ausschließungs- bzw. Unwirksamkeitsgrundes gemäß §§ 6, 7, 27 BeurkG führt dies automatisch und unweigerlich zur **Unwirksamkeit** des betreffenden Amtsgeschäfts. 105

Die Mitwirkungsverbote nach § 3 BeurkG sind zunächst bei Beurkundungen zu berücksichtigen. § 16 Abs. 1 BNotO erstreckt sie aber weiterhin auch auf Amtstätigkeiten des Notars, die nicht Beurkundungen im Sinne des Beurkundungsgesetzes darstellen. Sie gelten daher im Rahmen der **gesamten Amtstätigkeit** des Notars. 106

Im Hinblick auf den persönlichen Anwendungsbereich des § 3 BeurkG kommt es bezüglich des Notars und Notariatsverwalters jeweils auf die eigene Person an. Der Notarvertreter (§§ 39 Abs. 4, 41 Abs. 2 BNotO) muss hingegen prüfen, ob **in der Person des vertretenen Notars oder in seiner eigenen Person** der Tatbestand eines Mitwirkungsverbots erfüllt ist.

Die in der notariellen Praxis **wichtigsten Anwendungsfällen** des § 3 BeurkG sind folgende: 107

- Gemäß § 3 Abs. 1 S. 1 Nr. 1 BeurkG ist der Notar zunächst an einem Tätigwerden in einer **eigenen Angelegenheit** gehindert.

Unter den Begriff der Angelegenheit fällt der Sachverhalt, auf den sich die Amtstätigkeit des Notars bezieht, d.h. das gesamte wirtschaftliche und rechtliche Verhältnis, auf das sich die Amtshandlung des Notars bezieht. Ist der Notar an der Angelegenheit nicht nur sachlich, sondern auch formell beteiligt und handelt es sich um eine Beurkundung einer Willenserklärung, ist der Notar bereits nach § 6 Abs. 1 Nr. 1 BeurkG ausgeschlossen.

- Weiterhin soll der Notar an Angelegenheiten seines **Ehegatten, seines früheren Ehegatten oder seines Verlobten**, nicht hingegen seines früheren Verlobten (§ 3 Abs. 1 S. 1 Nr. 2 BeurkG) bzw. **seines Lebenspartners bzw. früheren Lebenspartners** (§ 3 Abs. 1 S. 1 Nr. 2a BeurkG) und seiner **(ehemaligen) Verwandten und (ehemaligen) Verschwägerten** (§ 3 Abs. 1 S. 1 Nr. 3 BeurkG) nicht mitwirken.
  Die Nr. 2 ist nicht (analog) anwendbar auf nichteheliche Lebensgemeinschaften, da der Gesetzgeber diese Personengruppe nachweislich bewusst aus dem Regelungskatalog des § 3 BeurkG herausgehalten hat. In Fällen wird aber regelmäßig viel dafür sprechen, dass der Notar seine Amtstätigkeit wegen möglicher Befangenheit nach § 16 Abs. 2 BNotO verweigert, gilt es doch, den **Anschein von Abhängigkeit und Parteilichkeit konsequent** zu **vermeiden**.

108 Von nochmals gesteigerter Bedeutung in der notariellen Praxis ist das Mitwirkungsverbot bei **Verbindung** zur **gemeinsamen Berufsausübung** oder auch bei **Vorhandensein gemeinsamer Geschäftsräume** (§ 3 Abs. 1 S. 1 Nr. 4 BeurkG). In beiden Fällen sieht der Gesetzgeber die naheliegende Gefahr, dass Beteiligte den Eindruck gewinnen könnten, dass eine Verbindung zur gemeinsamen Berufsausübung oder auch das Vorhandensein gemeinsamer Geschäftsräume Anlass sein könnten, einzelnen Beteiligten Vorteile gegenüber anderen Beteiligten zu verschaffen bzw. einzuräumen.

Eine Verbindung zur gemeinsamen Berufsausübung ist bei Vorliegen einer **Sozietät** in Form der Gesellschaft bürgerlichen Rechts (GbR) i.S.d. §§ 705 ff. BGB oder auch einer Partnerschaftsgesellschaft (PartG) nach dem PartGG oder auch einer sonstigen, nach dem jeweiligen Berufsrecht zulässigen Form gesellschaftsrechtlichen Zusammenwirkens gegeben. Für **hauptberufliche Notare wie auch Anwaltsnotare** sind dabei die Beschränkungen der Soziierungsmöglichkeiten in § 9 Abs. 1 BNotO zu beachten (Verbindung nur mit am selben Amtssitz tätigen Notaren). Für das **Anwaltsnotariat** ist weiterhin § 9 Abs. 2 BNotO i.V.m. §§ 59c ff. BRAO maßgeblich, wonach Anwaltsnotare auch aber zugleich nur mit den nach § 9 Abs. 2 BNotO **sozietätsfähigen Berufen** zusammenarbeiten können (zur teilweisen Neufassung von § 9 BNotO zum 1.8.2022 siehe oben Rdn 62).

109 Deutlich niedrigere rechtliche wie tatsächliche Anforderungen stellt die in § 3 Abs. 1 S. 1 Nr. 4 BeurkG genannte zweite Alternative des Vorhandenseins **gemeinsamer Geschäftsräume**. Es muss dafür nicht etwa eine Bürogemeinschaft vorliegen, vielmehr ist in einem rein tatsächlichen Sinne ausreichend, dass Räumlichkeiten vorliegen, die gemeinsam genutzt werden. Ob insoweit bereits das gemeinsame Nutzen bestimmter Bürogegenstände ausreicht, wird unterschiedlich bewertet. Im Ergebnis ist dazu auf das jeweilige äußerliche Gesamtbild abzustellen.

110 Der Notar ist weiterhin an einer Mitwirkung gemäß § 3 Abs. 1 S. 1 Nr. 5 BeurkG gehindert, wenn er **gesetzlicher Vertreter eines Beteiligten** ist. Das Mitwirkungsverbot besteht dabei in sämtlichen Angelegenheiten des Vertretenen, unabhängig davon, ob der Notar vertretungsberechtigt ist. Gleiches gilt, wenn nicht der Notar, sondern eine Person i.S.d. § 3 Abs. 1 S. 1 Nr. 4 BeurkG gesetzlicher Vertreter ist.

§ 3 Abs. 1 S. 1 Nr. 6 BeurkG erweitert das Mitwirkungsverbot auf Fälle, in denen der Notar nicht alleiniger gesetzlicher Vertreter ist, sondern vielmehr einem **vertretungsberechtigten Organ** einer juristischen Person des privaten oder auch des öffentlichen Rechts angehört (z.B. Vorstand einer AG oder auch der Geschäftsführung einer GmbH). Die Zugehörigkeit zu einem allein aufsichtsberechtigten Organ (z.B. Aufsichtsrat einer AG oder auch beratender, fakultativer Beirat einer GmbH) ist demgegenüber grundsätzlich unschädlich. Anders ist dies allerdings, wenn das an sich aufsichtsführende Organ im Einzelfall gesetzlicher Vertreter ist (so etwa in den Fällen der §§ 112, 246 Abs. 2, 287 Abs. 2 AktG; § 52 Abs. 1 GmbHG; § 39

Abs. 1 GenG) oder ein Geschäft seiner Zustimmung bedarf (so etwa in den Fällen der §§ 111 Abs. 4, 114 Abs. 1, 115 AktG; § 52 Abs. 1 GmbHG; §§ 27 Abs. 2, 39 Abs. 2 GenG).

Insbesondere im Bereich des Anwaltsnotariats von besonderer Bedeutung ist schließlich das Mitwirkungsverbot wegen **Vorbefassung** außerhalb der Amtstätigkeit gemäß § 3 Abs. 1 S. 1 Nr. 7 BeurkG. An dieser Norm zeigt sich in besonderem Maße, dass der **Anwaltsnotar** seine Tätigkeit als **Notar** und sein Wirken als **Rechtsanwalt** strikt **trennen** muss. Ist er in einer Angelegenheit, d.h. einem Lebenssachverhalt, auf den sich seine spätere Amtstätigkeit als Notar bezieht, bereits als Rechtsanwalt tätig geworden, darf er in dieser Angelegenheit nicht mehr als Notar tätig werden. Im umgekehrten Fall einer vorherigen Tätigkeit als Notar bzw. als Notarvertreter sieht § 45 Abs. 1 Nr. 1 BRAO zudem ein entsprechendes Mitwirkungsverbot vor. 111

Merke:

Wichtig ist, dass das **Mitwirkungsverbot in beiden Richtungen umfassend und ohne zeitliche Beschränkung** gilt. Es spielt daher keine Rolle, ob die anderweitige Befassung noch andauert oder bereits abgeschlossen ist.

Zu beachten ist zudem, dass nicht nur eine mögliche Vorbefassung durch den Notar selbst das Mitwirkungsverbot des § 3 Abs. 1 S. 1 Nr. 7 BeurkG auslöst, vielmehr werden auch die in § 3 Abs. 1 S. 1 Nr. 4 BeurkG genannten **Personenkreise** (und diesen i.S.d. Nr. 4 oder in einem verbundenen Unternehmen i.S.d. § 15 AktG verbundene Personen) miteinbezogen. Der Notar darf daher auch dann nicht tätig werden, wenn zwar nicht er, aber eine der Personen, mit denen er sich zur gemeinsamen Berufsausübung verbunden hat oder mit denen er gemeinsame Geschäftsräume teilt, in derselben Angelegenheit befasst war oder ist. 112

Mit dieser Ausweitung des Mitwirkungsverbotes soll vermieden werden, dass Mandate in einer Sozietät missbräuchlich aufgespalten oder gehäuft werden.

Beispiel: Eheliche Lebensgemeinschaft

Hat etwa ein Sozius einen Ehepartner in einer ehelichen Angelegenheit als Rechtsanwalt beraten oder vertreten, darf er in der Folge als Notar mit diesem Beteiligten keinen Ehevertrag oder auch eine Unterhalts- oder Scheidungsfolgenvereinbarung beurkunden.

Gleiches gilt, wenn der Anwaltsnotar oder auch ein Sozius vorher im Bereich der Steuer- und Wirtschaftsberatung tätig gewesen ist.

Je weiter die außernotarielle Tätigkeit gespannt war, desto weitreichender ist in der Folge vom Vorliegen eines Mitwirkungsverbotes auszugehen.

Im Bereich des **hauptberuflichen Notariats** spielt die Vorschrift hingegen eine eher **untergeordnete Rolle**. Sie kann aber insbesondere dann einschlägig sein, wenn der hauptberufliche Notar als Rechtsanwalt tätig gewesen ist, bevor er sich für eine Tätigkeit als Notar entschieden hat. Gleiches kann gelten, wenn der hauptberufliche Notar in derselben Angelegenheit bereits im Rahmen einer gemäß § 8 Abs. 3 und 4 BeurkG genehmigten bzw. genehmigungsfreien Nebentätigkeit tätig geworden ist. 113

Auch wenn der Notar im Vorfeld eine außernotarielle Tätigkeit entfaltet hat, besteht ausnahmsweise kein Mitwirkungsverbot, wenn sie für alle Personen ausgeübt wurde oder wird, die an der Beurkundung im materiellen Sinne beteiligt sein sollen. Bei typisierender Betrachtung droht in diesem Fall keine Konfliktsituation. Es gilt allerdings zu beachten, dass der Begriff der **materiellen Beteiligung** gegenüber dem der **formellen Beteiligung** deutlich weiter zu fassen ist und sich mit diesem nicht notwendig deckt (siehe unten Rdn 250). 114

Um das mögliche **Vorliegen eines Mitwirkungsverbotes** in jedem Einzelfall verlässlich prüfen zu können, ist der Notar gehalten, seine **Akten** vor der Übernahme einer möglicherweise mit einer Vortätigkeit konfligierenden Tätigkeit als Notar oder als Rechtsanwalt gründlich zu **prüfen** bzw. durch seine Mitarbeiter **prüfen zu lassen**. 115

Um dem Notar die Bedeutung der Norm auch nochmals im Einzelfall vor Augen zu führen, verlangt § 3 Abs. 1 S. 2 BeurkG, dass der Notar die Beteiligten vor der Beurkundung nach einer **Vorbefassung** i.S.d. § 3 Abs. 1 S. 1 Nr. 7 BeurkG **fragt** und die Antwort darauf auch in der Urkunde vermerkt.

Besonders kompliziert wird die Anwendung der Norm in der Praxis vor allem durch die bereits beschriebene Einbeziehung des Personenkreises i.S.d. § 3 Abs. 1 S. 1 Nr. 4 BeurkG. Gerade in größeren Rechtsanwaltsgesellschaften/Rechtsanwaltssozietäten bedarf es eines aufwendigen „**Konfliktmanagements**", um das mögliche Greifen des Mitwirkungsverbotes im Einzelfall schnell und zuverlässig prüfen zu können.

116 Vom Notar vorsätzlich falsch in die Urkunde aufgenommene Angaben zu einer möglichen Vorbefassung können den Straftatbestand der Falschbeurkundung im Amt gemäß § 348 StGB erfüllen. Wiederholt grobe Verstöße gegen das Mitwirkungsverbot des § 3 Abs. 1 S. 1 Nr. 7 BeurkG können zudem gemäß § 50 Abs. 1 Nr. 9 BNotO zu einer Amtsenthebung führen.

> *Praxistipp:*
>
> Eine mögliche Vorbefassung ist daher in jedem Einzelfall mit größtmöglicher Sorgfalt zu prüfen und zu dokumentieren.

> *Formulierungsbeispiel:*
>
> Der Notar fragte die Beteiligten vor der Beurkundung, ob er oder eine Person, mit der er sich zur gemeinsamen Berufsausübung verbunden hat oder mit der er gemeinsame Geschäftsräume hat, in der Angelegenheit, die Gegenstand der Beurkundung ist, außerhalb seiner Amtstätigkeit bereits tätig war oder ist, soweit sie nicht im Auftrag aller Beteiligten ausgeübt wurde. Die Beteiligten erklärten, dass dies nicht der Fall sei.

117 § 16 Abs. 2 BNotO gibt dem Notar zudem die Möglichkeit, sich in Fällen, in welchen er sich **befangen** und damit nicht zur neutralen, den Interessen aller Beteiligten gerecht werdenden Amtstätigkeit (i.S.d. § 14 Abs. 1 S. 2, Abs. 3 S. 2 BNotO) in der Lage sieht, seine Amtstätigkeit zu verweigern. Das Gleiche gilt, wenn sich der Notar zwar selbst nicht befangen fühlt, er jedoch den Eindruck gewinnt, dass einer der Beteiligten aus verständlichen Gründen an seiner **Unabhängigkeit und Unparteilichkeit zweifeln** könnte. Hier ist auch die Leitbildwirkung der notariellen Amtspflichten nach § 14 Abs. 1 S. 2 BNotO zu berücksichtigen. Der Notar sollte daher von der Möglichkeit der Verweigerung der Amtstätigkeit wegen Befangenheit nicht zu sparsam Gebrauch machen, gilt es doch konsequent **bereits den Anschein** von Abhängigkeit oder Parteilichkeit zu **vermeiden**.

Im Regelfall werden den Beteiligten aus der Verweigerung der Amtstätigkeit auch keine Nachteile entstehen. Ein anderer, im konkreten Fall geeigneterer Amtsträger steht regelmäßig unproblematisch und zeitnah zur Verfügung.

7. Ausschließungs- und Unwirksamkeitsgründe (§§ 6, 7, 27 BeurkG)

118 Anders als die vorbeschriebenen Mitwirkungsverbote gemäß § 3 BeurkG gelten die in den §§ 6, 7 und 27 BeurkG geregelten Ausschließungs- und Unwirksamkeitsgründe – wie auch schon der Regelungsort im 2. Abschnitt des Beurkundungsgesetzes zeigt – nur für die Beurkundung von Willenserklärungen i.S.d. §§ 6 ff. BeurkG. Sie gelten hingegen nicht für sonstige Amtstätigkeiten des Notars.

119 § 6 BeurkG sieht zunächst Ausschließungsgründe wegen sog. **formeller Beteiligung** vor. Nicht beteiligt an der Beurkundung in diesem Sinne dürfen sein

- der **Notar** (Nr. 1),
- sein **Ehegatte** (Nr. 2, nur der aktuelle, nicht hingegen der frühere),
- sein **Lebenspartner** (Nr. 2a, wiederum nur der aktuelle, nicht hingegen der frühere) oder
- auch eine Person, die mit dem Notar **in gerader Linie verwandt** ist oder war (Nr. 3).

Zur Vermeidung von Umgehungsversuchen sieht die Nr. 4 zudem vor, dass auch **gesetzliche oder bevollmächtigte Vertreter** der in den Nummern 1–3 genannten Personen an der Beurkundung nicht beteiligt sein dürfen. Parteien kraft Amtes wie ein Insolvenzverwalter oder auch ein Nachlassverwalter stehen Vertretern dabei gleich. Formell beteiligt in diesem Sinne sind Personen, die im Urkundseingang als Beteiligte i.S.d. § 10 BeurkG aufgeführt sind (vgl. § 6 Abs. 2 BeurkG).

§ 7 BeurkG sieht demgegenüber den Ausschluss des Notars bei sog. **materieller Beteiligung** bestimmter Personen vor, nämlich 120

- des **Notars** (Nr. 1),
- dessen **Ehegatten** oder früheren Ehegatten (Nr. 2),
- dessen **Lebenspartners** oder früheren Lebenspartners (Nr. 2a) oder
- einer Person, die mit dem Notar **in gerader Linie verwandt oder verschwägert** oder in der **Seitenlinie bis zum dritten Grad verwandt** oder **bis zum zweiten Grad verschwägert** ist oder war (Nr. 3).

Die **materielle Beteiligung** zeichnet sich dadurch aus, dass die zu beurkundende Willenserklärung darauf gerichtet ist, einer der vorgenannten Personen **einen rechtlichen Vorteil** zu verschaffen. Der liegt vor, wenn entweder die Rechte der betreffenden Person gemehrt oder deren Pflichten gemindert werden. 121

Beispiele:

- Verfügungsgeschäfte wie eine Auflassung i.S.d. §§ 873, 925 BGB,
- die Abtretung einer Forderung gemäß §§ 398 ff. BGB oder auch der Erlass einer Forderung i.S.d. § 397 BGB oder
- auch eine Benennung als Testamentsvollstrecker.

Zu nennen sind weiterhin die Einsetzung als Bevollmächtigter in einer Vollmacht oder auch das Recht, die Person des Testamentsvollstreckers benennen zu dürfen (vgl. § 2198 Abs. 1 S. 1 BGB).

8. Ausländische Sprache (§ 15 Abs. 1 S. 2 BNotO, § 17 BeurkG)

Gemäß § 15 Abs. 1 S. 2 BNotO ist der Notar **nicht verpflichtet**, in einer für ihn **fremden Sprache** zu beurkunden. Angesichts der umfassenden Aufgaben und Pflichten des Notars rund um die Beurkundungsverhandlung wird in der Praxis von der Möglichkeit einer Beurkundung in einer Fremdsprache regelmäßig nur dann Gebrauch gemacht, wenn der Notar der fremden Sprache wirklich umfassend mächtig ist. 122

(Siehe hierzu näher unter Rdn 416 ff.).

9. Ablehnung aufgrund Schutzfunktion des Notars (§ 17 BeurkG)

Nach pflichtgemäßem Ermessen kann, darf und ggf. auch muss der Notar eine ihm angetragene Amtstätigkeit verweigern, wenn ihm insoweit trotz ordnungsgemäßer Erfüllung der ihm nach § 17 BeurkG obliegenden Pflichten nicht zu beseitigende **Zweifel** rechtlicher oder tatsächlicher Art bleiben (z.B. bei naheliegender Gefahr der Schädigung eines Beteiligten oder Dritter, bei fehlender Aufklärbarkeit des Sachverhalts oder bei ersichtlichen Verstößen gegen den Vollständigkeitsgrundsatz gemäß § 311b Abs. 1 BGB, § 15 Abs. 3, 4 GmbHG). 123

Bevor der Notar allerdings zum Mittel der Ablehnung der Amtstätigkeit greift, muss er alle ihm zur Verfügung stehenden **Mittel ausschöpfen**, die bestehenden rechtlichen oder tatsächlichen Zweifel im Austausch und im Zusammenwirken mit den Beteiligten auszuräumen. Die Ablehnung kann jeweils nur *ultima ratio*, d.h. das letzte geeignete Mittel sein. 124

10. Verhinderung aus tatsächlichen Gründen, Gefahr für Leib und Leben

Zumindest vorübergehend kann eine Amtstätigkeit des Notars dann abgelehnt werden, wenn der **Amtsträger selbst erkrankt** ist und aus diesem Grund eine funktionsgerechte Durchführung einer Beurkundungsverhandlung nicht möglich erscheint. Gleiches gilt, wenn der Notar im **Urlaub** ist oder durch **vorrangige Amtsgeschäfte** an einer ordnungsgemäßen Erledigung der ihm angetragenen Amtstätigkeit vorübergehend verhindert ist. 125

126 Ist einer der **Beteiligten erkrankt**, hängt das Verhalten des Notars stets von den Umständen des Einzelfalls ab. Als Leitlinie kann insoweit aber dienen, dass er nicht verpflichtet ist, in Ausübung seines Berufs **Gefahren für das eigene Leben** in Kauf zu nehmen. Leidet etwa einer der Beteiligten an einer höchst-infektiösen und lebensbedrohlichen Krankheit, kann daher für die Dauer der Erkrankung eine Amtstätigkeit verweigert werden. Gleiches gilt, wenn sich der Notar für die Ausübung seiner Amtstätigkeit **an einen lebensgefährlichen Ort begeben** müsste (wie etwa ein einsturzgefährdetes Haus).

> *Weiterführender Hinweis:*
>
> Die vorstehenden, über lange Jahre weitgehend nur theoretischen Grundsätze sind in jüngerer Zeit durch die **Corona-Pandemie** aktueller und relevanter denn je geworden. Gerade in der Anfangsphase der Pandemie sahen sich die Notarinnen und Notare mitsamt ihrer Mitarbeiter mit einem großen Maß an Ungewissheit und zugleich nur beschränkten Möglichkeiten des Selbstschutzes konfrontiert. Zugleich war das notarielle Verfahren bislang ausnahmslos als Präsenzverfahren ausgestaltet, das ein persönliches Zusammenkommen mit dem/den Beteiligten zwingend erforderte. Erfreulicherweise konnten aber unter großem Einsatz aller Beteiligter schnell Lösungen gefunden werden, die einerseits dem notwendigen Gesundheitsschutz aller Beteiligter Rechnung trugen, andererseits aber auch in fast allen Fällen eine Erfüllung des Urkundsgewährungsanspruchs des/der Beteiligten ermöglichte.

Durch die Einführung von Online-Verfahren in Teilbereichen des Gesellschaftsrechts sind die Möglichkeiten der Verfahrensgestaltung insoweit mit Wirkung zum 1.8.2022 nochmals deutlich gewachsen (siehe unten Rdn 44 ff., 85 und passim).

11. Nichtbezahlung des Kostenvorschusses

127 § 15 GNotKG sieht vor, dass der Notar seine Tätigkeit von der Zahlung eines zur Deckung der Kosten ausreichenden **Vorschusses** abhängig machen kann. Dies ist eine Ergänzung zum notariellen Zurückbehaltungsrecht nach § 11 GNotKG, das regelmäßig erst in einem späteren Verfahrensstadium Bedeutung erlangt.

> *Praxistipp:*
>
> In der Praxis wird von der Möglichkeit der Einforderung eines Kostenvorschusses eher selten Gebrauch gemacht. Dies liegt insbesondere auch daran, dass in einem frühen Verfahrensstadium oftmals noch gar nicht hinreichend erkennbar und klar ist, welche Beurkundung von den Beteiligten gewünscht wird und welche Gebühr aus welchem Wert dafür zu erheben ist. Um dies zu ergründen, bedarf es oftmals gerade der Erforschung des Willens der Beteiligten in einer Beurkundungsverhandlung, die nur in seltenen Fällen für die Gebührenberechnung und die Entgegennahme eines Vorschusses unterbrochen wird.

128 Die Erhebung eines Kostenvorschusses scheint aber insbesondere dann angezeigt, wenn auf Seiten der Beteiligten **Unsicherheiten** bezüglich der späteren Erreichbarkeit und Greifbarkeit (z.B. häufig bei Gesellschaften aus exotischen/fernen Ländern) und/oder auch der finanziellen Leistungsfähigkeit bestehen (z.B. bei der Gründung von Unternehmergesellschaften (haftungsbeschränkt) sowohl bezüglich der Gesellschaft als auch der Gesellschafter und Geschäftsführer).

In diesen verbleibenden Fällen kann die Vornahme der angetragenen Amtstätigkeit – vorbehaltlich des Vorliegens eines Ausschlussgrundes nach § 16 GNotKG – von der vorherigen Leistung eines ausreichenden Vorschusses abhängig gemacht werden.

IV. Beurkundungszwecke

129 Die notarielle Beurkundung ist die umfassendste der allgemeinen Formen des BGB für Rechtsgeschäfte (mündliche Form, Textform gemäß § 126b BGB, Schriftform gemäß § 126 BGB, öffentliche Beglaubigung gemäß § 129 BGB, notarielle Beurkundung gemäß § 128

BGB). Sie ersetzt alle anderen Formen (vgl. § 126 Abs. 4 BGB) und kann gemäß § 127a BGB selbst nur durch einen gerichtlichen Vergleich ersetzt werden.

Weiterführender Hinweis:

Als umfassendste Form vereint die notarielle Beurkundung alle, im Folgenden sogleich noch näher darzustellenden Formwirkungen in sich. Warnung und Übereilungsschutz sind insoweit am stärksten ausgeprägt. Im Sinne eines Komplementärverhältnisses kommen aber auch noch die Klarstellungs- und Beweisfunktion, die materielle Richtigkeitsgewähr, die sowohl im Interesse der Beteiligten als auch im Interesse Dritter bzw. im öffentlichen Interesse liegt, sowie die Beratungs- und Betreuungsfunktion hinzu, die im Ergebnis dafür sorgt, dass der Wille der Beteiligten umfassend erforscht wird und durch eine ausgewogene und faire Vertragsgestaltung insbesondere auch die Interessen unerfahrener und ungewandter Beteiligter bestmöglich gewahrt werden.

1. Warnung und Übereilungsschutz

Allen Formvorschriften des materiellen Rechts ist zunächst gemein, dass sie den Beteiligten allesamt der Warnung und dem Schutz vor vorschnellen Entscheidungen dienen sollen. Das Erfordernis einer notariellen Beurkundung erfüllt diesen Zweck jedoch offensichtlich am nachhaltigsten, dient diese doch für die Beteiligten regelmäßig am deutlichsten als **Ernsthaftigkeitsschwelle**, die ihnen die Tragweite und Folgen ihrer rechtsgeschäftlichen Erklärungen umfassend und direkt vor Augen führt. 130

Während selbst ein Schriftformerfordernis i.S.d. § 126 BGB eine nicht unerhebliche Zahl von Teilnehmern am Rechtsverkehr erfahrungsgemäß nicht davon abhält, spontane und vielfach auch überstürzte Rechtsgeschäfte zu tätigen, führt das Erfordernis notarieller Beurkundung zu einer deutlichen **Entschleunigung** des Verfahrens. Die Beteiligten müssen zunächst einen Termin beim Notar vereinbaren und diesen dann in der Folge zur Wahrnehmung des Beurkundungstermins auch persönlich aufsuchen. Dies kostet regelmäßig Zeit, welche die Beteiligten dazu nutzen können, das in Aussicht genommene Rechtsgeschäft nochmals kritisch zu überprüfen. 131

Das gesetzgeberische Anliegen der Entschleunigung des Beurkundungsverfahrens zeigt sich insbesondere auch an der Vorschrift des § 17 Abs. 2a BeurkG (näher unter Rdn 371 ff.). Der Notar ist von der Terminvergabe bis zum Abschluss der Beurkundung gehalten, eine **Überrumpelung** eines Beteiligten durch einen anderen Beteiligten zu **vermeiden**. Diesem Anliegen dient insbesondere auch die für Verbraucherverträge geltende Zwei-Wochen-Frist (§ 17 Abs. 2a S. 2 Nr. 2 BeurkG), die vom Gesetzgeber aufgrund teilweise aufgetretener Missstände in der notariellen Beurkundungspraxis („*Mitternachtsnotare*") in das Beurkundungsgesetz aufgenommen worden ist. 132

Merke:

Angesichts der überragenden Bedeutung des Übereilungsschutzes sollte insbesondere den Vorgaben des § 17 Abs. 2a BeurkG in der Praxis größtmögliche Beachtung geschenkt werden.

2. Klarstellung und Beweis, Vollstreckbarkeit

Als strengster Form des BGB kommen der notariellen Beurkundung in gesteigertem Maße auch die Funktionen der Klarstellung und des Beweises zu. 133

Die Klarstellungs- und Beweisfunktion der notariellen Urkunde ist ein wesentliches qualitatives Unterscheidungsmerkmal gegenüber einer privatschriftlichen Urkunde. Die klassische notarielle Niederschrift in Papierform erbringt als öffentliche Urkunde gemäß **§ 415 ZPO** in Verfahren der freiwilligen wie auch der streitigen Gerichtsbarkeit **den vollen Beweis** über die in dieser festgehaltenen Willenserklärung sowie (ggf. in Verbindung mit § 418 ZPO) über die in der Urkunde getroffenen Tatsachenfeststellungen des Notars.

Mit Blick auf die in Teilbereichen des Gesellschaftsrechts mit Wirkung zum 1.8.2022 eingeführte Möglichkeit von **Online-Verfahren** und die in deren Rahmen errichteten originär elektronischen Urkunden (siehe oben Rdn 44 ff., 85, 210 ff.) ordnet **§ 371a ZPO** diese zwar als Gegenstand des **Beweises durch Augenschein** (und nicht wie bei Papierurkunden des Beweises durch Urkunden) ein. Die in den Online-Verfahren errichtete originär elektronische Urkunde stellt aber ein öffentliches elektronisches Dokument dar, auf welches nach § 371a Abs. 3 ZPO die **Vorschriften über den Urkundsbeweis** und damit auch die §§ 415, 418 ZPO **entsprechende Anwendung** finden (siehe hierzu auch Rdn 205 ff.). Gleiches gilt im Übrigen nach § 371b ZPO auch für nach den Vorgaben dieser Vorschrift gescannte, herkömmlich in Papierform errichtete öffentliche Urkunden.

134 Gemäß § 794 Abs. 1 Nr. 5 ZPO kann durch die Aufnahme einer gesonderten Vollstreckungsunterwerfung in die notarielle Urkunde ein eigenständiger, einem gerichtlichen Urteil gleichwertiger **Vollstreckungstitel** geschaffen werden. Insoweit zeigt sich, dass die notarielle Urkunde über die Klarstellungs- und Beweisfunktion, die teilweise auch schwächeren Formen des BGB zukommt, weit hinausgeht.

3. Materielle Richtigkeitsgewähr, Kontrolle auch im Interesse Dritter bzw. im öffentlichen Interesse

135 Eine weitere Besonderheit der Form der notariellen Beurkundung ist, dass sie nicht nur – wie die anderen, schwächeren Formerfordernisse des BGB – die am Rechtsgeschäft selbst Beteiligten schützt. Vielmehr kann die notarielle Urkunde darüber hinausgehend auch dem **Schutz Dritter** dienen.

136 Insbesondere im Bereich des Handels- und Gesellschaftsrechts sowie des Grundstücks- und Grundbuchrechts dient die Einbindung des Notars auch dazu, dass dieser durch seine Amtstätigkeit eine **inhaltliche Richtigkeits- und Rechtsmäßigkeitskontrolle** übernimmt, auf die sich in der Folge nicht nur die Beteiligten, sondern vielmehr auch der Rechtsverkehr insgesamt verlassen kann und darf. Man spricht in diesem Zusammenhang auch von der „**Rechtspflegefunktion**" des Notars.

Durch die von § 29 GBO und § 12 HGB vorgesehene Vorkontrolle der späteren Eintragungen in öffentlichen **Registern** durch den Notar erfüllt dieser eine wesentliche, die Justiz erheblich entlastende **Filterfunktion**. Diese Funktion hat der Gesetzgeber in jüngerer Zeit auch ausdrücklich im Gesetz verankert (in § 15 Abs. 3 GBO und in § 378 Abs. 3 FamFG). Soweit der Notar in diesen Bereichen nur im Rahmen einer Beglaubigung eingebunden wird (z.B. bei Handelsregisteranmeldungen), gilt es zu beachten, dass den Notar auch in diesem Bereich die für notarielle Niederschriften geltenden Prüfungs- und Belehrungspflichten treffen, soweit der Notar den zu beglaubigenden Text selbst entworfen hat.

4. Beratung und Betreuung – Willenserforschung, Schutz unerfahrener und ungewandter Beteiligter

137 § 17 Abs. 1 S. 1 BeurkG verpflichtet den Notar dazu, den Willen der Beteiligten im Vorfeld und während der Beurkundung möglichst umfassend zu ermitteln und möglichst klar und unmissverständlich in der Urkunde zum Ausdruck zu bringen. Der Notar hat den Beteiligten mithin nicht nur eine wirksame Urkunde zu verschaffen. Vielmehr hat er in der Urkunde den Willen der Beteiligten inhaltlich richtig, vollständig und eindeutig wiederzugeben.

> *Praxistipp:*
>
> Übernehmen die Mitarbeiter des Notars die Vorbesprechung eines Beurkundungstermins, sollte stets darauf geachtet werden, dass der Wille der Beteiligten möglichst gründlich ermittelt wird. Ein unzureichend ermittelter Wille kann in der vorzubereitenden Urkunde kaum hinreichend erfasst und umgesetzt werden.
>
> Man sollte sich im Rahmen der Vorbesprechung auch nicht vorschnell von Fachbegriffen blenden lassen, welche die Beteiligten verwenden. Oftmals verstehen sie die wahre Be-

deutung der Begriffe nicht oder meinen damit etwas gänzlich anderes. Daher empfiehlt es sich, im Zweifelsfall lieber einmal zu viel als einmal zu wenig bei den Beteiligten nachfragen!

Defizite in der Willensermittlung in der Vorbereitungsphase können zwar durch den Notar in vielen Fällen noch in der Beurkundungsverhandlung ausgeglichen werden, manchmal muss diese aber auch abgebrochen und auf einen späteren Zeitpunkt vertagt werden. Um allen Beteiligten derartigen Mehraufwand zu ersparen und insbesondere den Urkundsbeteiligten eine Chance auf eine adäquate Vorbereitung auf den Beurkundungstermin zu geben, sollten die vorbeschriebenen inhaltlichen Defizite nach Möglichkeit von vorherein vermieden werden. 138

(Siehe zum Inhalt der notariellen Betreuungs- und Belehrungspflicht auch Rdn 352 ff.).

V. Verschwiegenheitspflicht (§ 18 BNotO)

Die Pflicht zur Wahrung strikter Verschwiegenheit bezüglich der ihm im Rahmen seiner Amtstätigkeit bekannt gewordenen Informationen gemäß § 18 BNotO stellt eine der **zentralen Berufspflichten** des Notars dar und liegt letztlich in der Natur des Notarberufs begründet. 139

Die Verschwiegenheitspflicht des Notars ist grundsätzlich **umfassend** und erfasst den **gesamten Inhalt der Beurkundungsverhandlung** mitsamt Vor- und Nachbereitung und damit auch sämtliche Angelegenheiten, die dem Notar oder auch seinem Hilfspersonal anlässlich der Beurkundungsverhandlung zur Kenntnis gelangt ist (einschließlich Vorbesprechungen und auch einer etwaigen Verweigerung der Amtstätigkeit). Auch die Tatsache, dass überhaupt ein Kontakt zwischen dem Notar und den Beteiligten zustande kommen sollte bzw. zustande gekommen ist, stellt einen geheimhaltungsbedürftigen Umstand dar. 140

Von der Verschwiegenheitspflicht **ausgenommen** sind gemäß § 18 Abs. 1 S. 2 BNotO zwar offenkundige und bedeutungslose Umstände, die aber nur im absoluten **Ausnahmefall** anzunehmen sind. Vielmehr ist unter Anlegung eines subjektiven Maßstabs davon auszugehen, dass die Beteiligten grundsätzlich ein Interesse an einer möglichst umfassenden Wahrung der Vertraulichkeit haben. Es gilt daher: *In dubio pro taciturnitate* – im Zweifel gilt die Verschwiegenheitspflicht.

Die Pflicht zur Wahrung strikter Verschwiegenheit gilt (gemäß § 18 Abs. 4 BNotO über das Ausscheiden aus dem Notaramt hinaus) **gegenüber jedermann**, also auch gegenüber eigenen Familienangehörigen wie auch gegenüber Familienangehörigen der Beteiligten und zumindest im Grundsatz auch gegenüber staatlichen Stellen. Verpflichtet ist nicht nur der **Notar** als Amtsträger. Die Verschwiegenheitspflicht erstreckt sich auch auf **Notarassessoren** (vgl. § 7 Abs. 4 BNotO) sowie berufsmäßig tätige **Gehilfen** und **Auszubildende** (vgl. § 203 Abs. 3 S. 1 StGB). 141

Die Verschwiegenheitspflicht gilt nur dann nicht, wenn alle Beteiligten den Notar entweder von dieser **entbunden** haben oder aber eine gesetzlich angeordnete **Durchbrechung** der Verpflichtung zur Verschwiegenheit vorliegt. Eine solche gesetzliche Regelung erfordert ein überwiegendes öffentliches Interesse an der Offenlegung der an sich vertraulichkeitsbedürftigen Information und muss hinreichend bestimmt sein und in verhältnismäßiger Weise für einen angemessenen Ausgleich der kollidierenden Interessen sorgen. In Ermangelung entsprechender gesetzlicher Vorschriften kann eine **Einschränkung** der Verschwiegenheitspflicht im Einzel- und Ausnahmefall im Rahmen einer umfassenden Güter- und Pflichtenabwägung gerechtfertigt sein. 142

1. Förmliche Verpflichtung von Beschäftigten (§ 26 BNotO)

Eine Folge der Verpflichtung des Notars zur Wahrung strikter Verschwiegenheit bezüglich der ihm im Rahmen der Amtsausübung bekannt gewordenen Informationen ist die gemäß § 26 BNotO bestehende Verpflichtung, sämtliche **Beschäftigte**, die nicht an der berufsmäßigen Tätigkeit des Notars teilnehmen, nach den Vorschriften des **Verpflichtungsgesetzes** (vgl. §§ 1 ff. VerpflichtungsG i.V.m. § 4 DONot) zur Verschwiegenheit zu verpflichten. 143

144 Die zu Verpflichtenden sind bei der Einstellung durch Handschlag zur Wahrung der Amtsgeheimnisse anzuhalten. Die von Notar und Beschäftigtem zu unterzeichnende Niederschrift über die Verpflichtung ist vom Notar bei den Generalakten **aufzubewahren** (vgl. § 23 DONot).

Eine **Verletzung** der Verschwiegenheitspflicht ist gemäß § 203 StGB **strafbewehrt** und wird ggf. auch berufsrechtlich sanktioniert.

2. Vertragliche Verpflichtung von Dienstleistern (§ 26a BNotO)

145 Mit Wirkung zum 9.11.2017 hat der Gesetzgeber zudem in § 26a BNotO die Verpflichtung des Notars vorgesehen, **Dienstleister**, d.h. Personen, die nicht unmittelbar in der Sphäre des Notars beschäftigt sind, für diesen aber unterstützende Tätigkeiten erbringen, mittels einer schriftlichen Vertraulichkeitsvereinbarung i.S.d. § 26a BNotO zur Vertraulichkeit anzuhalten.

Zu beachten ist dabei, dass der Begriff des Dienstleisters unter Beachtung des gesetzlichen Schutzzwecks weit zu verstehen ist.

3. Befreiung von der Verschwiegenheitspflicht

146 Die Pflicht zur Wahrung strikter Verschwiegenheit besteht nicht, wenn und soweit die Beteiligten den Notar von seiner Verschwiegenheitspflicht **befreit** haben. Wichtig ist aber, dass **sämtliche Beteiligte** eine entsprechende Entbindungserklärung abgeben, ggf. ist die Erklärung eines Beteiligten gemäß § 18 Abs. 2 BNotO zu ersetzen.

147 Der Begriff des Beteiligten ist im Rahmen des § 18 Abs. 2 BNotO eigenständig und unter Orientierung am Schutzzweck der Norm zu bestimmen. Maßgeblich ist insoweit stets die konkret in Frage stehende Information. Beteiligter i.S.d. § 18 Abs. 2 BNotO ist danach diejenige Person, auf die sich die konkret zu offenbarende Information bezieht. Der Begriff des Beteiligten i.S.d. § 18 Abs. 2 BNotO geht damit **über den formellen Beteiligtenbegriff** des § 6 BeurkG deutlich **hinaus**. Zugleich ist er aber auch enger als der materielle Beteiligtenbegriff des § 7 BeurkG.

> *Weiterführender Hinweis:*
>
> Die Entbindungserklärung stellt nach richtiger Auffassung eine höchstpersönliche Erklärung dar, die zwar keine Geschäftsfähigkeit des Erklärenden, aber doch eine natürliche Einsichtsfähigkeit bei diesem voraussetzt und die einer Stellvertretung grundsätzlich nicht zugänglich ist. Weder ein rechtsgeschäftlich Bevollmächtigter noch ein Betreuer können daher eine derartige Erklärung für den Beteiligten abgeben.

Fehlt es beim Beteiligten an dieser natürlichen Einsichtsfähigkeit, ist gemäß § 18 Abs. 2 BNotO eine **Entscheidung der Aufsichtsbehörde** einzuholen, weil die Äußerung des Beteiligten nur mit unverhältnismäßigen Schwierigkeiten zu erlangen ist. Dasselbe gilt gemäß § 18 Abs. 2 BNotO, wenn ein Beteiligter verstorben ist. Die Entscheidung der Aufsichtsbehörde hat sich ihrerseits am mutmaßlichen Willen des Beteiligten – auch wenn er verstorben ist – zu orientieren. Nach dem Tod des Beteiligten steht nach richtiger Auffassung nur der Aufsichtsbehörde die Entscheidung über eine Entbindung von der Verschwiegenheitspflicht zu. Eine teilweise erwogene Verteilung der Entbindungskompetenz zwischen Erbe(n) (vermögensrechtliche Angelegenheiten) und Aufsichtsbehörde (nicht vermögensrechtliche Angelegenheiten) kann wegen der sonst drohenden Abgrenzungsschwierigkeiten nicht überzeugen.

Vorbehaltlich der höchstpersönlichen Angelegenheiten des Insolvenzschuldners (etwa Informationen zu letztwilligen Verfügungen) können aber einem Insolvenzverwalter – als Inhaber der Verfügungsgewalt über das Vermögen des Insolvenzschuldners – Auskünfte erteilt werden.

4. Einschränkung im Rahmen einer umfassenden Güter- und Pflichtenabwägung

Eine Einschränkung der gesetzlichen Verschwiegenheitspflicht des Notars kann sich zudem im Rahmen einer umfassenden Güter- und Pflichtenabwägung ergeben, wenn der Notar Informationen preisgeben muss, um seine eigenen Interessen angemessen wahren zu können. Zu nennen sind etwa Fälle, wenn der Notar in einem Zivilprozess als Kläger, Beklagter oder Nebenintervenient oder gar in einem Strafprozess als Beschuldigter beteiligt ist (sog. **Wahrnehmung berechtigter Interessen**). 148

Weiter zu nennen ist in diesem Zusammenhang die Pflicht zur **Anzeige geplanter Straftaten** (§§ 138 und 139 StGB). Werden dem Notar im Rahmen seiner Amtsausübung (weitere) strafbare, aber nicht in den Anwendungsbereich der genannten Normen fallende Handlungen bekannt, ist er demgegenüber zur Verschwiegenheit verpflichtet. Angesichts seiner Stellung als unabhängiger und unparteilicher Amtsträger kann in diesen Fällen aber eine Pflicht resultieren, ggf. vorhandene schutzwürdige Beteiligte zu warnen (vgl. § 14 Abs. 1 BNotO, § 17 Abs. 1 BeurkG). 149

Im **Strafprozess** wird der Notar durch ein entsprechendes **Zeugnisverweigerungsrecht** (und damit zugleich auch eine entsprechende Pflicht) geschützt (vgl. § 53 Abs. 1 Nr. 3 StPO, § 203 Abs. 1 Nr. 3 StGB). Im **Zivilprozess** gilt Vergleichbares gemäß der §§ 383 Abs. 1 Nr. 6, Abs. 3, 385 Abs. 2 ZPO. Im **finanzgerichtlichen Verfahren** gilt das Auskunftsverweigerungsrecht gemäß § 84 Abs. 1 FGO i.V.m. § 102 AO. 150

Eine Aussage des Notars ist daher jeweils nur bei Vorliegen einer Entbindung von der Verschwiegenheitspflicht durch sämtliche Beteiligte möglich.

Im Strafverfahren werden die vorstehenden Weiterungsrechte durch das Beschlagnahmeverbot gemäß § 97 StPO flankiert. In deren Anwendungsbereich dürfen daher Unterlagen nicht beschlagnahmt werden. Umstritten ist, ob öffentliche Urkunden an sich beschlagnahmt werden dürfen, dies wird vor allem in der Rechtsprechung überwiegend (fälschlicherweise) bejaht.[12] 151

5. Gesetzliche Mitteilungs- und Anzeigepflichten

Die Verschwiegenheitspflicht des Notars findet weiterhin dort ihre Grenzen, wo gesetzliche Vorschriften im Einzelfall **höherwertigen Interessen der Allgemeinheit** den Vorrang einräumen. In diesem Zusammenhang sind insbesondere die allgemeinen und speziellen Mitteilungs- und Anzeigepflichten auf dem Gebiet des Steuerrechts zu nennen, es gibt aber auch noch weitere entsprechende Pflichten. 152

Im Bereich des **Steuerrechts** existieren insbesondere die folgenden Mitteilungs- und Anzeigepflichten bei 153

- **grunderwerbsteuerrelevanten** Vorgängen (§§ 18, 20 GrEStG),
- Erwerb **von Todes wegen**, **Schenkungen**, **Zweckzuwendungen** (§ 34 ErbStG) und
- **Gründung**, **Strukturmaßnahmen** und **Geschäftsanteilsabtretungen** bei Kapitalgesellschaften sowie Anmeldung einer **Zweigniederlassung** einer ausländischen Kapitalgesellschaft (§ 54 EStDV).

Sonstige Mitteilungs- und Anzeigepflichten ergeben sich u.a. aus folgenden Vorschriften: 154

- **geldwäscherechtliche Wissensmeldung** unter Berücksichtigung der Vorgaben des § 43 Abs. 2 GwG sowie **Sachverhaltsmeldung** i.S.v. § 43 Abs. 6 GwG mit Blick auf Erwerbsvorgänge nach § 1 GrEStG (Immobilientransaktionen) i.V.m. der GwGMeldV-Immobilien,
- **Gutachterausschuss** (§ 195 Abs. 1 BauGB),
- **unrichtige**, **unterbliebene** oder **unvollständige Handelsregisteranmeldung** (§ 379 FamFG, vormals § 125a FGG),

12 Vgl. allgemein zur Beschlagnahme von Unterlagen an der Notarstelle die Anlage zum Rundschreiben der Bundesnotarkammer Nr. 15/1998 vom 22.5.1998.

- **Geschäftsanteilsabtretungen** (§ 40 GmbHG),
- **Sorgerechtserklärungen** (§§ 1626c und d BGB),
- Beurkundungen in **Personenstandangelegenheiten** (§§ 29, 29b und 30 PStG),
- Bildung von **Teilhypotheken-, Teilgrundschuld- und Teilrentenschuldenbriefen** (§§ 61, 70 GBO),
- **Pfändung von Guthaben** auf **Notaranderkonten** (§ 840 ZPO),
- Benachrichtigung des **zentralen Testamentsregisters** (§ 34a BeurkG) und
- zusammenfassende Meldung (ZM) **innergemeinschaftlicher Dienstleistungen** (§ 18a UStG).[13]

155 Aufgrund entsprechender gesetzlicher Vorschriften gilt im Rahmen der jeweiligen Aufsichtsbefugnisse die Verschwiegenheitspflicht des Notars ferner nicht gegenüber den **Aufsichtsbehörden** und **Disziplinargerichten** (vgl. §§ 92 ff. BNotO) sowie gegenüber den **Notarkammern** (vgl. §§ 67 Abs. 1 S. 2, 74 BNotO).

Abgesehen von diesen Sonderfällen ist der Notar gegenüber anderen Behörden und Gerichten umfassend zur Wahrung der Verschwiegenheit verpflichtet, dies gilt insbesondere auch gegenüber der Polizei und der Staatsanwaltschaft.

VI. Datenschutzrecht

156 Nachdem das auch für Notarinnen und Notare geltende Datenschutzrecht bis zum 25.5.2018 rein national (freilich maßgeblich beeinflusst durch Vorgaben europäischer Richtlinien) in den Datenschutzgesetzen des Bundes und der Länder geregelt war, ist es seitdem europaweit einheitlich und vollharmonisiert in der sog. **Datenschutz-Grundverordnung** (Verordnung EU 2016/679, kurz auch DSGVO) geregelt. Für einzelne Regelungsbereiche besteht eine Ausfüllungskompetenz für den Bundesgesetzgeber wie auch für die verschiedenen Landesgesetzgeber, die im Bundesdatenschutzgesetz wie auch in den Datenschutzgesetzen der Länder wahrgenommen wurde.

Die **Bundesnotarkammer** hat in einem **Rundschreiben**[14] den Datenschutz im Notariat und die Auswirkungen der DSGVO ausführlich beschrieben. Mit dem Rundschreiben wurden auch mehrere Vorlagen und Muster zur Verfügung gestellt, die zur gesetzeskonformen Dokumentation der datenschutzrechtlichen Bemühungen des Notars herangezogen werden können.

157 Der Notar ist als öffentliche Stelle i.S.d. Art. 4 Nr. 7 DSGVO verpflichtet**, personenbezogene Daten** i.S.d. Art. 4 Nr. 1 DSGVO von natürlichen Personen als Beteiligte im notariellen Verfahren bestmöglich zu **schützen**.

Im alltäglichen Umgang mit personenbezogenen Daten sind zunächst auch in der notariellen Amtsstelle die in Art. 5 Abs. 1 DSGVO geregelten Grundsätze zu beachten. Danach dürfen personenbezogene Daten wegen des im Datenschutzrechts grundsätzlich bestehenden Verbots mit Erlaubnisvorbehalt nur dann verarbeitet werden, wenn eine entsprechende datenschutzrechtliche **Erlaubnisnorm** besteht. Eine solche findet sich für den Bereich des Notariats im Regelfall in § 6 Abs. 1 lit. e DSGVO (Erforderlichkeit der Datenverarbeitung für die Wahrnehmung einer Aufgabe, die im öffentlichen Interesse liegt oder in Ausübung öffentlicher Gewalt erfolgt).

Nur wenn es im seltenen Ausnahmefall an einer **Erforderlichkeit der Datenverarbeitung** mangelt, ist ergänzend auf Art. 6 Abs. 1 lit. a DSGVO zurückzugreifen. Es bedarf in diesem Fall der Einwilligung des/der Beteiligten (vgl. zu den Anforderungen Art. 7 DSGVO). Im Regelfall ist jedoch vom Vorliegen einer gesetzlichen Erlaubnisnorm auszugehen, so dass das Erfordernis einer Einwilligung des/der Beteiligten entfällt.

13 Vgl. Rundschreiben der Bundesnotarkammer Nr. 7/2010 vom 12.3.2010.
14 Vgl. Rundschreiben der Bundesnotarkammer Nr. 5/2018 vom 11.5.2018.

Weiterhin sind personenbezogene Daten gemäß Art. 5 Abs. 1 lit. a) DSGVO nach Treu und Glauben und **transparent** zu **verarbeiten**, was sich in einigen Informations- und Auskunftspflichten niederschlägt (näher hierzu Rdn 162 f.). 158

Zu beachten sind ferner der Grundsatz der 159

- **Zweckbindung** gemäß Art. 5 Abs. 1 lit. b) DSGVO,
- **Datenminimierung** gemäß Art. 5 Abs. 1 lit. c) DSGVO,
- **Datenrichtigkeit** gemäß Art. 5 Abs. 1 lit. d) DSGVO sowie
- **Speicherbegrenzung** gemäß Art. 5 Abs. 1 lit. e) DSGVO.

Gemäß Art. 6 Abs. 1 lit. f) DSGVO sind personenbezogene Daten weiterhin so zu verarbeiten, dass eine angemessene **Sicherheit** und ein angemessener **Schutz vor Verlust und Beschädigung** der Daten gewährleistet ist. Diese zunächst abstrakt formulierten Pflichten werden in der Folge durch konkrete, in der DSGVO statuierte Pflichten des Datenverarbeitenden weiter konkretisiert (näher hierzu Rdn 165 ff.). 160

Art. 9 Abs. 1 DSGVO bezeichnet einige vom europäischen Gesetzgeber als **besonders sensibel eingestufte personenbezogene Daten**, die nur unter besonders strengen Voraussetzungen verarbeitet werden dürfen. Dazu zählen Daten, aus denen 161

- die rassische oder ethnische Herkunft,
- politische Meinungen,
- religiöse oder weltanschauliche Überzeugungen oder
- die Gewerkschaftszugehörigkeit

hervorgehen, weiterhin

- genetische Daten,
- biometrische Daten zur eindeutigen Identifizierung einer natürlichen Person,
- Gesundheitsdaten oder
- auch Daten zum Sexualleben oder zur sexuellen Orientierung einer natürlichen Person.

Gemäß Art. 9 Abs. 2 lit. g) DSGVO dürfen derartige sog. besondere Kategorien personenbezogener Daten nur verarbeitet werden, wenn einerseits eine gesetzliche **Erlaubnisnorm** vorhanden ist und andererseits diese Erlaubnisnorm einen **verhältnismäßigen und angemessenen Ausgleich** zwischen den berechtigten Schutzinteressen des Betroffenen und den für eine Verarbeitung der Daten sprechenden erheblichen öffentlichen Interessen schafft.

Soweit sich der Notar im Rahmen seiner Amtsausübung an die Vorschriften der BNotO wie auch des BeurkG hält, ist davon auszugehen, dass auch hinsichtlich besonderer Kategorien personenbezogener Daten eine gesetzliche Erlaubnisnorm im vorbeschriebenen Sinne vorliegt (vgl. nochmals Art. 6 Abs. 1 lit. c) und e) DSGVO) und es einer **Einwilligung** des/der Betroffenen daher im Regelfall auch insoweit **nicht bedarf**.

Die Rechte des/der Betroffenen sind in den Art. 12–19 DSGVO normiert. Für die notarielle Praxis von besonderer Bedeutung ist die **Information** des/der Beteiligten nach Art. 13 Abs. 1 und 2 DSGVO. Die Bundesnotarkammer hat als Anlage zu ihrem Rundschreiben unter anderem ein **Muster für ein entsprechendes Informationsblatt** erstellt, das in der notariellen Praxis entsprechend Verwendung finden kann. Unter Berücksichtigung der Regelung des Art. 13 Abs. 4 DSGVO ist davon auszugehen, dass das Informationsblatt dem/den Beteiligten zwar noch nicht im Rahmen einer etwaigen Terminvereinbarung, spätestens aber in einem etwaigen **Besprechungstermin** oder auch einem sonstigen persönlichen oder postalischen/elektronischen Erstkontakt (etwa im Rahmen der Übersendung eines Urkundenentwurfes per Brief oder E-Mail) zur Verfügung zu stellen ist. 162

In Art. 14 DSGVO findet sich eine Regelung zur Information des/der Beteiligten, wenn die Datenerhebung nicht bei den Beteiligten selbst, sondern durch Einschaltung einer dritten Person erfolgt (z.B. über einen Makler, der dem Notar die Daten der Beteiligten mitteilt). Die Information der Beteiligten hat danach innerhalb einer angemessenen Frist, längstens jedoch innerhalb eines Monats und spätestens bei der ersten Kontaktaufnahme zu erfolgen.

163 Art. 15 DSGVO statuiert ein **Auskunftsrecht** des/der Beteiligten, das jedoch in maßgeblichen Bereichen der notariellen Tätigkeit durch den Vorbehalt des § 29 Abs. 1 S. 2 BDSG eingeschränkt wird. Art. 16 DSGVO sieht weiterhin ein Recht auf (kostenlose) **Berichtigung** unrichtiger und Vervollständigung unvollständiger Daten vor. Nach Art. 17 DSGVO kann die betroffene Person schließlich die **Löschung** personenbezogener Daten verlangen.

> *Merke:*
>
> Der Anspruch auf Löschung wird durch die Vorschriften des notariellen Berufsrechts überlagert. Soweit dieses eine zwingende Fortdauer der Speicherung anordnet, kann der Betroffene dies nicht durch eine Geltendmachung eines datenschutzrechtlichen Löschungsanspruchs konterkarieren.

164 Art. 19 DSGVO verpflichtet die verarbeitende Stelle schließlich, im Falle der (berechtigten) Geltendmachung von **Berichtigungs- und Löschungsansprüchen** nach Art. 16, 17 DSGVO auch diejenigen Stellen über diese Vorgänge zu informieren, gegenüber denen er diese Daten (etwa in Befolgung einer gesetzlichen Pflicht) offengelegt hat.

165 Spiegelbildlich zu den Rechten des Betroffenen sind die **Pflichten des Verantwortlichen** in den Art. 24–39 DSGVO geregelt. Art. 24 DSGVO sieht zunächst für die Erfüllung der datenschutzrechtlichen Verpflichtungen einen sog. risikobasierten Ansatz vor. Der Verantwortliche hat danach nur diejenigen **Maßnahmen** zu treffen, die unter Berücksichtigung der drohenden Risiken **verhältnismäßig** sind. Art. 25 DSGVO konkretisiert die bezüglich der Notarstelle erforderlichen technisch-organisatorischen Maßnahmen weiter. Art. 28 DSGVO trifft Regelungen zur sog. Auftragsverarbeitung, d.h. der Verarbeitung personenbezogener Daten im Auftrag eines (anderen) Verantwortlichen. Zu beachten sind insoweit vor allem die Vorgaben des Art. 28 Abs. 3 DSGVO. Danach bedarf es des Abschlusses einer schriftlichen **Auftragsverarbeitungsvereinbarung**.

> *Beispiel:*
>
> Inanspruchnahme von Fernwartungs-Dienstleistungen durch ein IT-Unternehmen.

Nach Art. 30 DSGVO ist der Verantwortliche weiterhin zur Führung von Verzeichnissen der Verarbeitungstätigkeiten verpflichtet. Die Verzeichnisse dienen dazu, die in der Geschäftsstelle des Notars laufenden Datenverarbeitungsprozesse und auch die Einhaltung der diesbezüglichen rechtlichen Vorgaben der DSGVO zu dokumentieren. Die Bundesnotarkammer hat auch für die **Verzeichnisse der Verarbeitungstätigkeiten** umfassende Muster und Vorlagen zur Verfügung gestellt, die in der notariellen Praxis vielfach Verwendung finden.

166 Art. 32 DSGVO sieht vor, dass der Verantwortliche **geeignete technische und organisatorische Maßnahmen** zum Schutz personenbezogener Daten (TOMs) treffen muss. Wie auch in Art. 24 DSGVO allgemein festgelegt, ist auch hier der Grundsatz der **Verhältnismäßigkeit** zu beachten. Die Bundesnotarkammer hat bereits kurz nach Inkrafttreten der DSGVO auch für die Erfüllung der Verpflichtungen aus Art. 32 DSGVO ein Muster zur Verfügung gestellt, das zur Dokumentation der Erfüllung der gesetzlichen Anforderungen verwendet werden konnte und kann.

In Erfüllung ihres in **§ 6 NotAktVV** gesetzlich normierten Auftrags hat die Bundesnotarkammer zwischenzeitlich weiterhin **datenschutzrechtliche Verhaltensregeln** i.S.v. Art. 40 Abs. 2 lit. h DSGVO erarbeitet, welche vom Bundesbeauftragten für den Datenschutz und die Informationsfreiheit (BfDI) am 5.5.2022 genehmigt worden sind. Damit liegt den Notarinnen und Notaren der erste „*code of conduct*" vor, den der BfDI seit Inkrafttreten der DSGVO genehmigt hat. In diesem werden die von den Notarinnen und Notaren nach Art. 32 DSGVO zu treffenden technischen und organisatorischen Maßnahmen zur Gewährleistung von Datensicherheit in elektronischen Aufzeichnungen und Hilfsmitteln maßgeblich präzisiert.[15]

15 Der Text der datenschutzrechtlichen Verhaltensmaßregeln findet sich in DNotZ 2022, 405 ff.; ausführlich dazu *Danninger/Walch*, DNotZ 2022, 413 ff.

Art. 33 DSGVO sieht weiterhin eine **Meldepflicht** vor, wenn es zur Verletzung von Vorschriften zum Schutz personenbezogener Daten gekommen ist. Die danach bestehenden Pflichten werden aber durch die **Rückausnahmen** in Art. 34 Abs. 3 lit. a) und c) DSGVO und in § 29 Abs. 1 S. 3 BDSG eingeschränkt. Von besonderer Bedeutung ist hier vor allem der Verweis in § 29 Abs. 1 S. 3 BDSG auf die §§ 203 StGB, 18 BNotO. 167

In Art. 37 DSGVO ist schließlich die Verpflichtung statuiert, einen **Datenschutzbeauftragten** zu benennen. Dieser kann sowohl intern (aus dem Kreis der Beschäftigen des Notars) als auch extern rekrutiert werden. Nach Art. 37 Abs. 7 DSGVO sind die Kontaktdaten des Datenschutzbeauftragten (nicht hingegen zwingend sein Name) zu veröffentlichen. Dies kann etwa auf der Homepage des Notars oder auch auf schriftlich in Umlauf zu bringenden Informationsträgern (wie etwa dem Informationsblatt nach Art. 13 DSGVO) geschehen. 168

VII. Geldwäscherecht

Seit Inkrafttreten des Geldwäschebekämpfungsgesetzes vom 8.8.2002 sind auch die Notare neben den (anderen) freien rechts- und steuerberatenden Berufen in größerem Umfang in den Anwendungsbereich des Geldwäschegesetzes (GwG) einbezogen. Zur Umsetzung der vierten EU-Geldwäscherichtlinie wurde das GwG im Jahr 2017 vollständig neu gefasst. Zum 1.1.2020 ist sodann das Gesetz zur Umsetzung der Änderungsrichtlinie zur Vierten EU-Geldwäscherichtlinie in Kraft getreten, das die notariellen Pflichten nach dem Geldwäschegesetz insbesondere mit Blick auf Immobilientransaktionen nochmals erheblich ausgebaut und erweitert hat. Zum 1.8.2021 ist weiterhin das Transparenzregister- und Finanzinformationsgesetz in Kraft getreten, das auch aus notarieller Sicht nochmals einige wesentliche Neuerungen gebracht hat. Weitere grundlegende Neuerungen auch für die Notarinnen und Notare hat schließlich das zweite Gesetz zur effektiveren Durchsetzung von Sanktionen (SDG II) gebracht, das gestaffelt in mehreren Teilschritten ab dem 1.4.2023 in Kraft getreten ist. 169

Die Bundesnotarkammer hat **Anwendungsempfehlungen** (sog. Auslegungs- und Anwendungshinweise zum GwG) erarbeitet, welche von den Aufsichtsbehörden genehmigt wurden (vgl. § 51 Abs. 8 S. 2 GwG).[16] Die Empfehlungen erläutern die geldwäscherechtlichen Verpflichtungen des Notars und geben unter Verwendung von Beispielfällen auch eine Vielzahl von praktischen Hinweisen, wie im notariellen Alltag mit dem Thema Geldwäsche umgegangen werden kann. Sie beinhalten zudem auch eine Vielzahl von Mustern und Anlagen, welche zur Erfüllung der geldwäscherechtlichen Verpflichtungen Verwendung finden können. 170

Soweit der Anwendungsbereich des GwG für den Notar eröffnet ist (siehe Rdn 172 ff.), sieht das GwG einige Verpflichtungen in **organisatorischer** (siehe Rdn 175 f.) und **vorgangsspezifischer** (siehe Rdn 177 ff.) Hinsicht vor. In Einzelfällen kann abhängig von den jeweiligen Umständen die Anlegung vereinfachter oder sogar verstärkter **Sorgfaltspflichten** angezeigt sein (siehe Rdn 192 f.). 171

1. Der Notar im Anwendungsbereich des Geldwäschegesetzes

Ausgangspunkt für Notare ist nach geltender Rechtslage § 2 Abs. 1 Nr. 10 GwG. Notare werden danach vom Anwendungsbereich des GwG erfasst, wenn sie an der Planung und Durchführung folgender Rechtsgeschäfte mitwirken: 172

- **Kauf** und **Verkauf** von **Immobilien**, also alle Grundstückskaufverträge einschließlich Bauträgerverträge,
- **Kauf** und **Verkauf** von **Gewerbebetrieben**, bei Anteilsabtretungen zumindest dann, wenn durch die konkrete Abtretung sich die einfache Mehrheit im Unternehmen ändert,
- **Verwahrungstätigkeiten** i.S.v. § 23 BNotO und sonstige Verwahrungstätigkeiten nach § 24 BNotO,

16 S. hierzu *https://www.bnotk.de/aufgaben-und-taetigkeiten/geldwaeschebekaempfung* (zuletzt abgerufen am 2.8.2025).

- sämtliche Vorgänge, bei denen der Notar an der **Gründung einer Gesellschaft** beteiligt ist (Beurkundung des Gesellschaftsvertrages, Registeranmeldung),
- **Umwandlungsvorgänge**, die zum Entstehen eines **neuen Rechtsträgers** führen,
- **sonstige Umwandlungsvorgänge**, wenn sie sich als Erwerb eines Gewerbebetriebes darstellen,
- sämtliche weitere **gesellschaftsrechtliche Vorgänge**, die in Zusammenhang mit Geldwäsche und Terrorismusfinanzierung stehen könnten.

173 **Vollmachten** werden vom Anwendungsbereich des GwG erfasst, wenn sie die in § 2 Abs. 1 S. 1 Nr. 10 GwG genannten Geschäfte unmittelbar betreffen. Dies ist regelmäßig der Fall bei Spezialvollmachten zur Veräußerung bestimmter Grundstücke. Nicht eröffnet ist demgegenüber der Anwendungsbereich des GwG mit Blick auf Generalvollmachten.

174 Folgende Angelegenheiten unterliegen aus notarieller Sicht nicht den Vorschriften des GwG:

- **Schenkungen**,
- Vorgänge, die auf Begründung, Änderung oder Löschung eines **beschränkt-dinglichen Rechts** gerichtet sind (insbesondere Grundschulden),
- **familienrechtliche** Angelegenheiten,
- **Testamente** und **Erbverträge**,
- **Nachlassauseinandersetzungen**.

2. Anforderungen bezüglich Büroorganisation, Aufzeichnungs- und Aufbewahrungsfristen

175 Das GwG stellt an den Notar zunächst eine Vielzahl von Anforderungen hinsichtlich der Büroorganisation. Gemäß § 4 GwG muss der Notar zur Verhinderung von Geldwäsche und Bekämpfung von Terrorismus zunächst über ein wirksames **Risikomanagement** verfügen, welches im Hinblick auf Art und Umfang seiner Geschäftstätigkeit angemessen ist.

Insbesondere muss er nach § 5 GwG die Risiken der Geldwäsche und Terrorismusfinanzierung, die für die von ihm betriebenen Geschäfte bestehen,

- ermitteln und **bewerten** (Risikoanalyse),
- sie **dokumentieren**,
- regelmäßig **überprüfen** und ggf. **aktualisieren** und
- den **Aufsichtsbehörden** auf Verlangen zur Verfügung stellen.

Nach § 6 GwG hat der Verpflichtete außerdem bestimmte **interne Sicherungsmaßnahmen** zu treffen und deren Funktionsfähigkeit zu überwachen und bei Bedarf zu aktualisieren (interne Sicherungsmaßnahmen), um die Risiken von Geldwäsche und Terrorismusfinanzierung in Form von Grundsätzen, Verfahren und Kontrollen zu steuern und zu mindern.

176 § 8 GwG regelt **Aufzeichnungs- und Aufbewahrungspflichten**, die sich eigentlich auf einzelne Amtstätigkeiten beziehen, im Ergebnis aber ebenfalls erhebliche Auswirkungen auf die Büroorganisation des Notars haben. Die Aufzeichnungen sind nach § 8 Abs. 4 S. 1 GwG fünf Jahre aufzubewahren. Andere gesetzliche Bestimmungen über Aufzeichnungs- und Aufbewahrungspflichten bleiben hiervon unberührt. Die Aufbewahrungsfrist im Fall des § 10 Abs. 3 S. 1 Nr. 1 GwG beginnt mit dem Schluss des Kalenderjahres, in dem die Geschäftsbeziehung endet.

> *Praxistipp:*
>
> Die Aufbewahrung wird daher sinnvollerweise zumeist zusammen mit den Nebenakten erfolgen, die nach § 50 Abs. 1 S. 1 Nr. 7 NotAktVV (Neubestände seit 1.1.2022) bzw. § 51 Abs. 1 S. 1 Nr. 4 NotAktVV (Altbestände bis einschließlich 31.12.2021) sieben Jahre aufzubewahren sind.

3. Vorgangsspezifische (allgemeine) Sorgfaltspflichten

177 Über die vorbeschriebenen allgemeinen organisatorischen Anforderungen hinausgehend verlangt das GwG vom Notar auch die Erfüllung sog. **allgemeiner Sorgfaltspflichten**. Dazu ge-

hört insbesondere die Vornahme einer auf einen konkreten Vorgang bezogenen (allgemeinen) Risikobewertung, weiterhin die Identifizierung der formell Beteiligten sowie ggf. der wirtschaftlich Berechtigten.

§ 10 Abs. 3 S. 1 Nr. 1–4 GwG beschreibt zunächst die **Fallkonstellationen**, in denen allgemeine Sorgfaltspflichten ausgelöst werden. 178

Nach Nr. 1 sind Sorgfaltspflichten bei der **Begründung einer Geschäftsbeziehung** zu erfüllen. Eine Geschäftsbeziehung ist nach § 1 Abs. 4 GwG jede Beziehung, die unmittelbar in Verbindung mit den **gewerblichen oder beruflichen Aktivitäten** der Verpflichteten steht und bei der beim Zustandekommen des Kontakts davon ausgegangen wird, dass sie von gewisser Dauer sein wird. Es besteht Einigkeit, dass die notarielle Amtstätigkeit trotz eines ggf. zeitlich begrenzten Charakters eine Geschäftsbeziehung im Sinne des GwG begründen kann.

Die Nrn. 2–4 beschreiben weitere Sachverhalte, die aus Sicht der notariellen Praxis relevant sind. In Nr. 3 geht es z.B. um allgemeine Sorgfaltspflichten, die grundsätzlich immer dann bestehen und zu erfüllen sind, wenn der Verdacht einer Straftat nach § 261 StGB oder der Terrorismusfinanzierung vorliegt, in Nr. 4 darum, dass bei Zweifeln im Hinblick auf eine bereits durchgeführte Identifizierung die Sorgfaltspflichten (nochmals) zu erfüllen sind.

Der **Inhalt der allgemeinen Sorgfaltspflichten** ist in § 10 Abs. 1 Nr. 1–5 GwG geregelt. Der Umfang der allgemeinen Sorgfaltspflichten nach § 10 Abs. 1 Nr. 2–5 GwG hängt gemäß § 10 Abs. 2 GwG von dem **vorgangsbezogenen Risiko** ab (sog. **risikobasierter Ansatz**). 179

Jeder geldwäscherelevante Vorgang ist auf das konkrete Geldwäscherisiko zu prüfen. Dazu hat auf Basis der Feststellungen in der Risikoanalyse nach § 5 GwG eine vorgangsspezifische Risikobewertung anhand der u.a. in den Anlagen 1 und 2 des GwG genannten Risikofaktoren zu erfolgen. Darüber hinaus sind zumindest der von den Beteiligten mit dem notariellen Amtsgeschäft verfolgte Zweck, die wirtschaftliche Bedeutung des Vorgangs und die Anzahl der Vorgänge mit dem Beteiligten zu berücksichtigen.

a) Identifizierung einschließlich Prüfung der Vertretungsmacht

Nach § 10 Abs. 1 Nr. 1 GwG hat eine **Identifizierung** des Vertragspartners und ggf. **der für ihn auftretenden Person** nach Maßgabe des § 11 Abs. 4 GwG und des § 12 Abs. 1 und 2 GwG sowie die Prüfung, ob die für den Vertragspartner auftretende Person hierzu berechtigt ist, zu erfolgen. 180

Zu beachten ist, dass sich der Notar im Rahmen seiner Amtstätigkeit in einem öffentlich-rechtlichen Verfahrensverhältnis befindet, in dem es keinen „Vertragspartner" gibt. Der Begriff ist daher auslegungsbedürftig. Die beurkundungsrechtliche Entsprechung des Begriffs „*Vertragspartner*" findet sich in § 6 Abs. 2 BeurkG. Danach sind nur die **vor dem Notar Erschienenen**, deren in eigenem oder in fremden Namen abgegebene Erklärungen beurkundet werden sollen, Beteiligte des Beurkundungsverfahrens. Auch insoweit ist daher der sog. **formelle Beteiligtenbegriff** maßgeblich.

Auf den Begriff „Vertragspartner" übertragen bedeutet dies, dass stets der formell Beteiligte zu identifizieren ist, in Vertretungsfällen also der vor dem Notar erschienene Vertreter. Eine Identifizierungspflicht auch des Vertretenen besteht dagegen nach § 10 Abs. 1 Nr. 1 GwG nicht. Gleichwohl müssen bestimmte Angaben über den Vertretenen erhoben werden, wenn dieser die Voraussetzungen des wirtschaftlich Berechtigten erfüllt (siehe hierzu Rdn 183 ff., 284).

Die nach dem GwG gebotenen Feststellungen sind – anders als ggf. im Rahmen der Feststellungen nach § 10 BeurkG – jedenfalls im Grundsatz zwingend aufgrund eines gültigen Ausweises, der ein Lichtbild des Inhabers enthält und mit dem die Pass- und Ausweispflicht im Inland erfüllt wird, insbesondere anhand eines inländischen oder nach ausländerrechtlichen Bestimmungen anerkannten oder zugelassenen **Passes**, **Personalausweises** oder **Pass**- oder **Ausweisersatzes** zu treffen (§ 12 Abs. 1 S. 1 Nr. 1 GwG). Für die **Online-Verfahren im Gesellschaftsrecht** kann nach § 12 Abs. 1 S. 1 Nr. 2 GwG auch einer der dort genannten elektro- 181 nischen Identitätsausweise genutzt werden (zur Identifizierung im Rahmen der Online-Verfahren siehe ausführlich Rdn 279 ff.).

Festzuhalten sind gemäß § 11 Abs. 4 Nr. 1 GwG im Rahmen der Identifizierung:

- **Vor**- und **Nachname**,
- **Geburtsdatum**,
- **Geburtsort**,
- **Staatsangehörigkeit**,
- **Anschrift**,
- Art des **Ausweisdokuments** einschließlich Nummer und ausstellende Behörde.

182 § 8 Abs. 2 S. 2 GwG bestimmt in diesem Zusammenhang, dass die Verpflichteten das Recht und die Pflicht haben, vollständige **Kopien** der nach § 12 Abs. 1 S. 1 Nr. 1 oder 4 GwG sowie nach § 12 Abs. 2 GwG vorgelegten Dokumente oder Unterlagen anzufertigen oder diese vollständig optisch digitalisiert zu erfassen. Die Aufzeichnungspflicht kann auch **außerhalb der notariellen Urkunde** durch entsprechende Aufzeichnungen in der Nebenakte erfüllt werden. Eine Vermerkpflicht in der notariellen Urkunde selbst besteht nicht.

(siehe zur Identifizierung auch Rdn 247 ff.)

b) Ermittlung des wirtschaftlich Berechtigten

183 § 10 Abs. 1 Nr. 2 GwG verlangt, dass der Notar ermittelt, ob der Vertragspartner für einen wirtschaftlich Berechtigten handelt und, soweit dies der Fall ist, dass der Notar den wirtschaftlich Berechtigten nach Maßgabe der §§ 11 Abs. 5, 12 Abs. 3 und 4 GwG identifiziert. Wirtschaftlich berechtigt ist nach § 3 Abs. 1 S. 1 GwG *„die natürliche Person, in deren Eigentum oder unter deren Kontrolle der Vertragspartner letztlich steht, oder die natürliche Person, auf deren Veranlassung eine Transaktion letztlich durchgeführt oder eine Geschäftsbeziehung letztlich begründet wird.“*

184 § 3 Abs. 2 GwG führt für **juristische Personen** (ausgenommen Stiftungen) und sonstige (nicht börsennotierten) Gesellschaften auf, bei welchen Beteiligungsquoten die Gesellschafter wirtschaftlich Berechtigte sind. Danach ist wirtschaftlich Berechtigter jede natürliche Person, welche unmittelbar oder mittelbar

- **mehr als 25 % der Kapitalanteile** an einer Gesellschaft hält,
- **mehr als 25 % der Stimmrechte** an einer Gesellschaft kontrolliert, oder
- auf vergleichbare Weise **Kontrolle** über diese ausübt.

Die Eigentums- und Kontrollstruktur der Gesellschaft ist nach § 10 Abs. 1 Nr. 2 GwG mit *„angemessenen Mitteln“* in Erfahrung zu bringen. Was im Einzelfall *„angemessen“* ist, steht im pflichtgemäßen Ermessen des Notars.

185 Den **Umfang der Identifizierung des wirtschaftlich Berechtigten** bestimmen die §§ 11 Abs. 5, 12 Abs. 3 und 4 GwG. In jedem Fall ist beim wirtschaftlich Berechtigten **der Vor- und Nachname** festzuhalten. Weitere Identifizierungsmerkmale sind im Sinne des **risikoorientierten Ansatzes** abhängig vom im Einzelfall festgestellten Risiko der Geldwäsche oder Terrorismusfinanzierung zu erheben. Nach § 11 Abs. 5 S. 3 GwG hat der Notar die zur Identifizierung erforderlichen Angaben beim Vertragspartner zu erheben. Er darf sich insoweit grundsätzlich nicht ausschließlich auf die Angaben im Transparenzregister (§§ 18 ff. GwG) verlassen. Nach § 12 Abs. 3 S. 1 GwG hat sich der Notar vielmehr durch risikoangemessene Maßnahmen zu vergewissern, dass die zum wirtschaftlich Berechtigten erhobenen Angaben zutreffend sind.

186 Wird eine **in- oder ausländische Vereinigung** i.S.v. § 20 GwG **oder Rechtsgestaltung** i.S.v.§ 21 GwG vertreten, hat der Notar nach § 12 Abs. 3 S. 2 GwG Einsicht in das **Transparenzregister** zu nehmen und die dort erfassten Daten mit den von ihm ermittelten Informationen abzugleichen (zur Transparenzpflichtigkeit von Vereinigungen und Rechtsgestaltungen nach Entfall der sog. Mitteilungsfiktion nach § 20 Abs. 2 GwG a.F. siehe die nunmehr geltende Fassung von §§ 20 f. GwG sowie die Übergangsregelungen in § 59 Abs. 8 GwG; zu beachten ist, dass mit der Einführung des **Gesellschaftsregisters** zum 1.1.2024 entgegen der bis dahin geltenden Rechtslage nunmehr auch die eGbR transparenzpflichtig ist). Stimmen diese Daten überein

und bestehen auch sonst keine Zweifel an der Richtigkeit und Rechtmäßigkeit des Vorgangs, sind seitens des Notars zur Erfüllung seiner Verpflichtungen aus § 12 Abs. 3 S. 1 GwG gemäß § 12 Abs. 3 S. 3 GwG über die vorbeschriebene Einsicht ins Transparenzregister hinausgehend keine weiteren Maßnahmen veranlasst.

Wird allerdings bei einem Erwerbsvorgang nach § 1 GrEStG eine Rechtsform i.S.v. § 3 Abs. 2 oder 3 GwG vertreten, hat der Notar die Identität des wirtschaftlich Berechtigten vor der Beurkundung zusätzlich anhand einer von dem jeweiligen Vertragspartner in Textform vorzulegenden **Dokumentation der Eigentums- und Kontrollstruktur** auf ihre Schlüssigkeit zu überprüfen.

(Für konkrete Beispiele zur Identifizierung des wirtschaftlich Berechtigten siehe Rdn 284).

c) Weitere allgemeine Sorgfaltspflichten

Weitere allgemeine Sorgfaltspflicht ist nach § 10 Abs. 1 Nr. 3 GwG, dass der Verpflichtete Informationen über den **Zweck und die angestrebte Art der Geschäftsbeziehung** einholen und bewerten muss, soweit sich diese im Einzelfall nicht bereits zweifelsfrei aus der Geschäftsbeziehung ergeben. Für notarielle Urkunden ergeben sich Zweck und Art der Geschäftsbeziehung in der Regel **aus der Urkunde selbst**, so dass hier keine zusätzlichen Ermittlungen erforderlich sind. Für Anderkonten gilt dies dann, wenn sie im Rahmen des Urkundenvollzuges geführt werden. 187

Nach § 10 Abs. 1 Nr. 4 GwG hat der Notar mit angemessenen, risikoorientierten Verfahren weiterhin zu überprüfen, ob es sich bei dem Vertragspartner oder dem wirtschaftlich Berechtigten um 188

- eine **politisch exponierte Person (PeP)**,
- ein **Familienmitglied** oder
- eine **bekanntermaßen nahestehende Person**

handelt. Nach richtiger Auffassung ist es insoweit ausreichend, wenn der Notar im Bedarfsfall bei Vorliegen entsprechender Anhaltspunkte eine Internetrecherche vornimmt oder den/die Beteiligten mit Fragen nach dem Beruf konfrontiert. Die Nutzung (regelmäßig kostenpflichtiger) Datenbanken ist demgegenüber nicht erforderlich.

§ 10 Abs. 1 Nr. 5 GwG verpflichtet den Notar schließlich, die Geschäftsbeziehung **kontinuierlich** auf neue Anhaltspunkte für geldwäscherechtlich relevante Umstände **zu überwachen**. Diese Pflicht besteht für den Notar allerdings nur für den Zeitraum zwischen der ersten Kontaktaufnahme mit dem/den Beteiligten und dem abschließenden Vollzug der betreffenden Urkunde(n), denn die jeweilige notarielle Tätigkeit ist nicht auf eine Geschäftsbeziehung von unbestimmter Dauer angelegt, sondern vielmehr mit dem Vollzug der Urkunde(n) abgeschlossen. Nur in dieser Phase sind neu eintretende geldwäscherelevante Tatsachen vom Notar entsprechend zu berücksichtigen und die vorgenommene konkrete Risikobewertung ggf. entsprechend anzupassen. 189

4. Hindernisse bei der Erfüllung allgemeiner Sorgfaltspflichten

Für den Notar können sich in der Praxis erhebliche Schwierigkeiten ergeben, wenn die zur Identifizierung erforderlichen Informationen etwa zum wirtschaftlich Berechtigten (insbesondere aufgrund **mangelnder Mitwirkung der Beteiligten**) nicht ermittelt werden können. Für diese Situation enthält das GwG ausdrückliche Regelungen. 190

§ 11 Abs. 6 GwG sieht ausdrücklich eine Verpflichtung der Beteiligten vor, dem Notar die zur Erfüllung der Sorgfaltspflichten **notwendigen Informationen und Unterlagen zur Verfügung zu stellen**. Ferner müssen die Beteiligten auch spätere Änderungen unverzüglich anzeigen, wenn sich diese im Laufe der Geschäftsbeziehung ergeben.

Da die zur Identifizierung verpflichtete Stelle die Mitwirkungspflicht der Beteiligten aber letztlich nicht durchsetzen kann, sind Fälle denkbar, in denen die erforderlichen Informationen trotzdem ausbleiben. Grundsätzlich bestimmt § 10 Abs. 9 S. 1 GwG, dass in diesem Falle die Geschäftsbeziehung nicht begründet oder fortgesetzt werden darf. 191

Für Notare bestimmt § 10 Abs. 9 S. 3 GwG jedoch ausdrücklich, dass dieses Verbot nicht besteht, wenn ein Beteiligter eine „*Rechtsberatung*" erstrebt, es sei denn der Notar weiß, dass der Beteiligte die Rechtsberatung bewusst für den Zweck der Geldwäsche oder der Terrorismusfinanzierung in Anspruch nimmt. Der Begriff „*Rechtsberatung*" dürfte in einem umfassenden Sinne zu verstehen sein und die gesamte notarielle Amtstätigkeit (§§ 20–24 BNotO) erfassen. Dementsprechend kann der Notar seiner **Amtsgewährungspflicht** grundsätzlich auch bei einer Verweigerung der Erfüllung geldwäscherechtlicher Mitwirkungspflichten durch die Beteiligten nachkommen bzw. auch in diesem Fall Amtshandlungen vornehmen.

Solange allerdings ein in den Anwendungsbereich von § 12 Abs. 4 S. 1 GwG fallender Vertragspartner (d.h. bei einem Erwerbsvorgang nach § 1 GrEStG) seiner aus dieser Norm resultierenden **Verpflichtung zur Vorlage einer Dokumentation der Eigentums- und Kontrollstruktur nicht nachkommt** oder eine an das Transparenzregister nach § 20 Abs. 1 S. 2 GwG mitteilungspflichtige Vereinigung mit Sitz im Ausland (seit dem 1.7.2023 besteht eine Mitteilungspflicht für derartige ausländische Vereinigungen nicht mehr nur beim Neuerwerb einer inländischen Immobilie oder von Anteilen i.S.v. § 1 Abs. 3 oder 3a GrEStG, vielmehr werden nunmehr auch Bestandsfälle erfasst, auch ausländische Vereinigungen, die bereits im vorbeschriebenen Sinne Immobilien oder Anteile i.S.v. § 1 Abs. 3 oder 3a GrEStG halten, sind nunmehr an das Transparenzregister mitteilungspflichtig) bzw. ein nach § 21 Abs. 1 S. 2 Alt. 2 und S. 3 GwG mitteilungspflichtiger Trustee, der außerhalb der Europäischen Union seinen Wohnsitz oder Sitz hat, ihrer bzw. seiner **Mitwirkungspflichten nicht nachkommt**, hat der Notar die **Beurkundung** nach § 10 Abs. 9 S. 4 GwG (zumindest einstweilen) **abzulehnen**.

Im Ergebnis gebietet daher der Urkundsgewährungsanspruch nach § 15 BNotO dem Notar– anders als häufig angenommen – grundsätzlich, die an ihn herangetragene Amtstätigkeit auch schon vor Erfüllung ggf. bestehender Sorgfaltspflichten nach dem GwG zu erbringen, nur in den beschriebenen Ausnahmefällen besteht ein (in den meisten Fällen vorübergehendes) Beurkundungsverbot.

Eine **Verwahrung** sollte der Notar allerdings auf jeden Fall **verweigern**, wenn ihm überhaupt keine Identifizierung möglich ist.

5. Vereinfachte und verstärkte Sorgfaltspflichten

192 Gemäß § 14 GwG muss der Notar **nur vereinfachte Sorgfaltspflichten** erfüllen, soweit er unter Berücksichtigung der in den Anlagen 1 und 2 des GwG genannten Risikofaktoren feststellt, dass in bestimmten Bereichen, insbesondere im Hinblick auf Kunden, Transaktionen und Dienstleistungen oder Produkte, nur ein **geringes Risiko** der Geldwäsche oder der Terrorismusfinanzierung besteht.

Vor der Anwendung vereinfachter Sorgfaltspflichten hat sich der Notar aber zu vergewissern, dass die Geschäftsbeziehung tatsächlich mit einem geringeren Risiko der Geldwäsche oder Terrorismusfinanzierung verbunden ist. Für die Darlegung der Angemessenheit gelten die Grundsätze von § 10 Abs. 2 S. 4 BeurkG. Bei Anwendbarkeit vereinfachter Sorgfaltspflichten kann der Notar den Umfang der Maßnahmen, die zur Erfüllung der allgemeinen Sorgfaltspflichten zu treffen sind, angemessen reduzieren und insbesondere die Überprüfung der Identität abweichend von den §§ 12, 13 GwG auf der Grundlage von sonstigen Dokumenten, Daten oder Informationen durchführen, die von einer glaubwürdigen und unabhängigen Quelle stammen und für die Überprüfung geeignet sind.

In jedem Fall muss aber die **Überwachung** von Geschäftsbeziehungen in einem Umfang sichergestellt sein, der es ermöglicht, ungewöhnliche oder verdächtige Transaktionen zu erkennen und zu melden.

193 Hat der Notar im Rahmen der konkreten Risikobewertung festgestellt, dass ein höheres Risiko vorliegt, sind zusätzlich zu den allgemeinen Sorgfaltspflichten **verstärkte Sorgfaltspflichten** zu erfüllen (§ 15 GwG). Der Umfang der zusätzlichen Maßnahmen hängt von dem jeweils festgestellten Risiko ab. Für die Darlegung der Angemessenheit gelten ebenfalls die Grundsätze von § 10 Abs. 2 S. 4 BeurkG.

(Für konkrete Beispiele zur Absenkung der Sorgfaltspflichten siehe Rdn 284).

6. Barzahlungsverbot bei Immobiliengeschäften

Mit Wirkung zum 1.4.2023 – entscheidend ist insoweit der Abschluss des betreffenden Rechtsgeschäfts – hat der Gesetzgeber in § 16a Abs. 1 GwG weiterhin unter anderem ein Verbot statuiert, Immobilien mit Bargeld zu erwerben. Zwar wird die gesetzliche Neuregelung stark verkürzt oft – wie auch nachfolgend – als „**Barzahlungsverbot**" bezeichnet, der Regelungsgehalt der Vorschrift geht jedoch deutlich weiter. Über Bargeld hinausgehend sind für die Erbringung der geschuldeten Gegenleistung bei Immobiliengeschäften kraft gesetzlicher Anordnung nunmehr auch Kryptowerte, Gold, Platin und Edelsteine nicht mehr erfüllungstauglich. Erfasst werden dabei nicht nur Kauf- und Tauschverträge über Immobilien (**Asset Deal**), sondern vielmehr auch Verträge, die auf den Erwerb von Anteilen an Gesellschaften gerichtet sind, zu deren Vermögen unmittelbar oder mittelbar eine inländische Immobilie gehört (**Share Deal**). 194

Der Notar hat ausschließlich bei Asset Deals nach § 16a Abs. 2–4 GwG – vorbehaltlich der in § 16a Abs. 5 GwG vom Gesetzgeber vorgesehenen Ausnahmetatbestände – gewisse Nachweis-, Dokumentations-, Kontroll- und Meldepflichten zu erfüllen. Insbesondere haben die Beteiligten dem Notar nach § 16a Abs. 2 GwG im Gesetz näher beschriebene Nachweise darüber zu erbringen, dass die Gegenleistung unter Beachtung des Barzahlungsverbots erbracht worden ist (der Notar hat diese Nachweise aufzuzeichnen und mindestens fünf Jahre – am besten in der Nebenakte – aufzubewahren. Nach § 16a Abs. 3 GwG hat der Notar bei Kauf- und Tauschverträgen über Immobilien vor Einreichung eines Antrags auf Eigentumsumschreibung beim Grundbuchamt die ihm vorgelegten Unterlagen auf Schlüssigkeit zu prüfen, d.h. er hat diese auf Plausibilität zu prüfen. Stößt der Notar im Rahmen seiner Schlüssigkeitsprüfung auf Unstimmigkeiten, ist Rechtsfolge nach der zwischenzeitlich überarbeiteten Fassung der Geldwäschegesetzmeldepflichtverordnung-Immobilien (GwGMeldV-Immobilien, siehe dazu Rdn 197) insbesondere eine Meldepflicht des Notars an die Zentralstelle für Finanztransaktionsuntersuchungen (FIU). Erfolgt die Eigentumsumschreibung nach den zugrunde liegenden vertraglichen Vereinbarungen vor vollständiger Erbringung der Gegenleistung, hat der Notar die vorbeschriebenen Pflichten nach § 16a Abs. 4 GwG befristet auf ein Jahr („**Monitoring-Zeitraum**") nach Einreichung des Antrags auf Eigentumsumschreibung beim Grundbuchamt auch nachgelagert zu erfüllen.

7. Meldepflicht von Verpflichteten nach dem GwG und Pflicht zur Unstimmigkeitsmeldung an das Transparenzregister

§ 43 Abs. 1 GwG sieht für nach dem GwG Verpflichtete weitgehende Meldepflichten im Hinblick auf mögliche Verdachtsfälle auf Geldwäsche und Terrorismusfinanzierung vor. Danach hat der Verpflichtete unverzüglich eine Meldung an die **Zentralstelle für Finanztransaktionsuntersuchungen (FIU)** zu machen, wenn Tatsachen vorliegen, die darauf hindeuten, dass 195

- ein Vermögensgegenstand, der mit einer Geschäftsbeziehung, einem Maklergeschäft oder einer Transaktion im Zusammenhang steht, aus einer strafbaren Handlung stammt, die eine Vortat der Geldwäsche darstellen könnte,
- ein Geschäftsvorfall, eine Transaktion oder ein Vermögensgegenstand im Zusammenhang mit Terrorismusfinanzierung steht oder
- der Vertragspartner seine Pflicht nach § 11 Abs. 6 S. 3 GwG, gegenüber dem Verpflichteten offenzulegen, ob er die Geschäftsbeziehung oder die Transaktion für einen wirtschaftlich Berechtigten begründen, fortsetzen oder durchführen will, nicht erfüllt hat.

Notare und Angehörige (anderer) rechts- und steuerberatender Berufe sind allesamt **Berufsgeheimnisträger** und damit von Gesetzes wegen zumindest im Grundsatz zur Wahrung strikter Verschwiegenheit über die ihnen im Rahmen ihrer Berufsausübung bekannt gewordenen Informationen verpflichtet. Für sie sieht § 43 Abs. 2 GwG eine **Einschränkung der Meldepflicht** vor. Die Meldepflicht besteht dann nicht, wenn sich der meldepflichtige Sachverhalt auf Informationen bezieht, die der Verpflichtete im Rahmen eines der Schweigepflicht unterliegenden Mandatsverhältnisses erhalten hat. 196

Die **Meldepflicht bleibt** jedoch auch für die vorgenannten Berufsgeheimnisträger **bestehen**, wenn der **Verpflichtete (positiv) weiß**, dass der Vertragspartner das Mandatsverhältnis für den Zweck der Geldwäsche, der Terrorismusfinanzierung oder einer anderen Straftat genutzt hat oder nutzt.

> *Praxistipp:*
>
> In der Praxis wird der Notar in den seltensten Fällen solche positive Kenntnis haben. Ein wie auch immer gearteter Verdacht berechtigt ihn demgegenüber nicht zur Abgabe einer entsprechenden Mitteilung an die FIU. Der Notar würde sich vielmehr gemäß § 203 StGB strafbar machen.
>
> Dies hat in der Praxis dazu geführt, dass Verdachts- bzw. besser Wissensmeldungen durch Notare unverändert höchst selten vorkommen.

197 Zum 1.1.2020 hat der Gesetzgeber in Umsetzung der Änderungsrichtlinie zur Vierten EU-Geldwäscherichtlinie die notariellen Pflichten nach dem Geldwäschegesetz insbesondere mit Blick auf Immobilientransaktionen nochmals erheblich ausgebaut und erweitert. Nach § 43 Abs. 6 GwG kann das Bundesministerium der Finanzen im Einvernehmen mit dem Bundesministerium der Justiz und für Verbraucherschutz durch Rechtsverordnung bestimmte Sachverhalte festlegen, die stets und damit bezüglich der gesetzlichen Schutzzwecke kenntnis- und verdachtsunabhängig an die FIU zu melden sind (sog. **Sachverhaltsmeldung**).

198 Der Verordnungsgeber hat diese Ermächtigung zum Normerlass durch die am 1.10.2020 in Kraft getretene Verordnung zu den nach dem Geldwäschegesetz meldepflichtigen Sachverhalten im Immobilienbereich (**Geldwäschegesetzmeldepflichtverordnung-Immobilien – GwGMeldV-Immobilien**)[17] unverzüglich aufgegriffen.

Nach der GwGMeldV-Immobilien verpflichten grundsätzlich folgende Umstände den Notar zu einer Sachverhaltsmeldung an die FIU:

- Bezug zu Risikostaaten oder Sanktionslisten (§ 3 GwGMeldV-Immobilien),
- Auffälligkeiten im Zusammenhang mit den beteiligten Personen oder dem wirtschaftlichen Berechtigten (§ 4 GwGMeldV-Immobilien),
- Auffälligkeiten im Zusammenhang mit Stellvertretung (§ 5 GwGMeldV-Immobilien) und
- Auffälligkeiten mit dem Preis oder einer Kauf- oder Zahlungsmodalität (§ 6 GwGMeldV-Immobilien).

> *Praxistipp:*
>
> Die Meldetatbestände der GwGMeldV-Immobilien sollte nicht nur der Notar, sondern auch jeder Sachbearbeiter und sonstige Mitarbeiter verinnerlicht haben. Nur wenn all diejenigen, die im Notarbüro mit einem meldepflichtigen Vorgang befasst sind, eine Meldepflicht erkennen, ist sichergestellt, dass die Meldepflicht in jedem Fall erfüllt wird.
>
> Daher ist es dringend zu empfehlen, die gesamte GwGMeldV-Immobilien (deren Umfang sich in Grenzen hält) sorgfältig durchzulesen und zu verinnerlichen.

199 Nach § 7 GwGMeldV-Immobilien können jedoch auch bei Vorliegen der in §§ 3–6 GwGMeldV-Immobilien näher beschriebenen Umstände im Einzelfall stets Tatsachen vorliegen, die ein **Absehen von der Abgabe einer Sachverhaltsmeldung an die FIU** rechtfertigen können. Der Notar hat jedoch in diesem Fall seine Beweggründe für das Absehen von einer Sachverhaltsmeldung an die FIU nach § 8 Abs. 1 S. 1 Nr. 5 GwG aufzuzeichnen und die Dokumentation aufzubewahren.[18]

17 Vgl. BGBl I 2020, S. 1965.

18 Zum Meldevorgang selbst, insbesondere zu den technischen Abläufen, siehe Anwendungsempfehlungen der Bundesnotarkammer, S. 60 f.

Insbesondere zur Umsetzung der Neuerungen durch das gestaffelt in mehreren Teilschritten ab dem 1.4.2023 in Kraft getretene zweite Gesetz zur effektiveren Durchsetzung von Sanktionen (SDG II) hat der Verordnungsgeber die GwGMeldV-Immobilien mit Wirkung zum 17.2.2025 an wesentlichen Stellen überarbeitet.

Gibt der Notar aus den vorbeschriebenen Gründen eine Meldung an die FIU ab, hat der Notar insbesondere die sog. **Anhaltepflicht** nach § 46 GwG zu beachten. Danach darf er ein Rechtsgeschäft erst dann beurkunden oder ein bereits beurkundetes Rechtsgeschäft erst dann weiter vollziehen, wenn die FIU oder die Staatsanwaltschaft der Fortsetzung zugestimmt hat oder der dritte Werktag (bzw. bei einer Meldung an die FIU im Zusammenhang mit § 16a GwG, siehe dazu Rdn 194, der fünfte Werktag) nach dem Abgangstag der Meldung verstrichen ist, ohne dass diese die Fortsetzung untersagt haben. Erfährt der Notar erst im Rahmen der Beurkundung von Umständen, die eine Meldepflicht begründen, liegt es – auch soweit nicht ohnehin ein Fall des § 46 Abs. 2 GwG vorliegt – in seinem grundsätzlich weiten Verfahrensermessen, ob er die Beurkundung dennoch fortsetzt oder ob er diese abbricht, ein Abbruch ist jedoch zumindest dann angezeigt, wenn eine hohe Wahrscheinlichkeit für einen kriminellen Hintergrund besteht. Entscheidet sich der Notar für eine Fortsetzung der Beurkundung, hat er die Meldung an die FIU unverzüglich nach Abschluss der Beurkundung vorzunehmen. In jedem Fall zu beachten hat der Notar im Falle einer Meldung an die FIU weiterhin das **Verbot der Informationsweitergabe** nach § 47 GwG, dies ist insbesondere auch im Falle eines Abbruchs einer Beurkundung zu beachten, der Notar sollte diesen ggf. allenfalls allgemein unter Verweis auf seine gesetzlichen Verpflichtungen begründen. 200

Das Instrument der Sachverhaltsmeldung hat sich in der notariellen Praxis bewährt. Notarinnen und Notare geben inzwischen pro Jahr eine erhebliche Zahl von (Sachverhalts-)Meldungen an die FIU ab und erbringen damit im Nichtfinanzsektor auch zahlenmäßig mit Abstand den größten Beitrag zur weiteren Effektivierung der Bekämpfung von Geldwäsche und Terrorismusfinanzierung. 201

Ist der Notar zu einer Meldung an die FIU verpflichtet, hat er ferner nach § 23a GwG eine von ihm **festgestellte Unstimmigkeit** bezüglich der Eintragung der betreffenden Gesellschaft oder sonstigen Vereinigung im Transparenzregister der registerführenden Stelle, d.h. der Bundesanzeiger Verlag GmbH, über die Internetseite www. transparenzregister.de **zu melden**. Allein das mögliche Vorliegen einer Unstimmigkeit begründet für den Notar jedoch jedenfalls für sich betrachtet keine Pflicht zur Abgabe einer Unstimmigkeitsmeldung. Vielmehr ist neben einer nach Einschätzung des Notars tatsächlich bestehenden Unstimmigkeit zusätzlich auch das **Bestehen einer Meldepflicht an die FIU** nach den vorstehenden Grundsätzen erforderlich.

Nach § 23a Abs. 1 S. 4 GwG ist eine Unstimmigkeit gegeben, wenn

- Eintragungen nach §§ 20 Abs. 1, 21 Abs. 1 und 2 GwG fehlen (siehe dazu die Übergangsregelung in § 59 Abs. 10 GwG),
- einzelne Angaben zu wirtschaftlich Berechtigten nach § 19 Abs. 1 GwG abweichen (z.B. falscher Name oder falsches Geburtsdatum) oder
- abweichende wirtschaftlich Berechtigte ermittelt wurden.

Zum 1.1.2026 wird nach § 23b GwG eine weitere Pflicht zur Abgabe einer – strukturell eng an § 23a GwG angelehnte – Unstimmigkeitsmeldung in Kraft treten, nämlich bei **Unstimmigkeiten bei der Zuordnung von Immobilien**. Nach §§ 19a und b GwG werden zwischenzeitlich bei Vereinigungen i.S.v. § 20 GwG, die Eigentümer einer inländischen Immobilie sind, bestimmte Daten zu dieser Immobilie auch im Transparenzregister aufgenommen. Nach § 23b Abs. 1 S. 1 GwG haben unter anderem auch Notare der registerführenden Stelle unverzüglich eine Meldung zu erstatten, wenn sie bezüglich vorbeschriebener Immobilien Unstimmigkeiten zwischen den insoweit im Transparenzregister verfügbaren Angaben und den eigenen zur Verfügung stehenden Angaben und Erkenntnissen feststellen. Wie auch im Rahmen des § 23a GwG führt allein das mögliche Vorliegen einer Unstimmigkeit noch nicht zur Entstehung einer Meldepflicht des Notars, vielmehr **besteht eine solche nur dann**, wenn gleichzeitig nach den vorstehenden Grundsätzen auch eine **Meldepflicht an die FIU** besteht.

C. Beurkundungsrecht

202 Es gibt nur selten Tätigkeiten des Notars, die nichts mit der Erstellung einer notariellen Urkunde zu tun haben. Die notarielle Urkunde ist äußerer Ausdruck und zentrales Merkmal des Notaramts. Schon für den außenstehenden Rechtsuchenden ist die **notarielle Urkunde**, die mit Schnur und Siegel verbunden ist, wohl das **Alleinstellungsmerkmal** des Notars schlechthin.

> *Weiterführender Hinweis:*
>
> Der Abschluss der notariellen Urkunde in der Beurkundungsverhandlung stellt in vielen Fällen den Schlusspunkt eines notariellen Mandats dar (z.B. bei einem Testament, auch dieses bedarf allerdings noch einer gewissen „Nachbehandlung" durch den Notar und seine Mitarbeiter). Wenn die Urkunde allerdings weitergehend vollzugsbedürftig ist, stellt ihr Abschluss in der Beurkundungsverhandlung nicht das Ende eines notariellen Mandats dar. Vielmehr bedarf es im Anschluss regelmäßig noch umfassender Vollzugshandlungen (insbesondere bei Immobiliengeschäften oder auch bei Beurkundungen im Gesellschaftsrecht). In diesen Fällen endet die notarielle Tätigkeit in der Regel nicht mit der Errichtung der notariellen Urkunde, vielmehr müssen die in der Urkunde getroffenen Bestimmungen noch im Grundbuch bzw. im Handelsregister eingetragen werden. Die Kommunikation mit dem Grundbuchamt bzw. dem Handelsregister einschließlich der Überwachung des Ablaufs, der Stellung sachgerechter Anträge etc. nennt man „*Vollzug*". Dieser **Vollzug** liegt ebenfalls in den Händen des Notars und ist der Erstellung der Urkunde nachgelagert.

203 Das Beurkundungsrecht beschäftigt sich – wie der Name schon sagt – mit der **notariellen Urkunde** und mit allem, was damit zusammenhängt. Es ist primär im **Beurkundungsgesetz (BeurkG)** geregelt.

> *Weiterführender Hinweis:*
>
> Es gibt auch notarielle Zuständigkeiten, die nicht mit der Erstellung einer notariellen Urkunde zusammenhängen.
>
> - So ist der Notar etwa nach Art. 5 Abs. 1 des Bayerischen Schlichtungsgesetzes Gütestelle und kann in dieser Eigenschaft etwa bei Nachbarschaftsstreitigkeiten schlichten. Am Ende dieser Schlichtung muss nicht zwingend eine notarielle Urkunde stehen.
> - Weiter kann der Notar auch bloße Rechtsberatung betreiben oder Verträge entwerfen, ohne dass hierauf eine notarielle Niederschrift erfolgt. Schließlich ist es auch möglich, den Notar als bloßen Beobachter beizuziehen, etwa im Rahmen der Erstellung eines Vermögensverzeichnisses nach § 1835 Abs. 3 BGB bzw. § 1802 Abs. 2 BGB a.F., aber auch im Rahmen einer Verlosung. Auch hierüber muss der Notar nicht zwingend eine notarielle Urkunde errichten.
> - Daneben ist auch die Verwahrung von Geld oder sonstigen Gegenständen (siehe hierzu Rdn 580 ff.) nicht zwangsläufig mit der Errichtung einer Urkunde verbunden.
>
> Diese Zuständigkeiten machen aber nicht den Schwerpunkt der notariellen Amtstätigkeit aus.

204 Neben der Urkundentätigkeit ist auch die **Verwahrungstätigkeit** des Notars (z.B. die Verwahrung von Geld über Anderkonten oder auch von sonstigen beweglichen Gegenständen) im BeurkG geregelt (§§ 1 Abs. 1, 57 ff. BeurkG).

Darüber hinaus ist der Notar nach §§ 20 ff. BeurkG für weitere Tätigkeiten zuständig, die nicht im BeurkG geregelt sind, etwa für die Vermittlung von **Nachlassauseinandersetzungen** gemäß § 20 Abs. 1 BNotO (näher zu diesen Zuständigkeiten siehe Rdn 216).

I. Die öffentliche Urkunde

Notarielle, in Papierform erstellte Urkunden sind öffentliche Urkunden i.S.d. §§ 415, 417 und 418 ZPO. Als solche haben sie einen wesentlich **höheren Beweiswert** als bloße Privaturkunden. 205

Soweit die Erklärung eines Beteiligten, klassischerweise eine Willenserklärung, beurkundet ist, erbringt diese Urkunde gemäß § 415 ZPO den **vollen Beweis** des beurkundeten Vorgangs.

Werden im Rahmen der in Teilbereichen des Gesellschaftsrechts mit Wirkung zum 1.8.2022 eingeführten **Online-Verfahren** Beurkundungen vorgenommen (siehe dazu §§ 16a ff. BeurkG), steht am Ende der Beurkundungsverhandlung eine originär elektronische Urkunde (siehe oben Rdn 44 ff., 85). **§ 371a ZPO** ordnet diese zwar als Gegenstand des **Beweises durch Augenschein** (und nicht wie bei Papierurkunden des Beweises durch Urkunden) ein. Die in den Online-Verfahren errichtete originär elektronische Urkunde stellt aber ein öffentliches elektronisches Dokument dar, auf welches nach § 371a Abs. 3 ZPO die **Vorschriften über den Urkundsbeweis** und damit auch die §§ 415, 418 ZPO **entsprechende Anwendung** finden. Gleiches gilt im Übrigen nach **§ 371b ZPO** auch für nach den Vorgaben dieser Vorschrift *„gescannte, herkömmlich in Papierform errichtete öffentliche Urkunden"*.

Soweit nicht abweichend beschrieben, gelten die nachfolgenden Ausführungen gleichsam für in Papierform und in elektronischer Form errichtete Urkunden.

> *Merke:*
>
> Die Beweiswirkung bezieht sich nur auf Tatsachen, nicht auf Rechtsäußerungen des Notars oder auch Dritter, die ggf. auch in der Urkunde enthalten sein können.

Eine Beurkundung von Willenserklärungen gemäß §§ 6 ff. BeurkG – ggf. in entsprechender Anwendung gemäß § 16b Abs. 1 S. 2 BeurkG (siehe Rdn 242) – beweist also insbesondere Folgendes: 206

- dass eine Erklärung **abgegeben** wurde,
- dass die Erklärung den in der Urkunde wiedergegebenen **Inhalt** hat,
- die **Identität** der Beteiligten,
- die **Vollständigkeit** der Urkunde,
- **Ort und Zeit** der Erklärung.

Auch bei sonstigen Urkunden, insbesondere bei **Tatsachenzeugnissen**, wird voller Beweis des in der Urkunde bezeugten Inhalts erbracht (§ 418 ZPO, ggf. i.V.m. § 371a Abs. 3 ZPO). Im Falle einer eigenen Erklärung des Notars, z.B. im Rahmen der Erteilung einer vollstreckbaren Ausfertigung, wird ebenfalls voller Beweis des Inhalts dieser Erklärung erbracht (§ 417 ZPO, ggf. i.V.m. § 371a Abs. 3 ZPO). 207

Voller Beweis bedeutet hierbei, dass ein Richter, dem diese Urkunde vorgelegt wird, nur dann das Gegenteil annehmen darf, wenn er hiervon überzeugt ist. Reine Zweifel genügen hierbei nicht. Daran wird ersichtlich, dass einer notariellen Urkunde im Rechtsverkehr besonders hohes Vertrauen entgegengebracht wird.

> *Weiterführender Hinweis:*
>
> Eine Privaturkunde, d.h. ein nur mit privaten Unterschriften versehenes Dokument, hat demgegenüber eine viel geringere Beweiswirkung. Gemäß § 416 ZPO (ggf. i.V.m. § 371a Abs. 3 ZPO) wird bei Privaturkunden nämlich nur der volle Beweis der Abgabe der Erklärung erbracht. Nicht erfasst von dieser Beweiswirkung sind hingegen der Inhalt der Erklärung, die Identität der Beteiligten sowie Ort und Zeit der Erklärungsabgabe.

> *Beispiel:*
>
> Ein **handschriftlich verfasstes Testament** ist eine Privaturkunde. Voll bewiesen ist hierbei zunächst nur, dass irgendjemand eine Erklärung abgegeben hat. Alle anderen Tatsachen

hingegen müssen von der beweisbelasteten Partei im Prozess bewiesen werden (wobei natürlich auch die Vorlage der Privaturkunde hierfür oftmals ausreicht).

Ein **notarielles Testament** hingegen erbringt vollen Beweis u.a. der Identität des Erblassers, des Zeitpunkts der Errichtung und des Inhalts der Erklärung. Der Richter ist bereits von Gesetzes wegen gehalten, insoweit der Urkunde Glauben zu schenken. Wer das Testament angreifen möchte, etwa indem er behauptet, das Datum der Beurkundung sei falsch, muss den Richter hiervon voll überzeugen. Das bloße Erwecken von Zweifeln genügt nicht. Neben vielen anderen Vorteilen hat das notarielle Testament daher schon allein mit Blick auf die Beweislage einen deutlichen Mehrwert gegenüber einem privatschriftlichen Testament.

208 *Weiterführender Hinweis:*

Die Zivilprozessordnung (ZPO) unterscheidet – wie oben bereits angedeutet – zwischen unterschiedlichen Arten öffentlicher Urkunden (§ 415 ZPO: Erklärungen Dritter, § 417 ZPO: Erklärungen des Notars, § 418 ZPO (bei einem öffentlichen elektronischen Dokument jeweils i.V.m. § 371a Abs. 3 ZPO): Tatsachenwahrnehmungen des Notars). Die Differenzierung ist zwar eindeutig, gleichwohl an mancher Stelle überraschend. Der Beglaubigungsvermerk etwa ist Urkunde nach § 415 ZPO, wenn die Unterschrift vor der Urkundenperson anerkannt wurde, weil insoweit eine Erklärung vor dem Notar abgegeben worden ist. Der Beglaubigungsvermerk ist Urkunde nach § 418 ZPO, wenn die Unterschrift vor dem Notar vollzogen wurde, weil der Notar insoweit die Tatsache der Unterschriftsleistung bezeugt. Die der beglaubigten Unterschrift vorangestellten Erklärungen bleiben – im Gegensatz zu beurkundeten Erklärungen – private Erklärungen und unterfallen daher nur § 416 ZPO (siehe hierzu näher Rdn 502 ff.).

Die beschriebene Differenzierung zwischen den unterschiedlichen Arten öffentlicher Urkunden ist in der notariellen Praxis jedoch meist von geringer Bedeutung.

II. Beurkundungsarten und sonstige notarielle Zuständigkeiten

209 Das BeurkG unterscheidet zwischen verschiedenen Arten der Beurkundung.

In §§ 6 ff. BeurkG ist die Beurkundung von **Willenserklärungen** im herkömmlichen Präsenzverfahren geregelt. Dabei handelt es sich um den Hauptanwendungsfall der Beurkundung im notariellen Alltag. Die Beurkundung von Willenserklärungen ist insbesondere dadurch gekennzeichnet, dass die gesamte Urkunde den Beteiligten **vorgelesen**, von ihnen **genehmigt** und von ihnen wie vom Notar **unterschrieben** wird, § 13 BeurkG.

210 Für die seit dem 1.8.2022 – mit nochmaliger Erweiterung zum 1.8.2023 – in Teilbereichen des Gesellschaftsrechts nach Wahl der Beteiligten ebenfalls mögliche **Beurkundung von Willenserklärungen im Wege des Online-Verfahrens** hat der Gesetzgeber in den §§ 16a BeurkG einige wegen der technisch-tatsächlichen Besonderheiten des Verfahrens erforderliche **verfahrensrechtliche Sonderregelungen** geschaffen. Im Grundsatz hält § 16b Abs. 1 S. 2 BeurkG aber im Sinne einer möglichst schlanken gesetzlichen Regelung fest, dass die für das herkömmliche Präsenzverfahren geltenden Vorgaben des BeurkG grundsätzlich auch im Verfahren der Online-Beurkundung zu beachten sind. Nur so weit technisch-tatsächliche Besonderheiten es gebieten, hat der Gesetzgeber in den §§ 16a BeurkG einige abweichende Sonderregelungen geschaffen.

§ 16a Abs. 1 BeurkG sieht vor, dass die Online-Beurkundung zwingend und ausschließlich über das von der Bundesnotarkammer nach § 78p BNotO betriebene **Videokommunikationssystem** durchzuführen ist. Eine der technisch bedingten Besonderheiten ist, dass im Rahmen der Online-Beurkundung die über das Videokommunikationssystem zur Verfügung gestellte **zweistufige Identifizierung** nach § 16c BeurkG zur Anwendung zu bringen ist (siehe unten Rdn 279 ff.). Die Vorgaben des § 13 BeurkG gelten hingegen grundsätzlich auch für die elektronische Niederschrift entsprechend, da im Rahmen einer Videobeurkundung das Leisten einer Unterschrift aber weder durch die Beteiligten noch durch den Notar möglich ist, sieht § 16b Abs. 4 BeurkG den Abschluss der elektronischen Niederschrift durch die **Anbringung qualifizierter elektronischer Signaturen** vor. Dafür stellt die Bundesnotarkammer jedem „Unterschriftspflichtigen" ein qualifiziertes elektronisches Signaturzertifikat zur Verfügung, mit Hilfe dessen jeder Beteiligte nach Aufforderung durch den Notar eine qualifizierte elektronische Signatur an der (elektronischen) Niederschrift anbringen kann.

Der Notar kann seine das Verfahren abschließende qualifizierte elektronische Signatur entweder unmittelbar am Ende der Videokonferenz oder ggf. auch außerhalb dieser zu einem späteren Zeitpunkt anbringen (siehe unten Rdn 431 ff.).

Der vom Gesetzgeber aus guten Gründen eingeschränkte derzeitige **Anwendungsbereich** 211
des neu geschaffenen Verfahrens der Online-Beurkundung ergibt sich aus § 16a Abs. 1 BeurkG i.V.m. den jeweils einschlägigen gesetzlichen Regelungen.

Das Verfahren der Online-Beurkundung ist danach nur statthaft, soweit dies durch Gesetz ausdrücklich vorgesehen ist. Dies ist derzeit nach § 2 Abs. 3 S. 1 GmbH der Fall für die Bargründung einer GmbH. Nach § 2 Abs. 3 S. 3 GmbH sind weiterhin auch sonstige, im Rahmen der Gründung abgegebene Willenserklärungen, welche nicht der notariellen Form bedürfen (dies gilt insbesondere mit Blick auf Gesellschaftervereinbarungen, soweit diese nicht beurkundungsbedürftig sind), einer Online-Beurkundung zugänglich. Gleiches gilt nach § 2 Abs. 3 S. 4 GmbH auch für einstimmig gefasste Beschlüsse, die im Rahmen der Gründung gefasst werden. Nach § 2 Abs. 2 GmbH können weiterhin auch Vollmachten zur Gründung einer GmbH mittels Videokommunikation beurkundet oder auch beglaubigt werden (zum Verfahren der Online-Beglaubigung siehe unten Rdn 526 ff.).

Zum 1.8.2023 hat das Verfahren der Online-Beurkundung nochmals eine **Erweiterung des** 212
Anwendungsbereichs erfahren. Gemäß § 16a Abs. 1 BeurkG i.V.m. § 2 Abs. 3 GmbH n.F. ist nun auch die Sachgründung im Online-Verfahren möglich – dies gilt allerdings nur vorbehaltlich besonderer Formvorschriften, die ausdrücklich unberührt bleiben. Sollen daher im Rahmen einer Sachgründung Immobilien oder auch GmbH-Anteile in die GmbH eingebracht werden, gelten die §§ 311b Abs. 1 BGB, § 15 Abs. 3, 4 GmbH unverändert – ein solcher Gründungsvorgang ist daher nur im Präsenzverfahren möglich. An diesem Befund ändert auch § 2 Abs. 3 S. 1 letzter Halbsatz GmbHG n.F. nichts, wonach auch im Rahmen einer Online-Beurkundung eine Verpflichtung zur Abtretung von Geschäftsanteilen an der neu zu gründenden Gesellschaft (nicht aber an anderen Gesellschaften) in den Gesellschaftsvertrag aufgenommen werden kann und darf.

Durch diese Regelung sollen insbesondere die in GmbH-Satzungen weithin üblichen Übertragungsverpflichtungen bei Tod eines Gesellschafters als Alternative zu einem Einziehungstatbestand oder auch die in Gesellschaftsverträgen ebenfalls weitverbreiteten Miterwerbsrechte bzw. Mitverkaufsverpflichtungen auch im Rahmen der Online-Beurkundung ermöglicht werden. Im Übrigen bleibt es dabei, dass Abtretungsverpflichtungen bezüglich anderer Gesellschaften unverändert dem Präsenzverfahren vorbehalten sind.

Weiterhin wurden durch eine entsprechende Anpassung von §§ 53, 55 GmbHG grundsätzlich auch Satzungsänderungen in den Anwendungsbereich des Online-Verfahrens einbezogen, allerdings nur, wenn die betreffenden Beschlüsse einstimmig gefasst werden. Besondere Formvorschriften bleiben insoweit unberührt, so dass mit Blick auf Sachkapitalerhöhungen die Ausführungen zur GmbH-Gründung entsprechend gelten. Auch im Rahmen derartiger konsensualer Satzungsänderungen können schließlich – wie bei der GmbH-Gründung – auch weitere, nicht beurkundungspflichtige Willenserklärungen und Beschlüsse im Online-Verfahren abgegeben und gefasst werden.

Das Verfahren zur Beurkundung von Willenserklärungen wird aufgrund seiner großen Bedeutung für die notarielle Praxis sowohl für das Präsenz- als auch für das Onlineverfahren in den Rdn 241 ff. ausführlich dargestellt.

Die §§ 36 ff. BeurkG handeln von sog. **sonstigen Niederschriften**. Das sind alle Beurkundun- 213
gen, bei denen keine Willenserklärungen der Beteiligten wiedergegeben werden, sondern sonstige **Wahrnehmungen** des Notars (vgl. § 37 Abs. 1 Nr. 2 BeurkG). Wahrgenommen wer-

den können nur Tatsachen, keine Rechtsansichten, daher spricht man hier auch von einem sog. **Tatsachenzeugnis**. Im Unterschied zur Beurkundung von Willenserklärungen **unterschreibt** im Fall einer Beurkundung nach den §§ 36 ff. BeurkG **nur der Notar**.

> *Beispiel:*
>
> Das Nachlassverzeichnis ist ein Tatsachenzeugnis, in welchem der Notar seine Wahrnehmungen über den Bestand des Nachlasses eines Erblassers niederschreibt.

Die sonstigen Niederschriften werden unter Rdn 478 ff. näher dargestellt.

> *Merke:*
>
> Strenggenommen gibt es nur zwei Arten der Beurkundung, nämlich
> - die Beurkundung von Willenserklärungen gemäß §§ 6 ff. BeurkG (ggf. i.V.m. §§ 16a ff. BeurkG) und
> - die sonstige Beurkundung gemäß §§ 36 ff. BeurkG.
>
> Immer wenn eine Willenserklärung Inhalt der notariellen Urkunde ist (zum Begriff der Willenserklärung siehe Rdn 241), sind die §§ 6 ff. BeurkG (ggf. i.V.m. §§ 16a ff. BeurkG) anzuwenden, in allen sonstigen Fällen die §§ 36 ff. BeurkG.
>
> Allerdings sind in den §§ 36 BeurkG einige – wichtige – Sonderfälle geregelt, etwa das einfache Zeugnis gemäß §§ 39 ff. BeurkG (vor allem Beglaubigung) und eidesstattliche Versicherungen gemäß § 38 BeurkG.

214 Ein Unterfall der sonstigen Beurkundung ist das **einfache Zeugnis** gemäß §§ 39 ff. BeurkG. Auch hierbei handelt es sich um ein Tatsachenzeugnis des Notars, allerdings reicht ein **kurzer Vermerk** aus und ein Urkundeneingang ist entbehrlich (§ 39 BeurkG). Nach § 39a BeurkG können grundsätzlich alle einfachen Zeugnisse i.S.d. § 39 BeurkG auch in elektronischer Form errichtet werden (sog. **einfaches elektronisches Zeugnis**), bei der im Rahmen der Online-Beglaubigung erforderlichen Beglaubigung einer qualifizierten elektronischen Signatur muss die elektronische Form aus technischen Gründen sogar gewählt werden (vgl. dazu § 39a Abs. 1 S. 1 Hs. 2 BeurkG). Hauptanwendungsfälle des einfachen Zeugnisses sind

- die Unterschriftsbeglaubigung (§ 40 BeurkG),
- die Beglaubigung einer qualifizierten elektronischen Signatur (§ 40a BeurkG) und
- die Abschriftsbeglaubigung (§ 42 BeurkG).

Weiter zählen hierzu z.B. Registerbescheinigungen (§ 21 BNotO) oder auch Feststellungen über den Zeitpunkt der Vorlegung einer Urkunde (§ 43 BeurkG).

Beglaubigungen werden in Rdn 498 ff. und 543 ff. näher dargestellt, Bescheinigungen in Rdn 558 ff.

> *Merke:*
>
> Das Beurkundungsgesetz bezeichnet jede Art der Urkundenerrichtung als *„Beurkundung“*; die §§ 6 ff. BeurkG werden als *„Beurkundung von Willenserklärungen“*, die §§ 36 ff. BeurkG als *„sonstige Beurkundungen“* bezeichnet. So gesehen ist auch die Unterschrifts- und Abschriftsbeglaubigung eine Beurkundung, da sie zu den sonstigen Beurkundungen i.S.d. §§ 36 BeurkG zählt.
>
> Die Terminologie **in der Praxis** orientiert sich aber eher am **BGB**, welches in seinem § 128 von *„Beurkundung“* (i.S.v. §§ 6 ff. BeurkG, ggf. i.V.m. §§ 16a ff. BeurkG) und in seinem § 129 von *„Beglaubigung“* (i.S.v. § 40 BeurkG) spricht. Auch die anderen Unterarten der sonstigen Beurkundung werden in der Praxis regelmäßig nur mit ihrer speziellen Bezeichnung versehen, also etwa „Tatsachenzeugnis“, „Registerbescheinigung“ etc. Auch dieses Buch orientiert sich an dieser Terminologie.

215 Ein weiterer Sonderfall sind **Eide und eidesstattliche Versicherungen** gemäß § 38 BeurkG. Zwar handelt es sich bei einem Eid und einer eidesstattlichen Versicherung nicht um eine Willenserklärung des Beteiligten, da er mit der Erklärung keine Rechtsfolgen herbeiführt. Viel-

mehr ist dies eine sonstige Beurkundung, also eine **Tatsachenwahrnehmung** des Notars, bei welcher grundsätzlich gemäß § 36 BeurkG keine Verlesung notwendig wäre und die Unterschrift des Notars ausreichen würde.

Allerdings ordnet § 38 BeurkG ausdrücklich an, dass bei Eiden und eidesstattlichen Versicherungen die Vorschriften über die Beurkundung von Willenserklärungen entsprechende Anwendung finden. Das bedeutet, dass auch Eide und eidesstattliche Versicherungen dem Beteiligten **vorgelesen**, von ihm **genehmigt** und von ihnen wie vom Notar **unterschrieben** werden müssen.

Eide und eidesstattliche Versicherungen werden näher in Rdn 455 ff. dargestellt.

> *Praxistipp:*
>
> Die Beurkundung nach den §§ 6 ff. BeurkG (ggf. i.V.m. §§ 16a ff. BeurkG) ist im Vergleich zu den §§ 36 ff. BeurkG die strengere Beurkundungsart. Daher ist es problemlos möglich, auch bei Urkunden, welche nach den §§ 36 ff. BeurkG errichtet werden können, die Form der §§ 6 ff. BeurkG (ggf. i.V.m. §§ 16a ff. BeurkG) zu wählen (§ 129 Abs. 2 BGB).
>
> Mithin ist es völlig unproblematisch, wenn – wie oftmals – in einer nach den §§ 6 ff. BeurkG (ggf. i.V.m. §§ 16a ff. BeurkG) errichteten Urkunde Passagen enthalten sind, die auch nach den §§ 36 ff. BeurkG beurkundet werden könnten. So befindet sich etwa die Bewilligung eines Beteiligten oder auch eine Registerbescheinigung des Notars häufig in einer nach den §§ 8 ff. BeurkG errichteten Urkunde.
>
> Bestehen Zweifel, ob in der Urkunde eine Willenserklärung enthalten ist, ist es ratsam, nach §§ 6 ff. BeurkG (ggf. i.V.m. §§ 16a ff. BeurkG) vorzugehen.

Der Notar ist darüber hinaus auch in weiteren Fällen zuständig, die nicht zwingend in die Errichtung einer Urkunde münden. **216**

Das Spektrum der notariellen Tätigkeit ist in § 20 BNotO gut dargestellt (Anmerkung: Hervorhebungen durch den Verfasser):

> **§ 20 BNotO**
>
> (1) Die Notare sind zuständig, **Beurkundungen** jeder Art vorzunehmen sowie **Unterschriften**, **qualifizierte elektronische Signaturen**, **Handzeichen** und **Abschriften** zu **beglaubigen**. Zu ihren Aufgaben gehören insbesondere auch die Beurkundung von **Versammlungsbeschlüssen**, die Vornahme von **Verlosungen** und **Auslosungen**, die Aufnahme von **Vermögensverzeichnissen**, **Nachlassverzeichnissen** und **Nachlassinventaren**, die Vermittlung von **Nachlass- und Gesamtgutsauseinandersetzungen** einschließlich der Erteilung von Zeugnissen nach den §§ 36 und § 37 der Grundbuchordnung, die Anlegung und Abnahme von **Siegeln**, die Aufnahme von **Protesten**, die **Zustellung** von Erklärungen sowie die Beurkundung amtlich von ihnen wahrgenommener **Tatsachen**.
>
> (2) Die Notare sind auch zuständig, **Auflassungen** entgegenzunehmen sowie **Teilhypotheken-** und **Teilgrundschuldbriefe** auszustellen.
>
> (3) Die Notare sind ferner zuständig, **freiwillige Versteigerungen** durchzuführen. Eine Versteigerung beweglicher Sachen sollen sie nur vornehmen, wenn diese durch die Versteigerung unbeweglicher Sachen oder durch eine von dem Notar beurkundete oder vermittelte Vermögensauseinandersetzung veranlaßt ist.
>
> (4) Die Notare sind auch zur Vermittlung nach den Bestimmungen des Sachenrechtsbereinigungsgesetzes zuständig.
>
> (5) Inwieweit die Notare zur Anlegung und Abnahme von Siegeln im Rahmen eines Nachlasssicherungsverfahrens zuständig sind, bestimmt sich nach den landesrechtlichen Vorschriften.

Weiter besteht in § 22 BNotO eine Zuständigkeit zur Auf- bzw. Abnahme von **Eiden bzw. eidesstattlichen Versicherungen** (siehe hierzu näher Rdn 458 ff.). § 23 BNotO regelt die Zuständigkeit zur **Verwahrung**. **217**

Weiterführender Hinweis:

Darüber hinaus haben Notare teilweise weitere Zuständigkeiten, die ihnen nach den Landesgesetzen zugewiesen sind. So fungieren Notare in Bayern etwa als Schlichtungsstelle i.S.d. Art. 3 BaySchlG.

III. Wichtige Formvorschriften

218 Von der verfahrensrechtlichen Festlegung der Beurkundungsarten im BeurkG sind die **Formvorschriften** zu unterscheiden:

Die Formvorschriften, die sich im materiellen Recht, insbesondere auch im BGB, finden, schreiben vor, **ob** und, wenn ja, **bei welchen Rechtsgeschäften welche Beurkundungsart** zu wählen ist.

Im **Beurkundungsgesetz** selbst hingegen sind nur **Verfahrensfragen** geregelt, nicht aber die Frage, wann eine bestimmte Beurkundungsart zu wählen ist.

219 Der **Verstoß** gegen eine Formvorschrift führt gemäß § 125 BGB zur Nichtigkeit des zugrundeliegenden Rechtsgeschäfts. Nur in Ausnahmefällen kann ein Formmangel geheilt werden (hierzu näher Rdn 226 f.).

1. Beurkundung

220 Bei Rechtsgeschäften, die aufgrund ihrer Eigenart für die Beteiligten besonders wichtig sind, sieht das deutsche Recht **zwingend die notarielle Beurkundung** vor. Dadurch ist neben den sonstigen Beurkundungszwecken (siehe hierzu Rdn 129 ff.) insbesondere sichergestellt, dass eine **Richtigkeitskontrolle und Beratung durch den Notar** erfolgt.

221 Sobald für ein Rechtsgeschäft die notarielle Beurkundung vorgeschrieben ist, muss auf diese Beurkundungsart zurückgegriffen werden; eine Beglaubigung oder ein Tatsachenzeugnis sind dann nicht mehr möglich.

222 Die in der notariellen Praxis relevantesten Vorschriften, die eine Beurkundung vorschreiben, sind:

- § 311b Abs. 1 S. 1 BGB (Verpflichtung zur Übertragung oder zum Erwerb von **Eigentum an einem Grundstück**);
- § 11 Abs. 2 ErbbauRG (Bestellung oder Erwerb eines **Erbbaurechts**);
- § 2 Abs. 1, 2 und 3 GmbHG (**Gründung** einer **GmbH**);
- § 15 Abs. 3 und 4 GmbHG (Veräußerung und Erwerb bzw. **Abtretung** von **GmbH-Anteilen**);
- § 23 Abs. 1 AktG (Feststellung der **Satzung einer AG**);
- § 6 UmwG (**Verschmelzungsvertrag**) bzw. § 125 UmwG (**Spaltungsvertrag**);
- § 794 Abs. 1 Nr. 5 ZPO (**Zwangsvollstreckungsunterwerfung**);
  Die Zwangsvollstreckungsunterwerfung ist manchmal eine **böse „Falle“**: Wird etwa in eine grundsätzlich nur zur Beglaubigung vorgesehene Erklärung kurzfristig eine Zwangsvollstreckungsunterwerfung eingefügt, macht dies in der Regel die gesamte Erklärung beurkundungsbedürftig (bzw. man sollte nach dem Gebot des sichersten Weges die gesamte Erklärung beurkunden, was in der Regel auch kostenmäßig wegen § 109 GNotKG keinen Unterschied ausmacht). Beispielsweise werden Grundschuldbestellungen nur deshalb in aller Regel beurkundet, weil sie eine Zwangsvollstreckungsunterwerfung enthalten.
  Ebenso aufmerksam muss man bei einer **eidesstattlichen Versicherung** agieren. Zwar ist § 38 BeurkG keine Formvorschrift, dennoch muss sich der Notar auch an diese Verfahrensvorschrift halten (siehe hierzu näher unter Rdn 467 f.).
- § 2276 BGB (**Erbvertrag**);
  Auch ein (Einzel- oder gemeinschaftliches) **Testament** kann als öffentliches Testament gemäß § 2232 S. 1 Alt. 1 BGB errichtet werden und wird dann nach den §§ 6 ff. BeurkG beurkundet. Dies ist auch sehr sinnvoll, gerade in Hinblick auf die Betreuungs- und Belehrungsfunktion des Notars. Eine Pflicht hierzu besteht jedoch nicht, da gemäß § 2247 BGB

ein Testament auch handschriftlich und gemäß § 2232 S. 1 Alt. 2 BGB auch durch Übergabe einer Schrift an den Notar errichtet werden kann.

- § 2348 BGB (Erb- bzw. **Pflichtteilsverzicht**);
- § 311b Abs. 5 S. 2 BGB (Vertrag unter künftigen gesetzlichen Erben über Erb- oder Pflichtteil);
- § 1410 BGB (**Ehevertrag**);
- § 1585c BGB (**Scheidungsunterhalt**);
- § 7 Abs. 1 und Abs. 3 VersAusglG (**Versorgungsausgleich**).

Der **Umfang der Beurkundungspflicht** erstreckt sich hierbei auf das gesamte Geschäft mit allen Bestandteilen, mit denen das beurkundungspflichtige Geschäft in einem Abhängigkeitsverhältnis steht. Anders formuliert, kann die Beurkundungspflicht einer Erklärung weitere Bestandteile eines Rechtsgeschäfts „infizieren". Im Einzelfall ist immer zu überlegen, ob die beurkundungsbedürftige Erklärung mit der nicht beurkundungsbedürftigen Erklärung nach dem Willen der Beteiligten „*stehen und fallen*" soll.[19] Daran dürfte auch eine neue BGH-Rechtsprechung nichts ändern, die nur dann von einer Geschäftseinheit ausgeht, wenn Teile des anderen Rechtsgeschäfts Inhalt des Grundstücksgeschäfts sein sollen.[20] 223

Beispiele:

- Beim Grundstückskaufvertrag sind nicht allein die (schuldrechtlichen) Erklärungen im Zusammenhang mit dem Eigentumsübergang beurkundungsbedürftig. Umfasst sind daneben z.B. auch die Erklärungen über die Beschaffenheit des Kaufgegenstands, weil die Eigentumsübertragung nach dem Willen der Parteien von diesen Vertragsbestimmungen abhängig sein soll. So wird z.B. ein Verkäufer sein Eigentum nur dann übertragen wollen, wenn auch der im Voraus ausgehandelte umfangreiche Gewährleistungsausschluss – soweit dieser rechtlich zulässig ist – Vertragsbestandteil wird.
- Bei der Übertragung eines GmbH-Anteils sind nicht nur die Erklärungen im Zusammenhang mit der Abtretung des Anteils formbedürftig, sondern auch sonstige Nebenabreden, etwa Bedingungen oder Zahlungsmodalitäten.

Wenn allerdings die **beurkundungsbedürftige Erklärung** von einer anderen, nicht beurkundungsbedürftigen Erklärung völlig **unabhängig** sein soll, wird diese andere Erklärung nicht von der Beurkundungspflicht umfasst. Dies gilt auch dann, wenn die nicht beurkundungsbedürftige Erklärung von der beurkundungsbedürftigen Erklärung abhängig ist. Allerdings liegt eine derartige „*einseitige Abhängigkeit*" relativ selten vor. Es ist hierbei ganz genau zu prüfen, ob nicht doch insgeheim eine zweiseitige Abhängigkeit vorliegt. Diese muss nämlich nicht ausdrücklich schriftlich fixiert sein. Ausreichend ist, dass die Beteiligten – vielleicht sogar völlig „unbewusst" – von einer solchen Abhängigkeit ausgehen. 224

Beispiel:

Eine einseitige Abhängigkeit liegt vor, wenn ein Käufer von einem Verkäufer Bauland erwerben möchte und diesen Kauf nicht davon abhängig machen möchte, dass ein bestimmter Hausbauvertrag zustande kommt. Dann ist der Hausbauvertrag nicht beurkundungsbedürftig.

Wenn die Parteien allerdings insgeheim doch im Sinn haben, dass der Grundstückserwerb vom Abschluss eines bestimmten Hausbauvertrags abhängig sein soll, ist auch der Hausbauvertrag beurkundungsbedürftig. Kontrollfrage ist also, ob der Käufer das Bauland auch dann erwerben möchte, wenn ein konkret ins Auge gefasster Hausbauvertrag scheitert.

Gerade wenn Grundstückseigentümer und Bauunternehmen identisch sind oder sich nahestehen (Konstellation des „*verdeckten Bauherrenmodells*"), wird man in der Regel von einer beiderseitigen Abhängigkeit ausgehen müssen. In der Regel liegt in solchen Fällen

19 Siehe hierzu näher BGH NJW 1988, 132; BGH NJW 2002, 2560, 2560 ff.
20 BGH DNotZ 2021, 764.

zusätzlich auch ein Bauträgervertrag vor, auf den die besonderen Bestimmungen der Makler- oder Bauträgerverordnung anwendbar sind.

Praxistipp:

Bei **Zweifeln**, ob eine Nebenerklärung beurkundungsbedürftig ist oder nicht, ist **immer die strengere Form der Beurkundung** zu wählen.

225 Nach neuerer Rechtsprechung sind **nachträgliche Änderungen** im Fall von **Verträgen über Grundeigentum formfrei** möglich, sobald die Auflassung erklärt worden ist.[21] Doch **Vorsicht**: Das Anwendungsfeld dieser Rechtsprechung ist geringer, als man denkt. Denn formfrei sind Änderungen nur, wenn der Entschluss hierzu nach dem Zeitpunkt der Auflassungserklärung gefasst wurde. Andernfalls handelt es sich um einen „*inneren Vorbehalt*", der selbstverständlich an der Beurkundungsbedürftigkeit nichts ändert. Wenn der entsprechende Nachtrag dann nicht beurkundet wird, führt dies in der Regel zur Nichtigkeit des Vertrages.

Beispiel:

So ist es etwa möglich, im Rahmen eines Grundstückskaufvertrags nach Erklärung der Auflassung den Kaufpreis nachträglich durch formfreie Erklärung zu erhöhen. Hatten die Beteiligten aber schon vor Erklärung der Auflassung im Sinn, dies zu tun (etwa um Notarkosten zu sparen), ist diese Vereinbarung selbstverständlich beurkundungsbedürftig.

226 Mitunter sieht das Gesetz vor, dass ein **formnichtiges Geschäft** unter bestimmten Voraussetzungen **nachträglich geheilt** werden kann.

Dies betrifft etwa **Schenkungsverträge**, die gemäß § 518 Abs. 1 BGB der notariellen Beurkundung bedürfen – ganz unabhängig davon, was der Schenkungsgegenstand ist, also auch bei beweglichen Sachen. Trotzdem wird gemäß § 518 Abs. 2 BGB ein Formmangel durch Bewirkung der versprochenen Leistung geheilt (sog. **Handschenkung**). Das bedeutet etwa bei einer Sachschenkung, dass das Eigentum am Schenkungsgegenstand übergegangen sein muss.

Auch ein nicht notariell geschlossener **Grundstückskaufvertrag** kann gemäß § 311b Abs. 1 S. 2 BGB nachträglich geheilt werden, wenn die Auflassung und die Eintragung in das Grundbuch erfolgt sind.

227 Auf eine derartige Heilungswirkung darf man aber nicht vertrauen. Der Notar muss immer den **sichersten Weg** gehen und darf daher nicht aktiv an einer unsicheren Rechtsgestaltung mitwirken.

Dies drückt sich etwa in § 925a BGB aus, wonach der Notar die Erklärung der Auflassung nur dann entgegennehmen darf, wenn die schuldrechtliche Verpflichtung in der erforderlichen Form vorliegt oder gleichzeitig errichtet wird (dies darf allerdings nicht mit dem sog. materiellen Konsensprinzip des § 20 GBO verwechselt werden, welches sich nur auf die – gerade nicht nach § 311b BGB beurkundungsbedürftige – Auflassung bezieht).

Auch kostenmäßig macht die Mitbeurkundung der schuldrechtlichen Verpflichtung hier keinen Unterschied, weil schuldrechtliche Verpflichtung und Auflassung denselben Beurkundungsgegenstand darstellen (§ 109 Abs. 1 GNotKG).[22]

2. Unterschrifts- und Signaturbeglaubigung

228 Die notarielle Unterschrifts- bzw. Signaturbeglaubigung stellt lediglich die **Identität des Erklärenden** sicher. Die Erklärung selbst, unter der die Beglaubigung der Unterschrift oder auch der qualifizierten elektronischen Signatur erfolgt, bleibt aber Privaterklärung (siehe nä-

21 Siehe hierzu BGH DNotZ 2019, 183.

22 Zur getrennten Beurkundung von Verpflichtungsgeschäft und Auflassung siehe BGH DNotZ 2021, 51 ff. Danach stellt diese – ohne dass insoweit Aufklärungspflichten des Notars bestünden – keine unrichtige Sachbehandlung i.S.v. § 21 Abs. 1 S. 1 GNotKG dar, vielmehr liegt es auch insoweit im Ermessen des Notars, wie er seine Urkunden gestaltet.

her Rdn 502 ff.). Auch die Unterschriftsbeglaubigung (im Gesetz meist als „*öffentliche Beglaubigung*“ bezeichnet) ist oftmals gesetzlich vorgeschrieben. Diese kann durch die Beglaubigung einer qualifizierten elektronischen Signatur ersetzt werden, soweit das einschlägige materielle Recht dies zulässt (vgl. dazu § 129 Abs. 1 S. 1 und 2 BGB). Aktuell ist dies als Präsenzbeglaubigung immer, beim Videoverfahren nur im Gesellschaftsrecht mit Blick auf Anmeldungen zum Handels-, Partnerschafts- und Genossenschaftsregister und ab dem 1.8.2023 auch zum Vereinsregister der Fall (vgl. § 12 Abs. 1 S. 2 und 3 HGB; siehe Rdn 526 ff.).

Folgende in der notariellen Praxis wichtigen Formvorschriften schreiben (mindestens, vgl. § 129 Abs. 2 BGB) die Unterschriftsbeglaubigung vor: 229

- § 1945 Abs. 1 S. 2 BGB (**Erbschaftsausschlagung**);
- § 1955 S. 2 BGB (Anfechtung der Erbschaftsannahme oder Erbschaftsausschlagung);
- § 2 Abs. 2 GmbHG (Vollmacht für **GmbH-Gründung**);
- § 55 Abs. 1 GmbHG (Übernahmeerklärung bei Kapitalerhöhung der GmbH);
- § 12 Abs. 1 S. 2 HGB (**Handelsregistervollmacht**).

Hinzu kommen weitere Vorschriften, die zwar keinen Formzwang der öffentlichen Beglaubigung begründen, die aber **auf Verlangen eines Beteiligten** öffentlich beglaubigt werden müssen bzw. bei denen an die Beglaubigung besondere Rechtsfolgen geknüpft sind. Die wichtigsten dieser Vorschriften für die notarielle Praxis sind: 230

- § 403 BGB (Beglaubigung der Abtretungsurkunde);
- § 1155 BGB (öffentlicher Glaube beglaubigter Abtretungserklärungen bei Grundpfandrechten);
- § 2120 BGB (Beglaubigung der Einwilligung des Nacherben);
- §§ 726 Abs. 1 ZPO, 727 Abs. 1 ZPO (Nachweis für Klauselumschreibung in öffentlich beglaubigter Form).

Daneben gibt es eine Vielzahl von **Ordnungsvorschriften** (insbesondere im Registerrecht), welche die öffentliche Beglaubigung vorschreiben. Im Gegensatz zur Formvorschrift macht diese Ordnungsvorschrift eine nicht in öffentlich beglaubigter Form abgegebene Erklärung zwar **nicht unwirksam**, aber im Rahmen des Verfahrensrechts nimmt die zuständige Behörde eine nicht dieser Form entsprechende Erklärung in der Regel **nicht entgegen** bzw. **berücksichtigt sie nicht**. 231

> *Merke:*
>
> Der Charakter als bloße Ordnungsvorschrift hat dabei folgende Bedeutung: Die Behörde muss eine dem Beglaubigungserfordernis entsprechende Erklärung eigentlich zurückweisen. Falls die Behörde die Erklärung gleichwohl entgegennimmt und berücksichtigt, ist dies aber unschädlich.
>
> Wenn etwa eine grundbuchrechtliche Bewilligung entgegen § 29 GBO nicht in öffentlicher Form abgegeben wird, das Grundbuchamt diese aber gleichwohl berücksichtigt, ist die darauf beruhende Eintragung in das Grundbuch wirksam.
>
> In der notariellen Praxis macht dies im Ergebnis aber kein Unterschied: Unbesehen der möglichen Rechtsfolgen von Verfahrensverstößen hat der Notar die gesetzlichen Formvorgaben stets zu beachten. Auch bei bloßen Ordnungsvorschriften müssen die betreffenden Erklärungen daher beglaubigt werden.

Die wichtigsten dieser Vorschriften in der notariellen Praxis sind:

- §§ 77 S. 1 BGB; §§ 12 Abs. 1 S. 1, 33 Abs. 2 S. 1 HGB; § 157 GenG; § 5 Abs. 2 PartGG (Beglaubigung von **Anmeldungen** zum Vereins-, Handels-, Genossenschafts- und Partnerschaftsregister; außerdem ab 1.1.2024 nach § 707b Nr. 2 BGB k.F. i.V.m. § 12 HGB Anmeldungen zum zukünftigen Gesellschaftsregister);
- § 29 GBO (öffentliche Form **grundbuchrechtlicher Bewilligungen**).

3. Tatsachenzeugnis

232 Auch die Form eines notariellen Tatsachenzeugnisses wird teilweise vom Gesetz erwähnt. Die wichtigsten Vorschriften für die notarielle Praxis sind:

- § 2314 Abs. 1 S. 3 BGB (**Nachlassverzeichnis**);
- § 130 Abs. 1 S. 1 AktG (notarielle Niederschrift über die **Hauptversammlung** einer AG).

> *Praxistipp:*
>
> Die Form eines notariellen Tatsachenzeugnisses ist nur dann ausreichend, wenn in der Urkunde **keine Willenserklärungen** enthalten sind.
>
> Beschlüsse im Gesellschaftsrecht gelten hierbei nicht als Willenserklärungen. Insbesondere im Umwandlungsrecht ist hier aber Vorsicht angezeigt, da z.B. Verzichtserklärungen von Aktionären (etwa Verzicht auf Klageerhebung gemäß § 16 Abs. 2 UmwG oder Verzicht auf Verschmelzungsbericht gemäß § 8 Abs. 3 UmwG) Willenserklärungen darstellen.
>
> In diesem Fall sind dann zweckmäßigerweise zwei separate Urkunden zu errichten.

IV. Grundlagen zur Verwahrung von Niederschriften nach §§ 6 ff. BeurkG (ggf. i.V.m. §§ 16a ff. BeurkG) in Urkundensammlung und elektronischer Urkundensammlung

233 Spätestens mit dem Start der elektronischen Urkundensammlung zum 1.7.2022 muss der Notar seine Tätigkeit stets in **zwei Sphären** einordnen und bewerten:

- die „traditionelle" Papierwelt sowie
- die „neue" elektronische Welt.

Dies betrifft zum einen die **Errichtung notarieller Urkunden**, die mit Wirkung zum 1.8.2022 nunmehr jedenfalls in Teilbereichen des Gesellschaftsrechts auch hinsichtlich Niederschriften originär elektronisch möglich ist (siehe dazu bereits oben Rdn 44 ff., 85, 205). Zum anderen muss der Notar diese zwei Sphären auch bei der der Urkundenerrichtung nachfolgenden **Verwahrung der Urkunden** sowie der **Akten- und Verzeichnisführung** berücksichtigen.

Während die Urkundensammlung (vgl. § 31 NotAktVV), die Erbvertragssammlung (vgl. § 32 NotAktVV sowie die Sondervorschrift für letztwillige Verfügungen in § 34 Abs. 4 BeurkG) und die Sondersammlung (vgl. § 37 NotAktVV) – unverändert – in Papier zu führen sind, ist die elektronische Urkundensammlung nach § 34 NotAktVV zwingend elektronisch im Elektronischen Urkundenarchiv zu führen (siehe dazu auch § 55 Abs. 2 BeurkG i.V.m. § 78h BNotO).

234 Besteht eine Urkunde aus **mehreren Dokumenten und/oder Seiten**, stellt sich in der analogen wie auch in der elektronischen Welt weiterhin die Frage, wie diese ggf. vor der Verwahrung **verbunden** werden müssen.

Aus der analogen Welt kennt der Notar insoweit insbesondere die Verbindung mit Schnur und Prägesiegel i.S.v. § 44 S. 2 BeurkG und § 14 Abs. 1 DONot, aber auch ein Anheften bzw. Ankleben i.S.v. § 14 Abs. 2 DONot. In der elektronischen Welt steht insoweit vor allem die Einstellung mehrerer Dokumente unter einem einheitlichen Urkundenverzeichniseintrag im Blickpunkt: Neben einem Hauptdokument können zusätzlich sog. **sonstige Dokumente** in die elektronische Urkundensammlung eingestellt werden. Derart unter einer Urkundenverzeichnisnummer verwahrte Dokumente können technisch nur einheitlich abgerufen werden und werden daher i.S.v. § 78h Abs. 3 S. 1 BNotO bei der Erstellung von Ausfertigungen und Abschriften stets gemeinsam zur Auswahl angeboten. Einer solchen technischen Verklammerung entspricht in der analogen Welt die die Verbindung mit Schnur und Prägesiegel i.S.v. § 44 S. 2 BeurkG und § 14 Abs. 1 DONot.

235 §§ 31, 34 NotAktVV sehen für die Urkundensammlung und elektronische Urkundensammlung bezüglich der Verwahrung grundsätzlich einen **gegenständlichen und förmlichen Gleichlauf** vor. Was in der Urkundensammlung verwahrt wird (sei es aufgrund Verpflichtung

nach § 31 NotAktVV oder auf freiwilliger Basis ohne rechtliche Verpflichtung), ist nach § 34 Abs. 1 NotAktVV grundsätzlich spiegelbildlich auch in der elektronischen Urkundensammlung zu verwahren.

Dabei ist zu berücksichtigen, dass die Urschrift einer **in Papier erstellten Niederschrift** i.S.v. §§ 6 ff. BeurkG dem/den Beteiligten gemäß § 45a Abs. 1 BeurkG grundsätzlich in der Verwahrung des Notars verbleibt, sofern nicht unter Zustimmung aller Personen, die eine Ausfertigung verlangen können, eine beabsichtigte Verwendung im Ausland dargelegt wird. Gleiches gilt gemäß § 45b Abs. 1 BeurkG auch für eine nach § 16b BeurkG erstellte **elektronische Niederschrift**. Diese verbleibt stets in der Verwahrung des Notars, zudem sollen auch elektronische Vervielfältigungen der elektronischen Niederschrift (unter Einschluss der an dieser angebrachten qualifizierten elektronischen Signaturen) nicht herausgegeben werden (siehe unten Rdn 619). Eine **Ausnahme** hiervon ist jedoch für Verfügungen von Todes wegen zu machen, deren Urschrift in die besondere amtliche Verwahrung bei Gericht oder – im Fall von Erbverträgen – in die notarielle Verwahrung in der Erbvertragssammlung zu geben sind. Hier ist allenfalls eine beglaubigte Abschrift in der Urkundensammlung des Notars zu verwahren (vgl. § 31 Abs. 1 Nr. 1 NotAktVV).

Nach § 34 Abs. 2 NotAktVV besteht dabei mit Blick auf **in Papierform erstellte Niederschriften** das Erfordernis einer **formkongruenten Verwahrung**. Die Form des in der Urkundensammlung verwahrten Dokuments kann jedoch in der elektronischen Urkundensammlung stets übertroffen und eine höherwertige Form gewählt werden („mehr geht immer"). 236

Wird in der Urkundensammlung – dem Regelfall entsprechend – eine **Urschrift** verwahrt (neben letztwilligen Verfügungen, vgl. dazu neben § 34 Abs. 4 BeurkG auch § 31 Abs. 1 Nr. 1 NotAktVV, gelten allerdings auch für in der Sondersammlung i.S.v. § 37 NotAktVV verwahrte Urkunden aus technisch-tatsächlichen Gründen Besonderheiten), ist in der elektronischen Urkundensammlung nach § 34 Abs. 2 Nr. 1 NotAktVV eine unter Beachtung der Vorgaben von § 56 BeurkG hergestellte elektronische Fassung der Urschrift zu verwahren. Wird in der Urkundensammlung hingegen eine **Ausfertigung oder beglaubigte Abschrift** verwahrt, ist in der elektronischen Urkundensammlung nach § 34 Abs. 2 Nr. 2 NotAktVV mindestens eine elektronisch beglaubigte Abschrift zu verwahren. Eine einfache elektronische Abschrift reicht in der elektronischen Urkundensammlung nach § 34 Abs. 2 Nr. 3 NotAktVV nur, wenn in der Urkundensammlung eine einfache Abschrift verwahrt wird.

Originär elektronisch erstellte Dokumente (als Ausfluss der Online-Verfahren im Gesellschaftsrecht, aber auch der zukünftigen digitalen Präsenzbeurkundung, Rdn 28, 242 ff.) können nach § 34 Abs. 3 S. 1 NotAktVV grundsätzlich entweder direkt in dieser Form („*elektronisches Original*") oder als elektronische Fassung des Ausdrucks („*ausdrucken und scannen*"), der in der Urkundensammlung verwahrt wird, in die elektronische Urkundensammlung eingestellt werden. 237

Soweit es sich jedoch um eine **originär elektronische Niederschrift** i.S.v. § 16b BeurkG handelt, ist diese zwingend in dieser Form in die elektronische Urkundensammlung einzustellen. In der Urkundensammlung ist in diesem Fall gemäß § 31 Abs. 1 Nr. 3 NotAktVV in Umkehrung des vorbeschriebenen Spiegelbildprinzips ein beglaubigter Ausdruck der elektronischen Urkunde zu verwahren. Der Grundsatz der Formkongruenz ist insoweit eingeschränkt, weil es eine papierförmige Fassung einer elektronischen Urschrift nicht gibt.

Das beschriebene „Mehr-geht-immer-Prinzip" gilt auch für eine etwaig rechtlich erforderliche Verbindung der verschiedenen Dokumente. Auch wenn in der analogen Welt eine Verbindung mit Schnur und Prägesiegel i.S.v. § 44 S. 2 BeurkG und § 14 Abs. 1 DONot nicht erforderlich ist, kann in der elektronischen Welt ggf. insbesondere überobligatorisch die vorbeschriebene technische Verklammerung i.S.v. § 78h Abs. 3 S. 1 BNotO gewählt werden. 238

Bei **gemischten Beurkundungen** i.S.v. § 16e BeurkG sind die papierförmige Niederschrift und die elektronische Niederschrift nach § 16e Abs. 2 BeurkG zusammen zu verwahren. In der Folge erhalten beide Urkunden **dieselbe Urkundenverzeichnisnummer**. In der **Urkundensammlung** werden die Urschrift der papierförmigen Niederschrift und der beglaubigte 239

Ausdruck der elektronischen Niederschrift zusammen verwahrt. Eine Verbindung ist wiederum nicht zwingend vorgeschrieben, aber auf freiwilliger Basis möglich und auch sinnvoll. In der **elektronischen Urkundensammlung** werden die elektronische Urschrift der elektronischen Niederschrift und die elektronische Fassung der Urschrift der papierförmigen Niederschrift verwahrt.

240 Während die vorstehenden rechtlichen Vorgaben hinsichtlich der eigentlichen Niederschrift (en) noch intuitiv und gut nachvollziehbar sein dürften, stellen sich mit Blick auf den Umgang mit sonstigen Dokumenten eine Vielzahl von Detailfragen, die nachfolgend im jeweiligen Kontext für die analoge wie auch für die elektronische Welt erläutert werden.

V. Beurkundung von Willenserklärungen

241 In den §§ 6 ff. BeurkG ist das Verfahren für die Beurkundung von Willenserklärungen geregelt. Dies stellt die in der notariellen Praxis **häufigste Beurkundungsart** (im weiteren Sinne) dar.

Willenserklärung ist die **Äußerung eines Willens, der unmittelbar auf die Herbeiführung einer Rechtswirkung gerichtet** ist.

> *Beispiel:*
>
> So besteht etwa jeder Vertrag aus zwei aufeinander abgestimmten Willenserklärungen, nämlich dem Angebot i.S.d. § 147 BGB und der Annahme i.S.d. § 149 BGB.

242 Für Teilbereiche des Gesellschaftsrechts hat der Gesetzgeber mit Wirkung zum 1.8.2022 die Möglichkeit einer Beurkundung von Willenserklärungen **im Wege des Online-Verfahrens** geschaffen und dafür in den §§ 16a ff. BeurkG einige verfahrensrechtliche Sonderregelungen geschaffen. Vorbehaltlich dieser Sonderregelungen finden aber nach § 16b Abs. 1 S. 2 BeurkG die für das Präsenzverfahren geltenden Vorgaben des BeurkG grundsätzlich auch im Verfahren der Online-Beurkundung Anwendung.

In § 16e BeurkG hat der Gesetzgeber weiterhin auch ein Verfahren für sog. **gemischte Beurkundungen** vorgesehen. Es handelt sich hier um Beurkundungen, bei denen ein Teil der Beteiligten persönlich vor dem Notar erscheint, während der andere Teil der Beteiligten mittels Videokonferenz an der Beurkundungsverhandlung teilnimmt. In diesem Fall hat der Notar nach § 16e Abs. 1 BeurkG zwei Niederschriften über die Beurkundungsverhandlung aufzunehmen: Mit den in Präsenz teilnehmenden Beteiligten eine papiergebundene Niederschrift und mit den per Videokonferenz teilnehmenden Beteiligten eine elektronische Niederschrift. Dies ist in beiden Niederschriften, die nach § 16e Abs. 2 BeurkG auch zusammen zu verwahren sind, auch zu vermerken.

Auf die Sondervorschriften für die Online-Beurkundung wird nachfolgend im jeweiligen Kontext eingegangen.

243 Schreibt eine Formvorschrift die notarielle Beurkundung vor, so ist nach den §§ 6 ff. BeurkG (ggf. i.V.m. §§ 16a ff. BeurkG) vorzugehen. **Nicht alle Bestandteile** der Urkunde müssen hierbei allerdings **Willenserklärungen** sein. Enthalten sind etwa auch sonstige Wahrnehmungen des Notars und insbesondere auch Bescheinigungen (z.B. die Handelsregisterbescheinigung) und auch Hinweise auf stattgefundene Belehrungen durch den Notar, Sachverhaltsdarstellungen o.Ä.

> *Weiterführender Hinweis:*
>
> Dass die §§ 6 ff. BeurkG auf Willenserklärungen Bezug nehmen, darf jedoch nicht zu dem Fehlschluss verleiten, dass, wenn im notariellen Zusammenhang eine Willenserklärung im Spiel ist, immer nach den §§ 6 ff. BeurkG (ggf. i.V.m. §§ 16a ff. BeurkG) vorgegangen werden muss. Häufig wird stattdessen auch nur die Unterschrift unter einer privatschriftlichen Willenserklärung beglaubigt. Wenn allerdings die Beurkundung auch die Willenserklärung umfassen soll (wenn also auch die Willenserklärung Bestandteil der öffentlichen Urkunde sein soll), muss nach den §§ 6 ff. BeurkG (ggf. i.V.m. §§ 16a ff. BeurkG) vorgegan-

gen werden. Auch ohne Formzwang ist eine Beurkundung oftmals sinnvoll, etwa aus Beweisgründen oder wegen der damit verbundenen materiellen Richtigkeitskontrolle durch den Notar.

1. Urkundeneingang (§ 9 BeurkG)

§ 9 BeurkG Inhalt der Niederschrift 244

(1) Die Niederschrift muß enthalten

1. die Bezeichnung des Notars und der Beteiligten

[…]

(2) Die Niederschrift soll Ort und Tag der Verhandlung enthalten.

Unter dem „Urkundeneingang“ versteht man den **Beginn** einer nach den §§ 6 ff. BeurkG errichteten Urkunde, in dem die „**Kerndaten**“ dargestellt sind. In § 9 BeurkG sind die wichtigsten Bestandteile des sog. Urkundeneingangs bereits erwähnt: 245

- **Name** des **Notars** (bzw. des Notarvertreters oder Notariatsverwalters),
- **Namen** (Vor- und Zuname) der **Beteiligten**,
- **Ort** der Verhandlung,
- **Tag** der Verhandlung.

Der im Rahmen einer **Online-Beurkundung** nach § 9 BeurkG kaum sinnvoll bestimmbare Ort der Verhandlung wird für diese durch § 16b Abs. 3 S. 1 BeurkG speziell geregelt. Danach ist dies der Ort, an dem die elektronische Niederschrift vom Notar aufgenommen wird, in der Regel also der Ort, an dem sich die notarielle Geschäftsstelle befindet.

Merke:

Am Wortlaut des § 9 BeurkG lässt sich gut der Unterschied zwischen einer **Muss**- und einer **Soll-Vorschrift** erkennen. Abs. 1 enthält eine Muss-Vorschrift, Abs. 2 eine Soll-Vorschrift.

Während ein Verstoß gegen die Muss-Vorschrift zur **Unwirksamkeit** führt, ist ein Zuwiderhandeln gegen eine Soll-Vorschrift für die Wirksamkeit der Urkunde ohne Auswirkung.

Freilich ergeben sich in der **Praxis** keine Unterschiede: Der Notar hat sich **unterschiedslos an beide Vorschriftsarten zu halten**. Er darf nicht sehenden Auges gegen eine Soll-Vorschrift verstoßen, nur weil diese nicht dieselben gravierenden Auswirkungen hat wie eine Muss-Vorschrift. Auch ein Verstoß gegen eine Soll-Vorschrift kann aufsichtsrechtliche Konsequenzen haben.

Wichtige Zahlen sollten bereits an dieser Stelle auch **in Worten ausgeschrieben** werden, so etwa das Datum der Verhandlung. § 28 Abs. 1 S. 2 DONot a.F. sah dies noch ausdrücklich vor. Obwohl die nunmehr geltende Fassung der DONot dies nicht mehr aufgreift, empfiehlt sich eine Fortsetzung dieser Übung. Geburtsdaten der Beteiligten wurden und werden allerdings üblicherweise nur in Zahlen gesetzt. 246

Weitere Bestandteile kommen sinnvollerweise hinzu:

- Hinweise auf die Art und Weise der **Identifizierung** der Beteiligten (vgl. hierzu § 10 Abs. 1 und 3 BeurkG; siehe hierzu Rdn 247 ff.),
- weitere **persönliche Daten** der Beteiligten, wie etwa Geburtsdatum, Wohnort, Anschrift, Familienstand, Staatsangehörigkeit (vgl. hierzu § 10 Abs. 2 BeurkG bzw. § 5 Abs. 1 und 2 DONot),
- ggf. Hinweise auf die **Vertretungsverhältnisse** (siehe hierzu Rdn 285 ff.),
- ggf. Hinweise auf den **wirtschaftlich Berechtigten** (siehe hierzu Rdn 183 ff., 284),
- ggf. Hinweise auf **körperliche Einschränkungen** (siehe hierzu Rdn 324 ff.),
- ggf. Hinweise zur **Geschäftsfähigkeit** (siehe hierzu Rdn 339 ff.),
- ggf. Hinweise auf Besonderheiten bei **Sprachkenntnissen** (siehe hierzu Rdn 416 ff.).

Merke:

Durch den Urkundeneingang unterscheidet sich die Beurkundung gemäß der §§ 6 ff. BeurkG (ggf. i.V.m. §§ 16a ff. BeurkG) bereits rein äußerlich von der Beglaubigung, die gemäß § 39 BeurkG in der Regel als reine sog. **Vermerkurkunde** gestaltet werden. Zwar sind im Beglaubigungsvermerk auch einige der oben genannten Kerndaten enthalten, aber dieser ist in der Regel als kurzer Satz unterhalb der zu beglaubigenden Unterschrift vorgesehen.

2. Identifizierung der Beteiligten (§§ 10, 16c BeurkG)

247 Die Identifizierung von Urkundenbeteiligten ist Kernelement notarieller Tätigkeit. Denn der Notar stellt nicht nur abstrakt sicher, dass ein Vertrag ausgewogen und rechtssicher gestaltet ist, sondern nimmt auch die Feststellung von Vertragsbeteiligten vor, damit später mit **hoher Beweiskraft** die **Beteiligung einer Person am Rechtsgeschäft** nachgewiesen werden kann. Außerdem dient die Identifikation durch den Notar dazu, eventuelle „*versteckte Vertretungsverhältnisse*" aufzudecken, die im sonstigen Rechtsverkehr oftmals nicht auffallen.

Beispiel:

Bei einer Bestellung von Waren im Internet etwa weiß der Vertragspartner nicht, ob hinter einem als „*Dietrich Mayrhuber*" auftretenden Käufer auch tatsächlich Dietrich Mayrhuber steckt. Es könnte stattdessen auch Hans Müller handeln, ggf. aufgrund einer durch Dietrich Mayrhuber erteilten Vollmacht (sog. **Handeln unter fremdem Namen**). Es könnte Hans Müller aber auch gar nicht bevollmächtigt sein bzw. es könnte ggf. auch kein Dietrich Mayrhuber existieren, mit der Folge, dass Hans Müller nach den Regeln über den Vertreter ohne Vertretungsmacht ggf. selbst Vertragspartner ist (vgl. hierzu etwa § 179 Abs. 1 Alt. 1 BGB).

All diese Probleme sind bei einem notariellen Verfahren ausgeschlossen, weil der Notar die auftretenden Personen identifiziert und Vertretungsverhältnisse klärt.

248 Der Identifikation der Beteiligten ist besondere Sorgfalt zu widmen. Zwar hat die Identifizierung immer höchstpersönlich durch den Notar selbst zu erfolgen, doch kommt einer **Vorprüfung durch Mitarbeiter** des Notars eine große Bedeutung zu („*vier Augen sehen mehr als zwei*"). Obwohl die Identifikation von Beteiligten Alltag in einer Notarstelle ist, dürfen sich hier keine Nachlässigkeiten einschleichen!

Die nachfolgenden Ausführungen beziehen sich vorrangig auf das **Präsenzverfahren**. Zu den Besonderheiten im Rahmen der **Online-Verfahren** siehe Rdn 279 ff.

a) Erfasste Personen

249 Zu identifizieren sind im **Präsenzverfahren** gemäß § 10 Abs. 1 BeurkG die „*Beteiligten*". Hierunter sind die Personen zu verstehen, die physisch bei der Beurkundungsverhandlung präsent sind und Willenserklärungen abgeben.

250 § 10 BeurkG gilt im Grundsatz auch im Rahmen der **Online-Beurkundung**, wird aber durch eine **Spezialregelung** in § 16c BeurkG ergänzt und überlagert, welche aus technisch-tatsächlichen Gründen erforderlich ist. Da sich Notar und Beteiligte bei einer Videobeurkundung – abgesehen von einer möglichen gemischten Beurkundung i.S.v. § 16e BeurkG – im Regelfall physisch an unterschiedlichen Orten aufhalten, hat auch die Identifizierung der Beteiligten „aus der Ferne" zu erfolgen. § 16c BeurkG sieht dafür ein **spezielles zweistufiges Verfahren** vor, das erforderlich ist, weil es dem Notar im Rahmen einer Beurkundung mittels Videokommunikation nicht möglich ist, die Echtheit eines ihm vorgelegten Ausweisdokuments (im Bedarfsfall auch haptisch) zu prüfen (ggf. sogar unter Einsatz eines Dokumentenprüfers). „Beteiligte" einer Videobeurkundung sind danach letztlich die Personen, welche über das Videokommunikationssystem gemäß § 78p BNotO an der Beurkundungsverhandlung teilnehmen und in dieser Willenserklärungen abgeben.

Merke:

Damit stellt § 10 Abs. 1 BeurkG auf den sog. **formellen Beteiligtenbegriff** ab, der sich auf alle (natürlichen) Personen bezieht, die beim Beurkundungsvorgang physisch präsent sind. Die formell Beteiligten sind in § 6 Abs. 2 BeurkG näher definiert: „*die Erschienenen, deren im eigenen oder fremden Namen abgegebene Erklärungen beurkundet werden sollen.*"

Daneben gibt es auch den **materiellen Beteiligtenbegriff**. Hierunter sind alle (natürlichen oder juristischen) Personen zu verstehen, für welche in der Urkunde Willenserklärungen abgegeben werden. Dieser Beteiligtenbegriff ist etwa aus den §§ 3, 7 BeurkG herauszulesen. Das BeurkG spricht insoweit jedoch nicht von Beteiligung, sondern von „*Angelegenheit*".

Beispiel:

Auf Verkäuferseite erscheint der Eigentümer und Verkäufer Volker Verkauf in der Notarstelle. Auf Käuferseite erscheint Frau Rechtsanwältin Renate Recht in der Notarstelle, die für den Käufer Konrad Kauf handelt.

Volker Verkauf ist formeller und materieller Beteiligter, Renate Recht ist allein formelle Beteiligte, Konrad Kauf ist allein materieller Beteiligter.

b) Maßstab

Ausgangspunkt der Identifikation ist immer die **persönliche Überzeugung des Notars** von der Identität der Beteiligten. Dies bringt § 10 Abs. 1 BeurkG zum Ausdruck, wonach sich der Notar Gewissheit über die Person der Beteiligten verschaffen soll. 251

Merke:

Unter Identifikation (bzw. „*Feststellung der Beteiligten*" in der Terminologie des § 10 BeurkG) versteht man hierbei die Zuordnung eines Urkundenbeteiligten zu Identitätsdaten einer Person (Name, Geburtsdatum, Wohnort etc.).

Maßstab ist hier, dass der Notar selbst **keinen vernünftigen Zweifel** mehr an der Identität eines Beteiligten haben darf. 252

Praxistipp:

Dass Maßstab die Überzeugung des Notars ist, bedeutet aber nicht, dass Angestellte des Notars diese Fragen übergehen und vollständig dem Notar überlassen sollten.

Im Gegenteil sollten Notarangestellte besonders gut über die einzelnen Voraussetzungen der Identifizierung informiert sein, da sie in der Regel die Identifikationsmittel entgegennehmen, den Urkundeneingang entsprechend formulieren und dem Notar vor der Beurkundung ggf. über in ihren Augen bestehende Schwierigkeiten der Identifikation hinweisen. Das ändert aber selbstverständlich nichts daran, dass der Notar das „letzte Wort" hat und die alleinige Verantwortung für eine gesetzeskonforme Identifizierung trägt.

c) Identifikationsdaten

Der Notar muss die Identifikationsdaten der Beteiligten in die Urkunde aufnehmen. Nach § 10 Abs. 2 BeurkG soll die Person der Beteiligten in der Niederschrift so genau bezeichnet werden, dass Zweifel und Verwechslungen ausgeschlossen sind. Diese Vorgabe wird in § 5 DONot konkretisiert. 253

Demnach muss der Notar bei natürlichen Personen gemäß § 5 Abs. 1 DONot in die Urkunde aufnehmen:

- den **Namen** (darunter sind bei natürlichen Personen Vor- und Nachname zu verstehen),
- das **Geburtsdatum**,
- den **Wohnort**,

- die **Anschrift** und
- ggf. den **Geburtsnamen**.

254 Bei **Vertretern** von juristischen Personen des öffentlichen Rechts (z.B. einer Gemeinde) oder des privaten Rechts (z.B. einer GmbH) kann statt Wohnort und Anschrift die Dienst- oder Geschäftsanschrift der vertretenen Person angegeben werden (§ 5 Abs. 1 S. 3 Nr. 1 DONot), bei Mitarbeitern eines Notars die Anschrift von dessen Geschäftsstelle (§ 5 Abs. 1 S. 3 Nr. 2 DONot).

> *Praxistipp:*
>
> Im Falle von Vertretungsverhältnissen (siehe hierzu Rdn 285 ff.) kann der Vertretene in der Regel nicht identifiziert werden, weil er gar nicht erscheint. Dennoch müssen auch dessen Identifikationsdaten in die Urkunde aufgenommen werden. § 10 Abs. 2 BeurkG bezieht sich somit sowohl auf formelle als auch auf materielle Beteiligte.
>
> Zu den Informationen, die bezüglich vertretener juristischer Personen und Personengesellschaften zu erheben sind, siehe unten Rdn 286 ff.

255 Bei natürlichen Personen mit ungewöhnlicheren Namen empfiehlt es sich klarzustellen (etwa durch Unterstreichungen), welcher Namensbestandteil der Vor- und welcher der Nachname ist.

256 § 5 Abs. 2 DONot regelt nunmehr auch, welche Daten zu Beteiligten aufzunehmen sind, die keine natürlichen Personen sind (d.h. insbesondere zu der vertretenen juristischen Person bzw. Personengesellschaft). Danach sind zu erfassen:

- der Name oder die Firma,
- die Rechtsform,
- eine Dienst- oder Geschäftsanschrift,
- ein davon ggf. abweichender Sitz sowie
- die registerführende Stelle und die Registernummer, wenn der Beteiligte in einem Register eingetragen ist.

d) Identifikation im Präsenzverfahren – weitere Verfahrensfragen

aa) Amtlicher Lichtbildausweis

257 Im Normalfall identifiziert der Notar die Beteiligten im **Präsenzverfahren** unter Zuhilfenahme eines amtlichen Lichtbildausweises, also eines mit dem Lichtbild eines Beteiligten versehenen, von einer Behörde ausgestellten Identifikationspapiers.

In der Regel ist dies ein **Personalausweis** oder ein **Reisepass**. Das Lichtbild stellt hierbei das wichtigste Identifikationsmittel dar, welches die Zuordnung zum Beteiligten ermöglicht, daneben fließen natürlich – zumindest im Rahmen einer Plausibilitätsprüfung – andere auf dem Ausweis enthaltene Daten wie etwa das Geburtsdatum oder das Geschlecht in den Identifikationsvorgang ein.

258 Auch ein **Führerschein** ist im **Präsenzverfahren** als Identifikationsmittel nicht grundsätzlich ausgeschlossen. Auch bei diesem handelt es sich um einen amtlichen Lichtbildausweis. Gewisse praktische Schwierigkeiten ergeben sich hier allerdings daraus, dass das auf dem Führerschein enthaltene **Lichtbild nicht erneuert** wird und daher sehr alt sein kann. So fällt es bei älteren Urkundenbeteiligten oftmals schwer, sie auf einem Führerscheinbild wiederzuerkennen. Maßstab ist auch insoweit die Frage, ob der Notar insgesamt noch von der Identität des/der Beteiligten überzeugt ist oder nicht. Zudem sind bei Vorlage eines Führerscheins auch geldwäscherechtliche Aspekte zu beachten, sodass ein Führerschein für die Identifikation im Anwendungsbereich des Geldwäschegesetzes in der Regel nicht verwendet werden kann (siehe hierzu Rdn 180 ff., 284).

259 Auch sonstige mit Lichtbild versehene Ausweise einer Behörde, so etwa ein Dienstausweis eines Ministeriums, sind amtliche Lichtbildausweise und können im **Präsenzverfahren** als Identifikationsmittel ausreichend sein.

bb) Abgelaufener Ausweis

Auch ein abgelaufener Ausweis kann im **Präsenzverfahren** grundsätzlich zur Identifizierung eines Beteiligten dienen, sofern der Notar auch auf dieser Grundlage von der Identität des Beteiligten überzeugt ist. Hier sind aber wieder geldwäscherechtliche Besonderheiten zu beachten (siehe hierzu Rdn 180 ff., 284). 260

> *Formulierungsbeispiel:*
>
> (…) wies sich durch einen Bundespersonalausweis aus, der allerdings am (…) abgelaufen ist. Mir, dem Notar, war es dennoch möglich, den Beteiligten anhand dieses Ausweispapiers zweifelsfrei zu identifizieren; eine strengere Handhabung nach dem Geldwäschegesetz war hier nicht veranlasst.

cc) Ausländisches Ausweispapier

Ausländische amtliche Lichtbildausweise sind im **Präsenzverfahren** grundsätzlich ebenfalls geeignetes Identifizierungsmittel. Auch hier kommt es jedoch auf den Einzelfall an. Der Notar muss selbstverständlich auch in diesem Fall von der Identität der Beteiligten überzeugt sein. Dies kann dann problematisch werden, wenn ein ausländisches Ausweispapier – ähnlich wie der Führerschein – **kein Ablaufdatum** besitzt und das Lichtbild daher veraltet ist. Weiter ist auch denkbar, dass der Ausweis keine besonderen Sicherheitsmerkmale besitzt. 261

Auch in diesem Fall liegt es im **Präsenzverfahren** im **Verfahrensermessen des Notars**, ob er von der Identität einer Person hinreichend überzeugt ist.

dd) Asyl- und aufenthaltsrechtliche Lichtbildausweise

Auch asyl- und aufenthaltsrechtliche Lichtbildausweise, die von einer Behörde ausgestellt wurden, können im Grundsatz im **Präsenzverfahren** der Identifizierung eines Beteiligten dienen. Dabei kommt es **nicht entscheidend** darauf an, ob es sich bei diesem Papier um ein Papier mit **Ausweisersatzfunktion** handelt und ob der Inhaber hiermit seiner **Passpflicht** genügt. Dementsprechend kommen auch eine Bescheinigung über die Aufenthaltsgestattung oder eine Bescheinigung über die Aussetzung der Abschiebung (Duldung) als Identifizierungsmittel in Betracht, soweit sie mit Lichtbild ausgestattet sind. Strengere Voraussetzungen bestehen jedoch im geldwäscherelevanten Bereich (siehe hierzu Rdn 180 ff., 284). 262

Etwas anderes gilt, wenn dieses Ausweispapier die Bemerkung enthält, dass die Angaben zur Person **auf den Angaben des Inhabers** beruhen. In diesem Fall ist eine Identifizierung nicht möglich, es kann allenfalls mit Zweifelsvermerk gemäß § 10 Abs. 3 S. 2 BeurkG beurkundet werden.[23] 263

ee) Kopie bzw. Scan des Identifikationspapiers?

Im Anwendungsbereich des Geldwäschegesetzes (siehe hierzu Rdn 172) besteht die gesetzliche Pflicht, das Ausweispapier zu kopieren bzw. einzuscannen. Bei einem Personalausweis ist dabei auch die Rückseite zu kopieren bzw. einzuscannen, da auch die ausstellende Behörde aufzuzeichnen ist. 264

Auch im Übrigen ist das Kopieren bzw. Einscannen des Ausweispapiers im Rahmen der notariellen Amtsausübung **gestattet**. Die Landesjustizverwaltungen haben eine frühere Bestimmung in § 26 DONot a.F., wonach dies der schriftlichen Zustimmung des Ausweisinhabers bedurfte, ersatzlos gestrichen. 265

Auch aus dem Pass- bzw. Personalausweisrecht ergibt sich nichts anderes, da dieses durch die **Pflicht des Notars zur Identifikation** gemäß § 10 BeurkG **überlagert** ist, die Verschwiegenheit über § 18 BNotO sichergestellt ist und außerdem die wesentlichen auf dem Ausweispapier enthaltenen Daten ohnehin in der Urkunde selbst auftauchen.

23 Siehe dazu auch Rn 264 sowie *Bosch/Strauß*, DNotZ 2020, 4 ff.

ff) Vorstellung durch andere Person

266 Eine weitere Möglichkeit der Identitätsfeststellung liegt im **Präsenzverfahren** in der Vorstellung des Beteiligten durch eine andere, zuverlässige Person, etwa einen Angestellten der Notarstelle. Es liegt im Ermessen des Notars, ob er dieser Art der Identitätsfeststellung genügend Verlässlichkeit beimisst. Im Regelfall sollte die Identitätsfeststellung anhand eines amtlichen Ausweispapiers bevorzugt werden. Im Bereich des Geldwäscherechts (siehe hierzu Rdn 172) ist dies sogar zwingend.

> *Formulierungsbeispiel:*
>
> (…), mir, Notar, vorgestellt durch die mir als zuverlässig bekannte Amtfrau i.N. (…).

gg) „Dem Notar persönlich bekannt"

267 Ausreichend ist im **Präsenzverfahren** weiterhin, wenn ein Beteiligter dem Notar persönlich bekannt ist. Eine flüchtige Kenntnis reicht jedoch nicht aus, auf der anderen Seite ist es auch nicht notwendig, dass der Notar alle in der Urkunde wiedergegebenen Daten, etwa das Geburtsdatum oder die Anschrift, im Kopf hat. Die persönliche Kenntnis kann sich auch aus einer vorangegangenen anderen Identifizierung ergeben.

> *Formulierungsbeispiel:*
>
> (…), mir, Notar, persönlich bekannt.

hh) Zweifelsvermerk

268 Konnte sich der Notar im **Präsenzverfahren** keine hinreichende Überzeugung von der Identität eines Beteiligten bilden und wird dennoch auf Beurkundung bestanden, kann der Notar einen sog. **Zweifelsvermerk** gemäß § 10 Abs. 3 BeurkG aufnehmen. In diesem Zusammenhang sollten die Beteiligten jedoch immer darauf aufmerksam gemacht werden, dass eine derartige Urkunde im Rechtsverkehr je nach Einzelfall einen deutlich abgeschwächten Beweiswert aufweist.

> *Formulierungsbeispiel:*
>
> (…) konnte sich nicht ausweisen.
>
> (*Alternativ*): Eine Identifizierung von (…) war mir, dem Notar, aufgrund des vorgelegten Ausweispapiers nicht möglich, weil die dort aufgenommenen Daten allein auf den Angaben des Beteiligten beruhen.
>
> Der Beteiligte bestand dennoch auf einer sofortigen Beurkundung.

269
> *Praxistipp:*
>
> Ein derartiger Zweifelsvermerk ist nur bei einer Beurkundung nach den §§ 6 ff. BeurkG möglich, bei einer Beglaubigung nicht, weil § 40 Abs. 4 BeurkG nicht auf § 10 Abs. 3 S. 2 BeurkG verweist.
>
> Ein Beglaubigungsersuchen muss bei fehlender Identifikationsmöglichkeit also abgelehnt werden!

ii) Sonderfall: Versicherung zur Erlangung eines Ausweispapiers

270 In der notariellen Praxis kann es vorkommen, dass – meist ausländische – Rechtsuchende ihr **Ausweispapier verloren** haben und nun eine eidesstattliche Versicherung oder auch ein „*affidavit*" (siehe hierzu Rdn 474 ff.) bzw. eine sonstige Erklärung über ihre Identität und die Umstände des Ausweisverlusts vor dem Notar abgeben möchten, um ein Ersatzausweispapier von einer Behörde (meist von einer Auslandsvertretung ihres Heimatlandes) zu erlangen.

Hier stellt sich das Problem, dass der Notar naturgemäß nicht in der Lage ist, die Beteiligten zu identifizieren. Eine Beglaubigung ist demnach gar nicht möglich, eine Beurkundung wäre nur mit Zweifelsvermerk denkbar; letzterer hilft einem Betroffenen aber in der Regel nicht weiter.

Als Alternative zur nicht möglichen Identifikation könnte hier über ein **Tatsachenzeugnis des Notars** (siehe hierzu Rdn 478 ff.) nachgedacht werden, dem ein Lichtbild und/oder Fingerabdrücke des Beteiligten beigelegt werden und in dem der Notar bestätigt, dass das Lichtbild und/oder die Fingerabdrücke von der erschienenen Person stammen. Es ist aber immer vorab abzuklären, ob eine derartige Urkunde von der zuständigen Behörde überhaupt als ausreichend erachtet wird.[24] 271

jj) Nachträgliche Identifizierung

Konnte sich ein Beteiligter im **Präsenzverfahren** im Termin nicht ausweisen, ist es grundsätzlich möglich, dass er sein Identifizierungsdokument nachreicht. Dies muss dann – quasi als *„vorübergehender Zweifelsvermerk"* – in der Urkunde festgestellt werden. Außerdem bietet es sich bei zu vollziehenden Urkunden an, deren **Vollzug** bis zur Vorlage des Ausweisdokuments **auszusetzen**. 272

Die nachträgliche Identifizierung muss sodann durch die Urkundenperson selbst vorgenommen werden, weil nur diese höchstpersönlich den Zusammenhang mit der im Termin erschienenen Person herstellen kann. Hierzu ist ein Tatsachenzeugnis in Gestalt eines Vermerks gemäß § 39 BeurkG ausreichend. 273

> *Formulierungsbeispiel:*
>
> *(in der Urkunde)*
>
> (…) konnte sich heute nicht ausweisen; er verpflichtete sich jedoch, alsbald einen amtlichen Lichtbildausweis nachzureichen. Die Beteiligten wiesen den Notar an, den Vollzug dieser Urkunde – bis auf die aus gesetzlichen Gründen unverzüglich durchzuführenden Vollzugsmaßnahmen – bis zur Nachreichung des Ausweispapiers auszusetzen.

> *Formulierungsbeispiel: Vermerk zur nachträglichen Identitätsfeststellung*
>
> Heute erschien eine Person in der Amtsstelle und gab an, sich zu UVZ-Nr. (…) vom (…) nachträglich ausweisen zu wollen. Die Person legte einen Bundespersonalausweis vor und konnte hierdurch zu meiner, des Notars, Gewissheit als
>
> (…),
>
> geboren am (…)
>
> wohnhaft (…),
>
> *(ggf. weitere Angaben)*
>
> identifiziert werden.
>
> Ich, Notar, stelle fest, dass es sich bei dieser Person um den Beteiligten handelt, der in der vorgenannten Urkunde unter ebendiesem Namen auftrat.

> *Merke:* 274
>
> Die nachträgliche Identifizierung ist aber nur im Falle einer Beurkundung nach den §§ 6 ff. BeurkG möglich.
>
> Bei Unterschrifts- und Signaturbeglaubigungen scheitert sie im **Präsenzverfahren** daran, dass die §§ 40 Abs. 4, 40a Abs. 4 BeurkG eine eindeutige Identifizierung erfordern. Eine nachträgliche Identifizierung ist bei einer Beglaubigung aber aus praktischer Sicht letztlich aber auch nicht notwendig, weil die Beglaubigung selbst ja nur die Identifizierung darstellt und nicht in einen äußeren Beurkundungstermin eingebunden ist, bei dem der Notar den Urkundentext vorlesen muss.

24 Siehe dazu weiterführend auch *Bosch/Strauß*, DNotZ 2020, 4 ff.

Im Rahmen der **Online-Verfahren** im Gesellschaftsrecht schreibt § 16c BeurkG die Verwendung spezieller Identifizierungsmittel vor. Auch bei persönlicher Bekanntheit des Beteiligten sind diese Identifizierungsmittel zu verwenden; § 16c S. 3 BeurkG erklärt in diesem Fall lediglich die zweite Identifizierungsstufe, die Lichtbildauslesung, für entbehrlich. Daher ist ein Nachreichen des Ausweisdokuments dort nicht möglich. Dies hat auch technische Gründe, da die erforderliche ad-hoc-Fernsignatur nur aufgrund der Vorlage einer eID erstellt werden kann (siehe Rdn 279 ff.).

Weiterführender Hinweis:

Diskutiert wird auch, dass der Notar im **Präsenzverfahren** bei fehlender Identifizierungsmöglichkeit seine Unterschrift noch „zurückhält“. Dies ist jedoch kritisch zu sehen, weil der Notar bei Abschluss der Beurkundungsverhandlung nach Unterschrift und Genehmigung durch die Beteiligten gehalten ist, seine Unterschrift alsbald unter die Urkunde zu setzen. Außerdem stellt sich die Frage, was geschieht, wenn die Identifizierung nicht in gehöriger Weise nachgeholt werden kann.[25]

kk) Sonstige Mittel zur Identifizierung

275 Welche Maßnahmen der Notar zur Identifizierung ergreift, steht im **Präsenzverfahren** in seinem **Verfahrensermessen**. Daher wäre auch an weitere, etwas ungewöhnlichere Vorgehensweisen zu denken, u.a. Erkundigungen im Umfeld eines Beteiligten, am Ort, an dem der Beteiligte nach Angabe seine Kindheit verbracht hat, Schriftproben.

276 Derartige Maßnahmen sind jedoch in der Regel überobligatorisch und können vom Notar nicht verlangt werden. In Auslandsvertretungen, in denen Konsularbeamte die Funktion der Urkundenperson übernehmen, werden solche Wege jedoch bisweilen beschritten.

ll) Befreiung von der Ausweispflicht

277 In bestimmten Sondersituationen ermöglicht das Pass- und Personalausweisrecht die Befreiung von der Ausweispflicht. Dies betrifft insbesondere Fälle von Gebrechlichkeit oder Betreuung (§ 1 Abs. 3 PAuswG).

278 Im Regelfall sollte darauf bestanden werden, dass ein neues, gültiges Ausweispapier beantragt wird, da die hinter der Befreiung von der Ausweispflicht stehende Erwägung, dass der Beteiligte nämlich nicht mehr auf die Verwendung eines Ausweises angewiesen sei, bereits durch das Beurkundungsersuchen widerlegt ist.

In Ausnahmefällen – insbesondere bei eiligen Angelegenheiten – kann ggf. auf alternative Identifizierungsmittel zurückgegriffen werden, etwa auf einen bereits abgelaufenen Ausweis.

e) Besonderheiten hinsichtlich der Identifikation im Rahmen der Online-Beurkundung

279 Für die Identifikation im Rahmen der Online-Beurkundung hat der Gesetzgeber in § 16c BeurkG ein spezielles Verfahren geschaffen, das dem Notar eine dem Präsenzverfahren vergleichbar sichere Identifikation des/der Beteiligten ermöglicht.

Auf der ersten Stufe steht das Auslesen der erforderlichen Daten aus einem gültigen elektronischen Identifizierungsmittel (eID). **Auf der zweiten Stufe** hat der Gesetzgeber ergänzend den **Abgleich** eines aus dem elektronischen Speicher- und Verarbeitungsmedium gültigen amtlichen Ausweises oder Passes des/der Beteiligten ausgelesenen Lichtbilds mit dem Erscheinungsbild des/der Beteiligten in der Videokonferenz durch den Notar vorgesehen. Der Notar könnte sonst im Online-Verfahren die Identität des/der Beteiligten nicht mehr mit Gewissheit feststellen; insbesondere wären Fälle sog. **verdeckter Stellvertretung** (Weitergabe der eID zu missbräuchlichen Zwecken) für ihn nicht erkennbar.

25 Siehe hierzu etwa *Schemmann*, DNotZ 2018, 816 ff.

Auf der **ersten Identifizierungsstufe** können nach § 16c S. 1 Hs. 2 BeurkG alle drei derzeit verfügbaren deutschen eIDs, d.h. 280

- der **Personalausweis** für deutsche Staatsbürger,
- die **eID-Karte** für EU/EWR-Staatsangehörige,
- der **elektronische Aufenthaltstitel** für Drittstaatangehörige

Verwendung finden. Weiterhin können auch **eIDs anderer EU-Mitgliedstaaten** verwendet werden, sofern diese nach Art. 9 eIDAS-VO notifiziert sind und dem Sicherheitslevel „*hoch*" i.S.v. Art. 8 Abs. 2 lit. c eIDAS-VO entsprechen.

Die **zweite Identifizierungsstufe** erfordert gemäß § 16c S. 1 Hs. 1 BeurkG zusätzlich zur eID (erste Stufe) das Auslesen eines amtlichen Lichtbilds aus dem elektronischen Speicher- und Verarbeitungsmedium eines amtlichen Ausweises oder Passes und den **Abgleich dieses Lichtbilds** mit dem Erscheinungsbild eines jeden Beteiligten durch den Notar.

Die nach den Vorschriften des Geldwäschegesetzes erforderlichen Kopien/Scans der verwendeten Ausweise/Pässe werden dem Notar durch das Videokommunikationssystem gemäß § 78p BNotO automatisch zur Verfügung gestellt.

Die Verfahrensvorgaben des § 16c BeurkG sind **grundsätzlich zwingend**. Soweit ein Beteiligter **dem Notar bereits persönlich bekannt** ist, kann nach § 16c S. 3 BeurkG allenfalls die zweite Identifizierungsstufe, d.h. das Auslesen des Lichtbildes, entfallen. Die **erste** Identifizierungsstufe ist hingegen auch in diesem Fall durchzuführen. Alle anderen vorgenannten Verfahrensalternativen und -erleichterungen entfallen hingegen, insbesondere kann eine Identifizierung aus technischen Gründen nur im Rahmen der Online-Beurkundung erfolgen. Das Verfahrensermessen des Notars ist daher insoweit – aus Gründen der Rechtssicherheit – erheblich eingeschränkt. 281

f) Geldwäscherecht

Wie bereits mehrfach erwähnt, stellt das Geldwäschegesetz strengere Anforderungen an die Identifikation. Diesen Anforderungen muss unbedingt entsprochen werden. 282

Anwendungsbereich 283

Betroffen sind alle Beurkundungsvorgänge, in denen der Notar Verpflichteter nach dem Geldwäschegesetz ist (siehe hierzu bereits Rdn 172 ff.). Dies betrifft nach § 2 Abs. 1 Nr. 10 GwG insbesondere:

- Immobilienkaufverträge einschließlich Wohnungseigentum und Erbbaurecht,
- alle gesellschaftsrechtlichen Vorgänge (einschließlich Handelsregisteranmeldungen),
- Verwahrungstätigkeiten (insbesondere Notaranderkonten).

Spezialvollmachten im Zusammenhang mit den vorbenannten Geschäften unterfallen ebenfalls dem GwG. Generalvollmachten, die zwar geeignet, aber nicht konkret dafür bestimmt sind, die vorbenannten Geschäfte abzuschließen, unterfallen dagegen nicht dem GwG.

Nicht im Anwendungsbereich des GwG liegen zudem folgende Geschäfte:

- Schenkungen und Übergabeverträge,
- sämtliche Vorgänge, die auf die Begründung, Änderung oder Löschung sonstiger Rechte an einem Grundstück gerichtet sind (insb. Grundpfandrechte),
- familienrechtliche Angelegenheiten (sofern diese keine der vorbenannten Geschäfte enthalten),
- erbrechtliche Angelegenheiten.

Nachlassauseinandersetzungen, die Grundstücke oder Gewerbebetriebe betreffen, führen ebenfalls nicht zur Eröffnung des Anwendungsbereichs. Beim Erbteilskauf empfiehlt sich die Beachtung des GwG jedenfalls **dann, wenn** Erbteile außerhalb der Miterben verkauft werden und im Nachlass Immobilien oder Gesellschaften enthalten sind.

Bei Unterschrifts- und Signaturbeglaubigungen **beschränken** sich die geldwäscherechtlichen Sorgfaltspflichten des Notars auf die nach den Vorschriften des GwG und des BeurkG vorzunehmende Identifizierung des vor ihm Erschienenen.

284 **Anforderungen an die Identifizierung**

Im Anwendungsbereich des Geldwäschegesetzes gelten insbesondere die folgenden fünf speziellen Anforderungen:

- Zeitpunkt der Identitätsfeststellung,
- Identifikationsmittel
- notwendige Identifizierungsdaten,
- wirtschaftlich Berechtigter,
- Absenkung des Kontrollniveaus.

1. Zeitpunkt der Identitätsfeststellung

Die Identifizierung muss grundsätzlich **spätestens im Notartermin** erfolgen. Da § 10 Abs. 9 S. 3 GwG die Vornahme und die Fortsetzung des notariellen Amtsgeschäfts ausdrücklich auch ohne Erfüllung der allgemeinen Sorgfaltspflichten erlaubt, solange keine Kenntnis von einer bezweckten Geldwäsche bzw. Terrorismusfinanzierung vorliegt, kann die **Identifizierung aber auch nachgeholt** werden.

Kommen die Beteiligten vor dem eigentlichen Termin in die Notarstelle (z.B. im Rahmen einer Besprechung), kann es sich anbieten, die Identifizierung bereits zu diesem Zeitpunkt vorzunehmen.

Im Rahmen der **Online-Verfahren** muss die Identifizierung demgegenüber aus technisch-tatsächlichen Gründen unmittelbar im Rahmen der Videokonferenz nach den Vorgaben von § 16c BeurkG erfolgen (siehe dazu oben Rdn 279 ff.).

2. Identifikationsmittel

Als Identifikationsmittel sind bei natürlichen Personen gemäß § 12 Abs. 1 S. 1 Nr. 1 GwG im **Präsenzverfahren** gültige, nicht abgelaufene amtliche **Lichtbildausweise** statthaft, mit denen der **Pass- und Ausweispflicht** im Inland genügt wird.

- Bei **deutschen Staatsangehörigen** sind als Identifikationsmittel **gültige Reisepässe** (mit Meldebescheinigung) bzw. **gültige Personalausweise** als Identifizierungsmittel möglich. Daneben treten in Ausnahmefällen Diplomatenpässe bzw. Dienstpässe, die vom Auswärtigen Amt nach der Allgemeinen Verwaltungsvorschrift über die Ausstellung amtlicher Pässe der Bundesrepublik Deutschland ausgegeben wurden.
- Für **Staatsangehörige** eines Mitgliedstaates der **Europäischen Union** und eines Vertragsstaates des Abkommens über den **Europäischen Wirtschaftsraum** (Island, Liechtenstein und Norwegen) sowie Staatsangehörige der **Schweiz** sind ebenfalls **gültiger Reisepass** und **gültiger Personalausweis** taugliches Identifikationsmittel. Gleiches gilt für durch deutsche Behörden ausgestellte **Passersatzpapiere** (§ 4 AufenthV i.V.m. § 79 AufenthV).
- Bei **Nicht-EU-Angehörigen** kann die Identifikation durch folgende Legitimationspapiere vorgenommen werden:[26]
  - vom Bundesministerium des Innern durch im Bundesanzeiger bekannt gegebene Allgemeinverfügung **anerkannte ausländische Pässe oder Passersatzpapiere** (§ 3 Abs. 1, § 71 Abs. 6 AufenthG) bzw. allgemein zugelassene ausländische Pässe oder Passersatzpapiere (§ 3 AufenthV),
  - **Reiseausweise** für Ausländer gemäß § 4 Abs. 1 Nr. 1 AufenthV bzw. **Notreiseausweise** gemäß § 4 Abs. 1 Nr. 2 AufenthV,
  - als Ausweisersatz erteilte und mit Angaben zur Person und einem Lichtbild versehene Bescheinigungen über einen **Aufenthaltstitel** oder über die **Aussetzung der Abschiebung** (§ 48 Abs. 2 AufenthG i.V.m. § 78 Abs. 6 AufenthG und § 55 AufenthV),
  - **Aufenthaltsgestattungen** (§ 63 AsylVfG).

  Achtung: Wenn auf einem derartigen Dokument allerdings vermerkt ist, dass die Personendaten auf den Angaben des Inhabers beruhen, ist eine Identifikation grundsätzlich nicht möglich (siehe hierzu bereits Rdn 263).

26 Vgl. BT-Drucks 16/9038, 37.

Schließlich gestattet § 11 Abs. 3 S. 1 GwG von einer Identifikation abzusehen, wenn **bereits zuvor** eine **geldwäscherechtskonforme Identifikation** durch die Urkundenperson stattgefunden hat und dokumentiert wurde.

Im Rahmen der **Online-Verfahren** i.S.v. §§ 16a ff., 40a BeurkG können gemäß § 12 Abs. 1 S. 1 Nr. 2 und 4 GwG die ohnehin von § 16c S. 1 BeurkG vorgesehenen elektronischen Identifizierungsmittel eingesetzt werden, d.h. alle drei derzeit verfügbaren deutschen eIDs (**Personalausweis** für deutsche Staatsbürger, **eID-Karte** für EU/EWR-Staatsangehörige und **elektronischer Aufenthaltstitel** für Drittstaatangehörige) sowie **eIDs anderer EU-Mitgliedstaaten** Verwendung finden, sofern diese nach Art. 9 eIDAS-VO notifiziert sind und dem Sicherheitslevel *„hoch“* i.S.v. Art. 8 Abs. 2 lit. c eIDAS-VO entsprechen.

Die Anforderungen des Geldwäschegesetzes wie auch von § 16c S. 1 BeurkG laufen daher hinsichtlich des zu verwendenden Identifizierungsmittels parallel, dem Notar entsteht insoweit kein geldwäscherechtlicher Mehraufwand.

> *Praxistipp:*
>
> Die Erfüllung der Pflichten nach dem GwG kann jedenfalls im **Präsenzverfahren** grundsätzlich **auch durch Mitarbeiter** erfolgen, wenngleich die Identifizierung selbst immer höchstpersönlich durch den Notar erfolgen muss. In den Anwendungsempfehlungen der BNotK heißt es daher: „*Parallel zur früheren Identifizierung ist keine erneute Identifizierung nach dem GwG durch einen Vertreter, Notariatsverwalter oder Amtsnachfolger (§ 51 Abs. 1 S. 2 BNotO) erforderlich, wenn eine frühere Identifizierung erfolgt und dokumentiert ist und die Ausweiskopie noch vorliegt.*“ Dies gilt auch dann, wenn der Ausweis zwischenzeitlich abgelaufen sein sollte.
>
> Für die Notariatspraxis bedeutet dies für das **Präsenzverfahren** auch: Bei einer Person, bei der die besonderen Feststellungen nach dem GwG einmal getroffen wurden und die nunmehr ein weiteres Mal an einer Urkunde beteiligt ist, müssen die Feststellungen kein zweites Mal getroffen werden. Das gilt immer dann, wenn der Notar oder seine Mitarbeiter zu dem sicheren Ergebnis kommen, dass es sich um die bereits *„erfasste Person“* handelt.
>
> Es ist also **nicht unmittelbar erforderlich**, dass der Notar (oder sein Vertreter bzw. Notariatsverwalter) sich persönlich an den Betroffenen **erinnert** und ihn persönlich noch **(er) kennt** – die Anforderungen des § 10 BeurkG für die konkrete Beurkundung bleiben allerdings natürlich unberührt.
>
> Diese Pflicht kann am einfachsten erfüllt werden, wenn für Personen, die häufiger an Beurkundungen teilnehmen und die damit im Büro persönlich bekannt sind, **Sammelakten** angelegt werden, in denen die Ausweiskopien alphabetisch geordnet werden. Es erscheint auch nicht geboten, dann jeweils in der Urkunde bzw. der Nebenakte separat festzuhalten, dass von einer Identifizierung aufgrund gesetzlicher Vorgaben abgesehen wurde. Die Sammelakte selbst stellt die erforderliche *„Aufzeichnung“* dar. Die Sammelakte könnte z.B. den Titel tragen: *„GwG – Ausweiskopien der von Person bekannten Beteiligten“*.

> *Formulierungsbeispiel:*
>
> (…), mir, dem Notar, persönlich bekannt und bereits nach dem Geldwäschegesetz identifiziert.

Besonderheiten gelten insoweit im Rahmen der **Online-Verfahren**: Jedenfalls die **erste Identifizierungsstufe** des § 16c S. 1 BeurkG muss vom Notar in jedem Fall und zudem auch von ihm persönlich durchgeführt werden.

Im notariellen Zusammenhang müssen grundsätzlich nur die natürlichen Personen identifiziert werden, welche konkret auftreten (also die sog. **formell Beteiligten**, siehe hierzu Rdn 119 ff., 249).

3. Notwendige Identifizierungsdaten

Im Rahmen geldwäscherelevanter Urkundengeschäfte müssen gemäß § 11 Abs. 4 Nr. 1 GwG bei natürlichen Personen folgende Daten erhoben werden:

- Vorname und Name,
- Geburtsort,
- Geburtsdatum,
- Staatsangehörigkeit und
- Wohnanschrift.

4. wirtschaftlich Berechtigter

Grundsätzlich sind zwar nur die natürlichen Personen, die in der Beurkundungsverhandlung auftreten (**formell Beteiligte**, siehe hierzu Rdn 119 ff., 249), zu identifizieren.

Das ändert allerdings nichts daran, dass nach § 10 Abs. 2 BeurkG auch die materiell Beteiligten (z.B. ein Vertretener, für den gehandelt wird) genau zu bezeichnen sind (siehe hierzu Rdn 254).

Soweit das Geldwäschegesetz anwendbar ist, muss der Notar zusätzlich auch den sog. **wirtschaftlich Berechtigten** identifizieren. Dabei handelt es sich – etwas vereinfachend ausgedrückt – um die Person, die wirtschaftlich hinter einer Vertragspartei steht. Wirtschaftlich Berechtigter kann hierbei **nur eine natürliche Person** sein.

Als wirtschaftlich Berechtigter bei **juristischen Personen** gilt insbesondere jede natürliche Person, die mehr als 25 % der Anteile bzw. der Stimmrechte auf sich vereinigt. Bei mehrfach „hintereinander geschalteten" juristischen Personen ist wirtschaftlich Berechtigter diejenige natürliche Person, die am Ende dieser „Kette" steht.

> *Beispiel:*
>
> Die C-GmbH ist eine 100 %-ige Tochter der B-GmbH. Die B-GmbH wiederum ist eine 80 %-ige Tochter der A-Holding-SE. Hauptaktionär der A-Holding-SE mit 80 % der Anteile ist X.
>
> In diesem Fall ist X der wirtschaftlich Berechtigte.

> *Weiterführender Hinweis:*
>
> Besonders bei Stiftungen gelten hier aber weitere Besonderheiten. Insgesamt gilt: Bei Unklarheiten hinsichtlich des wirtschaftlich Berechtigten sollte ggf. der Notar hinzugezogen werden.

Ist eine juristische Person als „Zwischenschritt" beteiligt, muss also die dahinterstehende natürliche Person ermittelt werden. Ist dies nicht möglich, gilt als wirtschaftlich Berechtigter der gesetzliche Vertreter, der geschäftsführende Gesellschafter bzw. der Partner.

Welche Sorgfalt der Überprüfung des wirtschaftlich Berechtigten im Einzelfall zuteil wird, hängt vom konkreten Geldwäscherisiko ab. Wird dies vom Notar als eher gering eingestuft, dürfte es ausreichen, sich auf die Angaben der Beteiligten verlassen.

> *Formulierungsbeispiel (Präsenzverfahren):*
>
> (…) erschien vor mir, Notar:
>
> (…), hier nicht handelnd im eigenen Namen, sondern als Geschäftsführer für die B-GmbH, deren wirtschaftlich Berechtigter nach Angabe ist: (…), geb. am (…), wohnhaft (…).

Soweit möglich, wird sich aber ein **Blick in ein amtliches Register** empfehlen. Bei nicht in einem Register enthaltenen Gesellschaften ist es je nach Einzelfall ggf. zweckmäßig, sich Gründungsdokumente vorlegen zu lassen.

Weiterführender Hinweis:

Bei gewissen juristischen Personen bzw. teilrechtsfähigen Vereinigungen können diese Erfordernisse auf praktische Probleme stoßen. Dies betraf lange Zeit insbesondere die GbR, weil diese nach bis zum Ende des Jahres 2023 geltender Rechtslage nicht in einem öffentlichen Register vermerkt werden konnte und bis heute auch nicht zwingend schriftlich gegründet werden muss. Zum 1.1.2024 ist organisatorisch-technisch eng angelehnt an das Handelsregister ein Gesellschaftsregister geschaffen worden (siehe dazu im Einzelnen §§ 707 ff. BGB), in welches seit diesem Zeitpunkt auch die sog. **eingetragene GbR** oder auch **eGbR** eingetragen werden kann (und bei Vornahme bestimmter Rechtsgeschäfte, die ihrerseits eine Eintragung in einem anderen Register erfordern, zumindest faktisch auch eingetragen werden muss). Falls der tatsächliche Geschäftszweck in Bezug auf Geldwäsche und Terrorismusfinanzierung kein erhöhtes Risiko erkennen lässt, dürfte es hier gemäß § 14 GwG (siehe hierzu sogleich sowie Rdn 192 f.) ausreichen, die Identifikation auf die verfügungsberechtigten Personen zu beschränken.

Wirft die Identifikation einer juristischen Person hier Fragen auf, sollte immer vorab der Notar zu Rate gezogen werden.

Weiter ist bei Beteiligung von Vereinigungen i.S.v. § 20 GwG und Rechtsgestaltungen i.S.v. § 21 GwG ein **Blick in das Transparenzregister** (www.transparenzregister.de) nicht nur sinnvoll, sondern vom Notar nach nunmehr geltender Rechtslage auch stets geschuldet (siehe oben Rdn 186).

5. Absenkung des Kontrollniveaus

§ 14 GwG ermöglicht, bei Sachverhalten mit **geringem Geldwäscherisiko** Ausnahmen von den strengen Identifizierungsanforderungen zu machen. Indizien für ein geringes Geldwäscherisiko sind nach der Anlage 1 zum GwG beispielsweise börsennotierte Unternehmen oder öffentliche Verwaltungen und Unternehmen als Beteiligte. Ein weiteres im notariellen Bereich oft vorkommendes Indiz für ein geringes Risiko dürfte die hohe Fremdfinanzierung durch eine Bank darstellen, allerdings ist dies allein noch kein hinreichendes Indiz für die Absenkung des Kontrollniveaus, es müssen weitere Umstände hinzukommen.

Beispiel:

Ein junges Ehepaar möchte sich ein Eigenheim kaufen; hierbei werden 70 % des Kaufpreises durch ein Bankdarlehen finanziert.

Der Ausweis der Ehefrau ist seit vier Monaten abgelaufen.

Hier erscheint es aufgrund des eher geringen Geldwäscherisikos (plausible Gesamtumstände, kein hohes Eigenkapital, erst kürzlich abgelaufener Ausweis) vertretbar, vom Erfordernis des gültigen Ausweispapiers Abstand zu nehmen, sofern der Notar sich nach seiner Überzeugung durch das vorgelegte Ausweispapier dennoch von der Identität der Ehefrau hinreichend Gewissheit verschaffen kann.

Formulierungsbeispiel:

(…) wies sich durch einen Bundespersonalausweis aus, der allerdings am (…) abgelaufen ist. Mir, Notar, war es dennoch möglich, den Beteiligten anhand dieses Ausweispapiers zweifelsfrei zu identifizieren; eine strengere Handhabung nach dem Geldwäschegesetz war hier nicht veranlasst. Zwar fällt das vorliegende Urkundengeschäft in den Anwendungsbereich des Geldwäschegesetzes, gleichwohl ist hier das Geldwäsche- und Terrorismusfinanzierungsrisiko nach meiner, des Notars, Überzeugung, gering, sodass gemäß § 14 GwG von dem Erfordernis eines gültigen Ausweispapiers abgesehen werden kann, zumal das Ausweispapier erst vor drei Monaten abgelaufen ist. Das geringe Geldwäscherisiko ergibt sich aus den plausiblen Gesamtumständen (Erwerb eines Familienheims) sowie aus der Tatsache, dass der Kaufgegenstand zu einem überwiegenden Anteil über ein Bankdarlehen finanziert wird.

3. Vertretungs- und Verfügungsmacht

285 Dieser Abschnitt beschäftigt sich mit der Situation, dass ein Urkundenbeteiligter nicht für sich selbst handelt, sondern für einen anderen.

> *Praxistipp:*
>
> Sobald eine juristische Person (z.B. AG, GmbH, Stiftung) oder auch eine (teil-)rechtsfähige Vereinigung (z.B. GbR, OHG) beteiligt ist, liegt immer eine Vertretungskonstellation vor, da nur eine natürliche Person überhaupt die Willenserklärung abgeben kann.
>
> (Zum Begriff der Willenserklärung siehe Rdn 241).

a) Grundzüge des Stellvertretungsrechts

286 Im Regelfall handelt in den beschriebenen Fällen der Erschienene als Stellvertreter i.S.d. § 164 BGB. Das bedeutet, dass der Erschienene die **Willenserklärung** nicht für sich selbst, sondern **für einen anderen** abgibt. Man spricht auch plakativ von „*Handeln in fremdem Namen*“. Nach dem sog. **Repräsentationsprinzip** wird die Erklärung des Erschienenen dem Vertretenen als dessen Erklärung zugerechnet.

287 Wenn der Erschienene im Beurkundungstermin als Vertreter handelt, muss dies immer offengelegt werden. Andernfalls läuft der „Vertreter“ Gefahr, selbst materiell Beteiligter zu sein oder (im Fall nicht bestehender Vertretungsmacht) selbst auf Erfüllung oder Schadensersatz zu haften (§ 179 BGB).

> *Formulierungsbeispiel:*
>
> (…) handelt nicht im eigenen Namen, sondern als Vertreter des (…) *(genaue Bezeichnung des Vertretenen*, § 10 Abs. 2 BeurkG).
>
> (Siehe bereits Rdn 254).

288 Damit ein Vertreter wirksam für einen Vertretenen handeln kann, benötigt er die entsprechende Rechtsmacht zur Abgabe von Willenserklärungen für den Vertretenen, man spricht hier von **Vertretungsmacht**.

Diese Vertretungsmacht kann in drei unterschiedlichen Ausprägungen bestehen:

- als rechtsgeschäftliche Vertretungsmacht,
- als organschaftliche Vertretungsmacht,
- als gesetzliche Vertretungsmacht.

289 Die **rechtsgeschäftliche** Vertretungsmacht wird mittels einer Vollmacht i.S.d. § 167 BGB erteilt. Sie zeichnet sich dadurch aus, dass sie auf dem Willensentschluss des Vertretenen beruht (daher wird auch von „**gewillkürter Vertretungsmacht**“ gesprochen).

> *Weiterführender Hinweis:*
>
> Um Missverständnissen vorzubeugen: Auch der Vertreter kann eine juristische Person oder rechtsfähige Personengesellschaft sein, nur werden diese ihrerseits dann zwangsläufig durch eine weitere Person vertreten. Auch diese vertretende Person kann selbstverständlich wieder eine juristische Person oder rechtsfähige Personengesellschaft sein. Am Ende dieser „Vertretungs-Kaskade“ muss aber eine natürliche Person stehen, denn nur diese ist in der Lage zu handeln.

290 **Organschaftliche** Vertretungsmacht betrifft die Vertretung juristischer Personen und sonstiger rechtsfähiger Personenvereinigungen durch gesetzlich und/oder durch Gesellschaftsvertrag/Satzung bestimmte Organmitglieder.

> *Beispiel:*
>
> Bei einer GmbH sind die Geschäftsführer nach § 35 GmbHG vertretungsbefugt, bei einer GbR die Gesellschafter nach den §§ 714, 709 BGB.

Bereits an dieser Stelle sei aber darauf hingewiesen, dass organschaftliche Vertretungsbefugnisse in der Praxis oftmals vom gesetzlichen Regelfall abweichen!

> *Merke:*
>
> Auch juristische Personen oder sonstige rechtsfähige Personenvereinigungen können natürlich eine rechtsgeschäftliche Vollmacht erteilen, so z.B. die Prokura, die eine vom Umfang her typisierte Form der Vollmacht darstellt.

Gesetzliche Vertretungsmacht beruht nicht auf dem Willen des Vertretenen, sondern auf dem Gesetz. In vielen Fällen ist hierbei aber eine Behördenentscheidung zwischengeschaltet. 291

> *Beispiele:*
>
> - Sorgeberechtigte Eltern besitzen eine gesetzliche Vertretungsmacht gemäß § 1629 Abs. 1 S. 2 BGB, ebenso ein Ehegatte im Rahmen der sog. **Schlüsselgewalt** des § 1357 BGB.
> - Gesetzliche Vertretungsmacht nach einer entsprechenden Behördenentscheidung besitzt etwa der Betreuer (§ 1823 BGB bzw. § 1902 BGB a.F.), der Vormund (§ 1789 Abs. 2 BGB bzw. § 1793 Abs. 1 BGB a.F.) oder der Pfleger (§ 1813 Abs. 1 BGB i.V.m. § 1789 Abs. 2 BGB bzw. § 1915 Abs. 1 BGB a.F. i.V.m. § 1793 Abs. 1 BGB a.F.).

Bei rechtsgeschäftlicher Vertretung stellt sich die Frage, **in welcher Form** die Vollmacht vorliegen muss. 292

Im **Grundsatz** ist die **Vollmachtserteilung** formfrei und unterliegt insbesondere nicht dem Formerfordernis des Hauptgeschäfts (§ 167 Abs. 2 BGB).

> *Beispiel:*
>
> Obwohl eine Geschäftsanteilsabtretung gemäß § 15 Abs. 3 GmbHG eine Beurkundung erfordert, kann eine Vollmacht hierzu im Grundsatz formfrei erteilt werden.

Gerade im **Gesellschaftsrecht** jedoch ist dem Notar im Rahmen seiner Betreuung gemäß § 17 Abs. 1 BeurkG in der Regel zuzubilligen, die Urkunde so zu gestalten, dass eine **strengere Form für die Vollmacht** gefordert wird. Das wäre in der Regel eine Beglaubigung, selbst wenn dies materiell- bzw. verfahrensrechtlich nicht erforderlich sein sollte. Denn der Notar hat die Urkunden so zu gestalten, dass sie möglichst rechtssicher sind (siehe hierzu Rdn 368 f.). Dazu zählt auch die Sicherstellung, dass eine Vollmacht, auf deren Grundlage ein Rechtsgeschäft abgeschlossen wird, tatsächlich existiert bzw. von dem behaupteten Vollmachtgeber ausgeht. Dies ist insbesondere in Fällen von Bedeutung, in denen der Notar als Folge seiner Beurkundung eine Gesellschafterliste gemäß § 40 GmbHG einzureichen hat. Schließlich kann auch aus **geldwäscherechtlichen Gründen** (siehe hierzu Rdn 169 ff.) eine strengere Form angezeigt sein. 293

Der Grundsatz der Formfreiheit der Vollmacht erfährt außerdem zahlreiche **Durchbrechungen**. So unterliegt eine Vollmacht etwa immer dann dem Formzwang des Hauptgeschäfts, wenn sie **unwiderruflich** erteilt wird. 294

Weiter existieren einige **Sondervorschriften**, die für Vollmachten eine spezielle Form vorsehen (siehe hierzu bereits Rdn 227):

- Für den Notar besonders wichtig ist hierbei **§ 29 GBO**, aus dem auch abgeleitet wird, dass Vollmachten zur Vorlage bzw. Verwendung beim Grundbuchamt in beglaubigter bzw. beurkundeter Form vorliegen müssen.
- Weiter ist etwa gemäß **§ 2 Abs. 2 GmbHG** zur Gründung einer GmbH eine notariell beurkundete Vollmacht und
- gemäß **§ 12 Abs. 1 S. 3 HGB** zur Handelsregisteranmeldung eine beglaubigte Vollmacht erforderlich.

Aus §§ 172 Abs. 2, 173 BGB (lesen) ergibt sich, dass die **Vollmachtsurkunde** sog. **Rechtsschein** entfaltet. Darunter versteht man, dass ein gutgläubiger Dritter auf den Bestand der 295

Vollmacht vertrauen darf, wenn ihm beim Rechtsgeschäft eine Vollmachtsurkunde vorgelegt wird. Das bedeutet, dass die **Vertretungsmacht** auch dann, wenn die Vollmacht widerrufen wurde, **weitergilt**, sofern dem Vertragspartner eine Vollmachtsurkunde vorgelegt wurde und er auf den Bestand der Vollmacht vertraut hat.

Für die **Online Verfahren** hat der Gesetzgeber in § 12 Abs. 2 BeurkG insoweit eine den technisch-tatsächlichen Besonderheiten geschuldete Sonderregel geschaffen, denn die Vollmachtsurkunde wird dem Vertragspartner im Regelfall nicht physisch vorliegen (sondern vielmehr allein dem Notar).

Der durch §§ 172 Abs. 2, 173 BGB begründete Rechtsscheinstatbestand ist im Rechtsverkehr mitunter sehr nützlich, weil man bei Vorlage einer Vollmachtsurkunde keine weiteren Nachprüfungen anzustellen hat, ob die Vertretungsmacht überhaupt noch besteht. Auch im notariellen Bereich wird dieser Effekt oftmals fruchtbar gemacht (siehe hierzu auch Rdn 622).

> *Praxistipp:*
>
> Unter **Vollmachtsurkunde** versteht man **nur die Urschrift und die Ausfertigung** einer Vollmacht. Eine beglaubigte Abschrift fällt nicht darunter!
>
> Insbesondere ist darunter auch nur eine **Papierurkunde** zu verstehen. Dies führt dazu, dass eine originär elektronisch errichtete Urkunde keine Vollmachtsurkunde i.S.d. § 172 BGB darstellt. Bei einer – ab 1.8.2022 in Teilbereichen des Gesellschaftsrechts möglichen – Beurkundung im Wege des Onlineverfahrens kann allerdings eine Ausfertigung der originär elektronisch errichteten Urkunde gefertigt werden, die sodann als Vollmachtsurkunde i.S.d. § 172 BGB dienen kann. Dies ist allerdings nur bei Beurkundungen nach dem Verfahren der §§ 8 ff. (i.V.m. §§ 16a ff. BeurkG) möglich.

296 Bereits im **Urkundeneingang** sollte nicht nur die **Tatsache der Vertretungskonstellation** aufgezeigt werden, sondern auch, **worauf die Vertretungsmacht beruht und wodurch sie nachgewiesen** wurde.

> *Formulierungsbeispiel:*
>
> (...), handelnd nicht im eigenen Namen, sondern aufgrund notariell beurkundeter Vollmacht als Vertreter des (...) (nähere Angaben gemäß § 10 Abs. 2 BeurkG), die bei Beurkundung in Urschrift (*alternativ*: Ausfertigung) vorlag und dieser Urkunde in beglaubigter Abschrift beigefügt ist.

> *Weiterführender Hinweis:*
>
> Im Falle der gerichtlichen Genehmigungsbedürftigkeit des Handelns als Elternteil, Vormund, Pfleger oder Betreuer wird dem Notar für die Mitteilung der gerichtlichen Genehmigung und für deren Entgegennahme in der Regel eine sog. **Doppelvollmacht** erteilt (siehe hierzu auch Rdn 578). Die Besonderheit besteht hierbei darin, dass der Vertreter diese Vollmacht insoweit im eigenen Namen abgibt.[27]
>
> Dies sollte **ausdrücklich klargestellt** werden:
>
> - Entweder wird bei Erteilung der Doppelvollmacht angesprochen, dass die Erklärung insoweit im eigenen Namen stattfindet (dann kann der gewöhnliche Passus im Urkundeneingang, dass der Vertreter im fremden Namen handelt, stehenbleiben), oder
> - es wird Urkundeneingang verallgemeinernd davon gesprochen, dass der Vertreter „als Betreuer, Vormund“ etc. handelt, ohne danach zu differenzieren, wann bzw. ob er im eigenen oder im fremden Namen handelt.

27 Siehe hierzu *Weber*, MittBayNot 2018, 10.

b) Ermächtigung, Parteien kraft Amtes

In Sonderfällen gibt ein Erschienener zwar – anders als bei der Stellvertretung – eine **Willenserklärung im eigenen Namen** ab, erzeugt damit aber **unmittelbar eine Rechtswirkung für einen Dritten**. 297

Dies betrifft die sog. Ermächtigung gemäß § 185 BGB, bei welcher dem Erklärenden die dingliche Verfügungsbefugnis durch den eigentlich Berechtigten eingeräumt wird.

Strukturell verwandt hierzu sind die sog. **Parteien kraft Amtes**, die in der notariellen Praxis recht häufig vorkommen. Parteien kraft Amtes sind: 298

- der **Testamentsvollstrecker** (§§ 2179 ff. BGB),
- der **Insolvenzverwalter** (§§ 56 ff. InsO),
- der **Nachlassverwalter** (§§ 1981 ff. BGB),
- der **Zwangsverwalter** (§§ 146 ff. ZVG).

Die Parteien kraft Amtes handeln ebenfalls im eigenen Namen, erzeugen jedoch Rechtswirkungen für und gegen denjenigen, dessen Verfügungsbefugnis sie behördlich übertragen bekommen haben.

> *Praxistipp:* 299
>
> Aus § 17 Abs. 1 BeurkG ergibt sich die Pflicht des Notars, sich von der Verfügungsbefugnis der Beteiligten zu überzeugen.
>
> - Handelt der Inhaber des Rechts, über das verfügt werden soll (z.B. der Eigentümer eines Grundstücks, das verkauft werden soll), darf regelmäßig vom Bestehen der Verfügungsbefugnis ausgegangen werden.
> - Allerdings ist insbesondere auf Hinweise im Grundbuch zu achten (Testamentsvollstrecker, Insolvenzverwaltung, Gütergemeinschaft, Nacherbschaft, Verwalterzustimmung bei Sondereigentum, Eigentümerzustimmung bei Erbbaurecht).
> - Außerdem ist auf die Verfügungsbeschränkung des § 1365 BGB bei im deutschen gesetzlichen Güterstand Verheirateten zu achten.[28]

Die beschriebenen Situationen **ähneln** wirtschaftlich gesehen trotz ihrer abweichenden Konstruktion einer **Stellvertretung**. Daher sollten etwa in Bezug auf den Nachweis der Verfügungsbefugnis, die Beifügung dieses Nachweises zur Urkunde, die Überprüfung der Rechtsmacht etc. (siehe zu alldem Rdn 286 ff.) dieselben Maßstäbe angelegt werden wie bei der Stellvertretung. 300

Diese „Ermächtigungssituationen" weisen einige Besonderheiten auf. So hat eine „Ermächtigung", anders als eine Vollmacht, **keine Rechtsscheinswirkung** (siehe dazu Rdn 295, 622). Trotzdem ist nach allgemeinen Grundsätzen etwa ein gutgläubiger Erwerb von Nichtberechtigten möglich. 301

Insbesondere aber muss bei einer derartigen „Ermächtigungskonstellation" die Verfügungsmacht – wenn nicht § 878 BGB eingreift – bis zur Vollendung des Rechtserwerbs bestehen bleiben, während bei einem Handeln aufgrund Vollmacht die Rechtsmacht des Vertreters nur zum **Zeitpunkt** der Abgabe der Willenserklärung bestehen muss.

> *Beispiel:*
>
> Der Testamentsvollstrecker verkauft ein im Eigentum des Alleinerben stehendes Grundstück. Nach der Beurkundung, aber vor der Eintragung des Eigentumsübergangs auf den Käufer legt er sein Amt als Testamentsvollstrecker nieder.
>
> In diesem Fall kann kein Eigentumsübergang mehr erfolgen, weil der Testamentsvollstrecker vor Vollendung des Rechtserwerbs (= Eintragung) sein Amt verloren hat. Auch § 878

28 Siehe hierzu *Bernauer/Ziegert/Vollrath*, Familienrecht, 2. Aufl. 2023, § 2 Rn 304 f.

BGB (lesen) hilft nicht darüber hinweg, weil der Amtsverlust nach überwiegender Auffassung nicht als Beschränkung der Verfügungsmacht i.S.d. § 878 BGB verstanden wird.[29]

Die notarielle Praxis wählt daher in diesen Fällen einen **besonderen Sicherungsmechanismus**: Bereits die Fälligkeit des Kaufpreises tritt nur ein, wenn eine nachträgliche Überprüfung ergibt, dass die Partei kraft Amtes zum Zeitpunkt der Eintragung der Vormerkung noch im Amt war. Die Vormerkung wird auch erst dann wieder gelöscht, wenn eine nachträgliche Überprüfung ergeben hat, dass die Partei kraft Amtes auch zum Zeitpunkt der Eintragung des Eigentumsübergangs noch im Amt war.[30]

Tritt statt eines Testamentsvollstreckers hingegen ein rechtsgeschäftlich durch den Alleinerben (oder durch den Erblasser) Bevollmächtigter auf, wäre es belanglos, ob diese Vollmacht zum Zeitpunkt der Eintragung des Eigentumsübergangs noch bestand. Denn da die Vollmacht nur auf der Ebene der Willenserklärung greift, kommt es auch nur auf den Zeitpunkt der Abgabe der Willenserklärung (= Beurkundungstermin) an. Ergänzend sei darauf hingewiesen, dass der Alleinerbe selbst natürlich zum Zeitpunkt der Vollendung des Rechtserwerbs weiterhin verfügungsbefugt, also Eigentümer sein muss.

302 *Weiterführender Hinweis:*

Von den beschriebenen Ermächtigungskonstellationen ist die sog. **Ermächtigung zur Einzelvertretung** zu unterscheiden. Hierbei handelt es sich um die Ermächtigung eines nur zur Gesamtvertretung Befugten zur Einzelvertretung. Eine derartige Ermächtigung kommt insbesondere im Gesellschaftsrecht vor. Sie ist explizit etwa in § 78 Abs. 4 S. 1 AktG, § 125 Abs. 2 S. 2 HGB, § 25 Abs. 3 S. 1 GenG geregelt und wird darüber hinaus in weiteren Konstellationen, insbesondere bei der GmbH, analog angewandt. Die Ermächtigung kann sich nur auf bestimmte Geschäfte beiziehen. Sie wird durch den bzw. die übrigen Vertreter oder durch Gesellschafterbeschluss erteilt.

Zu beachten ist, dass die Einzelvertretungsbefugnis endet, sobald ein ermächtigender Mitvertretungsbefugter seine Vertretungsbefugnis verliert. Dessen Vertretungsbefugnis ist implizit immer zu prüfen. Aufgrund ihrer inhaltlichen Nähe zur Vollmacht bietet es sich an, diese Ermächtigung im Urkundenvollzug ebenso wie eine Vollmacht zu behandeln, sie also insbesondere der Urkunde beizuheften.

Beispiel:

In der notariellen Praxis kommen derartige Ermächtigungen etwa bei Banken vor, die genossenschaftlich organisiert sind. Dort ist oftmals einem Vorstandsmitglied eine Ermächtigung zur Einzelvertretung für gewisse Geschäfte eingeräumt, etwa für grundbuchrechtliche Bewilligungen in einem bestimmten Umfang.

303 *Merke:*

Die sog. **mittelbare Stellvertretung** ist den hier angesprochenen Konstellationen ebenfalls ähnlich. Der „Stellvertreter" handelt hierbei im eigenen Namen, allerdings mit wirtschaftlicher Wirkung für den „Vertretenen". Diese Wirkung beruht jedoch nicht auf einer Ermächtigung o.ä., sondern ist rein schuldrechtlich abgebildet. Es handelt sich hierbei um eine Treuhandkonstellation.

Beispiel: Kommissionsgeschäft gemäß §§ 383 ff. HGB

Bei der Verkaufskommission verkauft der Verkaufskommissionär einen Gegenstand, der ihm vom Kommittenten vorab übereignet wurde, an einen Dritten. Hierbei handelt er im eigenen Namen und führt auch aufgrund originärer Verfügungsmacht den Eigentumsüber-

29 Dies ist zwar strittig, doch sollte der Notar immer den sichersten Weg gehen; siehe hierzu statt vieler BeckOGK/*Kesseler*, Stand 1.5.2023, § 878 BGB, Rn 28 f.

30 Siehe zu dieser Konstruktion näher *Junk*, Erbrecht, 2. Aufl. 2023, § 2 Rn 123 ff.

gang herbei. Allerdings muss er den Kaufpreis (ggf. abzüglich einer Provision) an den Kommittenten auskehren. Möglich ist aber auch ein Handeln aufgrund Ermächtigung i.S.d. § 185 BGB.

c) Art der erforderlichen Vertretungs-/Ermächtigungsnachweise

Im notariellen Alltag taucht häufig die Frage auf, in welchen Situationen der Vertretungs- 304
bzw. Ermächtigungsnachweis in **Urschrift** bzw. **Ausfertigung** vorzulegen ist und wann eine **beglaubigte Abschrift** ausreicht.

Praxistipp:

Als Faustregel lässt sich festhalten: Im Zweifel immer die Urschrift bzw. eine Ausfertigung verlangen.

Es bietet sich an, die Beteiligten immer zu bitten, die Urschrift bzw. eine Ausfertigung des jeweiligen Dokuments mitzubringen. Wenn sie das nicht tun, muss im Einzelfall überlegt werden, ob das mitgebrachte Dokument (etwa eine beglaubigte Abschrift) ausreicht.

Bei einer **privatschriftlichen Vollmacht** bietet es sich immer an, die Urschrift vorzulegen, 305
denn § 174 BGB ermöglicht es dem Vertragspartner ansonsten, ein einseitiges Rechtsgeschäft unverzüglich zurückzuweisen.

Auch um in den Genuss der Rechtsscheinswirkung des § 172 Abs. 2 BGB zu kommen, muss hier die Vollmacht in Urschrift vorgelegt werden. Daher ist es sinnvoll (aber nicht zwingend), immer auf die Vorlage einer Urschrift zu drängen.

Merke:

Unter privatschriftlicher Vollmacht ist auch eine unterschriftsbeglaubigte Vollmacht zu verstehen (siehe hierzu Rdn 500).

Auch der Notar sollte daher bei einer privatschriftlichen Vollmacht auf die **Vorlage der Urschrift** Wert legen. Ist dies im Ausnahmefall nicht möglich, sollte auf die damit verbundenen Risiken hingewiesen werden. Ohne zumindest eine einfache Abschrift gesehen zu haben, sollte nicht beurkundet werden, da der Notar in diesem Fall nicht einmal ansatzweise den Umfang der Vollmacht überprüfen kann.

Formulierungsbeispiel:

Die Beteiligten konnten heute keine Urschrift, sondern nur eine beglaubigte Abschrift (*alternativ*: einfache Abschrift) der behaupteten Vollmachtsurkunde vorlegen. Der Notar wies ausdrücklich darauf hin, dass über das Risiko eines zwischenzeitlich erfolgten Widerrufs der Vollmacht nur die Vorlage der Urschrift der Vollmachtsurkunde hinweghelfen kann. Dies gilt auch dann, wenn der andere Vertragsteil hinsichtlich des Bestands der Vollmacht gutgläubig sein sollte. Die Beteiligten bestanden gleichwohl auf sofortiger Beurkundung.

(Zum Nachreichen der Vollmachtsurkunde siehe Rdn 318 ff.).

Praxistipp:

Die Vollmachtsurkunde muss hierbei lediglich zum Zeitpunkt der Abgabe der Willenserklärung vorliegen (siehe hierzu auch Rdn 295). Ein danach erfolgter Widerruf ist grundsätzlich unschädlich. Daher genügt für den Nachweis, dass zum Zeitpunkt der Vornahme des Rechtsgeschäfts die Urschrift der Vollmachtsurkunde vorgelegen hat, eine beglaubigte Abschrift, die mit dem entsprechenden Datum versehen ist. Die Urschrift kann den Beteiligten nach der Beurkundung wieder ausgehändigt werden.

Hinsichtlich einer **notariell beurkundeten Vollmacht** gelten die eben gemachten Ausführun- 306
gen entsprechend mit der Maßgabe, dass an die Stelle der Urschrift in der Regel eine **Ausfertigung** tritt (siehe hierzu Rdn 295, 622).

Dies gilt auch im Rahmen der **Online-Verfahren**. Obwohl in deren Rahmen grundsätzlich die gesamte Beurkundungsverhandlung über das Videokonferenzsystem nach § 78p BNotO abzuwickeln ist, müssen sog. Nachweisurkunden wie insbesondere Vollmachtsurkunden dem Notar vorerst **unverändert vor Beginn der Beurkundung in Papierform zugehen und vorliegen**. Grund dafür ist, dass es eine elektronische Ausfertigung derzeit aus technischen Gründen noch nicht gibt. Dies gilt insbesondere auch für ausländische Urkunden, die ggf. noch mit einem Echtheitsnachweis versehen werden müssten (Legalisation oder Apostille, siehe hierzu näher Rdn 427), auch dieser kann derzeit in elektronischer Form noch nicht erbracht werden. § 16d BeurkG macht daher als Sondervorschrift zu § 12 BeurkG weitere Verfahrensvorgaben dazu, wie mit vorgelegten Nachweisurkunden umzugehen ist (siehe unten Rdn 313 f.).

Darüber hinaus ist folgende **Besonderheit** der notariellen Gestaltungspraxis zu beachten: Bei notariell beurkundeten Vollmachten (insbesondere bei General- und Vorsorgevollmachten) wird oftmals die Wirksamkeit der Vollmacht davon abhängig gemacht, dass eine **auf den Bevollmächtigten lautende Ausfertigung** der Vollmacht vorgelegt wird. Das bedeutet, dass ein Rechtsgeschäft ohne Vorlage der entsprechenden Ausfertigung nicht mit dem Vertretenen zustande kommen kann. Darauf ist besonderes Augenmerk zu richten.

Praxistipp:

Es muss auch darauf geachtet werden, dass die Ausfertigung auf den Namen des jeweiligen Bevollmächtigten ausgestellt ist!

Als Nachweis für das Vorliegen der „richtigen" Ausfertigung gegenüber dem Registergericht oder auch dem Grundbuchamt genügt wiederum eine beglaubigte Abschrift. Hier ist zu beachten, dass die Übereinstimmung der Abschrift mit der vorgelegten Ausfertigung beglaubigt wird – man muss also ganz besonders darauf achten, dass der „richtige" Beglaubigungsvermerk ausgewählt wird!

307 Ergibt sich die **organschaftliche Vertretungsmacht** aus einem öffentlichen Register, kann der Notar dieses unproblematisch einsehen. Da der Notar mit seiner EDV in der Regel nur unbeglaubigte Registerauszüge erstellen kann, ist ein Nachweis in öffentlicher Form – soweit dieser erforderlich ist und der Notar vom Registergericht keinen amtlichen Auszug i.S.d. § 9 Abs. 4 HGB anfordern möchte – regelmäßig über eine sog. Notarbescheinigung gemäß § 21 Abs. 1 S. 1 Nr. 1 BNotO zu führen (siehe dazu näher Rdn 560 ff.).

Ergibt sich die Organstellung **nicht** aus einem öffentlichen Register, wie derzeit etwa noch bei einer GbR, muss der Registerbehörde die Vertretungsmacht auf andere Weise zur Kenntnis gebracht werden, etwa durch versichernde Erklärungen der behaupteten Gesellschafter.

Bei ausländischen Registern ist für den Nachweis in öffentlicher Form ebenfalls ein beglaubigter Auszug zu fordern, der ggf. mit einer erforderlichen Apostille versehen bzw. legalisiert ist (siehe hierzu näher Rdn 427).

308 Für die **Verwaltereigenschaft** bietet § 26 Abs. 4 i.V.m. § 24 Abs. 6 WEG eine gewisse Nachweiserleichterung. Die Eigenschaft als Verwalter im Sinne des WEG kann gegenüber dem Grundbuchamt durch Vorlage einer **Niederschrift über den Bestellungsbeschluss** nachgewiesen werden, bei der die Unterschriften vom Versammlungsleiter und einem Wohnungseigentümer, ggf. eines Beiratsvorsitzenden und dessen Vertreters, beglaubigt sind.

309 Die Frage, ob etwa ein Testamentsvollstreckerzeugnis in **Ausfertigung** vorliegen muss oder ob eine **beglaubigte Abschrift** ausreicht, stellt sich im notariellen Alltag mitunter spontan.

Grundsätzlich hat die Ausfertigung in zwei Fällen einen deutlichen Mehrwert:

- Wenn an die Vorlage der Ausfertigung bzw. den Bestand der Ausfertigung eine **Gutglaubenswirkung** geknüpft wird (siehe hierzu bereits Rdn 295), führt die Vorlage einer Ausfertigung dazu, dass die Rechtslage im Umfang der Gutglaubenswirkung nicht mehr weiter nachgeprüft werden muss.
- Wenn die Ausfertigung durch eine Behörde ausgegeben wurde und der Wegfall der Vertretungsmacht bzw. Ermächtigung zur Folge hat, dass die entsprechende Ausfertigung **ein-**

gezogen wird bzw. **zurückzugeben** ist, führt die Vorlage der Ausfertigung bei der Beurkundung zu einer **höheren Wahrscheinlichkeit**, dass die entsprechende Vertretungsmacht besteht, selbst wenn an die Ausfertigung selbst keine Gutglaubenswirkung geknüpft ist.

Zusätzlich ist jedoch darauf zu achten, welche Anforderungen in der Praxis von der entsprechenden Registerbehörde, insbesondere von Grundbuchamt und Handelsregister, gestellt werden.

Nach alldem gilt Folgendes:

- **Testamentsvollstreckerzeugnis**:
  Der Gutglaubensschutz beschränkt sich auf die Richtigkeit des Zeugnisinhalts (§§ 2368, 2366 BGB), sodass der Fortbestand des Testamentsvollstreckeramtes nicht davon umfasst ist. Außerdem ist eine Einziehung des Zeugnisses bei Wegfall des Amtes nicht vorgesehen. Vor diesem Hintergrund wäre die Vorlage einer Ausfertigung eigentlich nicht erforderlich. Allerdings besteht nach allgemeiner Auffassung dennoch eine ungeschriebene Pflicht des Gerichts, das Zeugnis zurückzuverlangen. Die **Grundbuchämter** haben daher bislang oftmals die Übersendung einer **Ausfertigung** verlangt. Jedoch konnte schon bislang auf die Nachlassakten Bezug genommen werden, wenn Nachlassgericht und Grundbuchamt beim selben Amtsgericht geführt wurden. Seit der weitgehend flächendeckenden Einführung des elektronischen Rechtsverkehrs scheinen die Grundbuchämter es jedoch weitgehend ausreichen zu lassen, wenn der Notar bestätigt, dass das Zeugnis bei Beurkundung in Ausfertigung vorgelegt wurde.[31] Das **Handelsregister** lässt seit dem Wegfall des Papierverkehrs und der Umstellung auf einen rein elektronischen Rechtsverkehr (vgl. § 12 Abs. 1 S. 1 HGB) in Registersachen allerdings eine **elektronisch beglaubigte Abschrift** der Ausfertigung genügen (eine elektronische Ausfertigung existiert – wie bereits oben erwähnt – bislang nicht).[32]
- **Bestellungsurkunde des Insolvenzverwalters**:
  Ein Gutglaubensschutz ist nicht vorhanden, allerdings ist eine Rückgabe bei Wegfall des Amtes vorgesehen (§ 56 Abs. 2 S. 2 InsO). Grundbuchamt und Handelsregister lassen in der Regel die Übersendung einer **beglaubigten Abschrift** genügen, wenngleich die regionalen Üblichkeiten hiervon abweichen können. Gleichwohl ist eine **Übersendung der Ausfertigung sinnvoll**, weil dies aufgrund der Rückgabepflicht faktisch die Wahrscheinlichkeit erhöht, dass das Amt des Insolvenzverwalters währenddessen besteht. Da es auf den Zeitpunkt der Vollendung des Rechtserwerbs ankommt (siehe hierzu Rdn 301), ist eine bloße Vorlage bei der Beurkundung zwar nützlich, aber nicht hinreichend. Allerdings ist zu beachten, dass dem Handelsregister aufgrund der Umstellung auf den elektronischen Rechtsverkehr in der Praxis nur noch (elektronisch) beglaubigte Abschriften übermittelt werden können, da elektronische Ausfertigungen (noch) nicht existieren.
- **Bestallungsurkunde** des **Vormunds** bzw. des **Pflegers** und **Bestellungsurkunde** des **Betreuers**:
  Eine Gutglaubenswirkung ist mit deren Vorlage nicht verbunden, allerdings besteht bei Erlöschen des Amtes eine Pflicht zur Rückgabe der Urkunde (§§ 168b Abs. 3, 168f, 290 Abs. 3 FamFG bzw. § 1893 Abs. 2 S. 1 BGB a.F., ggf. i.V.m. §§ 1908i bzw. 1915 BGB a.F.). Grundbuchamt und Handelsregister lassen in der Regel eine **beglaubigte Abschrift** ausreichen. Gleichwohl ist es **sinnvoll**, während der Beurkundung eine **Ausfertigung** der entsprechenden Bestallungs-/Bestellungsurkunde vorliegen zu haben, weil dies faktisch die Wahrscheinlichkeit erhöht, dass Vertretungsmacht besteht. Eine Übersendung der Ausfertigung selbst an das Grundbuchamt ist hingegen regelmäßig entbehrlich, weil es sich hier um eine Vertretungskonstellation handelt, bei der es auf den Zeitpunkt der Vornahme des Rechtsgeschäfts und nicht auf den Zeitpunkt der Vollendung des Rechtserwerbs ankommt (siehe hierzu Rdn 301).

31 So etwa auch *Schöner/Stöber*, 16. Aufl. 2020, Rn 3462.
32 Vgl. dazu *Winkler*, BeurkG, 20. Aufl. 2022, § 49 Rn 5 ff.

Weiterführender Hinweis:

Für den Nachweis der Erbfolge durch **Erbschein** ist regelmäßig eine Ausfertigung zu fordern und auch an die Registerbehörde bzw. das Grundbuchamt zu übersenden. Denn zum einen genießt der Erbschein Gutglaubensschutz (§ 2366 BGB), zum anderen ist im Fall des unrichtigen Erbscheins dessen Einziehung bzw. dessen Rückgabe vorgesehen (§ 2361 BGB), wenngleich aufgrund des Instituts der Kraftloserklärung (§ 353 Abs. 1 FamFG) auch Erbscheine ohne Gutglaubenswirkung im Umlauf sein können.

310 **Übersicht**:

Art des Nachweises	**Gutglaubensschutz**	**Rückgabepflicht**	**Vorlage der Ausfertigung bei Notar**	**Übersendung der Ausfertigung an Grundbuchamt**	**Übersendung der Ausfertigung an Handelsregister**	**Ausfertigung dennoch sinnvoll?**
Testamentsvollstreckerzeugnis	(+), hinsichtlich Richtigkeit (nicht Fortbestand)	(+)	(–), da Partei kraft Amtes	(+/–)	(–), aber elektronisch begl. Abschrift der Ausfertigung	(+) wegen ungeschriebener Pflicht, die Ausfertigung zurückzuverlangen
Bestellungsurkunde des Insolvenzverwalters	(–)	(+)	(–), da Partei kraft Amtes	(–)	(–)	(+) wegen Rückgabepflicht
Bestellungsurkunde des Betreuers	(–)	(+)	(+), da Vertretungsnachweis	(–)	(–)	(+) wegen Rückgabepflicht
Bestellungsurkunde des Vormunds	(–)	(+)	(+), da Vertretungsnachweis	(–)	(–)	(+) wegen Rückgabepflicht
Bestellungsurkunde des Pflegers	(–)	(+)	(+), da Vertretungsnachweis	(–)	(–)	(+) wegen Rückgabepflicht

311 Liegt eine Ausfertigung gleichwohl nicht vor, bietet sich ein **Risikohinweis** an.

Formulierungsbeispiel:

Der Notar hat darauf hingewiesen, dass es zwar weder materiell- noch verfahrensrechtlich zwingend ist, eine Ausfertigung der (Urkunde) bei der Beurkundung vorliegen zu haben bzw. an (Registerbehörde) zu übersenden. Eine Ausfertigung würde aber das Risiko des Scheiterns des vorliegenden Rechtsgeschäfts aufgrund fehlender Vertretungsmacht (*alternativ*: Amtsstellung) verringern, weil die Existenz einer Ausfertigung in der Regel guten Glauben vermittelt (*alternativ*: faktisch für das Bestehen der Vertretungsmacht/des Amtes) spricht. Die Beteiligten bestanden dennoch auf sofortiger Beurkundung ohne Vorlage (*alternativ*: Übersendung) einer Ausfertigung.

312 Werden die Akten, aus denen sich die Vertretungsmacht bzw. Amtsstellung ergibt, bei demselben Gericht geführt, bei dem auch die Registerbehörde bzw. das Grundbuchamt ansässig ist, können je nach regionaler Üblichkeit auch auf diese Akten Bezug genommen werden.

Formulierungsbeispiel:

Auf die beim Amtsgericht (…) – Nachlassgericht – unter dem Aktenzeichen (…) geführte Akte wird Bezug genommen.

d) Dokumentationspflicht des § 12 BeurkG

Von der Frage, welche Unterlagen in welcher Form bei der Beurkundung vorliegen bzw. an die Registerbehörde übermittelt werden sollten, ist die Dokumentationspflicht nach § 12 BeurkG zu unterscheiden. § 12 BeurkG regelt, dass vorgelegte Vertretungsnachweise **der Niederschrift in Urschrift oder beglaubigter Abschrift beigefügt** werden sollen. Dies wird erweiternd auch auf Ermächtigungsnachweise wie Testamentsvollstreckerzeugnis oder Bestellungsurkunde des Insolvenzverwalters angewendet. 313

Für die **Online-Verfahren** sieht § 16d BeurkG hinsichtlich des verfahrensrechtlichen Umgangs mit Nachweisurkunden eine Sonderregelung gegenüber § 12 BeurkG vor. Im Wege eines aus technischen Gründen derzeit noch unvermeidbaren Medienbruchs sind die dem Notar bei Beurkundung in Papierform vorliegenden Nachweisurkunden der elektronischen Niederschrift als **elektronisch beglaubigte Abschrift** beizufügen.

Im **Präsenzverfahren** ist die beglaubigte Abschrift des jeweiligen Vertretungsnachweises gemäß § 31 Abs. 3 S. 1 NotAktVV, § 14 Abs. 2 DONot **der Urkunde jedenfalls anzukleben oder anzuheften** sowie **mit ihr in der Urkundensammlung aufzubewahren**. Für die **elektronische Urkundensammlung** sind insoweit die Vorgaben von § 34 Abs. 1 und 2 NotAktVV zu beachten. In der Urkunde sollte auch ausdrücklich festgestellt werden, welche Art der Urkunde (Urschrift, Ausfertigung) bei Beurkundung vorlag. 314

Bei im **Online-Verfahren** erstellten elektronischen Niederschriften sind hinsichtlich der Vertretungsnachweise die Vorgaben von § 31 Abs. 3 S. 2 NotAktVV (Urkundensammlung) und § 34 Abs. 4 NotAktVV (elektronische Urkundensammlung) zu beachten.[33]

e) Prüfung der Vertretungsmacht

Aus § 17 Abs. 1 BeurkG ist abzuleiten, dass der Notar bei Auftreten eines Stellvertreters dessen Vertretungsmacht überprüfen muss. Wenn eine behauptete Vertretungsmacht **nicht besteht** bzw. **nicht nachgewiesen** werden kann, ist der Notar gehalten, die **Beurkundung auszusetzen** oder – falls die Beteiligten darauf bestehen – einen deutlichen **Hinweis** über die damit verbundenen Risiken aufzunehmen. Alternativ ist auch eine Beurkundung durch einen Vertreter ohne Vertretungsmacht vorbehaltlich **Nachgenehmigung** denkbar (siehe hierzu Rdn 321 ff.). 315

Mit Blick auf die **Online-Verfahren im Gesellschaftsrecht** ergeben sich insoweit keine Besonderheiten. Wie bereits dargestellt (siehe oben Rdn 313), müssen Nachweisurkunden und damit insbesondere auch Vollmachten schon aus technischen Gründen auch im Online-Verfahren dem Notar vorab in Papierform zur Verfügung gestellt werden.

Angestellte des Notars leisten hierbei wertvolle Vorarbeit. Da sie früher als der Notar mit vorgelegten Vollmachten oder sonstigen Ausweisen über die Vertretungs- bzw. Verfügungsbefugnis konfrontiert werden, sollten sie im Rahmen einer **Vorprüfung** mögliche Risiken oder Unklarheiten aufdecken. 316

Hierbei können **Risiken** an vielen Stellen auftreten. Die **Prüfung** ist **sorgfältig** durchzuführen. Nachfolgend eine „Checkliste“ der Risiken, die bei der Prüfung der Vertretungsmacht bedacht werden sollten:

33 Ausführlich zum Umgang mit „*von der Haupturkunde abweichenden Unterlagen*“ in der analogen wie auch digitalen Welt *Siegel/Berthold*, DNotZ 2022, 429 ff.

Checkliste:

- Ist **Stellvertretung möglich**?
  Manche Erklärungen müssen **höchstpersönlich** abgegeben werden, d.h. dort ist eine Stellvertretung nicht möglich. Dies betrifft etwa Verfügungen von Todes wegen, eidesstattliche Versicherungen, die Versicherung des GmbH-Geschäftsführers (§ 8 Abs. 3 HGB), den Erblasser beim Erb- oder Pflichtteilsverzicht (§ 2347 Abs. 2 S. 1 BGB), Sorgeerklärungen (§ 1626a BGB) oder Vaterschaftsanerkennungen bzw. Zustimmungen hierzu (§§ 1594, 1595 BGB).
- Ist die Vollmacht **formgültig**? (siehe hierzu Rdn 294)
- Liegt ein **Insichgeschäft** i.S.d. § 181 BGB vor?
  Dann muss vom Vertretungsverbot des § 181 BGB befreit worden sein. **Achtung**: Bei der Aktiengesellschaft ist eine Befreiung vom Verbot des Selbstkontrahierens wegen § 112 AktG nicht möglich; lediglich vom Verbot der Mehrfachvertretung kann befreit werden.
- Liegt die erforderliche **Vollmachtsurkunde** vor?
  Eine notarielle General- und Vorsorgevollmacht ist in der Regel so ausgestaltet, dass die Vollmacht nur durch Vorlage einer auf den Bevollmächtigten lautenden Ausfertigung im Außenverhältnis gilt. Dann muss darauf geachtet werden, dass wirklich diese Ausfertigung vorliegt. Im Übrigen sollte immer eine Urschrift oder Ausfertigung vorliegen.
- Ist das Rechtsgeschäft vom **Umfang der Vollmacht** gedeckt?
  Der Umfang der Vollmacht muss sich auf das Rechtsgeschäft erstrecken, das beurkundet werden soll. Hierzu muss der Wortlaut der Vollmachtsurkunde genau geprüft werden!

Je nach Einzelfall sollten weiter die folgenden Punkte beachtet werden:

- Ist das Rechtsgeschäft vom **Umfang einer Prokura** gedeckt?
  Wenn ein Prokurist nicht ausdrücklich dazu ermächtigt ist, darf er keine Grundstücke veräußern oder belasten (§ 49 Abs. 2 HGB).[34] Zu beachten ist aber, dass ein Prokurist anlässlich des Erwerbs eines Grundstücks dieses mit Grundpfandrechten zur Finanzierung auch ohne besondere Ermächtigung belasten darf.
- Wirkt die für eine Vertretung notwendige **Anzahl von Vertretern** mit?
  Insbesondere im Gesellschaftsrecht muss darauf geachtet werden. Hierfür ist von der abstrakten Vertretungsberechtigung auszugehen (hierzu ist ggf. ein Blick in die Satzung erforderlich) und sodann die jeweilige konkrete Vertretungsberechtigung (u.a. Befreiung von § 181 BGB, Einzelvertretungsbefugnis) zu berücksichtigen.
- Besteht Vertretungs**- und nicht nur Geschäftsführungsbefugnis**?
  Geschäftsführungs- und Vertretungsbefugnis laufen nicht immer parallel. Zwar geht etwa § 714 BGB von einem solchen Gleichlauf aus, darauf darf man sich aber nicht verlassen. Es reicht also nicht aus, die Geschäftsführungsbefugnis zu berücksichtigen, vielmehr ist immer nach Regelungen über die Vertretungsbefugnis Ausschau zu halten.
- Ist eine **gerichtliche Genehmigung** oder ein **Ergänzungspfleger** erforderlich?
  Insbesondere bei Beteiligung Minderjähriger oder Betreuter stellt sich diese Frage. Von Bedeutung sind hierfür insbesondere die §§ 1795, 1821, 1822 BGB.[35]
- Liegt ein **einseitiges Rechtsgeschäft** vor?
  Ein einseitiges Rechtsgeschäft kann nicht durch einen Vertreter ohne Vertretungsmacht erfolgen (§ 180 S. 1 BGB). Dies betrifft etwa auch Einpersonen-GmbH-Gründungen oder Teilungserklärungen nach § 8 WEG.

34 Nach umstrittener Auffassung des Kammergerichts (NJW 2021, 2810) soll das auch dann gelten, wenn der Prinzipal nicht Eigentümer des betreffenden Grundstücks ist.

35 Siehe hierzu näher *Bernauer/Ziegert/Vollrath*, Familienrecht, 2. Aufl. 2023, § 2 Rn 120 ff.

- Ist die Vollmacht an die **Vornahme vor einem bestimmten Notar** gebunden?
  Dies wird etwa bei Finanzierungsvollmachten oder auch für eine nachträgliche Messungsanerkennung und Auflassung so gehandhabt, außerdem oftmals im Rahmen von Teilungserklärung bzw. Gemeinschaftsordnung.

f) Missbrauch der Vertretungsmacht

Der Notar darf an erkennbar unerlaubten und unredlichen Zwecken nicht mitwirken (§ 4 BeurkG, § 14 Abs. 2 BNotO). 317

Dies bedeutet aber nicht, dass der Notar im Rahmen der Verwendung einer Vollmacht durch einen Beteiligten überprüfen bzw. sicherstellen muss, dass alle Weisungen des Vollmachtgebers im Innenverhältnis beachtet wurden. Erkennt der Notar jedoch einen Missbrauch der Vertretungsmacht, muss er die **Beurkundung ablehnen**.

> *Weiterführender Hinweis:*
>
> Etwas anderes gilt für **Mitarbeitervollmachten**. Hier hat der Notar bereits aus Gründen der Fürsorgepflicht als Arbeitgeber sorgfältig zu prüfen, ob die im Innenverhältnis erforderlichen Voraussetzungen erfüllt sind.

Weiter hat der Notar besonderen Augenmerk auf das Innenverhältnis zu legen, wenn er in der das Innenverhältnis ausgestaltenden Urkunde ausdrücklich aufgerufen ist, dies zu tun. So kommt es etwa im Rahmen des **Bauträger**- bzw. **WEG-Rechts** vor, dass dem Bauträger und auch dem Verwalter im Außenverhältnis umfangreiche Vollmachten zur Änderung der Gemeinschaftsordnung oder Teilungserklärung eingeräumt werden, die aber im Innenverhältnis an besondere Voraussetzungen geknüpft sind.

g) Nachreichen der Vollmacht, Nachgenehmigung bzw. Vollmachtbestätigung

Es kommt nicht selten vor, dass Beteiligte zu einem Beurkundungstermin erscheinen und 318

- die erforderliche **Vollmacht vergessen** haben,
- die Vollmacht **in der erforderlichen Form nicht vorliegt** oder
- **überhaupt noch keine Vollmacht** vorliegt.

Dann ist nach Auswegen zu suchen.[36] Es besteht die Möglichkeit die Vollmacht nachzureichen oder mit Nachgenehmigung bzw. Vollmachtbestätigung zu arbeiten.

Kostenrechtlich ist es für die Beteiligten manchmal am günstigsten, die im Termin vergessene **Vollmacht** schlicht **nachzureichen**, da hierbei keine Vollzugsgebühr nach Nr. 22110 KV GNotKG für die Einholung einer Genehmigung bzw. Vollmachtbestätigung entsteht. Ist diese Vollzugsgebühr ohnehin bereits entstanden, gibt es aber aus kostenrechtlicher Sicht keinen Grund, die Vollmacht nachreichen zu lassen, vielmehr sollte dann eine Genehmigung bzw. Vollmachtbestätigung eingeholt werden (siehe Rdn 321 ff.). 319

Nachteil der Nachreichlösung ist, dass bei einer nachträglich vorgelegten Vollmacht die Gutglaubenswirkung des § 172 BGB nicht greift, weil zum Zeitpunkt der Vornahme des Rechtsgeschäfts die Vollmachtsurkunde gerade nicht vorlag. Trotzdem wird die Registerbehörde eine nachgereichte Vollmacht in der Regel akzeptieren. Zwar kann durch ein Nachreichen der Vollmachtsurkunde nicht nachgewiesen werden, dass der Bevollmächtigte die Vollmachtsurkunde auch zum Zeitpunkt der Vornahme des Rechtsgeschäfts in seinem Besitz hatte. Doch sprechen allgemeine Erfahrungsgesichtspunkte dafür, dass ein Bevollmächtigter, der zeitnah eine Vollmacht nachreicht, auch schon zuvor Vertretungsmacht besaß.

Nach der Rechtsprechung des BGH ist der Notar allerdings gehalten, grundsätzlich die **Urschrift bzw. Ausfertigung der Vollmacht** zu verlangen.[37] Ein Nachreichen ist daher nur in Ausnahmefällen möglich. Schließlich sollte nur dann beurkundet werden, wenn zumindest eine einfache (oder beglaubigte) **Abschrift der Vollmachtsurkunde** bei den Akten ist. Denn 320

36 Die nachfolgende Darstellung nimmt Anlehnung an *Thelen/Hermanns*, DNotZ 2019, 725 ff.
37 BGH DNotZ 1989, 43.

andernfalls beruht die Vertretungsmacht lediglich auf den Angaben des Beteiligten und der Notar kann nicht ansatzweise überprüfen, ob die Vollmacht etwa überhaupt den für das intendierte Rechtsgeschäft benötigten Umfang besitzt.

Zudem ist in derartigen Fällen ein **Risikohinweis** angezeigt.

> *Formulierungsbeispiel:*
>
> (...) konnte im Termin keine Urschrift oder Ausfertigung einer Vollmacht des (...) zur Durchführung des hier beurkundeten Rechtsgeschäfts vorlegen. Eine einfache (*alternativ*: beglaubigte) Abschrift dieser Vollmacht befindet sich jedoch bei den Akten.
>
> Der Notar hat empfohlen, die Beurkundung nur bei Vorlage einer Urschrift oder Ausfertigung der Vollmachtsurkunde vorzunehmen, und auf die andernfalls gegebenen Risiken hingewiesen, namentlich darauf, dass bei einem Nachreichen der Vollmacht keine Gutglaubensschutzwirkung eintritt und dass der andere Vertragspartner ohne Vorlage der Vollmachtsurkunde nicht geschützt ist, wenn die von (...) behauptete Vertretungsmacht des (...) nicht besteht. Weiter bestehen gewisse Beanstandungsrisiken beim Vollzug durch das Grundbuchamt.
>
> Die Beteiligten bestanden gleichwohl auf einer Beurkundung ohne Vorlage der Vollmachtsurkunde. (...) verpflichtet sich, die Vollmacht in Urschrift (*alternativ*: in Ausfertigung/auf ihn lautender Ausfertigung) unverzüglich nachzureichen. Der Notar wird angewiesen, den Vollzug dieser Urkunde – mit Ausnahme der nach Gesetz sofort zu treffenden Maßnahmen – bis zum Zugang der Vollmacht auszusetzen.

321 **Ratsamer** ist es jedoch ohnehin, mit **Nachgenehmigung** bzw. **Vollmachtbestätigung** zu arbeiten.

Unter **Genehmigung** versteht man die **nachträgliche Zustimmung** der Person, in deren Namen gehandelt wurde (§§ 177 Abs. 1, 184 BGB). Da die Genehmigung eine einseitige empfangsbedürftige Willenserklärung ist und der Zugang beim anderen Vertragspartner in der Form des § 29 GBO nachgewiesen werden muss, sollte vereinbart werden, dass die Genehmigung mit Zugang beim Notar als allen Beteiligten zugegangen gilt. Die Genehmigung selbst bedarf – ebenso wie die Vollmacht – nicht der Form des Hauptgeschäftes (§ 182 Abs. 2 BGB). Dennoch ist sie wegen § 29 GBO bei Grundstücksgeschäften in der Regel in öffentlicher Form abzugeben.

> *Formulierungsbeispiel:*
>
> *(für die Haupturkunde)*
>
> (...), handelnd nicht im eigenen Namen, sondern als Vertreter ohne Vertretungsmacht für (...), mit der Verpflichtung, die Genehmigung des (...) unverzüglich in öffentlicher Form beizubringen. Die Genehmigung soll mit Zugang beim Notar als allen mitgeteilt gelten und wirksam sein. Auf die mit einer versagten Genehmigung verbundenen Risiken hat der Notar hingewiesen.

322 Unter **Vollmachtbestätigung** versteht man die **Bestätigung** einer bereits **formlos vorliegenden Vollmacht** in der verfahrensrechtlich gehörigen Form. Insbesondere im Grundstücksrecht kommt dies zum Tragen, weil zwar materiell-rechtlich die Vollmacht gemäß § 167 Abs. 2 BGB nicht der Form des Hauptgeschäfts bedarf, die Vollmacht aber verfahrensrechtlich wegen § 29 GBO beim Grundbuchamt in öffentlicher Form vorliegen muss.

323 **Vorteil** einer solchen Vollmachtbestätigung gegenüber der Genehmigung ist, dass der Vollmachtgeber bereits gebunden ist, weil eine materiell-rechtlich wirksame Vollmacht bereits existiert, die nur nicht den Erfordernissen des § 29 GBO entspricht. In der Folge ist der Vollmachtgeber verpflichtet, die Vollmacht in öffentlicher Form nachzureichen. Zur Not muss er im Wege der Klage hierzu gezwungen werden.

Bei einer Genehmigung hingegen kann derjenige, in dessen Namen gehandelt wird, sich auch verweigern. Auf dieses Risiko sollte hingewiesen werden.

Formulierungsbeispiel:

(für die Haupturkunde)

(...), handelnd nicht im eigenen Namen, sondern aufgrund mündlich erteilter Vollmacht für (...), mit der Verpflichtung, Vollmachtbestätigung in öffentlicher Form alsbald beizubringen.

4. Körperlich eingeschränkte Beteiligte

Bei Beteiligten mit körperlicher Einschränkung ist die Betreuungspflicht des Notars gemäß § 17 BeurkG besonders sorgfältig zu wahren. Auch hier kommt den **Mitarbeitern** des Notars im Vorfeld eine **besondere Rolle** zu, dies zu erkennen und die Urkunde an den entscheidenden Stellen entsprechend anzupassen. 324

Für den Fall körperlicher Einschränkungen hält das BeurkG in den §§ 22 ff. besondere Vorschriften bereit. 325

Hinweis:

§§ 22 ff. BeurkG behandeln nur körperliche, keine geistigen Einschränkungen. Letztere sind im Rahmen der Geschäftsfähigkeitsprüfung von Bedeutung (siehe hierzu Rdn 339 ff.). Bisweilen treffen beide Umstände zusammen, was eine besonders sorgfältige, sensible und behutsame Herangehensweise erfordert, auch schon durch die Notarangestellten im Vorfeld.

a) Hör- und/oder Sprachbehinderung (§§ 22 ff. BeurkG)

Die notarielle Betreuung gemäß § 17 BeurkG ist natürlich keine „kommunikative Einbahnstraße" in dem Sinne, dass die Beteiligten nur in der Lage sein müssten den Erläuterungen des Notars zuhören zu können. Vielmehr müssen sie auch in der Lage sein, selbst Fragen zu stellen, Anmerkungen zu machen, ihrem Willen Ausdruck zu verleihen etc. Daher sind sowohl für den Fall der Hörbehinderung als auch für den Fall der Sprachbehinderung beim Beurkundungsverfahren besondere **Vorkehrungen** zu treffen, die das in einer derartigen körperlichen Einschränkung liegende **Verfahrensdefizit** eines Beteiligten hinreichend **kompensieren**, ohne ihn andererseits zu stark zu bevormunden. 326

Die nachfolgend dargestellten Grundsätze für die Beteiligung gelten dem Grunde nach über § 16b Abs. 1 S. 2 BeurkG auch für die **Online-Beurkundung** entsprechend. Aus technisch-tatsächlichen Gründen ergeben sich insoweit aber einige Besonderheiten, auf die im jeweiligen Kontext ebenfalls eingegangen wird.

Zunächst ist danach zu unterscheiden, ob mit einem Beteiligten trotz seines Defizits eine schriftliche Verständigung möglich ist, die an die Stelle der mündlichen Kommunikation treten kann oder eben nicht. 327

Wenn eine **schriftliche Verständigung möglich** ist, ist der Beteiligte nach Ansicht des Gesetzgebers schon durch diese Kommunikationsalternative **hinreichend geschützt**. Die folgenden Besonderheiten sind dann zu beachten: 328

- **Vorlage zur Durchsicht**
  Im Falle der Hörbehinderung ist dem Hörbehinderten statt des Vorlesens die Niederschrift zur Durchsicht vorzulegen (§ 23 S. 1 BeurkG). Die Vorlage zur Durchsicht sollte aus Gründen der Klarstellung auch im Abschlussvermerk erwähnt werden (siehe hierzu Rdn 441 f.).
  Die Vorlage zur Durchsicht ist **verpflichtend**.
- **Zeuge/zweiter Notar**
  Weiterhin ist ein Zeuge bzw. ein zweiter Notar hinzuzuziehen (§ 22 Abs. 1 S. 1 BeurkG). Dieser ist im Urkundeneingang zu erwähnen und muss unterschreiben.
  Auf die Hinzuziehung eines Zeugen bzw. zweiten Notars **kann verzichtet werden**. Der Verzicht muss aber durch **alle Beteiligten** erklärt werden.
  (Zur Person des Zeugen siehe Rdn 333).

- **Gebärdensprachendolmetscher**
  Auf Verlangen des Hör-/Sprachbehinderten ist auch ein Gebärdensprachendolmetscher hinzuzuziehen. Auch der Gebärdensprachendolmetscher ist also **nicht verpflichtend**, wenn der Behinderte dies nicht ausdrücklich verlangt.
  Auf den Gebärdensprachendolmetscher sind die Vorschriften für Sprachdolmetscher nicht anzuwenden. Daher ist es nicht erforderlich, dass der Gebärdensprachendolmetscher die Urkunde unterschreibt. Gleichwohl ist es sinnvoll, auch ihn im Urkundeneingang zu erwähnen und am Ende der Urkunde unterschreiben zu lassen.

> *Formulierungsbeispiel:*
>
> Nach meiner, des Notars, Überzeugung und nach seiner Angabe ist (...) in seiner Hör- und Sprachfähigkeit eingeschränkt, jedoch zu einer schriftlichen Verständigung fähig.
>
> Die Niederschrift wurde (...) zur Durchsicht vorgelegt. Er verlangte nach Belehrung durch den Notar keine Zuziehung eines Gebärdensprachendolmetschers; alle Beteiligten verzichteten auf die Zuziehung eines Zeugen oder eines zweiten Notars.

329 Die vorstehend dargelegten Grundsätze gelten für das **Verfahren der Online-Beurkundung** grundsätzlich entsprechend. Im Falle des **§ 23 BeurkG** ist der Entwurf der elektronischen Niederschrift dem hörbehinderten Beteiligten sinnvollerweise elektronisch zu übermitteln (vgl. dazu auch den insoweit nicht direkt einschlägigen § 16b Abs. 5 BeurkG). Wird ein **Zeuge/zweiter Notar** und/oder ein **Gebärdendolmetscher** zur Beurkundung herangezogen, stellt sich die Frage, wie diese „Hilfspersonen" am besten in das Beurkundungsverfahren eingebunden werden.

Insoweit stellt sich zunächst einmal die Frage, ob über die hier nicht einschlägige, weil allein die Beteiligten betreffende Regelung, des § 16e BeurkG hinausgehend **gemischte Beurkundungsverfahren überhaupt verfahrensrechtlich zulässig** sind. Müssen der behinderte Beteiligte und die zugezogenen Hilfspersonen zwingend auf dieselbe Art und Weise an der Beurkundung teilnehmen (d.h. alle einheitlich per Videokonferenz oder in Präsenz) oder kann sich etwa bei einer Online-Teilnahme des behinderten Beteiligten die zugezogene Hilfsperson alternativ auch in Präsenz beim Notar einfinden? Diese Frage stellt sich selbstverständlich auch in der umgekehrten Situation einer Präsenzteilnahme des Behinderten entsprechend.

Der Gesetzgeber hat sich dazu nicht ausdrücklich geäußert. Obwohl wenig dafür spricht, dass mit der Regelung des § 16e BeurkG weitere denkbare gemischte Teilnahmeformen im Online-Verfahren ausgeschlossen oder auch nur begrenzt werden sollten, dürfte es sich bis zu einer verbindlichen Klärung dieser Rechtsfragen (sei es durch den Gesetzgeber oder durch die Rechtsprechung) anbieten, insoweit **Vorsicht** walten zu lassen.

Nehmen danach sowohl der behinderte Beteiligte als auch die herangezogenen Hilfspersonen per Videokonferenz an der Beurkundungsverhandlung teil, stellt sich weiterhin unter dem Blickwinkel der **Zweckmäßigkeit** die Frage, **wo** sich diese Personen sinnvollerweise aufhalten sollten. Denkbar wäre einerseits, dass sich alle Personen von unterschiedlichen Orten aus an der Beurkundungsverhandlung beteiligen (dies wird auch bei den eigentlichen Beteiligten der Regelfall sein). Andererseits wäre es auch denkbar, den behinderten Beteiligten und die hinzugezogenen Hilfspersonen an einem Ort physisch zusammenzubringen und diese von dort aus – aus technischen Gründen jeweils zwingend unter Einsatz eigener technischer Gerätschaften wie PC oder Laptop und Smartphone – an der Videokonferenz teilnehmen zu lassen. Letztere Vorgehensweise könnte den Vorteil bieten, dass der behinderte Beteiligte und die zugezogenen Hilfspersonen so unmittelbar kommunizieren könnten (natürlich abhängig von der jeweiligen Behinderung). Auch in diesem Fall muss der Notar aber sicherstellen können, dass er das beurkundungsrechtlich relevante Verfahrensgeschehen umfassend und hinreichend über die Videokonferenz verfolgen kann.

Kann der Notar die Erfüllung seiner im Verfahren der Online-Beurkundung mit dem Präsenzverfahren grundsätzlich identischen **berufs- und verfahrensrechtlichen Pflichten nicht**

sicherstellen, hat er die Videobeurkundung nach § 16a Abs. 3 BeurkG abzulehnen und den/die Beteiligten auf das Präsenzverfahren zu verweisen (siehe oben Rdn 85).

Nimmt (auch) die zugezogene Hilfsperson per Videokonferenz teil, muss bzw. soll auch diese entsprechend der vorbeschriebenen, für das Präsenzverfahren geltenden Grundsätzen die elektronische Niederschrift mit einer qualifizierten elektronischen Signatur versehen (vgl. dazu nochmals § 16b Abs. 4 S. 1 BeurkG).

Ist hingegen auch **keine schriftliche Verständigung** mit dem sprach- und/oder hörbehinderten Beteiligten möglich, sieht das Gesetz **zwingend** vor, dass eine **Person hinzugezogen** wird, die sich mit dem Beteiligten verständigen kann (§ 24 Abs. 1 S. 2 BeurkG). Hierauf kann nicht verzichtet werden. 330

Bei dieser Person kann es sich um einen Gebärdensprachendolmetscher handeln, aber auch um eine Person, die auf sonstige Weise mit dem Beteiligten kommunizieren kann. Diese Person muss **zwingend unterschreiben** und auch im Urkundeneingang genannt werden. Zweifelt der Notar an der Verständigungsmöglichkeit, muss er dies zumindest in der Urkunde darlegen. In Extremfällen ist es auch vertretbar, die **Beurkundung abzulehnen**.

Die weiteren Vorschriften der §§ 22, 23 BeurkG sind hier gleichzeitig auch anzuwenden. Dies betrifft insbesondere die Notwendigkeit, die Niederschrift zur Durchsicht vorzulegen. Allerdings ist dies dann nicht erforderlich, wenn der Beteiligte überhaupt nicht zu lesen vermag.

Auch alle vorstehenden Umstände sind in der Niederschrift festzustellen.

> *Formulierungsbeispiel:*
>
> Nach meiner, des Notars, Überzeugung und nach seiner Angabe ist (...) in seiner Hör- und Sprachfähigkeit eingeschränkt und auch nicht zu einer schriftlichen Verständigung fähig.
>
> Die Niederschrift wurde (...) zur Durchsicht vorgelegt. Alle Beteiligten verzichteten nach Belehrung durch den Notar auf die Zuziehung eines Zeugen oder eines zweiten Notars.
>
> Jedoch wurde (...) als Gebärdensprachendolmetscher zugezogen, mit dem sich (...) nach meiner, des Notars, Überzeugung hinreichend zu verständigen vermag.

Die vorstehend geschilderten Grundsätze gelten für das Verfahren der **Online-Beurkundung** grundsätzlich entsprechend. Allerdings ist gerade mit Blick auf **§ 24 BeurkG** nochmals gesteigertes Augenmerk auf eine bestmögliche Kommunikation zwischen dem behinderten Beteiligten und der zugezogenen Hilfsperson zu legen. Es ist nicht auszuschließen, dass die Online-Verfahren hier insoweit mitunter an **technisch-tatsächliche Grenzen** stoßen werden. Letztendlich wird das aber die Praxis zeigen. 331

332 Nach alldem kann der Umgang mit hör- und/oder sprachbehinderten Beteiligten wie folgt schematisch abgebildet werden:

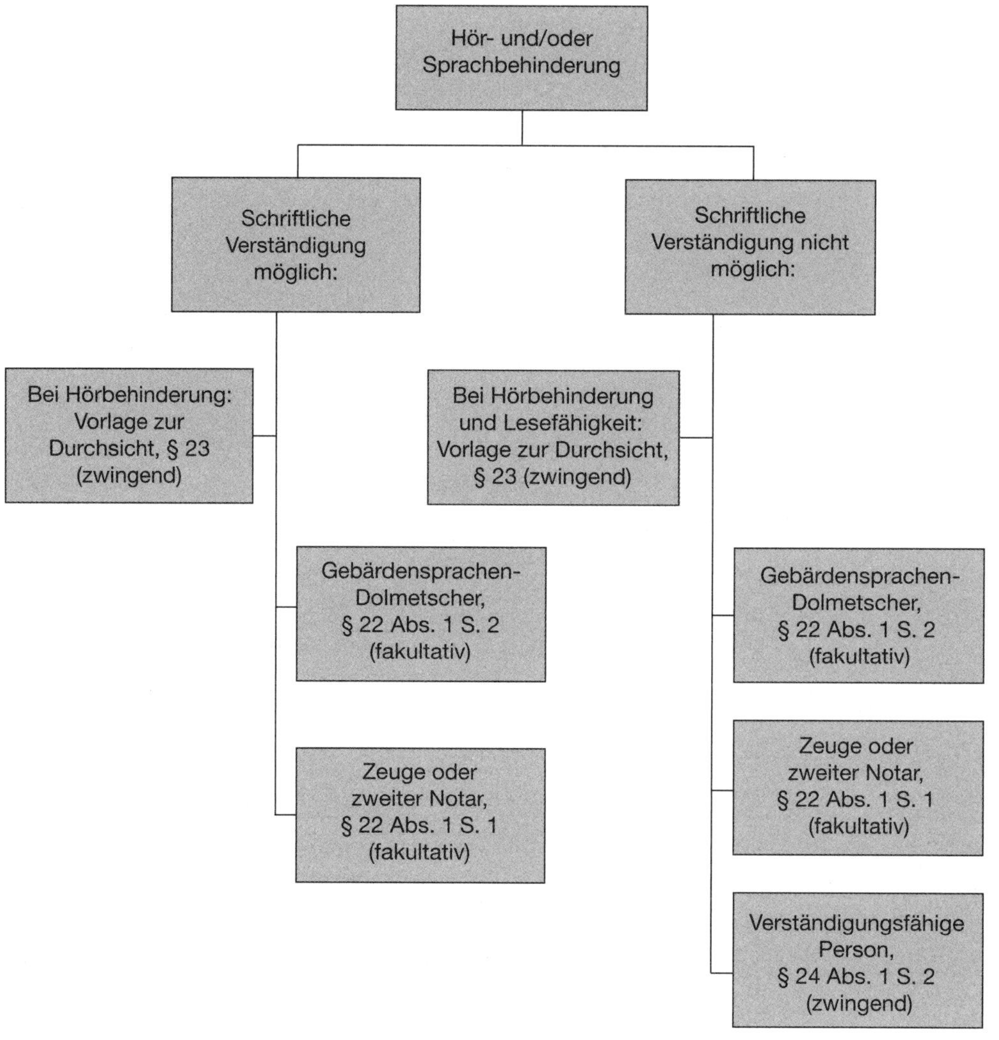

Die aufgeführten gesetzlichen Vorschriften beziehen sich jeweils auf das BeurkG.

333 **Geeignete Zeugen**:

Soll ein Zeuge oder zweiter Notar hinzugezogen werden, ist § 26 BeurkG zu beachten, wonach gewisse **Beteiligungsverbote** bei eigener Betroffenheit oder auch bei einer gewissen Nähe zum Notar bestehen.

Im Übrigen bietet es sich an, als Zeugen eine **Vertrauensperson** des behinderten Beteiligten zu wählen. Auch bei mehreren körperlich eingeschränkten Beteiligten ist die Zuziehung nur eines Zeugen ausreichend. Dann sollte auf eine entsprechend **neutrale Stellung** dieses Zeugen geachtet werden.

Schließlich ist zu beachten, dass ein hinzugezogener **Zeuge** anders als ein hinzugezogener zweiter Notar **keiner gesetzlichen Verschwiegenheitspflicht** unterliegt. Daher bietet es sich im Einzelfall an, stattdessen auf einen zweiten Notar zurückzugreifen.

b) Sehbehinderung (§ 22 BeurkG)

Die Sehbehinderung ist im Rahmen einer Beurkundung gemäß §§ 8 ff. BeurkG ein weniger starkes Defizit als die Hör- oder Sprachbehinderung, da die Beurkundungsverhandlung vom Grundtypus her ja auf mündliche Kommunikation ausgelegt ist, was bereits das Vorleseerfordernis des § 13 BeurkG zum Ausdruck bringt. 334

Daher ist für Sehbehinderte in § 22 Abs. 1 S. 1 BeurkG nur geregelt, dass ein Zeuge oder zweiter Notar hinzuzuziehen ist. Darauf kann aber durch alle Beteiligten verzichtet werden.

Diese Grundsätze gelten gemäß § 16b Abs. 1 S. 2 BeurkG auch für das Verfahren der **Online-Beurkundung** entsprechend. Insoweit sei auf die Überlegungen zu den anderen Behinderungen verwiesen (siehe Rdn 329 und 336).

> *Hinweis:*
>
> Unter Sehbehinderung ist nur eine körperliche Beeinträchtigung der Sehfähigkeit zu verstehen, nicht etwa Analphabetismus. In Zweifelsfällen ist aus Sicherheitsgründen von einer Beeinträchtigung der Sehfähigkeit auszugehen.

Besondere Bedeutung hat die Einschränkung der Sehfähigkeit dann, wenn **Karten, Abbildungen** etc. zur Durchsicht vorgelegt werden. In diesem Fall sollte tatsächlich erwogen werden, dem Beteiligten zu raten, einen **weiteren Zeugen** zuzuziehen. Alternativ kann – wenn alle Beteiligten einverstanden sind – auf dessen Zuziehung verzichtet werden, allerdings sind dann die **Sorgfaltspflichten** des Notars entsprechend **erhöht**. Zeichnungen etc. müssen also besonders eingehend mündlich erläutert werden. Hierzu können **Mitarbeiter** des Notars in einer Vorbesprechung wertvolle **Vorarbeit** leisten. 335

c) Schreib- bzw. Signaturbehinderung (§ 25 BeurkG)

Kann ein Beteiligter nicht schreiben, ist im **Präsenzverfahren** nach § 25 BeurkG **zwingend** ein **Zeuge oder ein zweiter Notar** hinzuzuziehen. Dieser ist im **Urkundeneingang** aufzuführen und hat die Urkunde anstelle des schreibunfähigen Beteiligten zu **unterschreiben**. Mit der Unterschrift bestätigt der Schreibzeuge, dass der Beteiligte mit dem Inhalt der Urkunde einverstanden ist und diese genehmigt hat. 336

Im Verfahren der **Online-Beurkundung** gelten diese Grundsätze gemäß § 16b Abs. 1 S. 2 BeurkG grundsätzlich entsprechend. Bei einer Online-Teilnahme eines betroffenen Beteiligten ist die Urkunde gemäß § 16b Abs. 4 S. 1 BeurkG statt mit einer Unterschrift mit einer qualifizierten elektronischen Signatur zu versehen. Insoweit kommt es folglich nicht auf eine Schreibunfähigkeit im vorbeschriebenen Sinne, sondern vielmehr auf eine „**Signaturunfähigkeit**" an. Der betroffene Beteiligte muss in der Lage sein, über das Videokommunikationssystem nach § 78p BNotO seine qualifizierte elektronische Signatur anzubringen, was insbesondere einen blinden Beteiligten mangels Barrierefreiheit des Videokommunikationssystems vor Probleme stellen wird. Bedarf der behinderte Beteiligte insoweit Hilfe, hat der Zeuge – je nachdem ob er an der Beurkundung in Präsenz oder ebenfalls per Videokonferenz teilnimmt – die Urkunde anstelle des behinderten Beteiligten zu unterschreiben bzw. mit einer qualifizierten elektronischen Signatur zu versehen.

> *Hinweis:*
>
> Im Gegensatz zur Beglaubigung ist bei der Unterschrift unter eine nach den §§ 6 ff. BeurkG errichtete Urkunde im **Präsenzverfahren** ein bloßes Handzeichen (siehe hierzu Rdn 507) nicht ausreichend, d.h. der Beteiligte ist schon dann schreibunfähig, wenn er nicht in der Lage ist, einen Unterschriftszug zu leisten (siehe zu den Anforderungen an die Unterschrift Rdn 432 ff.).

Im Verfahren der **Online-Beurkundung** kommt es maßgeblich darauf an, dass der Beteiligte die ihm zur Auslösung der qualifizierten elektronischen Signatur auf sein Mobiltelefon übersandte Transaktionsnummer (TAN) lesen, diese über das Mobiltelefon eingeben und damit den Signaturvorgang abschließen kann.

337 Wurde bereits ein Zeuge oder zweiter Notar gemäß § 22 BeurkG hinzugezogen, kann dieser gleichzeitig auch als Schreibzeuge fungieren. Es sind jeweils die **Mitwirkungsverbote** des § 26 BeurkG zu beachten.

d) Kumulation mehrerer Behinderungen

338 Treffen mehrere der vorbeschriebenen körperlichen Einschränkungen zusammen, sind die hierauf entfallenden **Vorschriften gleichzeitig anzuwenden**. Allerdings kann ein Grad der Einschränkungen erreicht sein, bei dem der Notar in Anbetracht seiner allgemeinen Amtspflicht gemäß § 17 BeurkG die **Beurkundung ablehnen** muss. In diesem Fall muss dann ein **gesetzlicher Betreuer** eingesetzt werden, der im Namen des Beteiligten grundsätzlich auch notariell beurkundete Verträge schließen kann. Höchstpersönliche Erklärungen sind dann nicht möglich.

Dies gilt selbstverständlich auch für die **Online-Beurkundung**. Hält der Notar seine Amtspflichten zumindest im Präsenzverfahren für erfüllbar, kann und ggf. auch muss er das Online-Verfahren nach § 16a Abs. 2 BeurkG ablehnen und auf das Präsenzverfahren verweisen.

5. Geschäftsfähigkeit (§ 11 BeurkG)

a) Begriff der Geschäftsfähigkeit

339 § 11 BeurkG greift den Begriff der Geschäftsfähigkeit auf und lehnt sich damit an § 104 BGB an. Geschäftsfähigkeit ist die Voraussetzung dafür, dass von einer natürlichen Person abgegebene Willenserklärungen wirksam sind (§ 105 Abs. 1 BGB).

Praxistipp:

Die Prüfung der Geschäftsfähigkeit bezieht sich nur auf die formell Beteiligten (siehe hierzu Rdn 119 ff., 249), also diejenigen natürlichen Personen, die bei der Beurkundung erscheinen.

340 Die Geschäftsfähigkeit wird durch zwei Faktoren bestimmt:

1. ein gewisses Alter muss überschritten sein,
2. außerdem sind gewisse Anforderungen an die Geistestätigkeit zu stellen.

341 Zunächst sind die **Altersgrenzen** zu beachten. Bis zum siebten Lebensjahr besteht **Geschäftsunfähigkeit** (§ 104 Nr. 1 BGB), bis zum 18. Lebensjahr **beschränkte Geschäftsfähigkeit** (§§ 106, 2 BGB),[38] ab dem 18. Lebensjahr **volle Geschäftsfähigkeit**. Testierfähig ist man bereits ab 16 Jahren (§ 2229 Abs. 1 BGB).

Diese Altersgrenzen sind im Rahmen der allgemeinen Identifizierungspflicht (siehe auch Rdn 247 ff.), welche auch die Geburtsdaten umfasst, leicht zu ermitteln.

Praxistipp:

Bei ausländischen Beteiligten ist ggf. Vorsicht angebracht, da sich die Frage der Geschäftsfähigkeit nach dem Recht der Staatsangehörigkeit richtet (Art. 7 Abs. 1 EGBGB). In manchen Ländern/Staaten wird die Geschäftsfähigkeit bereits mit einem jüngeren oder auch erst mit einem höheren Alter erreicht.

(Siehe zum Internationalen Privatrecht [IPR] Rdn 420 ff.).

38 Siehe hierzu *Bernauer/Ziegert/Vollrath*, Familienrecht, 2. Aufl. 2023, § 2 Rn 120 ff.

Wer die Altersgrenze überschritten hat, ist gemäß § 104 Nr. 2 BGB dennoch geschäftsunfähig, wer sich in einem die freie Willensbestimmung ausschließenden Zustand krankhafter **Störung der Geistestätigkeit** befindet, bzw. wer **bewusstlos** ist oder wessen **Geistestätigkeit vorübergehend gestört** ist (§ 105 Nr. 2 BGB). 342

Dem Notar und seinen Angestellten als Nichtmedizinern bereitet es oftmals große Schwierigkeiten, die Geschäftsfähigkeit eines Menschen einzuschätzen.

b) Prüfung der Geschäftsfähigkeit

Geschäftsfähig ist, wer 343

- einen **eigenen Willen bilden** kann,
- diesen auch **äußern** kann und
- sich der **Tragweite** seiner Entscheidungen **bewusst** ist.

Eine genaue Erfassung jeder Einzelheit der notariellen Verhandlung ist nicht erforderlich, jedoch muss der Beteiligte den **wesentlichen Inhalt** der notariellen Urkunde und dessen Tragweite für sich **einschätzen** können.

Die Anordnung einer Betreuung oder Bestellung eines Pflegers führt nicht per se zur Geschäftsunfähigkeit des Betroffenen, vielmehr ist auch hier eine Einzelfallprüfung angezeigt.

Die Einschätzung, ob Geschäftsfähigkeit vorliegt oder nicht, obliegt letztlich dem Notar. Die **Mitarbeiter** des Notars können insoweit aber bereits im Vorfeld **wertvolle Hilfe** leisten, indem sie etwa den Notar auf ihre Zweifel hinsichtlich der Geschäftsfähigkeit aufmerksam machen, die sie im Rahmen eines Vorgesprächs gewonnen haben. Möglich ist es auch, dass der Mitarbeiter gezielt Geschäftsfähigkeitstests durchführt, wobei natürlich besonders behutsam und sensibel vorzugehen ist. 344

> *Praxistipp:*
>
> Oftmals können Erhebungen hinsichtlich der Geschäftsfähigkeit realistischer vom Mitarbeiter in einem Vorgespräch als vom Notar im Beurkundungstermin getroffen werden, weil Beteiligte sich angesichts eines notariellen Beurkundungstermins ggf. besonders geschickt „verstellen". Gibt ein Mitarbeiter dem Notar vorab Auskunft über seine Zweifel, kann der Notar in der Beurkundung nochmals gezielt die Geschäftsfähigkeit prüfen.

Ausgangspunkt einer Überprüfung der Geschäftsfähigkeit ist sinnvollerweise ein belangloses, beiläufiges Alltagsgespräch. Sodann sollte man auf konkrete Urkundeninhalte zu sprechen kommen und ausloten, inwieweit der Beteiligte den Inhalt der Urkunde versteht und ihn erfassen kann. 345

Im Verfahrensermessen des Notars liegt es auch, ob die Mitarbeiter in Zweifelsfällen – etwa bei beginnender Demenz – wissenschaftlich untermauerte Tests durchführen sollen, etwa den sog. **Mini-Mental-Status-Test** nach *Folstein* et al. (nähere Angaben hierzu sind unschwer im Internet zu finden).

In Zweifelsfällen oder auch bei besonders wichtigen oder streitanfälligen Urkundsgeschäften (etwa Verfügungen von Todes wegen, General- und Vorsorgevollmachten) bietet es sich im Einzelfall an, auch **medizinischen Rat** einzuholen. Auch dies steht im Ermessen des Notars.

> *Praxistipp:*
>
> Am aussagekräftigsten ist hierbei sicherlich ein Gutachten eines Facharztes für Neurologie. Hierbei sollte darauf geachtet werden, dass der Arzt nicht nur lapidar die Geschäftsfähigkeit bejaht. Dies ist eine juristische Schlussfolgerung, die ein Arzt nicht treffen sollte. Vielmehr sollte der Arzt **konkret darauf Bezug nehmen, warum** – oder eben warum nicht – er zu dem **Ergebnis** kommt, dass der Beteiligte einen eigenen Willen bilden und sich äußern kann sowie sich der Tragweite der von ihm getroffenen Entscheidungen bewusst ist.

Aus Gründen der Verschwiegenheit darf dieses Gutachten nicht ohne entsprechende Befreiung des Notars von seiner Verschwiegenheitspflicht vom Arzt angefordert werden. Oftmals kann man es den Beteiligten selbst überlassen, dies zu tun.

Das Attest sollte nicht nur in die Nebenakten genommen werden, sondern im **Präsenzverfahren** an die Urkunde als unechte Anlage angeheftet werden (siehe hierzu Rdn 383 ff.), um eine dauerhafte Aufbewahrung des Dokuments sicherzustellen (vgl. zur Urkundensammlung insoweit auch § 31 Abs. 4 NotAktVV, in der elektronischen Urkundensammlung sind die Vorgaben von § 34 Abs. 2 NotAktVV zu beachten). Gleiches gilt auch für eine im Verfahren der **Online-Beurkundung** erstellte elektronische Niederschrift; auch bei dieser sollte das Attest aus Beweisgründen mit verwahrt werden. Außerdem ist es ratsam, aus Gründen der Verschwiegenheit und des Datenschutzes ausdrücklich die Zustimmung der Beteiligten einzuholen, das Attest mit ausfertigen zu dürfen (bzw. ansonsten darauf zu achten, dass das Attest nicht mit ausgefertigt wird).

c) Prüfpflicht

346 Aus § 11 BeurkG lässt sich entnehmen, dass der Notar grundsätzlich die Geschäftsfähigkeit der (formell) Beteiligten überprüfen muss.

Allerdings bringt § 11 Abs. 2 BeurkG zum Ausdruck, dass der Notar bei nicht schwer erkrankten Erwachsenen in der Regel von der Geschäftsfähigkeit ausgehen darf.

347 Eine **Ausnahme** besteht für **Verfügungen von Todes wegen** (also Erbverträge und Testamente). Hier hat der Notar gemäß § 28 BeurkG **immer Feststellungen über die Geschäftsfähigkeit des Erblassers** zu treffen. Bei Verfügungen von Todes wegen hat der Notar hinsichtlich der Geschäftsfähigkeitsprüfung also **besondere Sorgfalt** zu wahren.

Weiterführender Hinweis:

Bei Testamenten ist strenggenommen die Testierfähigkeit gemäß § 2229 Abs. 4 BGB als Unterfall der Geschäftsfähigkeit zu prüfen, bei Erbverträgen hingegen die Geschäftsfähigkeit. Zwischen Testier- und Geschäftsfähigkeit bestehen allerdings – bis auf die Altersgrenze – allenfalls marginale Unterschiede.

348 Klarzustellen ist zunächst, dass hinsichtlich der Geschäftsfähigkeit ein „Generalverdacht" nicht angezeigt ist. Auch sind der Notar und seine Mitarbeiter nicht verpflichtet, jeden Beteiligten routinemäßig zu fragen, ob er unter Betreuung steht. Dies ist auch kaum zumutbar. Sobald sich jedoch **Anhaltspunkte** für eine mögliche Geschäftsunfähigkeit ergeben, muss der Notar dem nachgehen.

Merke:

Man sollte sich immer bewusst sein, dass gerade die Überprüfung der Geschäftsfähigkeit durch den Notar einen deutlichen **Mehrwert** der nach den §§ 6 ff. BeurkG (ggf. i.V.m. § 16b Abs. 1 S. 2 BeurkG) errichteten Urkunde darstellt.

d) Dokumentationspflicht

349 Im Grundsatz muss der Notar in der Urkunde **nur bei schwerer Krankheit** Feststellungen über die Geschäftsfähigkeit treffen (§ 11 Abs. 1, Abs. 2 BeurkG). In Ausnahme hierzu hat er bei **Verfügungen von Todes wegen immer** derartige Feststellungen in die Urkunde aufzunehmen (§ 28 BeurkG).

350 In **Grenzfällen** empfiehlt es sich, eine **Feststellung** in die Urkunde aufzunehmen, da gerade die Frage der Geschäftsfähigkeit sehr streitanfällig ist. Dies betrifft insbesondere General- und Vorsorgevollmachten, bei denen – ähnlich wie bei Verfügungen von Todes wegen – die Frage der Geschäftsfähigkeit großes Streitpotential hat.

Die Feststellung in der Urkunde sollte sich auch auf die Umstände beziehen, aus denen der Notar auf die Geschäftsfähigkeit schließt. Zweifelt der Notar an der Geschäftsfähigkeit, muss er diesen **Zweifel in der Urkunde vermerken**. 351

> *Formulierungsbeispiel:*
>
> Nach meiner, des Notars, im Rahmen eines persönlichen Gesprächs anlässlich der Beurkundung gebildeten Überzeugung bestehen keine Zweifel hinsichtlich der Geschäftsfähigkeit des Beteiligten.

6. Notarielle Belehrungs- und Betreuungspflicht (§ 17 Abs. 1, Abs. 2 BeurkG)

§ 17 BeurkG bildet eine der **Kernnormen** des Beurkundungsrechts. In Abs. 1 und Abs. 2 sind die wesentlichen Ermittlungs-, Beratungs-, Betreuungs- und Belehrungspflichten des Notars dargestellt (Anmerkung: Hervorhebungen durch den Verfasser): 352

§ 17 BeurkG Grundsatz

(1) Der Notar soll den **Willen der Beteiligten erforschen**, den **Sachverhalt klären**, die Beteiligten über die **rechtliche Tragweite des Geschäfts belehren** und ihre **Erklärungen klar und unzweideutig** in der Niederschrift **wiedergeben**. Dabei soll er darauf achten, daß **Irrtümer und Zweifel vermieden** sowie **unerfahrene und ungewandte Beteiligte nicht benachteiligt** werden.

(2) Bestehen Zweifel, ob das Geschäft dem Gesetz oder dem wahren Willen der Beteiligten entspricht, so sollen die Bedenken mit den Beteiligten erörtert werden. Zweifelt der Notar an der Wirksamkeit des Geschäfts und bestehen die Beteiligten auf der Beurkundung, so soll er die Belehrung und die dazu abgegebenen Erklärungen der Beteiligten in der Niederschrift vermerken.

Aus dieser Vorschrift sind folgende Pflichten des Notars abzuleiten: 353

a) Willenserforschung (siehe Rdn 355 f.),
b) Sachverhaltsklärung (siehe Rdn 357 f.),
c) Belehrung der Beteiligten (siehe Rdn 359 ff.),
d) Klare und eindeutige Wiedergabe der Erklärungen in der Urkunde (siehe Rdn 366 f.),
e) Errichtung wirksamer, unanfechtbarer und wenig streitanfälliger Urkunden (siehe Rdn 368 f.),
f) Schutz unerfahrener oder ungewandter Beteiligter vor Benachteiligung (siehe Rdn 370 ff.).

Adressat dieser Pflicht ist unmittelbar der Notar. Im Rahmen der Belehrung muss er sich an das Erfahrungs- und Auffassungsniveau der Parteien anpassen, d.h. er muss unerfahrene oder ungewandte Beteiligte intensiver belehren als geschäftsgewandte Beteiligte. 354

Obwohl sich die Pflicht an den Notar richtet, können dessen **Mitarbeiter** im Vorfeld bereits **grundlegende Aufklärungs- und Belehrungsarbeit** leisten und auf diese Weise die Beurkundungssituation entlasten, indem sie Fragen, Unklarheiten und Risiken bereits im Rahmen eines Vorgesprächs ansprechen. Das ändert nichts daran, dass der Notar bei der Beurkundung dennoch seine Pflichten nach § 17 BeurkG wahrnimmt.

Weiter sind die Mitarbeiter insoweit von Bedeutung, als sie im Rahmen der Urkundenvorbereitung gewisse Belehrungen bereits in die Urkunde aufnehmen.

a) Willenserforschung

Die Willenserforschung steht ganz am Anfang eines notariellen Beratungsgesprächs und ist ein Kernelement der notariellen Tätigkeit. Der Notar – bzw. im Vorfeld der Mitarbeiter – lotet im Rahmen der Vorbesprechung aus, **welche rechtlichen Ziele die Beteiligten verfolgen**. Hierbei zeigt er ihnen die rechtlichen **Alternativen** auf und sollte sie auch **von unsinnigen Gestaltungen abbringen**. 355

> *Hinweis:*
>
> Gerade in der Möglichkeit einer umfassenden Erforschung des Willens der Beteiligten zeigt sich der große Mehrwert einer persönlichen notariellen Beratung gegenüber Beratungsangeboten durch elektronische Rechtsdienstleister („*legal tech*“).

356 Oftmals verwenden Beteiligte im Gespräch **rechtliche Begrifflichkeiten**, deren wahren Bedeutungsgehalt sie nicht erfasst haben. Man sollte sich daher von (vermeintlichen) Fachbegriffen nicht blenden lassen. Von elementarer Bedeutung ist es in diesem Zusammenhang vielmehr, den **wirklichen Willen** der Beteiligten herauszufinden. Rechtliches Vorbringen nicht geschäftsgewandter und nicht anwaltlich beratener Beteiligter ist nicht wörtlich zu nehmen, sondern es sind die dahinterstehenden rechtlichen und/oder wirtschaftlichen **Ziele** herauszufinden.

Beispiele:

- Wenn Beteiligte „*Gütertrennung*" wünschen, geht ihr Regelungsziel oftmals aus pflichtteils- und steuerrechtlichen Gründen eher in Richtung einer modifizierten Zugewinngemeinschaft.
- Wenn Beteiligte von „*Erbpacht*" reden, meinen sie in der Regel ein Erbbaurecht. Auch dieses ist oftmals nicht sinnvoll und das gewünschte Ergebnis kann durch andere Gestaltungen (Aufteilung in Wohnungs- und Teileigentum, Dienstbarkeiten) besser erreicht werden.
- Wenn Beteiligte die Gründung einer GmbH mit Musterprotokoll wünschen, sind sie oftmals einseitig vom Kostengedanken geleitet. Sie haben aber die deutlichen Nachteile dieser Gestaltung in der Regel nicht im Blick. Hier kann den Beteiligten deutlich gemacht werden, dass eine nach Musterprotokoll gegründete GmbH auf längere Sicht sogar mehr Nebenkosten verursachen kann, wenn etwa nachträglich eine Satzungsänderung durchgeführt werden muss.

b) Sachverhaltsklärung

357 Der Notar bzw. der Mitarbeiter im Vorfeld muss den einem Vorgang zugrundeliegenden Sachverhalt klären, bevor auf dessen Grundlage überhaupt eine Rechtsauskunft gegeben, geschweige denn ein Urkundenentwurf gefertigt werden kann.

358 Da die notarielle Beurkundung maßgeblich auf der **Freiwilligkeit** der Beteiligten beruht und daher von Einvernehmlichkeit geprägt ist, hat der Notar – anders als ein Richter oder ein Staatsanwalt – **keine Ermittlungsbefugnisse**. Vielmehr muss und darf er **auf die Angaben der Beteiligten vertrauen**. Insbesondere ist es ihm nicht anzulasten, wenn Beteiligte ihm falsche Sachverhaltsauskünfte geben und er auf dieser Grundlage eine nicht der Situation angemessene Urkunde erstellt.

Praxistipps:

- Zur Klarstellung ist es oftmals sinnvoll, in der Urkunde ausdrücklich deutlich zu machen, dass die in der Urkunde wiedergegebene Tatsachengrundlage auf den Angaben der Beteiligten beruht, gewöhnlich durch die Formulierung „*nach Angabe*". Gleichwohl hat der Notar durch **gezielte Nachfragen** an entscheidenden Stellen eventuell bestehende Unklarheiten und Missverständnisse aufzuklären.
- Regelmäßig ist es sinnvoll, sich auch wichtige **Unterlagen vorab** zusenden zu lassen oder darum zu bitten, diese **zum Besprechungstermin** mitzubringen. Dies gilt namentlich für **notarielle Urkunden**. So muss sich der Notar nicht allein auf die oftmals ungenauen mündlichen Angaben der Beteiligten verlassen.
- Soweit es dem Notar – unter Berücksichtigung der Verschwiegenheitspflicht – möglich ist, selbst den Sachverhalt zu erforschen, etwa durch **Einsichtnahme** in Register bzw. Grundbuch oder durch **Nachfragen** bei Behörden, sollte er auch auf diese Weise vorgehen.

c) Belehrung der Beteiligten

359 Der Notar hat die Beteiligten über die **rechtliche Tragweite** des Geschäfts zu informieren und zu belehren. Hier sind insbesondere die mit dem intendierten Geschäft verbundenen Risiken darzulegen, auch evtl. drohende ungesicherte Vorleistungen.

Im BeurkG sind einige **Pflichtbelehrungen** niedergelegt, die **zwingend in der Urkunde enthalten** sein müssen: 360

- Hinweis auf **erforderliche gerichtliche** oder **behördliche Genehmigungen** oder **Bestätigungen** oder etwa darüber bestehende Zweifel (§ 18 BeurkG),
- Hinweis auf Notwendigkeit einer grunderwerbsteuerlichen **Unbedenklichkeitsbescheinigung** (§ 19 BeurkG),
- Hinweis darauf, dass ein **gesetzliches Vorkaufsrecht** in Betracht kommt (§ 20 BeurkG),
- Hinweis auf Möglichkeit der Registrierung einer **Vorsorgevollmacht** im **Zentralen Vorsorgeregister der Bundesnotarkammer (ZVR)** (§ 20a BeurkG),
- Hinweis auf Möglichkeit einer entstehenden **Schenkungsteuer** (§ 8 Abs. 1 S. 6 i.V.m. Abs. 4 ErbStDV),
- Hinweis auf **Briefvorlage** bei Grundpfandrechten (§ 21 Abs. 2 BeurkG).

Daneben sind bei der Beurkundung an den individuellen Einzelfall angepasste **weitere Belehrungen** zu leisten. Maßgeblich ist die **mündliche Belehrung**. Da die notarielle Urkunde kein Verlaufsprotokoll ist, muss die jeweilige Belehrung aus Rechtsgründen nicht in die Urkunde aufgenommen werden. Schon aus Beweisgründen ist dies aber sehr ratsam, etwa der Hinweis auf fehlende steuerliche Beratung. 361

Der **Umfang** der Belehrung orientiert sich hierbei ebenfalls am individuellen Einzelfall. Die Belehrung gegenüber geschäftserfahrenen Beteiligten darf z.B. weitaus kürzer ausfallen, als gegenüber unerfahrenen Verbrauchern. Die Frage, wie intensiv die Belehrung erfolgt, liegt aber im Ermessen des Notars. 362

Merke:

Auf die Belehrung kann grundsätzlich nicht verzichtet werden.

Der Notar leistet lediglich eine **rechtliche Aufklärung**; über die **wirtschaftlichen** und auch **steuerlichen**[39] Folgen und Risiken eines Geschäfts muss er zumindest im Grundsatz **nicht aufklären**. 363

Praxistipps:

- Abweichend davon hat der Notar gemäß § 8 ErbStDV auf die Möglichkeit der **Entstehung von Schenkungs- oder Erbschaftsteuer** hinzuweisen.
- Es ist außerdem ratsam, in typischen Fällen darauf hinzuweisen, dass eine Steuer entstehen kann. Dies betrifft etwa:
  - die Grunderwerbsteuer;
  - die Erbschaft- und Schenkungsteuer;
  - die Einkommensteuer aus § 23 Abs. 1 Nr. 1 EStG.[40]
- Schließlich ist der Notar zu erhöhter Sorgfalt verpflichtet, wenn die **steuerliche Gestaltung** für einen Beteiligten erkennbar im Vordergrund steht oder wenn dieser **steuerlich beraten** ist und der Notar von einer Gestaltung, die der Steuerberater vorgeschlagen hat, **abweichen** möchte.
- Ebenso ist der Notar zu einer Belehrung über die entstehenden **Kosten** nicht angehalten, es sei denn, die Beteiligten fragen ausdrücklich danach.
- Soweit der Notar dennoch über seine Pflichten hinaus belehrt, muss die Belehrung natürlich richtig sein.

39 Siehe hierzu BGH DNotZ 2008, 370; BGH DNotZ 1985, 685.
40 Vgl. hierzu auch BGH NJW 1989, 586.

- Wenn der Notar besondere Risiken identifiziert, welche die Beteiligten gleichwohl auf sich nehmen möchten, sollte in aller Regel (insbesondere bei Austauschgeschäften mit ungesicherter Vorleistung) im Wege der sog. **Doppelbelehrung**[41] vorgegangen werden:
  - In einem ersten Schritt wird das mit der vorliegenden Gestaltung verbundene Risiko beschrieben;
  - In einem zweiten Schritt wird beschrieben, wie sich dieses Risiko ausräumen ließe, ggf. flankiert durch die Bemerkung, dass die Beteiligten dennoch eine Beurkundung in anderer Gestalt wünschten.

Formulierungsbeispiel: Doppelbelehrung

Die Beteiligten wünschen keine Eintragung einer Vormerkung. Der Notar hat den Käufer auf die damit verbundenen Risiken hingewiesen, insbesondere dass er bei dieser Gestaltung mit dem Kaufpreis eine ungesicherte Vorleistung erbringt. Der Notar wies insbesondere auf das Insolvenzrisiko und das Risiko einer anderweitigen Verfügung hin, welches durch die Bestellung einer Vormerkung ausgeräumt werden könnte. Aufgrund des bestehenden Verwandtschafts- und Vertrauensverhältnisses wünschten die Beteiligten gleichwohl eine Beurkundung in der vorstehenden Form.

364 Während sich die Urkundengestaltung an den materiell Urkundenbeteiligten zu orientieren hat (siehe zu diesem Begriff Rdn 119 ff., 249), sind Adressaten der notariellen Belehrung die formell Beteiligten, also die **physisch** bei der Beurkundungsverhandlung **Anwesenden**. Der Notar darf sich in Vertretungskonstellationen also allein am Vertreter orientieren.

365 Der Notar unterliegt einer **Neutralitätspflicht**; er ist unabhängiger und unparteiischer Betreuer der Beteiligten (§ 14 Abs. 1 S. 2 BNotO). Dem ist auch schon in einem Vorgespräch durch Mitarbeiter Rechnung zu tragen. Anders als ein Rechtsanwalt, der parteiischer Vertreter ist, muss der Notar immer neutral bleiben. Er muss jeder Vertragsseite gleichermaßen die Risiken (und auch Chancen) eines beabsichtigten Rechtsgeschäfts aufzeigen, damit jede Seite auf dieser Grundlage eine autonome Entscheidung über den Abschluss des Rechtsgeschäfts treffen kann und über die damit verbundenen Gefahren aufgeklärt ist.

Praxistipp:

Hier ergeben sich immer wieder Herausforderungen in der Praxis.

- So ist der Notar auch zum Schutz unerfahrener und ungewandter Beteiligter verpflichtet (§ 17 Abs. 1 S. 2 BeurkG, siehe auch Rdn 352 ff.). Dies darf aber nicht dazu führen, dass der Notar sich einseitig auf eine Seite schlägt.
- Schließlich darf der Notar beispielsweise auch nicht ohne Weiteres Kenntnisse über die fehlende Bonität einer Vertragspartei offenbaren. Er muss in diesem Fall aber darauf achten, dass er im Vertrag ggf. besondere Sicherungsmechanismen für den Fall der Nichtleistung bzw. Insolvenz der entsprechenden Vertragspartei vorsieht.

d) Klare und eindeutige Wiedergabe der Erklärungen

366 Ist der Sachverhalt geklärt, der wahre Wille der Beteiligten erfasst und Aufklärungsarbeit über die rechtliche Tragweite geleistet, muss die Urkunde selbst formuliert werden. Hierbei ist erforderlich, dass die Erklärungen in klarer und unzweideutiger Weise wiedergegeben werden. Dies ist der Schritt, bei dem der **wahre Wille der Beteiligten in juristische Sprache** umgesetzt wird.

367 Bei der Ausformulierung ist die exakte juristische Fachterminologie zu verwenden, damit die Urkunde möglichst rechtssicher gestaltet ist. Tatsächliche Sachlagen, an die eine Rechtsfolge geknüpft ist (etwa im Rahmen einer Bedingung), sind möglichst genau zu beschreiben, damit kein unnötiger und vermeidbarer Auslegungsspielraum verbleibt, der die Urkunde streitanfällig macht.

41 Siehe dazu näher BGH MittBayNot 2012, 241, 242; BGH DNotZ 2008, 925, 926; BGH DNotZ 2006, 912.

> *Beispiel:*
>
> Bei einer testamentarischen Verfügung reicht es nicht aus, „*Geldvermögen*" zuzuwenden. Dies lässt offen, ob darunter etwa nur Bar- und Bankguthaben oder auch Wertpapiere, Lebensversicherungen, Gold, Geldforderungen, Münzsammlungen etc. fallen. Daher ist hier eine klare Definition ratsam.

e) Errichtung wirksamer, unanfechtbarer und wenig streitanfälliger Urkunden

Der Notar muss auf wirksame und unanfechtbare Urkunden hinwirken. 368

Hat der Notar **Zweifel** an der Wirksamkeit der Urkunde, muss er dies dort ausdrücklich vermerken (§ 17 Abs. 2 BeurkG). Bloße Zweifel berechtigen den Notar daher noch nicht, die Beurkundung gemäß § 14 BNotO, § 4 BeurkG abzulehnen. Ist der Notar jedoch von der Unwirksamkeit überzeugt, hat er die Beurkundung zu versagen.

Die klare und unzweideutige Wiedergabe des Willens der Beteiligten führt dazu, dass Miss- 369
verständnisse, insbesondere sog. **Willensmängel**, möglichst ausgeräumt werden. Dadurch wird das Risiko einer Anfechtbarkeit der Urkunde verringert.

f) Schutz unerfahrener/ungewandter Beteiligter, insbesondere Verbraucherschutz

Der Notar als neutrale Amtsperson ist ganz besonders dazu angehalten, unerfahrene und 370
ungewandte Beteiligte zu schützen und ausgewogene Urkunden zu errichten, welche „Waffengleichheit" zwischen den Beteiligten herstellen.

Wesentliche Ausprägung dieses Grundsatzes ist der **Verbraucherschutz**. Dieser beschränkt sich nicht nur auf einen ausgewogenen Inhalt der Urkunde, sondern betrifft auch das konkrete Beurkundungsverfahren.

Das materielle Recht enthält zahlreiche Sondervorschriften für Verbraucher. Insbesondere auch das **Recht der Allgemeinen Geschäftsbedingungen** dient vorrangig dem Verbraucherschutz.

Im Beurkundungsverfahren von besonderer Bedeutung sind die Bestimmungen des **§ 17** 371
Abs. 2a S. 2 BeurkG:[42]

> **§ 17 BeurkG Grundsatz**
>
> (...)
>
> (2a) (...) Bei Verbraucherverträgen soll der Notar darauf hinwirken, dass
>
> 1. die rechtsgeschäftlichen Erklärungen des Verbrauchers von diesem persönlich oder durch eine Vertrauensperson vor dem Notar abgegeben werden und
>
> 2. der Verbraucher ausreichend Gelegenheit erhält, sich vorab mit dem Gegenstand der Beurkundung auseinanderzusetzen; bei Verbraucherverträgen, die der Beurkundungspflicht nach § 311b Absatz 1 Satz 1 und Absatz 3 des Bürgerlichen Gesetzbuchs unterliegen, soll dem Verbraucher der beabsichtigte Text des Rechtsgeschäfts vom beurkundenden Notar oder einem Notar, mit dem sich der beurkundende Notar zur gemeinsamen Berufsausübung verbunden hat, zur Verfügung gestellt werden. Dies soll im Regelfall zwei Wochen vor der Beurkundung erfolgen. Wird diese Frist unterschritten, sollen die Gründe hierfür in der Niederschrift angegeben werden.
>
> (...)

Der Anwendungsbereich des § 17 Abs. 2a S. 2 BeurkG ist nur bei einem **Verbrauchervertrag** 372
eröffnet.

Unter Verbrauchervertrag ist dabei der **Vertrag zwischen einem Verbraucher und einem Unternehmer** zu verstehen (§ 310 Abs. 3 BGB). Nicht erfasst sind also Verträge zwischen zwei Verbrauchern oder zwischen zwei Unternehmern. Unerheblich ist auch, welche Parteirolle die Beteiligten in der konkreten Urkunde einnehmen, also etwa ob der Verbraucher Käufer oder Verkäufer im Rahmen eines Grundstückskaufvertrages ist.

42 Vgl. hierzu auch ergänzend die Rundschreiben der Bundesnotarkammer Nr. 20/2003 vom 28.4.2003, Nr. 13/2013 vom 7.6.2013 und Nr. 25/2013 vom 2.10.2013.

Verbraucher ist eine natürliche Person, die ein Rechtsgeschäft zu Zwecken abschließt, die überwiegend weder ihrer gewerblichen noch ihrer selbstständigen beruflichen Tätigkeit zugerechnet werden können (§ 13 BGB). **Unternehmer** ist eine natürliche oder juristische Person oder eine rechtsfähige Personengesellschaft, die bei Abschluss eines Rechtsgeschäfts in Ausübung ihrer gewerblichen oder selbstständigen beruflichen Tätigkeit handelt (§ 14 BGB).

Ob eine Person Verbraucher oder Unternehmer ist, ist also an ihrer **konkreten Tätigkeit** zu bemessen. Zwar ist hier eine Schwerpunktbetrachtung vorzunehmen, aber im Zweifel ist immer vom Vorliegen eines Verbrauchervertrages auszugehen.

Praxistipps:

- Auch die private Vermögensverwaltung ist in der Regel eine private Tätigkeit. Erst wenn sie in Bezug auf Organisationsgrad und Umfang ein professionelles Gepräge erhält, kann sie auf eine unternehmerische Tätigkeit hindeuten. Wenn auf der anderen Seite aber jedenfalls ein Verbraucher steht, sollte man den privaten Vermögensverwalter im Verhältnis zum anderen Vertragsteil als Unternehmer ansehen und im Zweifel die Besonderheiten des Verbrauchervertrags berücksichtigen.
- Besondere **Vorsicht** ist auch geboten, wenn ein Vertretungsorgan oder auch ein Gesellschafter einer juristischen Person im eigenen Namen Erklärungen abgibt. Auch wenn dies im Sachzusammenhang mit der Gesellschaft geschieht, ist in aller Regel von einem Verbraucherhandeln auszugehen, so etwa bei einer Bürgschafts- oder Mithafterklärung.

373 Die Abgrenzung des Verbrauchervertrags legt zwar den Anwendungsbereich des § 17 Abs. 2a S. 2 BeurkG fest. Gleichwohl sind auch bei **sonstigen Konstellationen** ungewandte und unerfahrene Beteiligte zu schützen (§ 17 Abs. 2a S. 1 BeurkG). Hier kann im Einzelfall eine Orientierung an § 17 Abs. 2a S. 2 BeurkG angezeigt sein.

Beispiel:

Ein Rechtsanwalt, der hauptsächlich im Immobilienrecht tätig ist, verkauft privat eine vermietete Gewerbeimmobilie an einen Käufer, der zum ersten Mal Grundeigentum erwirbt.

Hier handeln beide Beteiligte als Verbraucher (somit liegt kein Verbrauchervertrag vor), dennoch dürfte der Käufer besonders schutzbedürftig sein.

374 Geht man davon aus, dass kein Verbrauchervertrag vorliegt, ist es empfehlenswert, dies in der Urkunde selbst kurz darzulegen.

Maßgeblich für die Frage, ob ein Verbrauchervertrag vorliegt, sind die **materiell Urkundenbeteiligten** (siehe zu diesem Begriff Rdn 119 ff., 249).

Beispiel:

Im Beurkundungstermin erscheint ein Rechtsanwalt, der für eine Privatperson handelt, die ein Familienheim erwerben will. Verkäufer ist eine GmbH.

Hier handelt es sich um einen Verbrauchervertrag, da der Verkäufer Unternehmer ist und auf Käuferseite die Privatperson als materiell Urkundenbeteiligter ausschlaggebend ist.

375 Die notarielle Beratungspflicht besteht vornehmlich nur gegenüber den formell Urkundenbeteiligten, also denjenigen Personen, die beim Beurkundungstermin anwesend sind (siehe dazu Rdn 119 ff., 249). Daher ist bei Verbrauchern möglichst sicherzustellen, dass sie bei Rechtsgeschäften, die sie betreffen, **persönlich anwesend** sind und daher unmittelbar durch den Notar beraten werden können.

Wird ein Verbraucher dennoch im Termin vertreten (entweder durch einen Bevollmächtigten oder durch einen Vertreter ohne Vertretungsmacht vorbehaltlich Nachgenehmigung), hat der Notar darauf hinzuwirken, dass der Verbraucher durch eine Vertrauensperson vertreten wird (§ 17 Abs. 2a S. 2 Nr. 1 BeurkG).

Vertrauensperson ist, wer „im Lager“ des Verbrauchers steht. Hierzu zählen vor allem Verwandte und Freunde des Verbrauchers und auch dessen Rechtsanwalt.

Keine Vertrauensperson ist, wer in irgendeiner Weise mit der anderen Vertragspartei in Verbindung steht oder wer selbst ein abweichendes wirtschaftliches Interesse am Zustandekommen oder am Inhalt des Vertrages hat (z.B. ein Makler).

Den Notar trifft dabei eine sog. **Hinwirkungspflicht**. Das bedeutet, dass der Notar sich nach- 376
haltig bemühen[43] muss, eine Vertretung durch eine Vertrauensperson herbeizuführen. Vertrauensperson ist nur, wer dem vertretenen Beteiligten näher steht als dem anderen Beteiligten. Eine unter Verstoß gegen diese Hinwirkungspflicht errichtete Urkunde ist nicht unwirksam. Auch stellt die Errichtung einer derartige Urkunde unter Einsatz einer Nicht-Vertrauensperson nicht zwingend eine Amtspflichtverletzung des Notars dar. Vielmehr ist der Notar im Grundsatz nur verpflichtet, auf den Einsatz einer Vertrauensperson zu dringen. Die insoweit an die Erfüllung der Hinwirkungspflicht zu stellenden Anforderungen sind jedoch grundsätzlich sehr hoch, sodass die Beurkundung durch eine Nicht-Vertrauensperson eine sehr seltene Ausnahme bleiben sollte.

> *Weiterführender Hinweis:*
>
> Auch Angestellte des Notars sind keine Vertrauenspersonen. Diese sind wie der Notar selbst zur strikten Wahrung von Unabhängigkeit und Unparteilichkeit verpflichtet (vgl. § 14 Abs. 1 S. 2 BNotO) und stehen daher bildlich gesprochen genau in der Mitte zwischen den „Parteien“. Vollzugsgeschäfte sind aber von dieser Vorschrift ausgenommen, da sie nur die allgemeine Amtsausübung des Notars betreffen. Unter den Begriff des Vollzugsgeschäfts fällt ggf. auch die Beurkundung einer nachgängigen Messungsanerkennung und Auflassung. Kein Vollzugsgeschäft ist die Beurkundung von Grundpfandrechten durch entsprechend bevollmächtigte Mitarbeiter des Notars. Allerdings ist die Beurkundung von Grundpfandrechten durch einen Käufer aufgrund Finanzierungsvollmacht gestattet.[44]

Verbrauchern ist ausreichend Gelegenheit zu geben, sich mit dem Gegenstand der Beurkun- 377
dung auseinanderzusetzen (§ 17 Abs. 2a S. 2 Nr. 2 BeurkG). Diese Vorgabe wird in aller Regel dadurch realisiert, dass ihnen vor der Beurkundung der **Urkundenentwurf** zugesendet wird. Diese Grundregel gilt für jede Vertragsart.

Soweit sich eine Beurkundungspflicht aus § 311b Abs. 1 S. 1 oder Abs. 3 BGB ergibt (also Verträge über den Eigentumsübergang an Immobilien und über die Übertragung oder Belastung des Gesamtvermögens oder eines Teils davon), sieht der Gesetzgeber spezielle Regelungen vor und erlegt dem Notar insbesondere die Pflicht auf, den Vertragsentwurf dem Verbraucher mindestens zwei Wochen vor der Beurkundung zuzusenden.

Diese **Zwei-Wochen-Frist** ist **Kernelement des notariellen Verbraucherschutzes** und besonders ernst zu nehmen. Sie dient insbesondere dazu, vor Übereilung und unüberlegten Entscheidungen zu schützen und den Verbraucher vor unbedachten, ggf. durch eine gewisse „Anfangseuphorie“ geprägten Erklärungen zu bewahren (sog. **cooling-off-Phase**). Weiter soll es dem Verbraucher in dieser zweiwöchigen Überlegungsphase ermöglicht werden, eventuell mit dem Notar oder auch mit anderen rechtlichen Beratern (z.B. einem Rechtsanwalt oder Steuerberater) Rücksprache zu halten oder zumindest Fragen zu entwickeln, die bei der Beurkundung gestellt werden können.

In der notariellen Praxis ergeben sich in Bezug auf diese Zwei-Wochen-Frist vielfältige Ein- 378
zelfragen:

- **Entwurfsübersendung**
  Der Entwurf ist durch den Notar (oder dessen Sozius) selbst zu übersenden. Es handelt sich hierbei aber nicht um eine höchstpersönliche Pflicht, der Notar kann dies an seine

43 So die Formulierung von *Winkler*, BeurkG, 21. Aufl. 2023, § 17 Rn 130 ff.
44 Vgl. dazu Rundschreiben der Bundesnotarkammer Nr. 20/2003 vom 28.4.2003, Ziff. III.

Mitarbeiter delegieren. Dem Verbraucher muss jedoch klar sein, dass der **Entwurf aus der Sphäre des Notars** stammt und nicht vom Unternehmer oder vom Makler.

Eine bestimmte Form ist nicht vorgeschrieben, sodass weder die Unterschrift des Notars notwendig (wenngleich zweckmäßig) ist noch die Übersendung auf dem Postweg. Stattdessen kann der Entwurf auch per E-Mail oder per Fax übersandt werden. Es ist darauf zu achten, dass der Entwurf tatsächlich **in den Machtbereich des Empfängers** gelangt.

Gegenstand der Übersendung ist der **gesamte zu beurkundende Text einschließlich aller Anlagen und Verweisungsurkunden**. Das bedeutet, dass bei einem Bauträgervertrag auch eine gemäß § 13a BeurkG ausgelagerte (siehe hierzu Rdn 393 ff.) Teilungserklärung und Gemeinschaftsordnung, ebenso eine Baubeschreibung mitübersandt werden muss. Auch Lagepläne, die zur Anlage genommen werden, müssen übersandt werden. Die Versendung hat auch in der Urkundensprache zu erfolgen. Ist eine schriftliche Übersetzung beigefügt (siehe hierzu Rdn 416), so ist auch diese zu übermitteln. Schließlich muss der Entwurf **alle wesentlichen Angaben** enthalten, hierzu zählen insbesondere der Name der Beteiligten und der (im Einzelnen noch verhandelbare) Kaufpreis. Ein nicht an die Umstände des Einzelfalls angepasstes Muster genügt diesen Voraussetzungen also nicht.

Nicht zwingend erforderlich, aber dem Zweck der Zwei-Wochen-Frist angemessen ist es, in einem Begleitschreiben ausdrücklich darauf hinzuweisen, dass sich der Verbraucher jederzeit und auch schon im Vorfeld mit Fragen an den Notar wenden kann.

Merke: Wenn nur ein unzureichender Entwurf übersandt wurde, wird die Zwei-Wochen-Frist nicht in Gang gesetzt!

- **Fristbeginn und Fristberechnung**

  Die Frist beginnt mit dem **Zugang des Entwurfs beim Verbraucher**. Aus Beweisgründen empfiehlt es sich, den Entwurf **per E-Mail oder per Fax** zu übersenden, weil bei diesen Übermittlungswegen der Zugang leichter nachgewiesen werden kann, als der Zugang auf dem Postweg. Außerdem ist es empfehlenswert, **in der Urkunde** den **Erhalt des Entwurfs bestätigen** zu lassen.

  Formulierungsvorschlag: „(...) *bestätigt, dass er einen im Wesentlichen der heute errichteten Urkunde entsprechenden Urkundenentwurf mindestens zwei Wochen vor der heutigen Beurkundung, nämlich am (...), erhalten hat und sich hinreichend mit dem Gegenstand der Beurkundung auseinandersetzen konnte.*“

  Die Berechnung der Frist dürfte sich an den allgemeinen Fristberechnungsvorschriften der §§ 187 Abs. 1, 188 Abs. 2 BGB ausrichten. Beispiel: Geht der Entwurf an einem Mittwoch zu, kann frühestens am Donnerstag zwei Wochen darauf beurkundet werden.

- **Neubeginn der Frist**

  § 17 Abs. 2a S. 2 Nr. 2 BeurkG führt nicht dazu, dass der beurkundete Text mit dem Entwurfstext völlig identisch sein muss. Dies würde dem Zweck der Beurkundungsverhandlung widersprechen, auf Wünsche, Forderungen, Fragen der Beteiligten einzugehen und die Urkunde insoweit individuell zu gestalten.

  Gleichwohl stellt es einen **Verstoß** gegen § 17 Abs. 2a S. 2 Nr. 2 BeurkG dar, wenn sich der beurkundete Text allzu stark vom zugesandten Entwurf entfernt. Grundregel ist: Wird der Beurkundungsgegenstand in einem **wesentlichen Punkt** geändert, beginnt die Frist erneut zu laufen.[45] Wann eine derartige wesentliche Änderung vorliegt, ist im Einzelfall zu entscheiden und kann nicht pauschal beantwortet werden. Die Meinungen zu Einzelfällen gehen hier außerdem recht weit auseinander. **Im Zweifel** empfiehlt es sich, von einem **Neubeginn der Frist** auszugehen. Dies dürfte u.a. folgende Fälle betreffen:

  - signifikante Änderung des **Kaufpreises** zu Lasten des Verbrauchers,
  - Änderung der **Vertragsparteien**, etwa auch bei Erwerb nicht durch eine Gesellschaft, sondern durch deren Gesellschafter privat oder bei Erwerb durch den Ehepartner des ursprünglich vorgesehenen Erwerbers,
  - Änderung des **Vertragsobjekts**,

45 Siehe hierzu Punkt E. des Rundschreibens der Bundesnotarkammer Nr. 20/2003 vom 28.4.2003 und Punkt A.II.2. des Rundschreibens der Bundesnotarkammer Nr. 25/2013 vom 2.10.2013.

- Änderung des **Ratenplans** beim Bauträgervertrag,
- wesentliche Änderung eines **Fertigstellungstermins**.

Die Frist beginnt allerdings dann **nicht neu**, wenn es sich um eine **Abänderung** zugunsten **des Verbrauchers** handelt oder wenn die Abänderung **allein auf Veranlassung des Verbrauchers** geschah. Weiter dürfte die Frist nicht von neuem zu laufen beginnen, wenn bereits durch die Übersendung des ursprünglichen Vertrags eine hinreichende Beschäftigung mit dem Inhalt möglich war. Eine Veränderung der Erwerbsquoten mehrerer Erwerber dürfte im Regelfall auch nicht zu einem Neubeginn des Fristenlaufs führen. Selbst wenn die Frist nicht neu beginnt, ist es dennoch ratsam, den Entwurf mit Änderungen erneut zu übersenden, falls hierzu noch genügend Zeit bis zum Beurkundungstermin bleibt.

- **Unterschreiten der Frist**

  Die Zwei-Wochen-Frist bildet nach dem Gesetzeswortlaut den Regelfall. Sie kann aber unterschritten werden. In diesem Fall sind die Gründe hierfür in der Urkunde darzulegen (§ 17 Abs. 2a S. 2 Nr. 2 BeurkG a.E.).

  Eine Unterschreitung der Frist ist allerdings **nur im ganz besonders gelagerten Ausnahmefall** statthaft. Die Rechtsprechung legt dies sehr eng aus. Zum einen muss ein sachlicher Grund für eine Fristunterschreitung bestehen. Darüber hinaus muss sichergestellt sein, dass der Schutzzweck der Vorschrift bereits auf andere Weise erreicht ist. In einer jüngeren Entscheidung hat der BGH allerdings judiziert, dass auch das Erreichen des Schutzzwecks der Vorschrift selbst schon ein sachlicher Grund sein kann. Dennoch ist diese Ausnahme – auch aufgrund der Beweislastumkehr bei der Kausalität (siehe sogleich) – sehr eng zu fassen. Im konkreten Fall hatte der BGH den Schutzzweck als erfüllt angesehen, weil der beteiligte Verbraucher geschäftserfahren war und sich umfassend mit dem Entwurf auseinandergesetzt hatte, was sich auch daran zeigte, dass er konkrete und detaillierte Änderungsvorschläge zum Entwurf unterbreitete.[46]

  Als sachlicher Grund für die Unterschreitung der Frist werden außerdem ein bevorstehender Urlaub eines Beteiligten, eine anstehende Erhöhung der Grunderwerbsteuer oder die Sorge vor einem anderweitigen Verkauf des beabsichtigten Kaufgegenstands diskutiert. Eine einheitliche Meinung hierzu hat sich jedoch noch nicht herausgebildet. Zu beachten ist jedenfalls, dass selbst bei Zuerkennung eines sachlichen Grundes wohl die Rechtsprechung dahingehend auszulegen ist, dass zusätzlich der **Schutzzweck der Norm anderweitig erfüllt** sein muss. Der Fall der Sorge vor anderweitigem Verkauf ist hierbei besonders kritisch zu sehen, weil ein derartiges „Bedrohungsszenario" von einem Verkäufer oftmals künstlich heraufbeschworen wird. Der Käufer befindet sich dann genau in einer der Drucklagen, vor denen ihn die Zwei-Wochen-Frist bewahren soll. Hier ist besonders fraglich, durch welche Kompensationsmaßnahmen der Käufer hier einen der Zwei-Wochen-Frist vergleichbaren Schutz erfahren soll.

  Praxistipp: Wenn nach Meinung eines Sachbearbeiters im konkreten Einzelfall nach den vorstehend genannten Kriterien eine Fristunterschreitung in Betracht kommt, sollte der Notar frühzeitig hierzu konsultiert werden.

- **Folgen eines Verstoßes**

  Ein Verstoß gegen die Frist kann eine **Amtshaftung** des Notars auslösen. Dies gilt umso mehr, als die Rechtsprechung davon ausgeht, dass der **Notar** die **Darlegungs- und Beweislast** dafür trägt, dass der Verbraucher auch bei Einhaltung der Zwei-Wochen-Frist in gleicher Weise an der entsprechenden Beurkundung teilgenommen hätte.[47] Diesen Beweis zu erbringen, dürfte in der überwiegenden Zahl der Fälle nur sehr schwer gelingen.

Die Pflicht des Notars aus § 17 Abs. 1 S. 2 BeurkG, unerfahrene und ungewandte Beteiligte zu schützen, bezieht sich natürlich nicht nur auf den angesprochenen Schutz durch Verfahrensgestaltung, sondern auch auf die **konkrete Ausgestaltung** der einzelnen Urkunde, die ausgewogen sein muss. 379

46 BGH DNotZ 2019, 37.
47 BGH DNotZ 2015, 792.

Es würde den Rahmen dieser Darstellung deutlich sprengen, vertieft auf materiellrechtliche Urkundengestaltungen einzugehen, die vor diesem Hintergrund als kritisch zu bewerten sind.

Herausgegriffen werden sollen jedoch kurz folgende Gestaltungen:

- Bei einer **Grundpfandrechtsbestellung durch Verbraucher** dürfen diese ein persönliches Schuldanerkenntnis nur dann abgeben, wenn sie selbst auch Darlehensnehmer sind. Handelt es sich hingegen um eine Sicherheitenstellung im Rahmen eines Näheverhältnisses („Paradebeispiel“: Eltern belasten ihr Grundstück, um dem Kind für sein Hausfinanzierungsdarlehen eine Sicherheit zu stellen), kommt lediglich eine dingliche Zwangsvollstreckungsunterwerfung in Betracht, die sich also auf das Grundstück als Zugriffsobjekt beschränkt. Hierauf ist beim Entwurf von Grundschuldbestellungsurkunden immer zu achten.[48]
- Eine **systematische Aufspaltung in Angebot und Annahme** und auch eine **systematische Beurkundung mit vollmachtlosen Vertretern** ist unzulässig.
  Bei einer Aufspaltung in Angebot und Annahme können Ausnahmen bestehen, wenn ein sachlicher Grund gegeben ist. Dieser liegt etwa darin, dass bei einer Abwicklung eines größeren Bauträgerprojekts ein sog. Zentralnotar den Vollzug übernehmen soll oder dass sich dort der Bauträger vor Abgabe einer bestimmten Anzahl von Angeboten nicht binden möchte. Es ist dann aber zu beachten, dass bei Beteiligung eines Verbrauchers das alle Vertragsbedingungen enthaltende Angebot von diesem abgegeben wird und dass die Bindungsfrist unter vier Wochen bleibt. Außerdem darf keine automatische Verlängerung der Bindung durch das Angebot eintreten (sog. Fortgeltungsklausel). Ähnliches dürfte auch dann gelten, wenn statt der Aufspaltung in Angebot und Annahme die Beurkundung durch einen vollmachtlosen Vertreter vorbehaltlich Genehmigung erfolgt.[49]
- **Maklerklauseln** sind angesichts der Tatsache, dass der wirkliche Wille der Beteiligten zu erforschen ist, oftmals besonders kritisch zu sehen.
  Der Makler ist kein Urkundenbeteiligter. Es dürfte kaum dem Willen der Beteiligten entsprechen, dem Makler durch diese Klausel einen Vorteil zu verschaffen. Dies gilt zumindest für sog. konstitutive Maklerklauseln, die einen eigenständigen Anspruch für den Makler begründen, teilweise gar mit flankierender Zwangsvollstreckungsunterwerfung. Sog. deklaratorische Maklerklauseln, die nur das Zustandekommen des Vertrags auf Vermittlung des Maklers feststellen, dürften vor dem Hintergrund der Streitvermeidung noch eher dem Willen der Beteiligten entsprechen. Auch insoweit sollte aber stets kritisch hinterfragt werden, wie ausführlich und detailreich die deklaratorische Maklerklausel ggf. ausgestaltet werden sollte. Während der Makler vielfach ein großes Interesse daran haben wird, dass nicht nur der Umstand der Vermittlung durch ihn urkundlich festgehalten wird, sondern vielmehr auch Details des Maklervertrages (wie etwa die Höhe der ihm versprochenen Provision) in die Urkunde aufgenommen werden, ist alles andere als selbstverständlich, dass dies auch dem Willen und dem Interesse der Beteiligten entspricht. Wenn in Sonderfällen eine abwälzende Vereinbarung geschlossen wird und die Übernahme der Maklerkosten ein Bestandteil des Kaufpreises ist, ist die (dann konstitutive) Maklerklausel freilich gemäß § 311b Abs. 1 BGB zwingend zu beurkunden.[50]

7. Verlesungspflicht und Anlagen

380 Grundsätzlich herrscht bei der Beurkundung nach §§ 6 ff. BeurkG eine **Verlesungspflicht**. Dies gilt gemäß § 16b Abs. 1 S. 2 BeurkG auch für das Verfahren der Online-Beurkundung. Die Verlesungspflicht erstreckt sich grundsätzlich auch auf Anlagen. In engen Grenzen sieht das Gesetz aber auch **Ausnahmen** von der Verlesungspflicht vor, so etwa bei

- Karten,
- einer Simultanbeurkundung,

48 BGH DNotZ 1992, 91.

49 Vgl. hierzu auch Ziff. II.1 der Richtlinienempfehlungen der Bundesnotarkammer.

50 Vgl. hierzu auch die Rundschreiben der Bundesnotarkammer Nr. 5/2020 vom 4.12.2020 und Nr. 5/2015 vom 2.6.2015.

- Bestandsverzeichnissen und
- Bezugsurkunden.

a) Verlesungspflicht

Grundsätzlich muss der Notar im Rahmen einer Beurkundung nach §§ 6 ff. BeurkG den Beteiligten den **Inhalt der gesamten Urkunde vorlesen** (§ 13 Abs. 1 BeurkG) bzw. genauer: muss in Gegenwart des Notars vorgelesen werden. Dabei handelt es sich um eine **Muss-Vorschrift**. Fehlende Verlesung macht die Urkunde unwirksam. Die Verlesungspflicht erstreckt sich grundsätzlich auf die gesamte Urkunde, d.h. vom Urkundeneingang bis zum Abschlussvermerk. 381

Merke:

Die Frage, was verlesen werden muss, interessiert natürlich in erster Linie den Notar. Sie ist aber auch für Mitarbeiter von Bedeutung, und zwar in vielerlei Hinsicht

- in Bezug auf die Urkundengestaltung (Abschlussvermerk und Anlagen; siehe hierzu Rdn 383 ff., 441 f.),
- in Bezug auf die Terminplanung (Länge des Termins) und auch, wenn die Mitarbeiter von Beteiligten bereits im Rahmen eines Vorgesprächs danach gefragt werden.

Sinn und Zweck des Verlesens ist es zum einen, sicherzustellen, dass das, was in der Urkunde niedergelegt ist, auch wirklich dem **Willen und den Erklärungen der Beteiligten** entspricht. Eng damit verbunden ist der Zweck, den Beteiligten den Inhalt der Urkunde nochmals **zur Kenntnis zu bringen**. Schließlich dient das Verlesen auch dazu, dass der Notar eine **abschließende Richtigkeitskontrolle** vornehmen kann. 382

Hinweis:

Das Verlesen ist eine der Grundfesten der notariellen Beurkundungsverhandlung. Auch wenn es auf Außenstehende teilweise sinnlos, „*bürokratisch*", gar „*lächerlich*" wirken mag, rückt der Gesetzgeber nur in ganz engen Ausnahmefällen davon ab. Dass diese strenge Handhabung des Erfordernisses der Verlesung richtig ist, zeigt schon allein die praktische Erfahrung, dass man einen Text viel sorgfältiger überprüft und durchdenkt, wenn man ihn laut vorliest, als wenn man ihn still durchliest. Beim stummen Durchlesen (oder gar beim „Überfliegen") läuft man Gefahr, vermeintlich unwichtige Punkte zu überspringen.

b) Echte und unechte Anlagen

Oftmals sind notariellen Urkunden Anlagen beigefügt. Man unterscheidet hier zwischen sog. echten und unechten Anlagen. 383

Echte Anlagen sind in § 9 Abs. 1 S. 2 BeurkG geregelt. Dabei handelt es sich um Urkundenbestandteile, die **wesentlich zur Niederschrift gehören** und daher auch dem Verlesungserfordernis unterfallen. Der einzige Unterschied zu einem Urkundentext innerhalb der Urkunde besteht darin, dass die echte Anlage **räumlich ausgelagert** ist. 384

Sie befindet sich bei einer Beurkundung im **Präsenzverfahren** hinter der Unterschrift auf der sog. Mantelurkunde und wird nicht separat unterschrieben (wobei eine zusätzliche Unterschrift dort natürlich unschädlich ist), ist aber dennoch gewöhnlicher Urkundenbestandteil, der mit Schnur und Siegel verbunden und mit ausgefertigt wird.

Hinsichtlich der Verwahrung in der **Urkundensammlung** sind die Vorgaben von § 31 Abs. 1 NotAktVV zu beachten. Mit Blick auf die **elektronische Urkundensammlung** wird es sich regelmäßig anbieten, die Anlagen so in einen einheitlichen Scanvorgang i.S.v. § 56 BeurkG zu integrieren, dass die elektronische Fassung der Urschrift i.S.v. § 34 Abs. 2 Nr. 1 BeurkG die Anlagen bereits mit umfasst. Dies ist rechtlich jedoch nicht zwingend. Vielmehr ist es auch möglich, die Anlagen separat zu scannen und die nach § 78h Abs. 3 S. 1 BNotO erforderliche

Verbindung durch den in der Software des Elektronischen Urkundenarchives vorgesehenen Verknüpfungsmechanismus herzustellen („*sonstiges Dokument*").[51]

Bei der **Online-Beurkundung** wird es sich regelmäßig anbieten, die Anlage i.S.v. § 9 Abs. 1 S. 2 BeurkG in das der elektronischen Niederschrift zugrunde liegende Dokument zu integrieren und die zum Abschluss der (elektronischen) Niederschrift nach § 16b Abs. 4 S. 1 BeurkG erforderlichen qualifizierten elektronischen Signaturen an diesem „Gesamtdokument" anzubringen. Alternativ ist aber auch denkbar, die Anlage in einer gesonderten, nicht zwingend zu signierenden Datei zu erfassen und die nach § 78h Abs. 3 S. 1 BNotO erforderliche Verbindung durch den in der Software des Elektronischen Urkundenarchives vorgesehenen Verknüpfungsmechanismus herzustellen („*sonstiges Dokument*", vgl. dazu mit Blick auf Nachweise für die Vertretungsberechtigung auch § 34 Abs. 4 NotAktVV sowie weiterhin § 35 Abs. 2 NotAktVV).

Unbedingt zu beachten ist, dass in der „Mantelurkunde" auf die Anlage gemäß § 9 Abs. 1 S. 2 BeurkG verwiesen werden muss. Man sollte hier zur Vermeidung von Missverständnissen tatsächlich auf das Verb „*verweisen*" zurückgreifen, das dem Gesetzeswortlaut entspricht.

> *Formulierungsbeispiel:*
>
> Auf die mitverlesene Anlage 1 wird verwiesen.

385 Typischerweise werden in eine echte Anlage ausgelagert:

- **Satzungen** bei GmbH-Gründung,
- **Auflassungserklärungen** bei Vorlagesperre,
- **Baubeschreibungen** bei Bauträgerverträgen (falls nicht nach § 13a BeurkG ausgelagert),
- genaue **Ausgestaltung** einer Vorsorgevollmacht, Betreuungsverfügung, Patientenverfügung.

386 **Unechte Anlagen** hingegen dienen der bloßen **Dokumentation** und der **Kenntnisnahme** durch die Urkundenbeteiligten. Eine unechte Anlage wird **nicht verlesen**. Sie wird zwar mit der Urkunde ausgefertigt, ist aber kein Urkundenbestandteil. Die unechte Anlage nimmt daher weder an der besonderen Beweiswirkung der §§ 415 ff. ZPO teil, noch ist der Inhalt dieser Anlage beurkundet i.S.d. § 128 BGB.

387 In unechte Anlagen ausgelagert werden etwa

- nicht beurkundungsbedürftige **Vertragsverhältnisse**, die von Rechts wegen übergehen (wie etwa Mietverträge gemäß § 566 BGB),
- **Rechtsverhältnisse**, die aufgrund ihrer dinglichen Wirkung auch für den Rechtsnachfolger gelten (wie etwa nach § 10 Abs. 3 WEG in das Grundbuch eingetragene Vereinbarungen der Wohnungseigentümer),
- bei einer **Vertrags- oder Schuldübernahme** der **Gegenstand** dieser Übernahme (wie etwa Erbbaurechtsverträge),
- Rechtsnormen, die zu **Dokumentations- und Kenntnisnahmezwecken** beigefügt sind (wie etwa Bebauungspläne).

> *Praxistipp:*
>
> Rechtsnormen können aber nur dann unechte Anlagen bleiben, wenn sie bereits in Kraft sind. Andernfalls müssen sie beurkundet werden, sofern sie in den Anwendungsbereich einer entsprechenden Formvorschrift fallen. Dies betrifft etwa Bebauungspläne, die noch nicht in Kraft sind.

388 Ebenfalls unechte Anlagen sind aber auch sonstige Dokumente, die einer Urkunde – z.T. zwingend – beigefügt werden, so etwa Nachweise über die Vertretungsmacht gemäß § 12 BeurkG, Testamentsvollstreckerzeugnisse, Erbscheine oder schriftliche Übersetzungen in eine Sprache, die nicht zugleich Urkundensprache ist (siehe hierzu Rdn 416).

51 Ausführlich zum Umgang mit „*von der Haupturkunde abweichenden Unterlagen*" in der analogen wie auch digitalen Welt *Siegel/Berthold*, DNotZ 2022, 429 ff.

Sprachlich sollte bei unechten Anlagen – zur Abgrenzung gegenüber echten Anlagen – von „*Bezugnahme*" die Rede sein.

> *Weiterführender Hinweis:*
>
> Besondere Beachtung verdient mit Blick auf **Papierurkunden** hier § 49 Abs. 3 BeurkG: Werden **Abschriften** von Urkunden mit der Ausfertigung durch Schnur und Prägesiegel verbunden oder befinden sie sich mit dieser auf demselben Blatt, so genügt nach dieser Vorschrift für die Beglaubigung dieser Abschriften der **Ausfertigungsvermerk**. Gerade im Zusammenhang mit unechten Anlagen sollte hier immer klargestellt werden, welche Qualität die mit der Originalurkunde verwahrte Anlage besitzt. Wenn etwa bereits bei der Urschrift nur eine einfache Kopie der Anlage verwahrt wird, sollte dies ausdrücklich kenntlich gemacht werden (z.B. durch den Stempel „*Kopie*" auf der Anlage). Zwar ist auch eine Beglaubigung von einfachen Abschriften gemäß § 42 Abs. 1 BeurkG möglich. Doch bei der gewöhnlichen Beglaubigung ist dies aus dem Beglaubigungsvermerk unmittelbar ersichtlich. Wenn dieser Vermerk jedoch durch den Ausfertigungsvermerk ersetzt wird, sollte dies in anderer Weise klargestellt werden.

Für die Behandlung unechter Anlagen in **Urkundensammlung** und **elektronischer Urkundensammlung** gelten die Ausführungen zu den echten Anlagen i.S.v. § 9 Abs. 1 S. 2 und 3 BeurkG (siehe Rdn 384) entsprechend.

c) Karten, Zeichnungen oder Abbildungen (§ 13 Abs. 1 S. 1 Hs. 2 BeurkG)

Urkundeninhalt, der **nicht** aus **Text** besteht, kann schon aus logischen Gründen nicht verlesen 389
werden. Daher ordnet § 13 Abs. 1 S. 1 Hs. 2 BeurkG für das **Präsenzverfahren** an, dass Karten, Zeichnungen oder Abbildungen den Beteiligten **zur Durchsicht vorzulegen** sind. Auf diese Urkundenbestandteile muss im Textteil der Urkunde verwiesen werden; auch hier sollte wieder auf die korrekte Terminologie („*Verweisen*" und **nicht** „*Bezugnehmen*") geachtet werden.

Im **Online-Verfahren** läuft das Zur-Durchsicht-Vorlegen derart ab, dass den Beteiligten über das Videokommunikationssystem nach § 78p BNotO die entsprechende Datei zur Verfügung gestellt wird, sodass diese die Möglichkeit erhalten, das elektronische Dokument mittels eines Programms zu öffnen und einzusehen.

> *Praxistipp:*
>
> Im **Präsenzverfahren** ist eine **Unterschrift** auf diesen Urkundenbestandteilen zwar **nicht zwingend**, aber **sehr ratsam**, um die Genehmigung durch die Beteiligten nochmals ausdrücklich zu dokumentieren.
>
> Bei der **Online-Beurkundung** erübrigen sich entsprechende Überlegungen hingegen jedenfalls dann, wenn der beschriebene **erstgenannte** Lösungsweg beschritten wird. Werden die nach § 16b Abs. 4 S. 1 BeurkG erforderlichen qualifizierten elektronischen Signaturen an der Datei eines einheitlichen Dokuments angebracht, ist unzweifelhaft belegt, welche Dokumente Gegenstand der Beurkundungsverhandlung waren. Wird demgegenüber der **zweitgenannte** Lösungsweg einer rein technischen Verklammerung i.S.v. § 78h Abs. 3 S. 1 BNotO beschritten, könnte erwogen werden, auch die die Anlage enthaltende Datei mit qualifizierten elektronischen Signaturen zu versehen.
>
> Sollen beispielsweise in einer Karte oder einem Plan **Einzeichnungen** vorgenommen werden (z.B. der Verlauf einer Dienstbarkeit), empfiehlt es sich, dies **von den Beteiligten** (ggf. bereits in einem Vorgespräch) selbst vornehmen zu lassen, da diese die örtliche Situation besser kennen und außerdem der spätere Einwand ausgeschlossen ist, der Notar habe falsch eingezeichnet. Die Tatsache der Einzeichnung durch die Beteiligten kann auch in der Urkunde nochmals ausdrücklich klargestellt werden.

d) Simultanbeurkundung (§ 13 Abs. 2 BeurkG)

390 Bei **gleichlautenden Bestandteilen mehrerer Urkunden** reicht es im **Präsenzverfahren** auch bei mehreren Beteiligten aus, wenn diese einmal verlesen werden (§ 13 Abs. 2 BeurkG). Dies gilt gemäß § 16b Abs. 1 S. 2 BeurkG entsprechend auch im Verfahren der **Online-Beurkundung**. Allerdings ist strikt auf die notarielle Verschwiegenheit zu achten, wie § 13 Abs. 2 S. 2 BeurkG nochmal herausstellt.

> *Praxistipp:*
>
> Die Verschwiegenheit wird in der Praxis in der Regel dadurch gewahrt, dass während der Verlesung der individuellen persönlichen Daten (Personalien, Kaufpreis etc.) die weiteren bei der gemeinsamen Beurkundungsverhandlung anwesenden Beteiligten kurz vor die Tür gebeten werden. Wenn die Beteiligten damit einverstanden sind, kann aber auch insoweit eine Befreiung von der Verschwiegenheitspflicht gemäß § 18 Abs. 2 BNotO erteilt werden.
>
> Ohnehin wird bei einer Simultanbeurkundung bereits die Tatsache des Mandatsverhältnisses mit den anderen Beteiligten und auch der wesentliche Inhalt eines derartigen Vertrages zwangsläufig offenbart, sodass zumindest insoweit auf jeden Fall die **Befreiung von der Verschwiegenheitspflicht** einzuholen ist.

391 Eine Simultanbeurkundung kann eine Beurkundungsatmosphäre erzeugen, in welcher die Beteiligten dem Notar nicht so offen gegenübertreten, wie dies bei einer Einzelbeurkundung der Fall wäre. Dies betrifft insbesondere die Simultanbeurkundung von Verträgen mit Beteiligten, die sich untereinander nicht kennen. Hier kann die **Hemmschwelle**, dem Notar **Fragen zu stellen** oder auch den Notar über **Besonderheiten des Sachverhalts** zu informieren, deutlich erhöht sein.

Der Notar hat daher bei Simultanbeurkundungen seinen Pflichten nach § 17 BeurkG besonders aufmerksam und nachdrücklich nachzukommen. Das gilt in besonderer Weise gegenüber Verbrauchern. Eine Simultanbeurkundung sollte in kritischen Fällen ohnehin weitestgehend vermieden werden, um die individuelle Beratung durch den Notar sicherzustellen.

> *Weiterführender Hinweis:*
>
> In anderen Fällen kann eine Simultanbeurkundung den Beteiligten allerdings sogar dienlich sein. So kann etwa bei verwandten oder befreundeten Urkundenbeteiligten eine offene Atmosphäre entstehen, in welcher ein Beteiligter sämtliche Fragen anspricht, die ihn bewegen. Dies kann gerade für „introvertiertere“ Beurkundungsteilnehmer von Vorteil sein.

392 Um ein Ausufern von Simultanbeurkundungen mit den beschriebenen nachteiligen Folgen zu verhindern, bestimmten die **Richtlinienempfehlungen** der Bundesnotarkammer in Ziff. II.1. S. 4 lit. e), dass die gleichzeitige Beurkundung von mehr als fünf Niederschriften bei verschiedenen Beteiligten in der Regel unzulässig ist.

Die Richtlinien einiger regionaler Notarkammern sind hier noch deutlich strenger. So bestimmt etwa Ziff. II.1. S. 4 lit. e) der Richtlinien der Landesnotarkammer Bayern eine Höchstzahl von drei Beurkundungen. Bei Beurkundungen, die der Beurkundungspflicht nach § 311b Abs. 1 BGB unterfallen, liegt die Höchstzahl gleichzeitiger Beurkundungen seit einiger Zeit bei zwei.

> *Merke:*
>
> Diese Höchstzahl bezieht sich nur auf die Beurkundung mit **verschiedenen Beteiligten**. Handelt es sich um dieselben Beteiligten, gelten diese Höchstzahlen nicht. So können etwa auch mehr als fünf überwiegend gleichlautende GmbH-Gründungen zusammengefasst werden, wenn die Beteiligten identisch sind.

e) Bezugsurkunde (§ 13a BeurkG)

§ 13a BeurkG eröffnet für das **Präsenzverfahren** die Möglichkeit, auf eine bereits nach den §§ 6 ff. BeurkG errichtete Urkunde zu verweisen, ohne diese nochmals verlesen zu müssen. Dies gilt über § 16b Abs. 1 S. 2 BeurkG entsprechend auch für das Verfahren der **Online-Beurkundung**. Insbesondere ist auch eine in diesem Verfahren erstellte elektronische Niederschrift eine verweisungsfähige Urkunde i.S.d. § 13a BeurkG, da die §§ 16a ff. BeurkG doch ebenfalls Verfahrensvorschriften für die Erstellung einer (elektronischen) Niederschrift nach den Vorschriften über die Beurkundung von Willenserklärungen darstellen. 393

Gegenstand der Verweisung ist eine nach den §§ 8 ff. BeurkG (ggf. i.V.m. § 16b Abs. 1 S. 2 BeurkG) errichtete Urkunde. Diese kann auch von einem anderen Notar stammen. Es ist nicht zwingend erforderlich, dass diese Urkunde einem Beurkundungserfordernis unterlag. Sie kann auch freiwillig – und mit dem Ziel, sie als Bezugsurkunde nach § 13a BeurkG zu verwenden – beurkundet worden sein. Beglaubigungen und Tatsachenzeugnisse reichen für die Verweisung nach § 13a BeurkG allerdings nicht aus. 394

> *Beispiel:*
>
> Baubeschreibungen und Teilungserklärungen werden etwa sehr häufig – obwohl sie isoliert betrachtet ggf. keiner Beurkundungspflicht unterliegen – beurkundet, um sie dann ohne nochmaliges Verlesungserfordernis zum Bestandteil der einzelnen Bauträgerverträge zu machen.

Es gibt **kein Erfordernis der Parteiidentität** bei Bezugsurkunden. Daher ist es möglich, dass der Notar eine Bezugsurkunde auch mit einem Angestellten als einzigem Beteiligten errichtet.

Gegenstand der Verweisung können außerdem gemäß § 13a Abs. 4 BeurkG auch Karten oder Zeichnungen sein, die von einer öffentlichen Behörde innerhalb der Grenzen ihrer Amtsbefugnis mit Unterschrift und Siegel/Stempel versehen worden sind. Dies betrifft insbesondere amtliche **Aufteilungspläne**.

Der Gegenstand der Verweisung muss möglichst genau bezeichnet werden, etwa durch den beurkundenden Notar und die Urkundenrollennummer.

Die **Verweisung** nach § 13a BeurkG **bewirkt**, dass die Urkunde, auf welche verwiesen wird, originärer Bestandteil der verweisenden Urkunde ist. 395

> *Merke:*
>
> Die Verweisung nach § 13a BeurkG hat also dieselbe Wirkung, als ob der Notar den Text der Bezugsurkunde in die Haupturkunde integriert und mit ihr vorgelesen hätte.

Die Besonderheit einer Verweisung nach § 13a BeurkG liegt insbesondere in der **Befreiung vom Verlesungserfordernis**. Voraussetzung ist allerdings, dass **alle Beteiligten** ausdrücklich **auf das Verlesen verzichten**, § 13a Abs. 1 S. 1 BeurkG. 396

Außerdem können die Beteiligten auf das Beifügen zur Urkunde verzichten, § 13a Abs. 2 S. 1 BeurkG.

Der Notar hat ausdrücklich **über die Rechtsfolgen** einer Verweisung nach § 13a BeurkG zu **belehren**. 397

Weiter erstreckt sich die **notarielle Belehrungspflicht** auch auf den **Inhalt der Verweisungsurkunde**. Die Möglichkeit, auf das Vorlesen zu verzichten, entbindet den Notar nicht von seinen Pflichten nach § 17 BeurkG, was § 13a Abs. 3 S. 2 BeurkG („*unbeschadet des § 17*") auch zum Ausdruck bringt. Im Gegenteil ist die Belehrungspflicht des Notars bei einer Auslagerung besonders wichtig, weil deren Inhalt den Beteiligten ja nicht durch Vorlesen zur Kenntnis gebracht wird.

> *Praxistipp:*
>
> Der Notar – wie auch der Mitarbeiter im Vorfeld – sollte daher über den Inhalt und die Tragweite der Verweisungsurkunden informieren und hierbei auftretende Fragen beantworten.

Im Rahmen der Entwurfsübersendung i.S.d. § 17 Abs. 2a S. 2 Nr. 2 BeurkG ist auch eine Verweisungsurkunde mit zu übersenden, andernfalls läuft die Frist nicht an.

398 Die Verweisungsurkunde hat bei der Beurkundung **im Präsenzverfahren zumindest in beglaubigter Abschrift** (d.h. daneben sind auch Ausfertigung und Urschrift möglich) vorzuliegen. Andernfalls darf nicht beurkundet werden. Teilweise wird jedoch das Vorliegen einer **einfachen Abschrift** als ausreichend erachtet, wenn sich die Beteiligten damit einverstanden erklären.

Auf derartige denkbare Ausnahmen sollte in der Praxis aber nicht gesetzt werden. Vielmehr sollte regelmäßig auf die Einhaltung der Formvorgaben des § 13a BeurkG geachtet werden. Das Erfordernis des Vorliegens der Bezugsurkunde in beglaubigter oder ggf. zumindest einfacher Abschrift dient dazu, dass sich die Beteiligten deren Inhalt auch ohne förmliches Verlesen jederzeit vor Augen führen und damit nachvollziehen können, was sie zum Inhalt ihrer Erklärungen machen.

Im **Präsenzverfahren** wird es auch als ausreichend erachtet, wenn die Abschriften in elektronisch beglaubigter Form vorliegen, wenn für die Beteiligten in der Beurkundungsverhandlung tatsächlich eine Möglichkeit der Kenntnisnahme besteht (etwa mittels selbst mitgebrachter oder vom Notar zur Verfügung gestellter Laptops oder auch Tablets).

399 Im Verfahren der **Online-Beurkundung** ist es über die Verweisung in § 16b Abs. 1 S. 2 BeurkG jedenfalls formwahrend, wenn dem/den Beteiligten elektronisch beglaubigte (oder ggf. einfache elektronische) Abschriften vorliegen. Dabei muss aber sichergestellt sein, dass jeder der Beteiligten trotz der räumlichen Distanz zwischen den Beteiligten und dem Notar jederzeit während der Beurkundungsverhandlung Zugriff auf die (beglaubigte) Abschrift hat. Vor diesem Hintergrund wird es sich wegen sich sonst ggf. stellender Zugangsfragen anbieten, dass der Notar dem/den Beteiligten (auch) die Bezugsurkunde mittels des Videokommunikationssystems nach § 78p BNotO zur Verfügung stellt; alternativ ist auch eine Übersendung per E-Mail denkbar.

Unter funktionalem Blickwinkel könnte es weitergehend auch ausreichend sein, wenn der Notar den Beteiligten vor Beginn der Online-Beurkundung postalisch (beglaubigte) Abschriften zukommen lässt und diese dann allen im Wege der Distanzbeurkundung Teilnehmenden während der Online-Beurkundung zur Verfügung stehen. Berücksichtigt man Sinn und Zweck der Online-Verfahren, dürfte ein derartiges Vorgehen aber nur in Ausnahmefällen sinnvoll sein, schon aus praktischen Gründen sollte der vorbeschriebene Medienbruch nach Möglichkeit vermieden werden. Insbesondere könnten sich sonst auch bei dieser Lösung leicht vermeidbare Fragen des Zugangs stellen.

400 Bei Vorliegen einer **gemischten Beurkundung** i.S.v. § 16e BeurkG dürfte unter Berücksichtigung der vorstehend genannten Überlegungen konsequenterweise davon auszugehen sein, dass den in Präsenz Beteiligten zumindest eine (beglaubigte) Abschrift vorliegen oder zumindest für jeden Beteiligten eine Mitlesemöglichkeit in elektronischer Form bestehen muss. Für die per Videokonferenz teilnehmenden Beteiligten muss demgegenüber jeweils eine (beglaubigte) Abschrift in elektronischer Form oder ggf. auch in Papierform vorliegen.

401 Weiter müssen die **Beteiligten Kenntnis von der Urkunde** haben. Der Notar kann sich hier – wie bei anderen Sachverhaltsmitteilungen auch – auf die Angaben der Beteiligten verlassen (dies geht hier sogar aus dem Wortlaut hervor: § 13a Abs. 1 S. 1 BeurkG verlangt hier nur, dass die Beteiligten „*erklären*“, dass ihnen der Inhalt der Urkunde bekannt ist). Weiß der Notar aber positiv, dass die Beteiligten vor der Beurkundungsverhandlung gar keine Möglichkeit hatten, die Verweisungsurkunde zur Kenntnis zu nehmen, muss er die Beurkundung unterbrechen und den Beteiligten zunächst diese Gelegenheit verschaffen.

Praxistipp:

Das bedeutet für die Mitarbeiter, dass sie – auch jenseits der Frist nach § 17 Abs. 2a S. 2 Nr. 2 BeurkG – dafür Sorge tragen sollten, dass Beteiligten die Bezugsurkunde rechtzeitig zur Kenntnis gebracht wird. Hierfür reicht auch eine einfache Abschrift.

Der **Verzicht** auf Vorlesen und auf Beifügen muss ausdrücklich **in der Urkunde festgestellt**, 402
also **dokumentiert** werden (§ 13a Abs. 1 S. 2, Abs. 2 S. 2 BeurkG). Auch im Übrigen sollten die Kriterien des § 13a BeurkG kurz in der Urkunde dargestellt werden.

Verzichten die Beteiligten im **Präsenzverfahren** nicht auf das Beifügen der Bezugsurkunde, gelten für die Behandlung derselben in **Urkundensammlung** und **elektronischer Urkundensammlung** die Ausführungen zum Umgang mit echten Anlagen i.S.v. § 9 Abs. 1 S. 2 und 3 BeurkG (siehe Rdn 384) grundsätzlich entsprechend. Auch die Bezugsurkunde kann in der elektronischen Urkundensammlung entweder mit der Haupturkunde oder separat als sonstiges Dokument eingestellt werden.[52] Hat der die Haupturkunde beurkundende Notar auch die Bezugsurkunde erstellt, kann weiterhin die Herstellung einer Verbindung im **Urkundenverzeichnis** i.S.v. § 17 Abs. 1 NotAktVV erwogen werden, die rechtlich insoweit allerdings nicht verpflichtend ist.

Gleiches gilt grundsätzlich auch mit Blick auf die **Online-Beurkundung**. Insoweit erscheint aber nicht ganz unproblematisch, wie das ggf. erforderliche Beifügen bewerkstelligt werden kann. Das im Präsenzverfahren während der Beurkundungsverhandlung allein erforderliche lose physische „Zur-Niederschrift-Nehmen" ist bei der Online-Beurkundung zumindest auf den ersten Blick nur schwer möglich. Soll der Niederschrift – verfahrensrechtlich ausreichend – eine elektronische einfache Abschrift beigefügt werden, erscheint es – ähnlich wie im Rahmen von § 9 Abs. 1 S. 2 und 3 BeurkG – aber durchaus denkbar, die eigentliche Niederschrift sowie die Bezugsurkunde zu einem einheitlichen, dem Signaturprozess zu unterwerfenden Dokument zusammenzufügen.

Bei Verwendung einer elektronisch beglaubigten Abschrift muss zum Erhalt des Beweiswerts der (elektronischen) Niederschrift hingegen in diese selbst oder auch auf ein in die Niederschrift integriertes gesondertes Vermerkblatt ein Beglaubigungsvermerk i.S.d. § 39 BeurkG aufgenommen werden, in welchem die Übereinstimmung des Inhalts der Bezugsurkunde mit dem betreffenden Teil der Niederschrift bestätigt wird. Die vom Notar nach § 16b Abs. 4 S. 1 BeurkG an der elektronischen Niederschrift anzubringende qualifizierte elektronische Signatur umfasst technisch dann das gesamte Dokument einschließlich etwaig beigefügter Vermerke.

Liegt dem Notar hingegen zunächst nur eine (beglaubigte) Abschrift der Bezugsurkunde in Papierform vor, ist diese gemäß § 39a BeurkG zu digitalisieren und dann wie oben beschrieben zu verfahren.

Formulierungsbeispiel:

Auf die Niederschrift des Notars (…) aus (…) vom (…), UVZ-Nr. (…)/(…), wird gemäß § 13a BeurkG verwiesen. Die Beteiligten erklären, dass ihnen der Inhalt dieser Urkunde bekannt ist, und verzichten auf das Vorlesen sowie auf das Beifügen der Urkunde zu dieser Niederschrift. Die Verweisungsurkunde lag bei der Beurkundung in beglaubigter Abschrift (*alternativ*: Ausfertigung/Urschrift) vor. Über die Bedeutung dieser Verweisung hat der Notar belehrt.

Ziff. II. 2 der Richtlinienempfehlungen der Bundesnotarkammer erklärt die **missbräuchliche** 403
Auslagerung geschäftswesentlicher Vereinbarungen in Bezugsurkunden für **unzulässig**.

Rein formell wäre es durchaus statthaft, die überwiegenden Bestandteile eines Kaufvertragsmusters einmal mit einem Angestellten zu beurkunden und sodann nur noch auf diese Be-

52 Ausführlich zum Umgang mit „*von der Haupturkunde abweichenden Unterlagen*" in der analogen wie auch digitalen Welt *Siegel/Berthold*, DNotZ 2022, 429 ff.

zugsurkunde zu verweisen. Dies wäre aber ein Missbrauch und ist insbesondere auch unter Verbraucherschutzgesichtspunkten kritisch zu bewerten. Insbesondere die – für die notarielle Tätigkeit elementare – Funktion des Vorlesens, nämlich den Beteiligten den Inhalt der Urkunde zur Kenntnis zu bringen und sicherzustellen, dass er ihrem wirklichen Willen entspricht, wäre durch eine solche Auslagerung ihres Kerns beraubt. Lediglich die notarielle Selbstkontrolle ist auch bei einer Verweisungsurkunde noch gegeben. Auch diese ist aber erheblich abgeschwächt, sofern ein anderer Notar die Beurkundung der Verweisungsurkunde vorgenommen hat.

404 Die Unzulässigkeit einer Auslagerung setzt an zwei Gesichtspunkten an:

- **Geschäftswesentlichkeit** der ausgelagerten Vereinbarungen und
- **Missbräuchlichkeit** der Auslagerung.

Geschäftswesentlich sind insbesondere Bestimmungen, die mit den Hauptpflichten des Vertrages unmittelbar zu tun haben, etwa der Kaufpreis, dessen Fälligkeit, das Vertragsobjekt, die Gewährleistungsregelungen, der Besitzübergang. Weiter dürften die wesentlichen Belehrungen und Hinweise des Notars zu diesen Vereinbarungen zählen.

Hinzukommen muss gleichzeitig die Missbräuchlichkeit der Auslagerung. Diese ist vor allem dann gegeben, wenn bewusst die **Schutzfunktion des Vorlesens umgangen** wird, etwa um für eine Partei besonders nachteilige Regelungen zu „verstecken" oder diskussionswürdige und für eine Partei besonders wichtige Punkte nicht aufkommen zu lassen.

> *Merke:*
>
> Als Faustregel kann man sich merken: Je individueller und ungewöhnlicher eine Regelung ist, desto ungeeigneter ist sie für eine Auslagerung.

405 Grundsätzlich ist im **Zweifel bei der Auslagerung** nach § 13a BeurkG Zurückhaltung zu üben. Die Frage der Auslagerung obliegt dem Verfahrensermessen des Notars. Er ist im Zweifel frühzeitig hinsichtlich dieser Frage zu konsultieren.

> *Beispiel:*
>
> Die Auslagerung der Baubeschreibung, der Teilungserklärung und der Gemeinschaftsordnung ist im Rahmen von Bauträgerverträgen sehr verbreitet. Diese Regelungen können als **geschäftswesentlich** eingeordnet werden:
>
> - Die Baubeschreibung legt die vereinbarte Beschaffenheit des Objekts dar und ist letztlich Grundlage für eine Mängelgewährleistung.
> - Die Teilungserklärung umgrenzt den Umfang des Sondereigentums.
> - Die Gemeinschaftsordnung legt Sondernutzungsrechte fest und regelt grundsätzlich den Umgang der späteren Wohnungseigentümer miteinander.
>
> Dennoch ist eine derartige Auslagerung nicht missbräuchlich. Sie dient nämlich nicht dazu, eine Regelung zu verstecken, sondern wird angewandt, um das Beurkundungsverfahren nicht mit zu viel Details zu überfrachten, welche den Beteiligten die Konzentration für das Wesentliche – nämlich etwa den Ratenzahlungsplan, den Kaufpreis, den Fertigstellungstermin etc. – nehmen könnte.

Folgerichtig stellt auch Ziff. II. 2. Hs. 2 der Richtlinien der Bundesnotarkammer ausdrücklich klar, dass die Auslagerung technischer Leistungsbeschreibungen in der Regel nicht missbräuchlich ist. Das dürfte sich bereits daraus ergeben, dass der Notar juristische, aber keine technische Beratung leisten kann.

f) Bestandsverzeichnisse, einzelne Erklärungen bei Grundpfandrechten (§ 14 BeurkG)

406 § 14 BeurkG stellt für das **Präsenzverfahren** eine weitere **Ausnahme vom Verlesungserfordernis** zur Verfügung. Anders als bei § 13a BeurkG muss der betreffende Urkundeninhalt nicht an anderer Stelle von einem Notar vorgelesen worden sein. Vielmehr werden **Bestandteile, die in der Urkunde selbst enthalten sind**, für nicht zwingend vorlesebedürftig erklärt.

Dies gilt über § 16b Abs. 1 S. 2 BeurkG entsprechend auch für das Verfahren der **Online-Beurkundung**.

Der **Anwendungsbereich** des § 14 BeurkG ist eng gezogen und auch nicht durch Analogie erweiterbar. Nach seiner systematischen Stellung betrifft § 14 BeurkG die Beurkundung von Willenserklärungen gemäß §§ 8 ff. BGB. 407

Entgegen § 38 BeurkG ist diese Vorschrift jedoch **auf eidesstattliche Versicherungen** (siehe hierzu näher Rdn 455 ff.) **nicht** anzuwenden. Hintergrund ist, dass aufgrund der mit einer eidesstattlichen Versicherung verbundenen Strafdrohung jeglicher Inhalt, dessen Richtigkeit versichert wird, dem Beteiligten nochmals eindrücklich durch Vorlesen vor Augen geführt werden soll.

Sachlich sind von der Verweisungsmöglichkeit des § 14 BeurkG zum einen **Bestandsverzeichnisse** über 408

- Sachen,
- Rechte und
- Rechtsverhältnisse

erfasst.

Als Beispiel werden hierfür vom Gesetz Bilanzen, Inventare und Nachlassverzeichnisse genannt.

> *Weiterführender Hinweis:*
>
> Dass das Nachlassverzeichnis hier aufgeführt wird, ist etwas verwirrend. Denn zumindest Nachlassverzeichnisse gemäß § 2314 Abs. 1 S. 3 BGB werden in der Regel gar nicht gemäß §§ 6 ff. BeurkG beurkundet, sondern lediglich als Tatsachenzeugnis gemäß § 36 BeurkG errichtet.

Generell ist unter Bestandsverzeichnis in diesem Sinne eine geordnete Zusammenstellung von Tatsachen zu verstehen, in der Regel in Form einer Liste. Im Einzelnen: 409

- **Inhalt** eines Bestandsverzeichnisses können nur **Tatsachenerklärungen** sein, keine rechtlich relevanten Willenserklärungen.
- Schließlich ergibt bereits der Wortlaut „*Bestandsverzeichnis*“, dass es sich um die Beschreibung von **Tatsachen der Vergangenheit oder Gegenwart** handeln muss. In die Zukunft gerichtete Fragen dürfen nicht nach § 14 BeurkG ausgelagert werden, sondern dort kann allenfalls nach § 13a BeurkG vorgegangen werden (siehe hierzu Rdn 393 ff.). So ist beispielsweise die Auslagerung einer Baubeschreibung (also einer Beschreibung der geplanten Einrichtung und Ausstattung eines noch zu errichtenden Gebäudes) nur nach § 13a BeurkG, aber nicht nach § 14 BeurkG möglich.

> *Beispiele: Statthafte Auslagerungen nach § 14 BeurkG*
>
> - Bilanzen beim Unternehmenskaufvertrag,
> - Inventar beim Unternehmenskaufvertrag,
> - Mitarbeiterliste beim Unternehmenskaufvertrag,
> - Liste der anhängigen Rechtsstreite beim Unternehmenskaufvertrag,
> - Liste der Mieter beim Grundstückskaufvertrag,
> - Liste der mitverkauften beweglichen Gegenstände beim Grundstückskaufvertrag,
> - Hausrats- und Einrichtungsverzeichnis bei der Scheidungsvereinbarung (zwecks Aufteilung unter den Ehegatten),
> - Verzeichnis der Nachlassgegenstände beim Erbauseinandersetzungsvertrag.

Alle **Erklärungen** bei der Bestellung von **Grundpfandrechten** (und von Schiffshypotheken sowie von Registerpfandrechten an Luftfahrzeugen), die **nicht im entsprechenden Register angegeben** werden, können (Ausnahme Zwangsvollstreckungsunterwerfung) ebenfalls nach § 14 BeurkG ausgelagert werden. 410

Zu den **nicht auslagerungsfähigen Teilen** bei einer Grundschuld gehören damit – neben der Zwangsvollstreckungsunterwerfung –

- eine grundbuchrechtliche Bewilligung,
- die Angaben von Gläubiger,
- Geldbetrag,
- Zinsen und Nebenleistungen,
- evtl. Briefausschluss,
- Rangregelungen und die Löschungsvormerkung.

411 **Verfahren**

Dem Wortlaut des § 14 BeurkG („*Schriftstück*", „*verwiesen*", „*beigefügt*") wird entnommen, dass eine **gewisse räumliche Trennung** zwischen dem nicht vorgelesenen und dem vorgelesenen Schriftstück bestehen muss. In der Regel empfiehlt sich eine Behandlung der nicht vorgelesenen Teile als Anlage, oder zumindest eine deutliche Zweiteilung innerhalb der Urkunde.

Im vorgelesenen Teil der Urkunde muss – ähnlich wie bei Karten, Zeichnungen etc. – auf den nicht vorgelesenen Teil **verwiesen** werden. Die Beteiligten müssen auf das Vorlesen ausdrücklich verzichten. Das Schriftstück muss ihnen stattdessen zur Kenntnisnahme vorgelegt werden. Sie haben es im **Präsenzverfahren** (zum Verfahren der Online-Beurkundung siehe Rdn 389) auf jeder einzelnen Seite zu unterschreiben.

Mit der Auslagerung nach § 14 BeurkG wird das betroffene Schriftstück also zu einer **echten Anlage** (siehe hierzu Rdn 383 ff.), **ohne** dass diese hier **verlesen** wird. Die entsprechende Anlage ist auch mit auszufertigen.

Für die Behandlung von Bestandsverzeichnissen i.S.v. § 14 BeurkG in **Urkundensammlung** und **elektronischer Urkundensammlung** im **Präsenzverfahren** gelten daher die Ausführungen zum Umgang mit echten Anlagen i.S.v. § 9 Abs. 1 S. 2 und 3 BeurkG (siehe Rdn 384) grundsätzlich entsprechend.[53]

> *Praxistipp:*
>
> Die Unterschrift muss hierbei im **Präsenzverfahren** nicht zwingend während der Beurkundung geleistet werden. So ist es möglich, dass die Beteiligten ein bereits unterschriebenes Exemplar mitbringen. Ebenfalls ist es im Fall vergessener Unterschriften möglich, diese nach Beendigung der Beurkundungsverhandlung nachzuholen.

412 Gleiches gilt grundsätzlich auch mit Blick auf das Verfahren der **Online-Beurkundung**. Versucht man, die Verfahrensvorgaben für eine Verweisung i.S.v. § 14 BeurkG auf dieses zu übertragen, erscheint es zunächst– ähnlich wie auch i.S.v. § 9 Abs. 1 S. 2 und 3 BeurkG und ggf. auch i.S.v. § 13a Abs. 2 BeurkG – denkbar, die zum Abschluss der (elektronischen) Niederschrift erforderlichen qualifizierten elektronischen Signaturen an der Datei eines einheitlichen, auch das Bestandsverzeichnis enthaltenden Dokuments anzubringen. Alternativ ist auch bezüglich § 14 BeurkG wiederum denkbar, das Bestandsverzeichnis in einer gesonderten, an sich nicht zwingend zu signierenden Datei zu erfassen und die nach § 78h Abs. 3 S. 1 BNotO erforderliche Verbindung durch den in der Software des elektronischen Urkundenarchives vorgesehenen Verknüpfungsmechanismus herzustellen („*sonstiges Dokument*", vgl. dazu mit Blick auf Nachweise für die Vertretungsberechtigung auch § 34 Abs. 4 NotAktVV sowie weiterhin § 35 Abs. 2 NotAktVV).

Nach beiden Lösungsansätzen stellt sich allerdings weitergehend die Frage, wie die Vorgabe des § 14 Abs. 2 S. 1 BeurkG, wonach das den Beteiligten zur Kenntnisnahme vorgelegte **Schriftstück** – ggf. auf jeder einzelnen Seite – **von jedem Beteiligten unterschrieben** werden soll, im Verfahren der **Online-Beurkundung** entsprechend umgesetzt werden kann. Ähnlich

53 Ausführlich zum Umgang mit „*von der Hauptturkunde abweichenden Unterlagen*" in der analogen wie auch digitalen Welt *Siegel/Berthold*, DNotZ 2022, 429 ff.

wie auch i.S.v. § 13a BeurkG sind insoweit voll-digitale wie auch gemischt digital-analoge Lösungen denkbar.

Eine **vollständig digitale Lösung** kann theoretisch dadurch erreicht werden, dass die Anlage Seite für Seite einzeln in digitaler Form erstellt, jeweils einzeln von allen Beteiligten mit einer qualifizierten elektronischen Signatur versehen und anschließend wie beschrieben (siehe Rdn 384) i.S.v. § 78h Abs. 3 S. 1 BNotO mit der (elektronischen) Niederschrift verbunden wird. Während dieses Vorgehen bei kürzeren Anlagen noch denkbar erscheint, dürfte es jedenfalls bei in der Praxis regelmäßig zu bewältigenden umfangreicheren Anlagen nicht praktikabel sein.

Alternativ kann im Sinne einer **gemischt digital-analogen Lösung** erwogen werden, dass die Beteiligten – was wie bereits festgestellt überwiegend für zulässig erachtet wird – die Anlage bereits im Vorfeld der Beurkundungsverhandlung in Papierform unterzeichnen und die Anlagen dann – im Sinne des oben erstgenannten Lösungsweges – gescannt zum Bestandteil der (elektronischen) Niederschrift gemacht werden, die am Ende von dem/den Beteiligten und dem Notar signiert wird.

Ausdrücklich klargestellt wird in § 14 Abs. 2 S. 2 BeurkG, dass § 17 BeurkG unberührt bleibt. 413
Der Notar hat also **auch** hinsichtlich des **nicht verlesenen Teils** der Urkunde seiner **Beratungs- und Belehrungspflicht** nachzukommen. Vielmehr gilt dies hier sogar in besonders hohem Maße, weil die Beteiligten den Inhalt nicht nochmals durch Verlesen unmittelbar vor Augen geführt bekommen. Eine solche Belehrung sollte auch auf die Rechtswirkungen des § 14 BeurkG eingehen.

Weiter ist im Rahmen der Entwurfsübersendung i.S.d. § 17 Abs. 2a S. 2 Nr. 2 BeurkG natürlich auch die **Verweisungsurkunde** nach § 14 BeurkG zu **übersenden**, andernfalls läuft die Zwei-Wochen-Frist nicht an.

Dokumentation: 414

Gemäß § 14 Abs. 3 BeurkG ist in der Niederschrift ausdrücklich festzustellen, dass die Beteiligten auf das Verlesen verzichtet haben. Weiter ist festzustellen, dass den Beteiligten das Schriftstück zur Kenntnisnahme vorgelegt worden ist.

> *Weiterführender Hinweis:*
>
> Der Hinweis auf den Verzicht auf das Vorlesen ist als Muss-Vorschrift, der Hinweis auf die Vorlage als Soll-Vorschrift ausgestaltet (siehe hierzu näher Rdn 245). Verstöße haben mithin unterschiedliche Wirkung. Gleichwohl muss der Notar (und seine Mitarbeiter) beiden Vorgaben gleichermaßen nachkommen, weshalb hier und auch an anderen Stellen in diesem Buch nicht zwischen Muss- und Sollvorschriften differenziert wird.

> *Formulierungsbeispiel:*
>
> Die Anlage 1 enthält die Bilanz des Kaufgegenstands zum 31.12.2018. Auf diese Anlage wird verwiesen. Die Beteiligten verzichteten auf das Vorlesen dieser Anlage; stattdessen wurde ihnen diese zur Kenntnisnahme vorgelegt und auf jeder Seite unterschrieben. Der Notar hat über die Bedeutung dieser Verweisung sowie über den Inhalt dieser Anlage belehrt.

8. Auslandsberührung

Die notarielle Praxis ist in folgender Hinsicht mit Auslandsberührung konfrontiert: 415

- Zum einen in **sprachlicher Hinsicht**:
  Nicht selten hat man es mit Urkundenbeteiligten zu tun, die der deutschen Sprache nicht mächtig sind, oder es wird gewünscht, zur Verwendung der Urkunde im Ausland diese in einer anderen Sprache als in Deutsch abzufassen.

- Zum anderen im Sinne des **internationalen Privat- und Verfahrensrechts**:
  Wenn ein Sachverhalt Anknüpfungspunkte zu anderen Staaten aufweist, stellt sich die Frage der anwendbaren Rechtsordnung und ggf. auch die Frage der Anerkennung einer Urkunde bzw. der Durchsetzung einer vollstreckbaren Urkunde im Ausland.

a) Sprachkenntnisse

416 **Urkundensprache (§ 5 BeurkG)**

Bei Urkundenbeteiligten ohne Kenntnisse der deutschen Sprache ist Ausgangspunkt der Überlegungen immer, welche Sprache **Urkundensprache** sein soll. Unter der Urkundensprache versteht man diejenige Sprache, in der die originäre Urkunde abgefasst ist und verlesen wird.

Nach § 5 Abs. 1 BeurkG ist die deutsche Sprache der Regelfall. Soweit der Notar aber einer Fremdsprache mächtig ist, kann er auch diese Sprache als Urkundensprache heranziehen (§ 5 Abs. 2 BeurkG).

Anerkannt ist auch, dass **zwei** (oder sogar noch mehr) **Urkundensprachen** nebeneinanderstehen können. Dies ist aber in der Regel **nicht sinnvoll**, weil hierdurch Auslegungsprobleme entstehen können, wenn die Sprachfassungen unbemerkt voneinander abweichen.[54]

Wichtig ist bei mehrsprachigen Urkunden vor allem, die Urkundensprache klar festzulegen. Dies sollte in der Urkunde ausdrücklich vermerkt sein.

> *Formulierungsbeispiel:*
>
> Die Urkundensprache ist deutsch.

Der Notar ist nicht verpflichtet, in einer anderen als in der deutschen Sprache zu beurkunden. Die Urkundengewährungspflicht erstreckt sich nämlich nur auf deutsche Urkunden (§ 15 Abs. 1 S. 2 BNotO).

417 **Mündliche/Schriftliche Übersetzung bei Sprachunkundigkeit (§§ 16, 32 BeurkG)**

§§ 16, 32 BeurkG regeln für das **Präsenzverfahren** die Notwendigkeit einer Übersetzung bei Sprachunkundigkeit. Über § 16b Abs. 1 S. 2 BeurkG gilt dies entsprechend auch für das Verfahren der **Online-Beurkundung**.

Ausgehend von der Urkundensprache ist zu fragen, ob die (formell) Beteiligten dieser Sprache hinreichend mächtig sind. Wenn dies der Fall ist, braucht – im Gegenschluss aus § 16 BeurkG – **keine** mündliche oder schriftliche **Übersetzung** stattfinden.

> *Praxistipp:*
>
> Die Urkundensprache kann auch gezielt so gewählt werden, dass keine Übersetzung notwendig ist. Gibt es etwa drei Beteiligte bei der Urkunde, davon zwei Deutsche und ein spanischer Muttersprachler, kann, wenn alle drei des Englischen mächtig sind, das Englische als Urkundensprache gewählt werden (sofern der Notar, was der Regelfall sein wird, Englisch spricht).

Wann ein Beteiligter einer Fremdsprache **hinreichend mächtig** ist, ist ggf. anhand eines **Vorgesprächs** mit dem Betreffenden herauszufinden. Dies ist eine Wertungsentscheidung im Einzelfall, die nicht immer leicht zu treffen ist. Anhaltspunkte gibt aber § 16 Abs. 1 BeurkG selbst, der auf die Angabe des Beteiligten und die **Überzeugung** des Notars abstellt. Dies bedeutet, dass sowohl der Beteiligte als auch der Notar überzeugt sein müssen, dass er der entsprechenden Sprache hinreichend mächtig ist.

> *Praxistipp:*
>
> Maßstab hierfür dürfte nicht eine verhandlungssichere Beherrschung auf Muttersprachenniveau sein. Jeder der Beteiligten sollte aber über Sprachkenntnisse verfügen, die es ihm möglich machen, die Tragweite der Urkunde und auch die wesentlichen Detailbestimmun-

54 Vgl. hierzu etwa BGH NJW 2019, 2020.

gen zu verstehen. Hier dürfte es in erster Linie auf das Textverständnis ankommen („*passive Sprachbeherrschung*"). Natürlich muss der Beteiligte sich aber auch mündlich einigermaßen artikulieren können („*aktive Sprachbeherrschung*"), um Fragen zu stellen.

Übersetzung
Für jeden Beteiligten, welcher der Urkundensprache nicht hinreichend kundig ist, muss zwingend übersetzt werden, § 16 Abs. 2 S. 1 BeurkG.

> *Merke:*
>
> Dies gilt ebenso, wenn zwei Urkundensprachen gewählt wurden. Dann muss jeder Beteiligte beide Sprachen verstehen.

Die Übersetzung hat hierbei zunächst **mündlich** zu erfolgen. Wird vom betroffenen Beteiligten **zusätzlich** eine **schriftliche Übersetzung** verlangt, ist diese anzufertigen, dem Beteiligten zur Durchsicht vorzulegen und der Niederschrift beizufügen (§ 16 Abs. 2 S. 2 BeurkG).

> *Merke:*
>
> Eine schriftliche Übersetzung i.S.d. § 16 Abs. 2 S. 2 BeurkG macht aus der Sprache der Übersetzung keine Urkundensprache!

Mit Blick auf das **Präsenzverfahren** muss die schriftliche Übersetzung **nicht unterschrieben** werden. Weiter muss sie auch nicht mit Schnur und Siegel mit der Urkunde verbunden, sondern ihr nur **beigefügt** und so in der **Urkundensammlung** verwahrt werden.[55] Sinnvoll ist eine Verbindung mit der Urkunde gleichwohl. In der **elektronischen Urkundensammlung** sind wiederum die Vorgaben von § 34 Abs. 1 und 2 NotAktVV zu beachten, ähnlich wie etwa auch mit Blick auf echte Anlagen i.S.v. § 9 Abs. 1 S. 2 und 3 BeurkG (siehe oben Rdn 384) wird es sich regelmäßig anbieten, Niederschrift und schriftliche Übersetzung durch einen einheitlichen Scanvorgang in eine elektronische Fassung der Urschrift i.S.v. § 56 BeurkG zu überführen und diese in die elektronische Urkundensammlung zu überführen. Möglich wäre aber auch, sich unter Verwendung des in der Software des Elektronischen Urkundenarchivs vorgesehenen Verknüpfungsmechanismus der technischen Klammer i.S.v. § 78h Abs. 3 S. 1 BNotO zu bedienen („*sonstiges Dokument*"). Schließlich kann auch die schriftliche Übersetzung in einer **zweiten Spalte** neben der Urkundensprache geführt werden. Dann ist jedoch klar herauszustellen, dass es sich hierbei lediglich um eine Übersetzung handelt und nicht um eine zweite Urkundensprache.

Diese Grundsätze gelten über § 16b Abs. 1 S. 2 BeurkG entsprechend auch für das Verfahren der **Online-Beurkundung**. Das Vorlegen zur Durchsicht erfolgt sinnvollerweise wiederum direkt über das Videokommunikationssystem nach § 78p BNotO (vgl. Rdn 389). Soweit nicht ohnehin eine zweispaltige Darstellung gewählt wird, kann die Beifügung – ähnlich wie auch i.S.v. §§ 9, 13a und 14 BeurkG – wiederum dadurch erreicht werden, dass ein einheitliches, auch die Übersetzung umfassendes und dem Signaturprozess zu unterwerfendes Dokument geschaffen wird. Alternativ kann auch erwogen werden, sich unter Verwendung des in der Software des elektronischen Urkundenarchives vorgesehenen Verknüpfungsmechanismus allein der technischen Klammer i.S.v. § 78h Abs. 3 S. 1 BNotO zu bedienen („*sonstiges Dokument*", vgl. Rdn 234).

convenience translation
Eine von einer Übersetzung i.S.v. § 16 Abs. 2 S. 2 strikt zu unterscheidende, in der Rechtspraxis sehr häufig genutzte Lösung stellt die sog. **convenience translation** dar. Dabei handelt es sich um eine schriftliche Übersetzung, die ohne Veranlassung gemäß § 16 Abs. 2 S. 2 BeurkG allein aus Gründen der erleichterten Verwendbarkeit im Ausland der Urkunde beigefügt wurde. Dies ist nur möglich, wenn keine schriftliche Übersetzung nötig ist (weil die Beteiligten

55 Ausführlich zum Umgang mit „*von der Haupturkunde abweichenden Unterlagen*" in der analogen wie auch digitalen Welt *Siegel/Berthold*, DNotZ 2022, 429 ff.

allesamt die Urkundensprache(n) verstehen) oder wenn keine schriftliche Übersetzung verlangt wurde (in letzterem Fall würde es sich aber lohnen, den Weg über die schriftliche Übersetzung des § 16 Abs. 2 S. 2 BeurkG zu gehen). Eine derartige „*convenience translation*" ist aber nicht mit einer Richtigkeitsgewähr für die Übersetzung verbunden – auf diese Tatsache sollte ausdrücklich hingewiesen werden. **Richtigkeitsgewähr** bietet nur die **Übersetzungsbescheinigung** gemäß § 50 BeurkG (siehe hierzu Rdn 419).

Für die Behandlung der concenience translation in **Urkundensammlung** und **elektronsicher Urkundensammlung** gelten die Ausführungen zum Umgang mit der schriftlichen Übersetzung bei Sprachunkundigkeit (siehe Rdn 416) entsprechend.

Bei **Verfügungen von Todes** wegen ist mit Blick auf den Erblasser das Regel-Ausnahme-Verhältnis umgekehrt: Grundsätzlich kann eine schriftliche Übersetzung verlangt werden, es sei denn, der Erblasser verzichtet darauf (§ 32 BeurkG).

Praxistipp:

Natürlich können Pflicht zur Übersetzung und Verlesen der Urkunde in Urkundensprache auch zusammenfallen, wenn zwei Urkundensprachen gewählt werden.

Beispiel:

Ein Beteiligter versteht Deutsch und Englisch, ein anderer Beteiligter nur Englisch. Urkundensprachen sind Deutsch und Englisch. Daher muss die Urkunde in beiden Sprachen verlesen werden.

Strenggenommen müsste dem allein Englischsprachigen nun gemäß § 16 Abs. 2 noch die deutsche Urkunde mündlich und auf Verlangen schriftlich übersetzt werden. Beides ist aber dadurch schon abgedeckt, dass Englisch ebenfalls Urkundensprache ist und daher mündlich verlesen und schriftlich abgebildet ist.

Person des Übersetzers

Zunächst kann der **Notar selbst** übersetzen, wenn er die Fremdsprache entsprechend beherrscht.

Tut er dies nicht, kann ein **Dolmetscher** hinzugezogen werden. Dieser ist gemäß § 16 Abs. 3 S. 3 BeurkG zu vereidigen, wenn er nicht allgemein vereidigt ist – es sei denn, die Parteien verzichten darauf, was der Regelfall ist.

Im **Präsenzverfahren** ist die Niederschrift **auch vom Dolmetscher zu unterzeichnen** (§ 16 Abs. 3 S. 5 BeurkG). Das bedeutet, dass der Dolmetscher auch bereits im Urkundeneingang erwähnt sein sollte.

Für den Dolmetscher gelten die **Ausschließungsgründe und Mitwirkungsverbote** der §§ 6, 7 BeurkG entsprechend (§ 16 Abs. 3 S. 2 BeurkG). Das bedeutet etwa, dass der Dolmetscher kein in gerader Linie Verwandter eines Beteiligten sein darf.

Vorstehende Grundsätze gelten über § 16b Abs. 1 S. 2 BeurkG entsprechend auch für das Verfahren der **Online-Beurkundung**. Ähnlich wie bezüglich der Einbindung von Hilfspersonen i.S.v. §§ 22 ff. BeurkG (siehe Rdn 329) stellt sich allerdings auch bezüglich der Hinzuziehung eines Dolmetschers die Frage, wie dieser am besten beteiligt werden kann. Insbesondere stellt sich auch insoweit die Frage nach der **Zulässigkeit** über § 16e BeurkG hinausgehender **gemischter Formen der Teilnahme**. Nehmen der sprachunkundige Beteiligte wie auch der Dolmetscher per Videokonferenz teil, stellt sich zudem wiederum die Frage der **Zweckmäßigkeit**, beide Personen an einem **Ort** zusammenzubringen und von dort zusammen mit jeweils eigenen technischen Hilfsmitteln an der Videobeurkundung teilnehmen zu lassen. Während sich ein solches Vorgehen bei Hilfspersonen i.S.v. §§ 22 ff. BeurkG abhängig von den Umständen des Einzelfalls wegen der ggf. nochmals verbesserten Kommunikationsmöglichkeiten durchaus anbieten kann (insbesondere mit Blick auf eine Verständigungsperson i.S.v. § 24 BeurkG), dürfte dieses mit Blick auf die Einbindung eines Dolmetschers regelmäßig nicht erforderlich sein. Vielmehr können der sprachunkundige Beteiligte als auch der Dolmetscher ganz regulär unabhängig vom jeweiligen Aufenthaltsort über das Videokommunikationssystem gemäß § 78p BNotO miteinander kommunizieren.

Praxistipp:

Insgesamt sollte darauf geachtet werden, einen Dolmetscher einzusetzen, der eine möglichst neutrale Stellung den Parteien gegenüber hat und auch fachlich so versiert ist, dass er juristische Sachverhalte übersetzen kann. Immerhin ersetzt die Übersetzung aus Sicht des entsprechenden Beteiligten die Verlesung durch den Notar!

Ferner sind mittelbare Übersetzungen (also z.B. vom Deutschen ins Englische und sodann vom Englischen ins Finnische) nicht zulässig.

Weiterführender Hinweis:

Wenn kein Beteiligter die Urkundensprache versteht, wird es teilweise als ausreichend erachtet, dass direkt übersetzt wird und der Notar die Urkunde selbst nicht verliest. Dies ist aber angesichts der Selbstkontrollfunktion des Verlesens kritisch zu sehen. Letztlich muss das aber der beurkundende Notar entscheiden.

Dokumentation 418

Ausdrücklich zu dokumentieren in der Urkunde sind:

- die fehlende Sprachkundigkeit (§ 16 Abs. 1 BeurkG),
- die mündliche Übersetzung,
- die Vorlage der schriftlichen Übersetzung zur Durchsicht und deren Beifügung zur Urkunde (§ 16 Abs. 2 S. 4 BeurkG),
- der Hinweis des Notars auf die Möglichkeit einer schriftlichen Übersetzung (§ 16 Abs. 2 S. 4 BeurkG) bzw. auf den Verzicht des Erblassers bei Verfügungen von Todes wegen (§ 32 BeurkG),
- die Vereidigung des Dolmetschers bzw. der Verzicht darauf (§ 16 Abs. 3 S. 4 BeurkG).

Formulierungsbeispiel:

(...) ist arabischer Muttersprachler und nach meiner, des Notars, Überzeugung und nach seiner Angabe der Urkundensprache, nämlich der deutschen Sprache, nicht hinreichend kundig. Er wurde auf die Möglichkeit hingewiesen, eine schriftliche Übersetzung ins Arabische zu verlangen, wovon er keinen Gebrauch machte. Der vereidigte Dolmetscher (...), dessen Bestallungsurkunde in beglaubigter Abschrift dieser Urkunde beiliegt, wurde hinzugezogen, um die Urkunde mündlich zu übersetzen. Aufgrund der allgemeinen Vereidigung war eine Vereidigung durch den Notar entbehrlich.

Die Tatsache der Übersetzung sollte auch im **Schlussvermerk** nochmals auftauchen (siehe hierzu Rdn 441 f.).

Merke:

Es gelten folgende Grundregeln zur Verfahrensweise mit Fremdsprachen:

- Nur die Urkundensprache muss verlesen werden.
- Versteht nur ein Beteiligter die Urkundensprache nicht, muss immer mündlich übersetzt werden, durch Dolmetscher oder Notar.
- Eine schriftliche Übersetzung kann neben der mündlichen verlangt werden. Wenn sie gefertigt wird, muss sie beigefügt werden (Ausnahme: „*convenience translation*“).
- Verstehen alle Beteiligten die Urkundensprache(n), kann für die Verwendung im Ausland eine sog. fakultative Übersetzung gefertigt und beigeheftet werden. Eine mündliche Übersetzung ist dann aber nicht erforderlich, ebenso wenig ein Verlesen der Übersetzung.
- Auch zwei Sprachen können gleichzeitig Urkundensprachen sein.

- Statt die Übersetzung physisch oder elektronisch „beizuheften", kann auch eine „zweispaltige" Darstellungsweise gewählt werden. Dann ist aber deutlich zu machen, was Urkundensprache und was Übersetzung ist.
- Nur wenn niemand die Urkundensprache versteht, kann theoretisch auf die Verlesung der Urkunde verzichtet werden, mündliche Übersetzung reicht dann aus. Dies ist aber nicht empfehlenswert (Selbstkontrolle).

419 **Übersetzungsbescheinigung ins Deutsche (§ 50 BeurkG)**

Eine deutsche Übersetzung einer fremdsprachigen Urkunde kann vom Notar mit einer sog. Übersetzungsbescheinigung versehen werden (§ 50 BeurkG). Dies gilt nur für Übersetzungen ins Deutsche. Diese Bescheinigung hat zur Folge, dass die **Übersetzung als richtig und vollständig gilt** (§ 50 Abs. 2 BeurkG).

Der Notar ist nicht verpflichtet, diese Bescheinigung i.S.v. § 39 BeurkG (vgl. § 50 Abs. 1 S. 2 BeurkG) abzugeben, da die Urkundengewährungspflicht insoweit nicht greift (§ 15 Abs. 1 S. 2 BNotO). Zuständig ist der Notar nur bei selbst beurkundeten oder selbst verwahrten Urkunden (§ 50 Abs. 1 S. 1 BeurkG).

(Siehe zu notariellen Bescheinigungen und Bestätigungen Rdn 558 ff.).

Mit Blick auf die Behandlung der Übersetzung mitsamt Bescheinigung in der **Urkundensammlung** sind die Vorgaben von § 50 Abs. 3 S. 2 BeurkG zu beachten, diese (d.h. die Urschrift der Übersetzung mitsamt Bescheinigung) ist daher mit der Urschrift in der Urkundensammlung zu verwahren, wobei ein Ankleben/Anheften oder gar eine Verbindung mit Schnur und Prägesiegel möglich, aber rechtlich nicht gefordert sind.[56] Mit Blick auf die **elektronische Urkundensammlung** sind wiederum die Vorgaben von § 34 Abs. 1 und 2 NotAktVV zu beachten. Falls eine Zusammenfassung in einem Scanprodukt nicht möglich oder gewünscht ist, ist ggf. die technische Klammer i.S.v. § 78h Abs. 3 S. 1 BNotO zu nutzen (*„sonstiges Dokument"*).

Beispiel:

Der Notar soll einen Ehevertrag beurkunden. Der Vertragsentwurf ist auf Deutsch. Die Ehefrau ist deutsche Muttersprachlerin, spricht und versteht aber auch Englisch. Der Ehemann spricht und versteht kein Deutsch, sondern nur Englisch und Hindi.

Lösung: Wenn Deutsch als Urkundensprache gewählt wird

Eine mündliche Übersetzung ist zwingend (§ 16 Abs. 2 S. 1 BeurkG), auf Verlangen ist auch schriftlich zu übersetzen (§ 16 Abs. 2 S. 2 BeurkG).

Alternative 1: Englisch ist Urkundensprache, dann ggf. zusätzlich zur Verwendung in Deutschland eine fakultative Übersetzung (muss nicht verlesen oder beigefügt werden, kann aber beigefügt werden), ggf. mit Übersetzungsbescheinigung gemäß § 50 BeurkG, keine mündliche Übersetzung erforderlich.

Alternative 2: Beurkundung in Deutsch und in Englisch, dann ist Vorlesen in beiden Sprachen erforderlich, theoretisch ist für den Ehemann auch Übersetzung aus dem Deutschen erforderlich, dies ist aber durch Vorlesen in Englisch schon geleistet; auch eine Übersetzung ist dann aufgrund der englischen Urkundensprache schon beigefügt.

Alternative 3: Beurkundung in Hindi, Übersetzung für die Ehefrau mündlich, ggf. schriftlich, ins Deutsche oder ins Englische.

56 Ausführlich zum Umgang mit *„von der Haupturkunde abweichenden Unterlagen"* in der analogen wie auch digitalen Welt *Siegel/Berthold*, DNotZ 2022, 429 ff.

Beispiel: Abwandlung

Es handelt sich um einen Erbvertrag, wobei der Ehemann die Rolle eines Erblassers einnimmt. Urkundensprache ist Deutsch. Was ändert sich gegenüber den oben dargestellten Lösungen?

Lösung:

Hier muss der Ehemann ausdrücklich auf die Erstellung einer schriftlichen Übersetzung verzichten (§ 32 BeurkG).

b) Internationales Privat- und Verfahrensrecht

Das **Internationale Privatrecht** beschäftigt sich mit der Frage, welche **Rechtsordnung** auf einen Fall Anwendung findet. Denn es ist beileibe nicht so, dass in Deutschland (bzw. genauer: von einem deutschen Notar oder Richter) nur deutsches Recht angewandt wird. Vielmehr ist der Anwendung jeder Rechtsnorm die oftmals „unsichtbare" Frage vorgeschaltet, ob diese Rechtsnorm denn überhaupt international anwendbar ist. 420

Beispiel:

In der notariellen Praxis kommen oftmals ausländische Güterstände vor, die das rechtsgeschäftliche Handeln von Eheleuten bzw. den Erwerb dinglicher Rechte durch Eheleute besonderen Vorschriften bzw. Einschränkungen unterwerfen. Dies rührt daher, dass z.B. Art. 26 Abs. 1 lit. a) EuGüVO an den ersten gewöhnlichen Aufenthalt der Ehegatten nach der Eheschließung anknüpft (für vor dem 29.1.2019 geschlossene „Altehen" gilt stattdessen Art. 229 § 47 EGBGB). Wenn also die Ehegatten nach der Eheschließung in Italien wohnten, ist im Grundsatz italienisches Recht darauf anwendbar. Dies ist eine Frage des sog. Internationalen Privatrechts.

Das **Internationale Zivilverfahrensrecht** beschäftigt sich hingegen mit **gerichtlichen Zivilverfahren**, aber auch mit Fragen der Anerkennung und Vollstreckung von **Urteilen** und öffentlichen **Urkunden**. 421

In Bezug auf die öffentlichen Urkunden ist dieses Rechtsgebiet auch im notariellen Bereich von Belang, da insoweit etwa geregelt wird, ob eine Urkunde mit Zwangsvollstreckungsunterwerfung im Ausland vollstreckt werden kann.

Beispiel:

Eine notarielle Urkunde ist in der Regel ein Vollstreckungstitel nach der Europäischen Vollstreckungstitelverordnung für unbestrittene Forderungen (vgl. Art. 3 Abs. 1 lit. d) EuVTVO), der deshalb im europäischen Ausland vollstreckt werden kann.

Der Notar muss **ausländisches Recht nicht kennen** (§ 17 Abs. 3 BeurkG). Demgemäß erstreckt sich auch die **Belehrungspflicht** des Notars **nicht darauf** (§ 17 Abs. 3 S. 2 BeurkG). Er kann sich auf die Bemerkung zurückziehen, dass möglicherweise ausländisches Recht zur Anwendung kommt. 422

Beachte:

Das **Internationale Privatrecht selbst** ist **kein ausländisches Recht** in diesem Sinne. Über die Frage der möglichen Anwendbarkeit ausländischen Rechts muss sich der Notar daher informieren.

Es ist ratsam, bei komplexeren Auslandsfällen frühzeitig den Notar selbst einzuschalten.

Insgesamt sollte man vorsichtig vorgehen, wenn ausländisches Recht zur Anwendung gelangt, und einen umfangreichen **Vermerk** hierüber aufnehmen. Bei Rechtsfragen zum ausländischen Recht ist es auch empfehlenswert, im Zweifel ein **Gutachten** des Deutschen Notarinstituts (DNotI) einzuholen. 423

> *Formulierungsbeispiel:*
>
> Der Notar wies die Beteiligten darauf hin, dass auf die Vaterschaftsanerkennung ausländisches Recht, insbesondere das Recht Singapurs, anwendbar sein dürfte. Der Notar kennt dieses Recht nicht und muss dieses auch nicht kennen. Er wies auf die Möglichkeit der Beurkundung durch einen ausländischen Juristen hin. Die Beteiligten wünschten dennoch Beurkundung mit dem nachstehenden Inhalt und stellen den Notar insoweit von jeder Haftung frei.

424 Von einer **Beurkundung unter einem ausländischen materiellen Recht** ist grundsätzlich **abzuraten**, es sei denn, der Notar kennt sich hierin speziell aus. Die Fallstricke sind vielfältig und sie enden nicht bei einer ggf. bestehenden Unsicherheit hinsichtlich des materiellen Rechts, sondern erstrecken sich auch auf diverse formelle Erfordernisse des ausländischen Rechts (u.a. Formvorschriften, Genehmigungserfordernisse, steuerliche Mitwirkungspflichten).

Insbesondere ist von Geschäften, die der Eintragung in einem **ausländischen Register** (z.B. Grundbuch) bedürfen, abzuraten. Stattdessen ist an **Alternativkonstruktionen** zu denken, insbesondere an die Einräumung einer Vollmacht an einen Dritten, der das betreffende Rechtsgeschäft im Ausland durchführen kann.

425 Von der beschriebenen Situation (Rdn 424), in der ausdrücklich unter einem ausländischen Recht beurkundet wird, ist die **Vorsorge vor einem „Handeln unter falschem Recht"** zu unterscheiden, die durchaus sinnvoll ist.

Dem liegt folgender Gedanke zugrunde: Auch das Internationale Privatrecht – also das Recht, das bestimmt, welches Rechtssystem anwendbar ist – kann in unterschiedlichen Staaten unterschiedlich ausgestaltet sein. Zwar betrifft dies die EU-Staaten oftmals nicht, weil das Internationale Privatrecht nicht selten EU-weit vereinheitlich ist. Aber gegenüber anderen Staaten kann diese Situation weiterhin eintreten.

> *Beispiel:*
>
> Wenn etwa bei einem deutsch-brasilianischen Ehepaar mit minderjährigem Kind aus deutscher Sicht deutsches Sorgerecht anwendbar ist, muss das aus brasilianischer Sicht nicht zwangsläufig auch so sein. Trotzdem wird man hier – weil eben aus deutscher Sicht deutsches Recht anwendbar ist – die Gestaltung einer das Sorgerecht betreffenden Urkunde auf das deutsche Recht hin ausrichten.
>
> Wenn die Urkunde nun auch in Brasilien verwendet werden soll (oder zu erwarten ist, dass sie dort verwendet wird), ist dagegen Vorsorge zu treffen, dass aus brasilianischer Sicht ein anderes Recht zur Anwendung kommt als das deutsche, auf welches die Urkunde eigentlich ja ausgerichtet ist (sog. **Handeln unter falschem Recht**).

Erkennt man diese Problematik, empfiehlt es sich, dieses Risiko in der Urkunde anzusprechen und möglichst zu minimieren.

> *Formulierungsbeispiel:*
>
> Die Beteiligten gehen davon aus, dass zumindest aus deutscher Sicht auf die Frage der elterlichen Sorge deutsches Recht anwendbar ist. Gleichwohl sollen die vorstehend getroffenen Regelungen nach Möglichkeit nicht nur in Deutschland, sondern weltweit gelten, selbst wenn ein anderes materielles Recht als das deutsche Recht zur Anwendung berufen wäre. Dann sollen die in dieser Urkunde enthaltenen Bestimmungen möglichst durch Auslegung und Umdeutung die bezweckte Rechtswirkung herbeiführen. Gelingt dies nicht, verpflichten sich die Beteiligten, alles rechtlich Notwendige zu tun, um die in dieser Urkunde intendierte Rechtsfolge nachträglich zu erwirken.

Bei der **Urkundenverwendung außerhalb des Beurkundungsstaates** geht es um folgende zwei Fragen: 426

- **Verwendung inländischer Urkunden im Ausland**:
  Welche Voraussetzungen muss ich bei der Beurkundung erfüllen, damit die Urkunde im Ausland die gewünschten Wirkungen erzeugt?
- **Verwendung ausländischer Urkunden im Inland**:
  Welche Rechtswirkungen darf ich als Notar einer ausländischen Urkunde beimessen?

Diese Situation kommt in der notariellen Praxis nicht selten vor. Ein Mitarbeiter muss etwa wissen, ob er eine von einem ausländischen Notar erstellte Beglaubigung unter einer grundbuchrechtlichen Bewilligung ohne weiteres an das Grundbuchamt weiterleiten kann. Ebenso kommt es vor, dass Beteiligte eine vor einem deutschen Notar errichtete Urkunde im Ausland verwenden möchten und sich fragen, ob hierfür besondere Voraussetzungen zu erfüllen sind.

Diese Fragen sind nach formellen und materiellen Kriterien zu untersuchen.

Eine ausländische notarielle Urkunde ist bereits in **formeller Hinsicht** nicht von vornherein der Urkunde eines deutschen Notars gleichzustellen. 427

Je nach Ursprungsstaat gibt es allerdings **EU- und völkerrechtliche Vereinbarungen**, die von jeglicher Förmlichkeit befreien oder zumindest die Förmlichkeiten verringern.

> *Praxistipp:*
>
> Äußerst hilfreiche Übersichten hält das Deutsche Notarinstitut (DNotI) zu den nachfolgend beschriebenen Fragestellungen auf seiner Internetseite *www.dnoti.de* bereit (unter „*Arbeitshilfen*").

Im Einzelnen gibt es folgende Unterscheidungen:

1. **Keine Förmlichkeit**
   Einige Regelwerke der EU bestimmen, dass öffentliche Urkunden eines Staates in anderen Staaten ohne weitere Förmlichkeit anerkannt werden, so etwa die bereits erwähnte EuVTVO (= Europäische Vollstreckungstitelverordnung für unbestrittene Forderungen). Darüber hinaus existieren völkerrechtliche Abkommen, in welchen eine Befreiung der Anerkennung notarieller Urkunden von jeglichen Förmlichkeiten vereinbart ist, so etwa im Verhältnis zu Belgien, Dänemark, Frankreich, Italien und Österreich.
2. **Apostille**
   Zahlreiche Staaten sind dem Haager Übereinkommen zur Befreiung ausländischer öffentlicher Urkunden von der Legalisation vom 5.10.1961[57] beigetreten. Nach diesem Übereinkommen genügt für die Anerkennung einer öffentlichen Urkunde im jeweiligen Mitgliedstaat die sog. Apostille, die in Deutschland vom LG-Präsidenten erteilt wird.
3. **Legalisation**
   Im Übrigen ist das förmliche Verfahren der Legalisation zu durchlaufen. Hierbei ist als Zwischenschritt zunächst im Ursprungsstaat eine Zwischenbeglaubigung durchzuführen (hierfür ist in Deutschland der LG-Präsident zuständig), ggf. noch eine sog. Endbeglaubigung (hierfür ist in Deutschland das Bundesverwaltungsamt in Köln zuständig). Sodann wird die Legalisation in der Auslandsvertretung des Verwendungsstaates durchgeführt.

   > *Beispiel:*
   >
   > Eine von einem deutschen Notar im LG-Bezirk Kempten (Allgäu) errichtete Urkunde soll in China verwendet werden. Hierzu sind folgende Schritte erforderlich: Zwischenbeglaubigung durch den Präsidenten des LG Kempten (Allgäu), ggf. Endbeglaubigung durch das Bundesverwaltungsamt, Legalisation durch das chinesische Generalkonsulat in München (bzw. die chinesische Botschaft in Berlin).

Dass eine ausländische öffentliche Urkunde als solche anerkannt wird, bedeutet noch nicht, dass sie auch **materiell-rechtlich** den Voraussetzungen genügt, die der jeweilige Verwen- 428

57 BGBl II 1965, S. 876.

dungsstaat aufstellt. Auch insoweit ist ein – zumindest mündlicher, besser noch schriftlicher – **Hinweis** darauf angebracht, dass der Notar nicht einschätzen kann und auch nicht einschätzen muss, ob die von ihm errichtete Urkunde Wirkungen im Ausland hat und, wenn ja, welche Wirkungen damit verbunden sind.

Umgekehrt ist nicht jede ausländische notarielle Urkunde, welche die oben beschriebenen förmlichen Voraussetzungen erfüllt, einer von einem deutschen Notar errichteten Urkunde gleichwertig. So müssen etwa die Auflassungserklärung und die Zwangsvollstreckungsunterwerfung vor einem deutschen Notar erklärt werden. Und auch im Übrigen ist oftmals eine **Gleichwertigkeitsprüfung** der Urkundentätigkeit des ausländischen Notars mit derjenigen des inländischen Notars durchzuführen (sog. **Substitution**). Im Zuge der Einführung der notariellen Online-Verfahren im Gesellschaftsrecht ist in jüngerer Zeit verstärkt die Frage aufgekommen, ob und ggf. inwieweit Urkunden, die im Rahmen ausländischer Online-Verfahren nach einer ausländischen Verfahrensordnung entstanden sind, im Inland Verwendung finden können. Ebenso wie im analogen Beurkundungsverfahren ist insoweit regelmäßig eine Gleichwertigkeitsprüfung vorzunehmen, die zumindest derzeit vielfach zu einem negativen Ergebnis führen wird, entsprechen ausländische Online-Verfahren doch häufig (noch) nicht den tragendenden Grundsätzen des deutschen Beurkundungsrechts.[58]

> *Praxistipp:*
>
> Steht die materiellrechtliche Verwendbarkeit einer ausländischen öffentlichen Urkunde im Raum, ist der Notar frühzeitig zu konsultieren.
>
> Das gilt aber nicht, wenn es nur um die formelle Verwendbarkeit geht. Diese kann vom Mitarbeiter auch selbst mithilfe der Arbeitshilfen des DNotI gut recherchiert werden.

9. Genehmigung und Unterschrift bzw. Anbringung einer qualifizierten elektronischen Signatur (§§ 13, 16b Abs. 4 S. 1 BeurkG)

429 § 13 Abs. 1 S. 1 Hs. 1 BeurkG stellt für das **Präsenzverfahren** drei Grundvoraussetzungen auf:

1. das Vorlesen,
2. die Genehmigung und
3. die Unterschrift der Beteiligten sowie des Notars.

(Zum Vorlesen siehe Rdn 381 f.)

Für die **Online-Beurkundung** sieht § 16b Abs. 4 S. 1 BeurkG vor, dass an der elektronischen Niederschrift von den Beteiligten wie auch vom Notar statt Unterschriften qualifizierte elektronische Signaturen anzubringen sind.

430 Die **Genehmigung** durch die Beteiligten, also das Einverständnis mit dem Urkundentext, wird in aller Regel nicht ausdrücklich geäußert, sondern ist zumindest **mit der Unterschrift bzw. der Anbringung der qualifizierten elektronischen Signatur erteilt**, wie § 13 Abs. 1 S. 3 BeurkG (ggf. i.V.m. § 16b Abs. 1 S. 2 BeurkG) klarstellt.

a) Unterschrift bzw. qualifizierte elektronische Signatur der Beteiligten

431 Im Rahmen des Beurkundungsverfahren werden etwa Identifizierung, Beweis, Übereilungsschutz und Warnung vor Risiken bereits durch den Notar selbst gewährleistet. Diese Zwecke, die ansonsten der Unterschrift im privatschriftlichen Bereich zuerkannt werden, sind im Rahmen einer Beurkundung weniger maßgeblich.

Dennoch ist im **Präsenzverfahren** die Unterschrift durch die Beteiligten unter einer notariellen Urkunde alles andere als überflüssig, sondern hat eine bestimmte **Funktion**: Sie ist das äußere Zeichen dafür, dass der jeweilige Beteiligte seine in der Urkunde enthaltenen Erklärungen **als bindend ansieht**, quasi der verschriftlichte Ausdruck seiner Genehmigung. Außerdem ermöglicht die Unterschrift zumindest eine **Zuordnung zum jeweiligen Beteiligten**.

58 Ausführlich dazu Rundschreiben der Bundesnotarkammer Nr. 4/2024 vom 19.8.2024.

Gleiches gilt mit Blick auf das Verfahren der **Online-Beurkundung** auch für die Anbringung von qualifizierten elektronischen Signaturen durch die Beteiligten.

Im Gegensatz zur Handzeichenbeglaubigung (§ 40 Abs. 6 BeurkG, siehe hierzu Rdn 507) ist ein bloßes Handzeichen bei der Beurkundung im **Präsenzverfahren** nach den §§ 6 ff. BeurkG nicht vorgesehen. Dem ist zu entnehmen, dass zumindest gewisse Mindestanforderungen an die Unterschrift zu stellen sind, was die Unterzeichnung mit einem Namenszug angeht. 432

Im Übrigen ist die Frage, welche genauen **Anforderungen an eine Unterschrift** unter einer notariellen Urkunde zu stellen sind nicht abschließend geklärt; vielmehr existiert dazu eine Vielzahl unterschiedlicher Meinungen in Literatur und Rechtsprechung.

Aufgrund der **drohenden Nichtigkeitsfolge** (§ 13 Abs. 1 S. 1 BeurkG ist eine Muss-Vorschrift, siehe aber zur Nachholungsmöglichkeit Rdn 433) ist es ratsam, im Zweifel eher strenge Anforderungen anzulegen. Diese bestehen darin, mit **ausgeschriebenem Vor- und Nachnamen** sowie dergestalt zu unterschreiben, dass **zumindest einzelne Buchstaben erkennbar** sind.

> *Merke:*
>
> Dies ist selbstverständlich lediglich eine Empfehlung. Letztlich muss der einzelne Notar entscheiden, welche Anforderungen er an eine Unterschrift stellt.

Insbesondere bei zahlreichen Urkundenbeteiligten kommt es im **Präsenzverfahren** bisweilen vor, dass die Unterschrift eines Beteiligten vergessen wird. 433

- Unproblematisch kann dies nachgeholt werden, solange der **Notar selbst noch nicht unterschrieben** hat. Denn erst die Unterschrift des Notars beendet die Beurkundungsverhandlung.
- Deutlich problematischer ist hingegen die Frage, ob eine **vergessene Unterschrift auch nach der Unterzeichnung durch den Notar** noch nachgeholt werden kann. Dies ist höchstrichterlich noch nicht entschieden.

Mit der überwiegenden Literatur und Teilen der Rechtsprechung dürfte eine **Möglichkeit der Nachholung** aber zu bejahen sein. Dies liegt insbesondere darin begründet, dass auch der Beteiligte, der nicht unterschrieben hat, zumindest in aller Regel seine in der Urkunde enthaltenen Erklärungen bereits im Termin genehmigt hat. Auch der Rechtsgedanke des § 44a BeurkG (siehe hierzu Rdn 443 ff.) weist in diese Richtung.

Die **Nachholung** kann jedoch im **Präsenzverfahren** nicht **dadurch** realisiert werden, dass die Unterschrift einfach nachträglich auf die Urkunde gesetzt wird. Vielmehr ist die ursprüngliche Urkunde durch die Unterschrift des Notars abgeschlossen und darf auf keinen Fall verändert werden. 434

Stattdessen ist eine **Nachtragsverhandlung nach** §§ 6 ff. BeurkG nötig, in welcher der betreffende Beteiligte auf die Ursprungsurkunde Bezug nimmt (eine Verweisung nach § 13a BeurkG ist nicht notwendig) und dann unterschreibt (vgl. dazu im Übrigen auch § 44b BeurkG). Auch muss die Urkundsperson dieser Nachtragsurkunde mit derjenigen der Ursprungsurkunde identisch sein. Die **Anwesenheit der übrigen Beteiligten** ist **nicht notwendig**.

Das Nachholen der Unterschrift kann nur auf **freiwilliger Basis** erfolgen. D.h., der betreffende Beteiligte kann zum nachträglichen Leisten der Unterschrift nicht gezwungen werden.

> *Formulierungsbeispiel:*
>
> Ich, (...), war formell Beteiligter des unter UVZ-Nr. (...)/(...) des amtierenden Notars am (...) geschlossenen mehrseitigen Vertrags nach Vorkaufsrechtsausübung. Die entsprechende Niederschrift wurde auch mir vorgelesen und von mir genehmigt, jedoch nicht unterschrieben. Ich genehmige hiermit nochmals ausdrücklich den Inhalt der vorbezeichneten Urkunde und hole nachfolgend meine Unterschrift nach.
>
> *(Unterschrift)*

435 Wurde im Rahmen der **Online-Beurkundung** die Anbringung einer qualifizierten elektronischen Signatur durch einen Beteiligten oder auch einen Schreib- bzw. Signaturzeugen nach § 25 S. 3 BeurkG vergessen, gelten die vorstehend dargestellten Grundsätze entsprechend. Auch hier dürfte es unzulässig sein, die qualifizierte elektronische Signatur eines Beteiligten einfach unbegrenzt nachzuholen. In aller Regel wird die **Errichtung einer neuen elektronischen Niederschrift** mit dem vorgenannten Inhalt erforderlich sein.

436 Kostenrechtlich dürften **Kosten der Nachtragsbeurkundung** i.d.R. nach § 21 GNotKG niedergeschlagen werden können.

> *Praxistipp:*
>
> Die urkundentechnische Behandlung dieser Nachtragsurkunde richtet sich nach § 78h Abs. 3 S. 1 BNotO, § 44b BeurkG, §§ 7 Abs. 1 Nr. 1, 17, 31 Abs. 4, 34 Abs. 1 und 2, 35 Abs. 3 NotAktVV, § 14 Abs. 2 DONot. Die Nachtragsurkunde erhält eine eigene Urkundenverzeichnisnummer und wird in der Regel bei der Haupturkunde verwahrt (vgl. § 44b Abs. 1 BeurkG). Hinsichtlich des Eintrags im **Urkundenverzeichnis** sind die Vorgaben von § 17 Abs. 1 NotAktVV zu beachten.[59]
>
> In der **Urkundensammlung** kann die gemeinsame Verwahrung dadurch sichergestellt werden, dass die Nachtragsurkunde der Haupturkunde angeklebt oder angeheftet wird. Bei elektronischen Niederschriften kommt stattdessen jeweils ein Ausdruck zum Einsatz. **Alternativ** hat der Notar nach § 44b Abs. 1 S. 1 BeurkG durch **Nachtragsvermerk auf der Haupturkunde** einen Verweis auf die Nachtragsurkunde aufzunehmen. Über den Gesetzeswortlaut hinaus bietet sich ein solcher Verweis auch umgekehrt in bzw. auf der Nachtragsurkunde bezüglich der Haupturkunde an. Falls die Vorurkunde allerdings bereits in elektronischer Form in die elektronische Urkundensammlung eingestellt worden ist (dies gilt auch und insbesondere, wenn es sich um eine elektronische Niederschrift handelt), sind weiterhin die Vorgaben von § 35 Abs. 3 NotAktVV zu beachten. Der **Nachtragsvermerk** ist in diesem Fall **auf einem gesonderten Blatt** bzw. in einem gesonderten elektronischen Dokument niederzulegen.
>
> Mit Blick auf die Praxis empfiehlt es sich, Nachtragsvermerke fortan stets auf einem gesonderten Blatt bzw. in einem gesonderten elektronischen Dokument niederzulegen. So ist eine einheitliche und stets zutreffende Handhabung gesichert.
>
> In der **elektronischen Urkundensammlung** ist weiterhin der von der Software des elektronischen Urkundenarchives zur Verfügung gestellte Verknüpfungsmechanismus i.S.v. § 78h Abs. 3 S. 1 BNotO zu nutzen (vgl. oben Rdn 234), um sicherzustellen, dass der Notar seiner Verpflichtung aus § 44b Abs. 2 BeurkG zuverlässig nachkommen kann. Das nach der bis einschließlich 31.12.2021 für die Urkundensammlung als „Stellvertreter" für die Nachtragsurkunde erforderliche Vermerkblatt ist hingegen wegen der „**technischen Klammer**" nunmehr nicht mehr erforderlich.

b) Unterschrift bzw. Anbringung einer qualifizierten elektronischen Signatur durch den Notar

437 Auch der Notar muss im **Präsenzverfahren** zwingend auf der Urkunde unterzeichnen, und zwar zeitlich und räumlich als letzter. Erst mit der Unterschrift des Notars wird die Urkunde **formwirksam**.

Der Notar soll seiner Unterschrift die Amtsbezeichnung hinzufügen (§ 13 Abs. 3 S. 2 BeurkG, § 1 S. 3 DONot). Außerdem ist es mit Blick auf § 1 S. 1 DONot angezeigt, ähnlich wie in der Schriftprobe vor dem LG-Präsidenten zu unterschreiben.

59 Ausführlich zum Umgang mit „*von der Haupturkunde abweichenden Unterlagen*" in der analogen wie auch digitalen Welt *Siegel/Berthold*, DNotZ 2022, 429 ff.

Im Verfahren der **Online-Beurkundung** hat auch der Notar stattdessen eine qualifizierte elektronische Signatur mit Amtsträgerattribut an der elektronischen Niederschrift anzubringen und diese damit zum rechtlichen Abschluss zu bringen, § 16b Abs. 4 S. 1 BeurkG.

Eine **vergessene Unterschrift des Notars** ist im **Präsenzverfahren** wesentlich einfacher nachzuholen als die eines Beteiligten, da ja erst die Unterschrift des Notars das Ende des Beurkundungsverfahrens formell zum Ausdruck bringt. Der Notar kann daher nach überwiegender Ansicht im **Präsenzverfahren ohne separate Nachtragsurkunde** seine Unterschrift hinzusetzen, sollte diese allerdings mit dem Datum der Unterschrift versehen, wenn das Nachholen an einem späteren Tag geschieht. Außerdem muss er zum Zeitpunkt des Nachholens noch im Amt sein. 438

Im Rahmen der **Online-Beurkundung** können diese Grundsätze entsprechend zur Anwendung gebracht werden, falls der Notar im Rahmen der Videokonferenz die Anbringung seiner qualifizierten elektronischen Signatur vergessen hat. Wie auch im analogen Verfahren kann der Notar seine qualifizierte elektronische Signatur auch noch nach Beendigung der Videokonferenz anbringen. Das Datum der nachträglichen Anbringung der qualifizierten elektronischen Signatur wird schon aus technischen Gründen automatisch erfasst.

Sind währenddessen schon beglaubigte Abschriften oder Ausfertigungen ohne Unterschrift des Notars ausgegeben worden, sind die Empfänger aufzufordern, diese zurückzusenden. In die Nebenakten sollte über die Anzahl der „falschen" Abschriften und Ausfertigungen ein Vermerk gesetzt werden. 439

Bei **Verfügungen von Todes wegen** ist es ausnahmsweise unschädlich, wenn der Notar auf der Verfügung selbst nicht unterschrieben hat, solange die Aufschrift auf dem verschlossenen Umschlag gemäß § 34 BeurkG unterschrieben wurde (§ 35 BeurkG). Dies soll die Fehlerquelle beseitigen, dass die vergessene Unterschrift erst nach Jahrzehnten entdeckt wird, womöglich zu einer Zeit, in welcher der beurkundende Notar nicht mehr im Amt ist. 440

c) Abschlussvermerk (§ 13 Abs. 1 S. 2 BeurkG)

Der sog. Abschlussvermerk, welcher von § 13 Abs. 1 S. 2 BeurkG gefordert wird, steht unmittelbar vor den Unterschriften der Urkundenbeteiligten und bildet in seiner Grundform für das **Präsenzverfahren** lediglich die Voraussetzungen des § 13 Abs. 1 S. 1 Hs. 1 BeurkG ab, indem formuliert wird: „*Vorgelesen vom Notar, von den Beteiligten genehmigt und unterschrieben*". 441

Im Verfahren der **Online-Beurkundung** kann stattdessen formuliert werden: „*Vorgelesen vom Notar, von den Beteiligten genehmigt und von ihnen und dem Notar mit qualifizierten elektronischen Signaturen versehen.*"

In vielen Fällen sollte der Abschlussvermerk aber noch deutlich ausgedehnt werden. Dies betrifft etwa 442

- (echte) Anlagen,
- Karten, Zeichnungen etc.,
- Auslagerungen nach § 14 BeurkG,
- Übersetzungen durch Dolmetscher,
- Besonderheiten bei körperlichen Beeinträchtigungen.

> *Formulierungsbeispiel: umfangreich (Präsenzverfahren)*
>
> Die Anlagen 1 (Planskizze) und 3 (Inventar) wurden den Beteiligten zur Durchsicht vorgelegt und von ihnen genehmigt, im Übrigen wurde die Urkunde den Beteiligten vom Notar in Gegenwart des Schreibzeugen samt Anlagen 2, 4 und 5 auf Deutsch vorgelesen, von … als Dolmetscher ins Arabische übersetzt, von allen Beteiligten genehmigt; von den Erschienenen zu 1, 2 und 4, von dem Schreibzeugen, von dem Dolmetscher und von dem Notar wurde die Urkunde am Ende und die Anlage 3 (Inventar) auf jeder Seite eigenhändig unterschrieben.

10. Nachträgliche Änderungen der Urkunde; Nachtragsbeurkundung (§§ 44a, b BeurkG)

443 Grundsätzlich sind im **Präsenzverfahren** nach den §§ 6 ff. BeurkG errichtete Urkunden nach ihrem Abschluss – also mit der Unterschrift des Notars – **nicht mehr nachträglich veränderbar**, anders als etwa Tatsachenzeugnisse (siehe hierzu Rdn 478 ff.) oder der Text über der Beglaubigung (siehe hierzu Rdn 524 f.). Jedoch ermöglicht § 44a Abs. 1 und 2 BeurkG in beschränktem Umfang eine Richtigstellung durch einen vom Notar zu erstellenden sog. **Nachtragsvermerk** und damit eine Durchbrechung dieses Grundsatzes.

Sind **darüber hinausgehende Änderungen oder Berichtigungen** erforderlich, hat der Notar über diese nach § 44a Abs. 3 BeurkG eine **gesonderte Niederschrift** aufzunehmen. Mit Wirkung zum 1.1.2022 hat der Gesetzgeber in § 44b BeurkG erstmals weitergehende verfahrensrechtliche Vorgaben für derartige Nachtragsbeurkundungen geschaffen.

Diese Grundsätze gelten in der Regel auch für im Wege der **Online-Beurkundung** erstellte elektronische Niederschriften, doch ergeben sich insoweit einige vor allem technisch bedingte Besonderheiten.

a) Nachtragsvermerk (§ 44a Abs. 2 S. 1 und 2 BeurkG)

444 **Offensichtliche Unrichtigkeiten** können bei **in Papier erstellten Niederschriften** nach § 44a Abs. 2 S. 1 und 2 BeurkG in einem Nachtragsvermerk richtiggestellt werden.

Hiervon erfasst sind zunächst Fehler, die sich **aus dem Gesamtzusammenhang der Urkunde** selbst ergeben, so etwa **Schreib- oder Rechenfehler**. Dies entspricht der früheren Formulierung in § 30 Abs. 4 S. 1 DONot alter Fassung, der lediglich die nachträgliche Richtigstellung eines offensichtlichen Schreibversehens ermöglichte.

Der Begriff der offensichtlichen Unrichtigkeit i.S.d. § 44a BeurkG ist jedoch deutlich weiter als diese vormalige Bestimmung auszulegen. Neben Schreibversehen etc. sind davon auch Unrichtigkeiten erfasst, welche sich nicht aus der Urkunde selbst, sondern nur **aus dem Gesamtzusammenhang** ergeben. Die Unrichtigkeit muss hierbei auch nicht für jedermann offensichtlich sein, sondern es genügt, wenn der **Notar die Unrichtigkeit als offensichtlich** erkennt. Dies kann sich etwa auch aus bei der Beurkundungsverhandlung geführten Gesprächen ergeben. Umfasst sind hiervon etwa

- **ungewollte Unklarheiten** im Urkundentext, welche den Willen der Beteiligten, wie er während der Beurkundungsverhandlung gefasst wurde, nicht korrekt wiedergeben,
- auch technisch bedingte Versehen, etwa wenn im Rahmen einer Abänderung bei der Beurkundungsverhandlung ein ursprünglich von den Beteiligten vorgesehener Absatz versehentlich gelöscht oder ein unpassender Absatz eingesetzt wurde.

445 Ein Nachtrag nach § 44a Abs. 2 BeurkG ist allerdings kein „Allheilmittel", sondern bleibt ein Ausnahmefall. Dies liegt daran, dass folgende zwei Kriterien die **äußerste Grenze** des Nachtragsvermerks i.S.d. § 44a BeurkG bilden:

- Der **Wille der Beteiligten** kann nicht übergangen werden.
- Es darf sich nur um eine **Richtigstellung** handeln, **nicht** um eine **Ergänzung**.
  Das bedeutet, dass nachträglich gefasste Willensentschlüsse nicht durch Nachtragsvermerk ergänzt werden dürfen, sondern nur ein in der Beurkundungsverhandlung gefasster Wille, der falsch abgebildet wurde, kann nachträglich richtig niedergelegt werden.

> *Beispiel:*
>
> Wenn im Rahmen eines notariellen Kaufvertrags etwa von Anfang an eine Belastungsvollmacht vorgesehen war, ggf. sogar erläutert wurde, aber versehentlich nicht in die Urkunde aufgenommen wurde, kann dies durch einen Nachtragsvermerk nach § 44a Abs. 2 BeurkG nachgeholt werden.
>
> Wenn allerdings etwa die Käuferpartei nachträglich feststellt, dass sie entgegen den ursprünglichen Annahmen nun doch eine Fremdfinanzierung benötigt und daher nachträglich um Aufnahme einer Belastungsvollmacht ersucht, ist dies nur im Rahmen einer neuen

Urkunde (bzw. im Rahmen einer Nachgenehmigung der Grundschuldbestellungsurkunde), nicht jedoch durch Nachtragsvermerk möglich.

§ 44a BeurkG ist nicht nur auf Erklärungen der Beteiligten, sondern analog auch auf **Feststellungen des Notars** anwendbar, etwa auf eine falsche Bezeichnung der Beteiligten oder auf einen fehlenden Verweis auf Anlagen. 446

Zuständig für den Nachtrag ist die Urkundsperson, deren Vertreter und Amtsnachfolger. Allerdings kann dann nur die Urkundsperson selbst den Nachtragsvermerk erstellen, wenn sich die Unrichtigkeit nicht aus der Urkunde, sondern aus den Umständen bei der Beurkundungsverhandlung selbst ergibt.

Der Nachtragsvermerk ist **allein vom Notar** zu erstellen. Ein Verlesen ist insoweit nicht notwendig. Der Nachtragsvermerk ist ein Vermerk eigener Art, kommt aber dem Tatsachenzeugnis (siehe hierzu Rdn 478 ff.) recht nahe. 447

Ein Nachtragsvermerk ist grundsätzlich zeitlich unbegrenzt möglich, also auch wenn bereits Ausfertigungen oder Abschriften erteilt sind.

Was die **in Papier erstellte Urschrift** betrifft, darf der **Vermerk auf keinen Fall in die Urkunde** selbst gesetzt werden. Die ursprünglich beurkundete Niederschrift darf in ihrem ursprünglichen Gehalt (d.h. vom Urkundeneingang bis zur Unterschrift des Notars) nicht verändert werden und muss in ihrem ursprünglichen körperlichen Zustand unverändert bleiben. 448

Dies gilt auch für im Wege der **Online-Beurkundung** erstellte elektronische Niederschriften. Diese würden durch einen nachträglichen Eingriff in ihren Text rechtlich unbrauchbar und wertlos, weil die auf die elektronische Niederschrift bezogenen qualifizierten elektronischen Signaturen ungültig würden.

Der Nachtragsvermerk ist bei **in Papier erstellten Urschriften** vielmehr räumlich nach der Unterschrift des Notars auf der Urkunde vorzunehmen oder – und so ist es meistens üblich – auf einem **separaten Blatt**. Wird bei einer **im Präsenzverfahren erstellten Niederschrift** die elektronische Fassung der Urschrift bereits in der elektronischen Urkundensammlung verwahrt, ist der Nachtragsvermerk nach § 44a Abs. 2 S. 4 BeurkG zwingend auf einem gesonderten, mit der Urkunde zu verbindenden Blatt niederzulegen. Dieser Vermerk ist wiederum vom Notar zu unterschreiben und gesondert zu siegeln.

Bei einer **elektronischen Niederschrift** ist dies schon aus technischen Gründen gar nicht anders möglich. Der Nachtragsvermerk ist daher bei dieser gemäß § 44a Abs. 2 S. 5 BeurkG immer in einem gesonderten elektronischen Dokument niederzulegen, das vom Notar mit einer qualifizierten elektronischen Signatur zu versehen und in der elektronischen Urkundensammlung mit der elektronischen Urschrift zu verwahren ist (siehe dazu auch nochmals § 78h Abs. 3 S. 1 BNotO).

Eine eigene Urkundenverzeichnisnummer erhält der Nachtragsvermerk in keinem der genannten Fälle, da er nicht nach § 7 Abs. 2 NotAktVV in das Urkundenverzeichnis einzutragen ist.

Der Nachtragsvermerk zu einer **in Papier erstellten Niederschrift** ist – sofern er sich auf einem gesonderten Blatt befindet – an die Haupturkunde anzukleben bzw. anzuheften und so in der **Urkundensammlung** zu verwahren (§ 31 Abs. 4 NotAktVV, § 14 Abs. 2 DONot).[60] 449

Für die Verwahrung in der **elektronischen Urkundensammlung** sind von Niederschrift wie auch dem (gesondert gefertigten) Nachtragsvermerk elektronische Fassungen der Urschrift(en) gemäß § 56 BeurkG zu fertigen und i.S.v. § 78h Abs. 3 S. 1 BNotO zu verbinden (vgl. § 34 Abs. 1 und 2 NotAktVV). Ist die Niederschrift demgegenüber noch nicht gescannt und in der elektronischen Urkundensammlung verwahrt, ist es selbstverständlich auch möglich, Nieder-

60 Ausführlich zum Umgang mit „*von der Haupturkunde abweichenden Unterlagen*“ in der analogen wie auch digitalen Welt *Siegel/Berthold*, DNotZ 2022, 429 ff.

schrift und Nachtragsvermerk zusammen zu scannen und so in einem elektronischen Dokument in der elektronischen Urkundensammlung zu verwahren.

450 Werden Ausfertigungen oder Abschriften erteilt, ist es bei **in Papier erstellten Niederschriften** möglich, den (gesondert gefertigten) **Vermerk anzuheften**. Es ist aber (im Gegensatz zur Urschrift!) in diesem Fall auch gestattet, die Änderungen **direkt in die Ausfertigung bzw. Abschrift** zu setzen.

Bezüglich **elektronischer Niederschriften** sind die Vorgaben von § 78h Abs. 3 S. 1 BNotO, § 44a Abs. 2 S. 5 BeurkG zu beachten. Der Nachtragsvermerk ist daher technisch mit der Haupturkunde verklammert mit dieser in der **elektronischen Urkundensammlung** aufzubewahren (insoweit auch § 34 Abs. 3 S. 2 NotAktVV). In der **Urkundensammlung** ist in diesem Fall gemäß § 31 Abs. 1 Nr. 3, Abs. 4 NotAktVV ein beglaubigter Ausdruck der elektronischen Niederschrift zu verwahren, dem – entsprechend den Vorgaben für das Präsenzverfahren – ein (beglaubigter) Ausdruck des Nachtragsvermerk anzukleben oder anzuheften ist.

451 Eine **Anhörung** der Beteiligten ist bei einem Nachtragsvermerk nicht zwingend. Bezieht sich der Nachtragsvermerk allerdings auf Umstände, die außerhalb der Urkunde liegen, ist es dennoch sinnvoll, zuvor mit den Beteiligten **Rücksprache** zu halten und sich deren Willen ggf. auch schriftlich bestätigen zu lassen. Diese **Bestätigung** ist dann in die **Nebenakte** aufzunehmen bzw. kann auch im Vermerk selbst nochmals aufgegriffen werden.

452 **Verfügungen von Todes wegen**, die sich in besonderer amtlicher Verwahrung befinden, können für die Änderung im Rahmen eines Nachtragsvermerks nicht mehr zurückgefordert werden, weil dies nach § 2256 Abs. 1 BGB als Widerruf gälte. Der Notar hat in diesem Fall vielmehr den Nachtragsvermerk dem verwahrenden Gericht zu übersenden.

b) Änderungs- bzw. Nachtragsurkunde (§§ 44a Abs. 3, 44b BeurkG)

453 Ist ein Nachtragsvermerk gemäß § 44a Abs. 2 S. 1–5 BeurkG nicht möglich und soll die Urkunde dennoch geändert werden, bleibt dem Notar nichts anderes, als **eine neue Niederschrift** aufzunehmen, welche die gewünschten Änderungen enthält (§ 44a Abs. 3 BeurkG).

Der Gesetzgeber hat in § 44b BeurkG mit Wirkung zum 1.1.2022 erstmals weitergehende verfahrensrechtliche Vorgaben für diese Nachtragsbeurkundung geschaffen.

454 Die Änderungsurkunde erhält eine **eigene Urkundenverzeichnisnummer**, weil sie nach § 7 Abs. 1 Nr. 1 NotAktVV in das Urkundenverzeichnis einzutragen ist. Auch im Übrigen gelten die Ausführungen zur Nachtragsurkunde bei vergessener Unterschrift bzw. qualifizierter elektronischer Signatur eines Beteiligten (siehe oben Rdn 433 ff.) entsprechend.[61]

Im Gegensatz zur Nachholung der Unterschriften kann es hier jedoch auch vorkommen, dass es sich bei der in Bezug genommenen Urkunde nicht um eine Urkunde desselben Notars handelt, der die Änderungsurkunde errichtet. In diesem Fall ist eine Verbindung nach § 78h Abs. 3 S. 1 BNotO bereits technisch nicht möglich. Stattdessen bietet sich hier ein Vermerk nach § 17 Abs. 2 NotAktVV an.

Die Änderungsurkunde soll gemäß § 44b Abs. 2 BeurkG einschließlich des Nachtragsvermerks mit der ursprünglichen Urkunde gemeinsam ausgefertigt werden.

VI. Eide und eidesstattliche Versicherungen (§ 38 BeurkG, § 22 BNotO)

455 Zuständigkeit und Verfahren bei der Beurkundung von Eiden, eidlichen Vernehmungen und eidesstattlichen Versicherungen bestimmen sich insbesondere nach § 38 BeurkG und § 22 BNotO. In diesem Zusammenhang ist es sinnvoll, zunächst einige terminologische Fragen zu klären.

61 Ausführlich zum Umgang mit „*von der Haupturkunde abweichenden Unterlagen*" in der analogen wie auch digitalen Welt *Siegel/Berthold*, DNotZ 2022, 429 ff.

1. Begrifflichkeiten

Ein **Eid** ist eine oftmals strafbewehrte (vgl. § 154 Abs. 1 StGB, Meineid: Freiheitsstrafe nicht unter einem Jahr), feierliche und besonders formalisierte **Bekräftigung einer natürlichen Person gegenüber einer öffentlichen Stelle**. Die Eidesleistung ist besonders stark **formalisiert**, etwa indem die Eidesformel und das Heben der Hand durch den Gesetzgeber vorgegeben sind. 456

> *Beispiel:*
>
> So ist etwa in § 481 Abs. 1 ZPO die Eidesformel (Frage) „*Sie schwören bei Gott, dem Allmächtigen und Allwissenden?*" (Antwort) „*Ich schwöre es, so wahr mir Gott helfe*" vorgegeben, ggf. auch ohne religiöse Beteuerung. Gemäß § 481 Abs. 3 ZPO soll bei der Eidesleistung die rechte Hand gehoben werden.

Gegenstand der eidlichen Bekräftigung ist in der Regel die Wahrheit einer getätigten Wissenserklärung oder die gewissenhafte Verrichtung eines Berufs.

Unter eidlicher Vernehmung ist die Befragung einer natürlichen Person zu einem bestimmten Sachverhalt zu verstehen, die mit einer Eidesleistung verbunden ist.

Die **eidesstattliche Versicherung** wiederum ist eine gegenüber dem Meineid **geringer strafbewehrte** (§ 156 StGB, falsche Versicherung an Eides statt: Freiheitsstrafe bis zu drei Jahren oder Geldstrafe) und weniger formalisierte **feierliche Bekräftigung** der **Richtigkeit von Wissenserklärungen**. Sie wird deutlich häufiger praktiziert als der Eid. Eidesstattliche Versicherungen werden insbesondere vorgenommen, um gegenüber einer Behörde Tatsachen glaubhaft zu machen. 457

Bei eidesstattlichen Versicherungen ist zwischen der Aufnahme und der Abnahme zu unterscheiden:

- Die **Aufnahme** ist die bloße Protokollierung der Wissenserklärung durch den Notar; das Delikt der falschen Versicherung an Eides statt (§ 156 StGB), ist (im Falle der Falschangabe) erst mit Abgabe bei der adressierten Behörde vollendet, die insoweit die Versicherung abnimmt.
- Die **Abnahme** ist die unmittelbare Entgegennahme der Erklärung durch die hierfür zuständige Behörde; eine Strafbarkeit (im Falle der Falschangabe) entsteht sofort.

> *Beispiel:*
>
> Der Notar ist gemäß § 352 Abs. 3 S. 3 FamFG zur Abnahme einer eidesstattlichen Versicherung im Rahmen eines Erbscheinsantrags zuständig. Macht ein Beteiligter hier Falschangaben, ist er bereits mit dem Abschluss der notariellen Urkunde strafbar gemäß § 156 StGB.
>
> Eidesstattliche Versicherungen über den Verlust einer Kfz-Zulassungsbescheinigung gemäß § 5 StVG nimmt der Notar hingegen nur auf. Die Strafbarkeit aus § 156 StGB bei Falschangabe besteht daher erst ab dem Moment, in dem die Urkunde der Zulassungsbehörde zugegangen ist.

Bei Eiden ist hingegen, soweit ersichtlich, nur die direkte Abnahme üblich.

2. Zuständigkeit (§ 22 BNotO)

a) Eide, eidliche Vernehmungen

§ 22 Abs. 1 BNotO betrifft die Zuständigkeit des Notars zur Abnahme von Eiden oder zu eidlichen Vernehmungen. Diese besteht nur, wenn dies nach dem Recht eines ausländischen Staates oder nach den Bestimmungen einer ausländischen Behörde oder sonst zur Wahrnehmung von **Rechten im Ausland** erforderlich ist. 458

Das bedeutet also, dass der Notar für Eide (bzw. eidliche Vernehmungen) zur **Verwendung im Inland** in der Regel unzuständig ist. Allerdings kann sich eine Zuständigkeit aus **Sondervorschriften** ergeben, die § 22 Abs. 1 BNotO überlagern. Dies betrifft insbesondere die Ver- 459 eidigung von Dolmetschern durch den Notar, die durch § 16 Abs. 3 S. 3 BeurkG ausdrücklich ermöglicht wird. Verfahrensmäßig richtet sich diese dann nach § 189 GVG i.V.m. § 38 BeurkG.

b) Eidesstattliche Versicherungen

460 § 22 Abs. 2 BNotO regelt nur die Zuständigkeit für die **Aufnahme** eidesstattlicher Versicherungen. Hierfür ist der Notar zuständig, wenn einer Behörde oder sonstigen Dienststelle eine tatsächliche Behauptung oder Aussage glaubhaft gemacht werden soll. **Adressat** einer eidesstattlichen Versicherung muss also eine **öffentliche Stelle** sein. Ausgeschlossen sind damit also „eidesstattliche Versicherungen", die gegenüber einer Privatperson abgegeben werden sollen.

> *Praxistipp:*
>
> Der Begriff der Behörde bzw. Dienststelle wird dahingehend ausgelegt, dass dies mit der Ausübung von Hoheitsgewalt verbunden sein muss. Obwohl als Anstalten des öffentlichen Rechts organisiert, werden Sparkassen also nicht als tauglicher Adressat in diesem Sinne angesehen, ebenso wenig kommunale Wirtschaftsunternehmen wie etwa gemeindliche Eigenbetriebe.

461 Zur **Abnahme** eidesstattlicher Versicherungen hingegen äußert sich § 22 BNotO nicht. Hier gilt stattdessen, dass der Notar nur zuständig ist, wenn dies in **einer anderen gesetzlichen Sondervorschrift** ausdrücklich geregelt ist. Die wichtigsten Fälle, in denen der Notar eine eidesstattliche Versicherung abnimmt, sind

- **Erbscheinsantrag** (§ 2356 Abs. 2 BGB i.V.m. § 352 Abs. 3 S. 3 FamFG),
- Antrag auf **Testamentsvollstreckerzeugnis** (§ 2368 Abs. 3 BGB i.V.m. § 354 Abs. 1, 352 Abs. 3 S. 3 FamFG),
- Bestellung von **Sonderprüfern** für eine Aktiengesellschaft (§§ 142 Abs. 2, 258 Abs. 2 AktG).

462 Auch zur Abnahme bzw. Aufnahme einer eidesstattlichen Versicherung für eine **ausländische Behörde** oder zur **sonstigen Verwendung im Ausland** verhält sich die BNotO nicht. In Anlehnung an die Zuständigkeit gemäß § 22 Abs. 1 BNotO dürfte diese jedoch in den in Abs. 1 genannten Fällen auch für die Ab- und Aufnahme eidesstattlicher Versicherungen bestehen.

c) Prüfung der Zuständigkeit

463 Vom abstrakten Bestehen einer notariellen Zuständigkeit zu unterscheiden ist die Frage, wie weit der Notar die Zuständigkeit zu prüfen hat, bevor er eine entsprechende Beurkundung vornimmt.

464 Bei einer Zuständigkeit nach § 22 Abs. 1 BNotO muss sich der Notar in der Regel auf die **Angaben der Beteiligten** verlassen, dass der Eid bzw. die eidliche Vernehmung für die **Verwendung im Ausland** benötigt wird. Dies darf er auch; er muss nicht überprüfen, ob nach dem ausländischen Recht ein Eid überhaupt statthaft oder zielführend ist. Insbesondere wird in § 22 Abs. 1 BNotO ein sehr weiter Anwendungsbereich eröffnet, denn Adressat ist nicht nur eine Behörde, sondern es reicht, dass die entsprechende Versicherung (irgendwie) zur Wahrnehmung von Rechten im Ausland erforderlich ist.

Dennoch empfiehlt sich in der Urkunde eine **Belehrung** hierüber. Außerdem sollte in der Urkunde angegeben werden, zur Vorlage bei welcher Behörde die Urkunde nach Angabe benötigt wird.

> *Formulierungsbeispiel:*
>
> Nach Angabe des Beteiligten benötigt er den nachstehenden Eid zur Verwendung bei ..., einer ausländischen Behörde. Der Notar belehrte darüber, dass er weder nachgeprüft hat, ob nach dem betreffenden ausländischen Recht ein Eid tatsächlich statthaft ist, noch ob ein Eid im konkreten ausländischen Verfahren den Zielen des Beteiligten überhaupt konkret dienen kann. Der Notar musste dies auch nicht nachprüfen.

Bei der **Aufnahme von eidesstattlichen Versicherungen** muss zunächst auf Grundlage der Beteiligtenangabe geprüft werden, ob diese Versicherung der Vorlage bei einer Behörde oder sonstigen Dienststelle (siehe zu diesen Begriffen Rdn 460) dienen soll. Wenn die Versicherung zur Vorlage bei einer Privatperson gedacht ist, hat der Notar die Beurkundung mangels Zuständigkeit gemäß § 22 Abs. 2 BNotO abzulehnen. 465

Da der Notar die eidesstattliche Versicherung in diesen Fällen nur aufnimmt, nicht abnimmt, hat er auch nur zu prüfen, ob er **für die Aufnahme zuständig** ist. Er kann sich also darauf beschränken, zu prüfen, ob es sich beim Adressaten tatsächlich um eine Behörde oder sonstige Dienststelle i.S.d. § 22 Abs. 2 BNotO handelt. Er ist nicht verpflichtet, zusätzlich zu prüfen, ob die Behörde, bei welcher die eidesstattliche Versicherung abgegeben werden soll, selbst zur Abnahme eidesstattlicher Versicherungen zuständig ist.

> *Praxistipp:*
>
> Die jeweilige Behörde, bei welcher die eidesstattliche Versicherung konkret abgegeben wird, wird selbst genau prüfen bzw. in der Regel ohnehin schon wissen, ob sie für die Abnahme der eidesstattlichen Versicherung zuständig ist. Denn nur wenn diese Zuständigkeit besteht, besteht die Strafdrohung gemäß § 156 StGB. Eine Behörde wird eine eidesstattliche Versicherung nur dann als Mittel der Glaubhaftmachung akzeptieren, wenn die Strafbarkeit im Falle der Falschangabe gesichert ist.

Auch wenn der Notar die Zuständigkeit der Behörde nicht prüfen muss, sollte er einen entsprechenden **Risikohinweis** in der Urkunde unterbringen.

> *Formulierungsbeispiel: Risikohinweis*
>
> Der Notar hat darauf hingewiesen, dass er nicht nachgeprüft hat, ob (…) *(Name der Behörde)* zur Abnahme der hier beurkundeten eidesstattlichen Versicherung zuständig ist. Dies muss er auch nicht. Er wies auf das Risiko hin, dass (…) *(Name der Behörde)* diese Urkunde mangels Zuständigkeit nicht entgegennimmt oder nicht als Mittel der Glaubhaftmachung akzeptiert. Er empfahl dem Beteiligten, sich vor Beurkundung bei (…) *(Name der Behörde)* hiernach zu erkundigen.

§ 22 Abs. 2 BNotO kann allerdings in einigen Fällen durch **andere Zuständigkeitsvorschriften** überlagert werden, die eine ausschließliche Zuständigkeit einer anderen Behörde bestimmen. Hier ist leider vieles strittig. Im Zweifel empfiehlt es sich, beim Adressaten konkret nachzufragen, ob er eine vom Notar aufgenommene eidesstattliche Versicherung akzeptiert. Dies gilt ganz besonders für eidesstattliche Versicherungen, die gegenüber einem **Gericht** abgegeben werden sollen. Hier wird teilweise vertreten, dass eine eidesstattliche Versicherung gemäß der §§ 259, 260, 261, 2006, 2028, 2057 BGB nur von dem Gericht selbst aufgenommen (und abgenommen) werden darf. Dies dürfte zumindest im Fall der §§ 2006, 2028 BGB zutreffen, weil dort ausdrücklich bestimmt ist, dass die eidesstattliche Versicherung „*zu Protokoll des Gerichts*" abzugeben ist. 466

Die Beurkundung einer eidesstattlichen Versicherung zur Glaubhaftmachung im Rahmen eines **einstweiligen Zivilverfahrens** dürfte hingegen in der Regel statthaft sein. Hier empfiehlt sich aber ein Hinweis darauf, dass im Hauptsacheverfahren die eidesstattliche Versicherung in aller Regel kein taugliches Beweismittel darstellt.

> *Praxistipp:*
>
> Es ist ratsam, im Zweifel frühzeitig Rücksprache mit dem Notar zu halten. Besteht Unsicherheit, ob die Behörde auch zur Aufnahme einer eidesstattlichen Versicherung ausschließlich zuständig ist (mit der Folge, dass der Notar unzuständig ist), könnte sich die bloße Unterschriftsbeglaubigung als Ausweg anbieten, weil im Beglaubigungsvermerk noch keine Aufnahme der eidesstattlichen Versicherung zu sehen ist (siehe hierzu Rdn 472).

3. Beurkundungserfordernis (§ 38 Abs. 1 BeurkG)

467 Beim Gegenstand der eidesstattlichen Versicherung (bzw. auch des Eides) handelt es sich um eine **Wissenserklärung**, keine Willenserklärung.

Der Charakter als Wissenserklärung ergibt sich daraus, dass mit der Erklärung nicht der Wille zur konkreten Herbeiführung von Rechtsfolgen verbunden ist (siehe hierzu Rdn 241 f.), sondern dass bloße Angaben über Tatsachen gemacht werden. Nach allgemeinen Grundsätzen wäre daher eine Tatsachenbescheinigung nach den §§ 36 ff. BeurkG zu fertigen.

468 Allerdings ordnet § 38 Abs. 1 BeurkG an, dass die Vorschriften der §§ 6 ff. BeurkG auf die Beurkundung von Eiden und eidesstattlichen Versicherungen entsprechende Anwendung finden. Das hat primär zur Folge, dass die Urkunde den Beteiligten **vorzulesen**, von ihnen zu **genehmigen** und von ihnen sowie dem Notar zu **unterschreiben** ist (§ 13 BeurkG).

Aufgrund der strafrechtlichen Risiken von Falschangaben gebietet es die allgemeine **Betreuungspflicht** des Notars gemäß § 17 Abs. 1 BeurkG außerdem, **keine Auslagerungen** gemäß §§ 13a, 14 BeurkG vorzunehmen. Insbesondere sollten auch Bestandsverzeichnisse etc., wenn sie Bestandteil einer eidesstattlichen Versicherung sind, vorgelesen werden.

469 Schließlich sind sowohl Eid als auch eidesstattliche Versicherung **höchstpersönliche Erklärungen**, die einer Stellvertretung nicht zugänglich sind.

> *Praxistipp:*
>
> Enthält eine Urkunde eine eidesstattliche Versicherung, ist also darauf zu achten, dass der diese Versicherung abgebende Beteiligte persönlich erscheint!

4. Belehrung (§ 38 Abs. 2 BeurkG)

470 Gemäß § 38 Abs. 2 BeurkG soll der Notar über die Bedeutung des Eides bzw. der eidesstattlichen Versicherung belehren und dies **in der Urkunde vermerken**.

Hierbei handelt es sich zwar um eine Soll-Vorschrift, sodass die Urkunde bei Fehlen von Belehrung und/oder Urkundendokumentation nicht unwirksam ist. Dennoch ist gerade auf diese Belehrung besonders viel Wert zu legen, weil sie dem Beteiligten nochmals das **Strafbarkeitsrisiko** vor Augen führt.

> *Formulierungsbeispiel:*
>
> Der Beteiligte wurde über die Bedeutung einer eidesstattlichen Versicherung belehrt, insbesondere darüber, dass eine falsche Versicherung an Eides statt gemäß § 156 StGB mit Freiheitsstrafe bis zu drei Jahren oder mit Geldstrafe bestraft werden kann.

5. Unterschriftsbeglaubigung einer eidesstattlichen Versicherung?

471 § 38 BeurkG ist keine Formvorschrift, sondern eine **Verfahrensvorschrift**. Als solche bezieht sich diese Vorschrift nur auf die Abnahme bzw. Aufnahme von Eiden bzw. eidesstattlichen Versicherungen. § 38 BeurkG regelt insoweit, dass hier nicht im Wege eines Tatsachenzeugnisses gemäß §§ 36 ff. BeurkG vorgegangen werden darf.

472 § 38 BeurkG verbietet allerdings nicht, dass die Unterschrift unter einer eidesstattlichen Versicherung beglaubigt wird. Denn § 38 BeurkG regelt nur die Abnahme bzw. Aufnahme von (Eiden und) eidesstattlichen Versicherungen, also den Fall, dass der Inhalt der eidesstattlichen Versicherung selbst Bestandteil der öffentlichen Urkunde sein soll.

Die Erklärung, unter welcher die **beglaubigte** Unterschrift steht, bleibt hingegen eine rein **privatschriftliche Erklärung**, selbst wenn der Notar diese entworfen hat (siehe hierzu näher Rdn 500). Der Notar nimmt diese also weder auf noch ab, sodass § 38 Abs. 1 BeurkG insoweit gar nicht anwendbar ist. Aus denselben Gründen ist hier auch die Zuständigkeitsvorschrift des § 22 BNotO nicht anwendbar.

> *Merke:*
>
> Die Beglaubigung einer Unterschrift unter einer eidesstattlichen Versicherung ist im Grundsatz nicht unzulässig. § 38 BeurkG gilt hier nicht.

Allerdings sollte und kann die **Amtstätigkeit versagt** werden, wenn um Beglaubigung einer Unterschrift unter einer „eidesstattlichen Versicherung" ersucht wird, die **gegenüber einer Privatperson** im Inland abgegeben werden soll. Zwar gilt die Zuständigkeitsvorschrift des § 22 BNotO hier wie erwähnt nicht, sodass eine Beglaubigung nicht schon deshalb abgelehnt werden kann. Jedoch hat auch bei einer Unterschriftsbeglaubigung der Notar die entsprechende Erklärung daraufhin zu untersuchen, ob Gründe bestehen, um seine Amtstätigkeit zu versagen (i.S.d. § 14 Abs. 2 BNotO, § 4 BeurkG). 473

Eine mit „*eidesstattliche Versicherung*" überschriebene Erklärung gegenüber einer Privatperson erweckt den Anschein, dass falsche Angaben wegen § 156 StGB strafbar wären. Bereits wenn die Mitwirkung des Notars dazu dient oder dazu geeignet ist, Dritte zu täuschen, ist der Tatbestand des § 14 Abs. 2 BNotO und § 4 BeurkG einschlägig.

6. Das sog. affidavit

Große Unsicherheiten bestehen, wenn um die Beurkundung bzw. Beglaubigung eines sog. *affidavit* ersucht wird.[62] Das „*affidavit*" ist eine Bekräftigung eigener Art vor einer Amtsperson, die insbesondere im Rechtskreis des *Common Law* üblich ist. In der Regel ist das „*affidavit*" weder einem Eid noch einer eidesstattlichen Versicherung gleichzustellen, selbst wenn im vorgelegten Text die Formel „*sworn to me*" vorkommt. Wertungsmäßig vergleichbar ist das „*affidavit*" am ehesten mit der Versicherung des GmbH-Geschäftsführers gemäß § 8 Abs. 2 GmbHG bzw. Abs. 3 i.V.m. § 6 GmbHG. 474

Als Grundregel lässt sich festhalten: Es gibt **keine grundsätzlichen Einwände gegen die Beurkundung** bzw. Beglaubigung eines „*affidavit*". 475

> *Merke:*
>
> Auch ein sog. affidavit darf der Notar grundsätzlich beurkunden oder beglaubigen!

Allerdings ist im Einzelfall zu prüfen, welche Bedeutung dem „*affidavit*" zukommen soll. In der Regel wird hier eine **Beglaubigung ausreichen**, weil es sich um eine Bekräftigung handelt, die ggf. bei Falschangabe zwar strafbewehrt ist, aber nicht aufgrund der Abgabe der falschen Erklärung „an sich", sondern aufgrund einer anderen, speziellen Strafnorm. 476

> *Beispiel:*
>
> Vergleichbar damit ist, dass die Versicherung des GmbH-Geschäftsführers nach § 8 GmbHG auch nicht nach § 156 StGB wegen der falschen Versicherung an sich strafbar ist, sondern nur wegen des spezifisch gesellschaftsrechtlichen Straftatbestands des § 82 Abs. 1 Nr. 5 GmbHG.

Daran ändert nichts, dass in der Regel die Formel „*subscribed and sworn to me*" enthalten ist.

> *Weiterführender Hinweis:*
>
> Das „*sworn to me*" bedeutet aber in der Regel, dass sich die notarielle Bestätigung nicht auf die Beglaubigung der Unterschrift allein beschränkt, sondern strenggenommen ein Tatsachenzeugnis eigener Art ist, welches zusätzlich auch die Tatsache des Bekenntnisses zu dem Text der Urkunde zum Ausdruck bringt. **Kostenrechtlich** dürfte das aber dennoch – ähnlich wie die Versicherung des GmbH-Geschäftsführers – als bloße Unterschriftsbeglaubigung zu bewerten sein.

62 Siehe hierzu auch DNotI-Gutachten Nr. 38272.

477 Nur wenn ausnahmsweise das **ausländische Recht** an die Versicherung eine Strafbarkeit im Sinne eines Meineids bzw. einer falschen Versicherung an Eides statt knüpft (so etwa bei der „*verification*" als Beweismittel für einen Prozess), sind § 22 BNotO und § 38 BeurkG einschlägig, sodass eine Beurkundung nach den §§ 6 ff. BeurkG vorzunehmen ist.

> *Praxistipp:*
>
> Im Einzelfall kann es zweifelhaft sein, ob § 22 BNotO und § 38 BeurkG zur Anwendung gelangen müssen oder nicht, weil der Notar ausländisches Recht in der Regel nicht hinreichend genau kennt (und auch nicht kennen muss, § 17 Abs. 3 BeurkG, siehe hierzu Rdn 422 ff.). Bei derartigen Zweifelsfällen empfiehlt es sich, sicherheitshalber eine Beurkundung nach den §§ 38 Abs. 1, 6 ff. BeurkG vorzunehmen.

> *Weiterführender Hinweis:*
>
> Das Vorstehende widerspricht auch nicht der in Rdn 472 gezogenen Schlussfolgerung, dass § 38 BeurkG eine Unterschriftsbeglaubigung nicht verbietet. Hintergrund ist vielmehr, dass das affidavit zusätzlich implizit eine Tatsachenbescheinigung beinhaltet (in Bezug auf die feierliche Bekräftigung) und eben nicht nur eine einfache Beglaubigung darstellt. Insoweit ist hier eine Grenze zu ziehen zwischen einem affidavit, das sich so weit von § 38 BeurkG entfernt hat, dass eine Tatsachenbescheinigung statthaft ist, und einem affidavit, das nach § 38 BeurkG zu beurkunden ist.

VII. Sonstige Niederschriften (§§ 36 ff. BeurkG)

478 In Gestalt der Niederschrift nach den §§ 36 ff. BeurkG sind notarielle Urkunden im **Präsenzverfahren** immer dann zu errichten, wenn **keine Willenserklärungen** Gegenstand der Beurkundung sind (oder sonstige Sondervorschriften greifen wie etwa § 21 Abs. 3 BNotO, siehe hierzu Rdn 565). Oftmals wird eine derartige Niederschrift auch als „*Tatsachenzeugnis*" bezeichnet, siehe hierzu bereits Rdn 213 ff.

> *Hinweis:*
>
> Die Beurkundung nach den §§ 6 ff. BeurkG stellt demgegenüber die stärkere Form der Beurkundung dar. Diese kann auch dann gewählt werden, wenn keine Willenserklärungen Gegenstand der Beurkundung sind.
>
> Soll im Bereich des Gesellschaftsrechts eine Beurkundung im Rahmen der **Online-Verfahren** erfolgen, muss bei Niederschriften allerdings zwingend die strengere Form der §§ 6 ff. BeurkG i.V.m. §§ 16a ff. BeurkG beachtet werden. Die Form- und Verfahrenserleichterungen der §§ 36 ff. BeurkG sind insoweit nicht anwendbar.

Gegenstand der sonstigen Niederschrift gemäß §§ 36 ff. BeurkG sind – wie auch bei den §§ 6 ff. BeurkG – Wahrnehmungen des Notars über die Außenwelt, also – wie es § 36 BeurkG formuliert – über **Erklärungen oder sonstige Tatsachen bzw. Vorgänge**.

479 Das **Verfahren** ist im Wesentlichen in § 37 BeurkG geregelt. Demnach muss die Niederschrift die **Bezeichnung des Notars** und den **Bericht über seine Wahrnehmungen** enthalten (§ 37 Abs. 1 S. 1 BeurkG) sowie **Ort und Tag** der Wahrnehmungen und der Urkundenerrichtung (§ 37 Abs. 2 BeurkG), schließlich die **Unterschrift** des Notars (§ 37 Abs. 3 BeurkG i.V.m. § 13 Abs. 3 BeurkG).

Weiter kann auch ein **Schriftstück** oder ein **sonstiges** mit Karten, Zeichnungen und Abbildungen versehenes **Dokument** der Niederschrift **beigefügt** werden, wenn in der Niederschrift selbst darauf verwiesen wird (§ 37 Abs. 1 S. 2, 3 BeurkG). Dieses Dokument wird mit der Verweisung Bestandteil der Niederschrift.

480 Größter Unterschied der Beurkundung nach den §§ 36 ff. BeurkG zur Beurkundung von Willenserklärung ist, dass der Urkundeninhalt den Beteiligten **nicht vorgelesen** werden muss.

Außerdem müssen die Beteiligten (sofern es diese überhaupt gibt) bei der Beurkundung nicht anwesend sein und nicht unterschreiben. Allein der Notar unterschreibt die Urkunde.

Nachträgliche Änderungen der Urkunde sind auch leichter möglich als bei einer Beurkundung nach den §§ 6 ff. BeurkG, da bei einem Tatsachenzeugnis lediglich der Notar seine Wahrnehmungen wiedergibt. Hier ist es auch möglich, nach Unterschrift durch den Notar die ursprüngliche Niederschrift durch eine neue Niederschrift zu ersetzen. 481

Allerdings verweist § 44a Abs. 1 S. 2 BeurkG auch auf die Niederschrift nach § 37 BeurkG. Welche Folgen dies hat, ist im Einzelnen unklar. Es ist ratsam, **im Zweifel** eher einen **Nachtragsvermerk** zur ursprünglichen Urkunde zu errichten.

> *Praxishinweis:*
>
> Eine nach den §§ 6 ff. BeurkG beurkundete Niederschrift darf **in Urschrift** nach Abschluss, also nach der Unterschrift des Notars, **auf keinen Fall mehr geändert** werden.
>
> Bei Niederschriften nach §§ 36 ff. BeurkG ist dies anders. Es ist möglich, die ursprüngliche Urkunde durch eine neue zu ersetzen.
>
> Schon aus Gründen der Transparenz empfiehlt es sich, die ursprüngliche Urkunde nur dann zu ersetzen, wenn sie noch nicht aus der Notarstelle nach außen gelangt ist. Sobald dies der Fall ist (z.B. durch Versand einer Abschrift oder Ausfertigung), sollte stattdessen auf den Nachtragsvermerk gemäß § 44a BeurkG zurückgegriffen werden. Teilweise wird die Möglichkeit zu einer Änderung nach Erteilung von Ausfertigungen ganz verneint. Dies dürfte aber zu weit gehen.

§ 17 BeurkG gilt seiner systematischen Stellung nach nicht für sonstige Niederschriften gemäß §§ 36 ff. BeurkG. Jedoch ist der Notar gemäß § 24 BNotO dennoch gehalten, die Beteiligten zu **beraten und** zu **betreuen**. Allerdings ist ihm hierbei ein **weiteres Verfahrensermessen** eingeräumt als bei § 17 BeurkG. 482

Typische Anwendungsfälle von Niederschriften nach den §§ 36 ff. BeurkG sind: 483

- **Versammlungsbeschlüsse** von Gesellschaften, etwa einer GmbH, einer AG oder auch eines Vereins;
  Weiterführende Hinweise: Teilweise enthält das Gesellschaftsrecht weitere Vorgaben über den Inhalt der Urkunde, so etwa § 130 AktG.
  Beschlüsse sind **keine Willenserklärungen**, sodass auf die Beurkundung nach den §§ 36 ff. BeurkG zurückgegriffen werden kann. Es ist aber immer darauf zu achten, ob nicht doch Willenserklärungen enthalten sind, so etwa Übernahmeerklärungen im Rahmen einer Kapitalerhöhung oder Verzichtserklärungen bei Verschmelzungsbeschlüssen.
- **Bestandsverzeichnisse**, insbesondere Nachlassverzeichnisse gemäß § 2314 Abs. 1 S. 3 BGB;
- Protokoll über die notarielle Aufsicht im Rahmen von **Verlosungen**;
- Bescheinigungen gemäß § 58 Abs. 3 ArbGG;
- Protokoll über **freiwillige Versteigerungen**;
- Protokoll über Anlegung eines **Siegels**.

> *Weiterführender Hinweis:*
>
> Auch Vermerkurkunden, darunter Unterschrifts- und Abschriftsbeglaubigungen (siehe zu alldem Rdn 485 ff.) stellen (besondere) Tatsachenzeugnisse nach den §§ 36 ff. BeurkG dar. Letztlich kann der Notar jede Tatsache bescheinigen, die er wahrnimmt, solange keine Ablehnungspflicht nach § 4 BeurkG, § 14 Abs. 2 BNotO besteht.

Mit Blick auf die Behandlung von Niederschriften nach §§ 36 ff. BeurkG in **Urkundensammlung** und **elektronischer Urkundensammlung** gelten die vorstehenden Ausführungen zum Umgang mit in Papierform nach §§ 6 ff. BeurkG erstellten Niederschriften (siehe oben Rdn 241 ff. passim) grundsätzlich entsprechend. 484

VIII. Vermerkurkunden (§§ 39 ff. BeurkG)

1. Papiergebundene Vermerkurkunden (§ 39 BeurkG)

485 Gemäß § 39 BeurkG genügt bei sog. einfachen Zeugnissen eine Vermerkurkunde. Das bedeutet, dass keine Niederschrift errichtet wird, welche mit Urkundeneingang und ausführlichem Wahrnehmungsbericht verbunden ist. Vielmehr ist der Vermerk eine Kurzform, die **nur das Ergebnis der notariellen Wahrnehmungen** beinhaltet, die Unterschrift des Notars, das Siegel, Ort und Tag der Ausstellung.

486 Als Beispiele für ein einfaches Zeugnis werden genannt:

- **Unterschrifts**- bzw. **Handzeichenbeglaubigung** (siehe hierzu Rdn 498 ff.),
- Feststellung des **Vorlagezeitpunkts** einer Privaturkunde,
- **Bescheinigung** über Eintragungen in öffentlichen Registern (siehe hierzu Rdn 560 ff.),
- **Abschriftsbeglaubigung** (siehe hierzu Rdn 543 ff.).

487 *Praxistipp:*

- Die Vermerkurkunde stellt nur das Ergebnis der Wahrnehmungen dar, nicht den Vorgang der Wahrnehmung. Im Rahmen der Abschriftsbeglaubigung heißt es also nur *„die Übereinstimmung dieser Abschrift mit dem mir vorgelegten Original wird beglaubigt“* o.Ä., nicht *„mir, Notar, wurde ein Original des Abiturzeugnisses von Herrn Max Müller, geb. (…), vorgelegt, wovon ich eine Ablichtung gefertigt habe. Sodann habe ich die Ablichtung mit dem Original verglichen. Ich stelle fest, dass die Ablichtung bildlich und textlich mit dem Original übereinstimmt“* o.Ä.
- Bei einfachen Zeugnissen ist das Siegel Wirksamkeitsvoraussetzung (§ 39 BeurkG). Sonstige Urkunden sind bereits mit der Unterschrift des Notars wirksam, da § 44 BeurkG nur eine Soll-Vorschrift darstellt. Gleichwohl ist jede notarielle Urkunde zu siegeln.

2. Einfache elektronische Zeugnisse (§ 39a BeurkG)

a) Technische Grundlagen

488 § 39a BeurkG ermöglicht auch eine **Vermerkurkunde in elektronischer Form**. Dies erfordert, dass das entsprechende Dokument vom Notar mit einer qualifizierten elektronischen Signatur versehen wird, welche in Art. 3 Nr. 12 eIDAS-Verordnung näher geregelt ist.

Ohne auf die Details des technischen Verfahrens einzugehen, kann gesagt werden, dass eine **qualifizierte elektronische Signatur** die Unterschrift einer Person ersetzt (vgl. etwa auch § 126a BGB). Statt zu unterschreiben, wird also signiert. Die Signatur wird untrennbar auf das zu signierende elektronische Dokument (etwa der Bilddatei einer Urkunde) bezogen. Hergestellt wird die Signatur mit einem **Signaturzertifikat**, welches durch einen sog. Vertrauensdiensteanbieter erstellt wurde und sicherstellt, dass die hierauf basierende Signatur einer bestimmten Person zugewiesen ist. Um eine qualifizierte elektronische Signatur handelt es sich dann, wenn die Zuordnung zu der jeweiligen Person auf besonders sicherem Wege erfolgt ist, klassischerweise und bestenfalls aufgrund notarieller Unterschriftsbeglaubigung. Die wesentlichen Voraussetzungen hierfür sind in § 33 BNotO niedergelegt.

489 Die **Bundesnotarkammer** ist ein derartiger Vertrauensdiensteanbieter und stellt qualifizierte Zertifikate für Notare aus. Diese Zertifikate befinden sich bisher auf der sog. **Signaturkarte**, mit welcher unter Zuhilfenahme einer sog. sicheren Signaturerstellungseinheit (Kartenlesegerät) die jeweilige Signatur erstellt wird.

Das notarielle Berufsrecht sieht mittlerweile aber auch die Möglichkeit vor, die Signaturerstellungsdaten nicht mehr lokal auf der Signaturkarte zu speichern, sondern diese vielmehr vom Vertrauensdiensteanbieter verwahren zu lassen und die Signatur des Notars aus der Ferne auszulösen (sog. **Fernsignatur**). Dieser Auslösevorgang kann nur mittels einer entsprechenden Karte als Hardwareelement vorgenommen werden. Die **Online-Verfahren** im Gesellschaftsrecht wurden von vornherein technisch so gestaltet, dass jedenfalls die Beteiligten technische Hilfsmittel wie Signaturkarte oder auch Kartenlesegerät gar nicht erst benötigen, vielmehr genügen technische Hilfsmittel, über welche die Beteiligten ohnehin regelmäßig verfügen (so etwa Smartphone und Standard-Laptop).

Schon vor dem Start des elektronischen Urkundenarchivs und Zulassung der Fernsignatur enthielt das Zertifikat bei Notaren (und ggf. auch bei Notariatsverwaltern) auch das **Notarattribut** (§ 33 Abs. 1 S. 3 BNotO, § 39a Abs. 2 S. 1 BeurkG), welches die Amtsbefugnis des Notars verlautbart und daher das notarielle Siegel ersetzt. Bei Notarvertretern wurde die zwingende Voraussetzung, das Zeugnis mit einem Nachweis der Notareigenschaft zu verbinden, bis zum Inkrafttreten des elektronischen Urkundenarchivs hingegen anders erfüllt. Mit der eigentlichen elektronischen Vermerkurkunde wurde die Urkunde über die Bestellung zum Notarvertreter an den Empfänger (also in der Regel das Handelsregister) geschickt – ebenfalls elektronisch mit qualifizierter elektronischer Signatur des Amtsinhabers, eines anderen Notars oder der Justizverwaltung. Dieses Hilfsverfahren ist mit **Start des elektronischen Urkundenarchivs** entbehrlich geworden. Nunmehr werden auch Notarvertreter tagaktuell in das Notarverzeichnis i.S.v. § 78l BNotO eingetragen. Die Amtsbefugnis kann daher über ein Notarvertreterattribut im Rahmen des Signaturvorgangs automatisch erfasst werden.

> *Merke:*
>
> Die qualifizierte elektronische Signatur ersetzt die Unterschrift des Notars, das Notarattribut ersetzt das Siegel.

§ 39a Abs. 1 S. 4 BeurkG schreibt in Anknüpfung an § 33 Abs. 4 S. 1 und 2 BNotO weiter vor, 490
dass der Notar die Signatur **selbst erzeugen** und die elektronischen Signaturerstellungsdaten **selbst verwalten** muss. Das bedeutet, dass er den **Signiervorgang** auf jeden Fall (ebenso wie die Unterschrift) **selbst ausführen** muss und nicht auf Mitarbeiter delegieren darf. Weiter muss er auch die Signaturerstellungsdaten (also die Signaturkarte, dort sind die Daten gespeichert) höchstpersönlich verwahren.

b) Anwendung

Die beschriebene technische Vorgehensweise ermöglicht also über die Vermittlung durch 491
§ 39a, dass der Notar, indem er elektronische Dokumente (in der Regel Bilddateien) mit Signatur und Attribut versieht, **Vermerkurkunden** errichtet. Der Signaturvorgang ist das Äquivalent dazu, dass der Notar in der analogen Welt eine Urkunde (entspricht der Bilddatei) mit Unterschrift (entspricht der Signatur) und Siegel (entspricht dem Attribut in der Signatur) versieht.

Davon ausgehend kann der Notar prinzipiell **alle in Papierform denkbaren Vermerkurkun-** 492
den auch elektronisch erstellen.

Der Hauptanwendungsfall war zumindest bislang die elektronische Abschriftsbeglaubigung (zur wachsenden praktischen Bedeutung der Beglaubigung einer qualifizierten elektronischen Signatur siehe Rdn 526 ff.) Hierbei wird ein Scan der zu beglaubigenden Urkunde (dabei kann es sich um eine notarielle oder eine sonstige Urkunde handeln) mit einer Signatur inklusive Attribut versehen. Bestandteil der Bilddatei der zu beglaubigenden Urkunde ist außerdem der Beglaubigungsvermerk, der in der Regel von der **Software XNotar** bereits vorgeschlagen wird.

> *Formulierungsbeispiel:*
>
> Die Übereinstimmung dieser elektronischen Bilddatei mit der mir vorliegenden Urschrift wird beglaubigt.

> *Praxistipp:*
>
> Ist Grundlage ein Papierdokument, muss dieses über einen Scan in eine elektronische Bilddatei überführt werden (sog. **Medienbruch**). Dieser Medienbruch kann bei einer Unterschriftsbeglaubigung entweder so erfolgen, dass das vom Beteiligten unterschriebene

Dokument ohne „analogen“ Beglaubigungsvermerk eingescannt und sodann mit einem digitalen Beglaubigungsvermerk samt Signatur und Attribut verbunden wird.

Alternativ kann der Beglaubigungsvermerk samt Notarunterschrift und Siegel analog angebracht werden und von dieser notariellen Urkunde sodann eine elektronisch beglaubigte Abschrift gefertigt werden.

Letztere Vorgehensweise ist zurzeit die gängigere, insbesondere aus büroorganisatorischen Gründen: Bis zur Einführung des elektronischen Urkundenarchivs wäre z.B. die Verwahrung der rein elektronischen Beglaubigung aufwendig; es müsste wieder ein beglaubigter Papierausdruck hiervon gemacht werden.

493 Auch die Überführung eines (ggf. elektronisch beglaubigten) Dokuments in Papierform, welches mit einer qualifizierten elektronischen Signatur versehen ist, ist möglich, was § 42 Abs. 4 BeurkG klarstellt. Hierbei handelt es sich dann um einen Spezialfall der Abschriftsbeglaubigung.

Formulierungsbeispiel:

Die Übereinstimmung der vorstehenden Abschrift mit dem mir, Notar, am Bildschirm angezeigten Inhalt dieses Dokuments wird hiermit beglaubigt.

Bei qualifizierter elektronischer Signatur: Das Dokument ist mit einer qualifizierten elektronischen Signatur nach der eIDAS-Verordnung versehen. Eine Signaturprüfung hat ergeben, dass das zugrundeliegende Zertifikat gültig ist und von (…) *(Name des Vertrauensdiensteanbieters)* dem (…), geb. am (…), zugeordnet wurde.

Weiterführender Hinweis:

Die Beglaubigung eines Ausdrucks aus dem elektronisch geführten Handelsregister oder Grundbuch ist hingegen zwar denkbar, wäre aber nichts anderes als in der analogen Welt die Beglaubigung einer einfachen Abschrift, weil die Bilddatei des Registerauszugs keine qualifizierte elektronische Signatur enthält. Stattdessen behilft sich der Notar regelmäßig mit einer Vermerkurkunde eigener Art, in welcher bestätigt wird, dass der Ausdruck der Wiedergabe auf dem Bildschirm bei Aufruf des elektronischen Handelsregisters bzw. Grundbuchs entspricht.

Schon bislang möglich, in der Praxis aber eher selten relevant war bis zum Start der Online-Verfahren im Gesellschaftsrecht die **Beglaubigung qualifizierter elektronischer Signaturen**. Nachdem dieses Verfahren sowohl mit Blick auf elektronische Niederschriften als auch einfache elektronische Zeugnisse nun zunehmend an Bedeutung gewinnt, hat der Gesetzgeber dieses zum Teil in § 39a BeurkG näher ausgestaltet (siehe Abs. 4) und zudem in § 40a BeurkG eine Parallelregelung zur Unterschriftsbeglaubigung nach § 40 BeurkG geschaffen (siehe auch Rdn 526 ff.). Bezüglich der nach § 39a Abs. 3 S. 1 BeurkG bei Beglaubigung eines elektronischen, mit einer qualifizierten elektronischen Signatur versehenen Dokuments erforderlichen Dokumentation des Ergebnisses der Signaturprüfung ist die Neuregelung in § 39a Abs. 3 S. 2 BeurkG zu beachten. Danach müssen bei Vorhandensein mehrerer qualifizierter elektronischer Signaturen nicht alle Signaturen überprüft werden. Es genügt – soweit vorhanden –, allein die Signatur des Notars zu überprüfen und das Prüfergebnis zu dokumentieren.

3. Verwahrung von Vermerkurkunden i.S.v. § 39 BeurkG in Urkundensammlung und elektronischer Urkundensammlung

494 Soweit eine Vermerkurkunde i.S.v. § 39 BeurkG in das Urkundenverzeichnis einzutragen ist und daher eine eigene Urkundenverzeichnisnummer erhält (insbesondere also Unterschrifts-

und Signaturbeglaubigungen), sind hinsichtlich der **Urkundensammlung** die Vorgaben von § 31 Abs. 1 Nr. 4 und 5 NotAktVV zu beachten.[63]

Dabei ist zu berücksichtigen, dass die Urschrift eines **in Papier erstellten Vermerks** i.S.v. § 39 BeurkG den Beteiligten gemäß § 45a Abs. 2 BeurkG grundsätzlich auszuhändigen ist, sofern nicht dessen Verwahrung ausdrücklich verlangt wird (vgl. Rdn 617). Gleiches gilt gemäß § 45b Abs. 2 BeurkG grundsätzlich auch für nach § 39a BeurkG erstellte **elektronische Zeugnisse**. Eine Verwahrung kommt bei diesen aber nur in Betracht, soweit das elektronische Dokument den Anforderungen von § 45b Abs. 2 S. 2 BeurkG entspricht (vgl. Rdn 619). In Umsetzung dessen macht § 31 Abs. 1 Nr. 4 und 5 NotAktVV für in Papier erstellte Vermerke wie auch für elektronisch erzeugte Zeugnisse i.S.v. §§ 39 f. BeurkG Vorgaben, in welcher Form diese in der Urkundensammlung zu verwahren sind.

Bei **in Papier erstellten Vermerken** i.S.v. § 39 BeurkG ist nach § 31 Abs. 1 Nr. 4 NotAktVV 495
- deren Urschrift zu verwahren, wenn diese in notarieller Verwahrung verbleibt (lit. a),
- im Übrigen eine (nicht notwendig beglaubigte) Abschrift, wenn der Notar die Urkunde entworfen hat (lit. b) und ansonsten
- nach Ermessen des Notars eine (ebenfalls nicht notwendig beglaubigte) Abschrift (lit. c).

Bei nach § 39a BeurkG erstellten **elektronischen Zeugnissen** ist nach § 31 Abs. 1 Nr. 5 496
NotAktVV
- ein beglaubigter Ausdruck des elektronischen Dokuments zu verwahren, wenn diese in notarieller Verwahrung verbleibt (lit. a),
- im Übrigen ein (nicht notwendig beglaubigter) Ausdruck des elektronischen Dokuments, wenn der Notar die Urkunde entworfen hat (lit. b) und ansonsten
- nach Ermessen des Notars ein (ebenfalls nicht notwendig beglaubigter) Ausdruck des elektronischen Dokuments (lit. c).

Hinsichtlich der **elektronischen Urkundensammlung** sind hingegen die Vorgaben von § 34 497
Abs. 1–3 NotAktVV zu beachten.

Für **in Papierform erstellte Vermerke** i.S.v. § 39 BeurkG sind die Vorgaben von § 34 Abs. 1 und 2 NotAktVV zu beachten. Spiegelbildlich zur jeweils in der Urkundensammlung vorhandenen bzw. gewählten Form gilt:
- Wird in der Urkundensammlung die Urschrift verwahrt, muss nach § 34 Abs. 1 und 2 Nr. 1 NotAktVV eine elektronische Fassung der Urschrift i.S.v. § 56 BeurkG verwahrt werden.
- Wird in der Urkundensammlung über die Formanforderungen von § 31 Abs. 1 Nr. 4 NotAktVV hinausgehend eine beglaubigte Abschrift verwahrt, ist nach § 34 Abs. 1 und 2 Nr. 2 NotAktVV mindestens eine elektronisch beglaubigte Abschrift zu verwahren.
- Werden in der Urkundensammlung hingegen einfache Abschriften verwahrt, genügt nach § 34 Abs. 1 und 2 Nr. 3 NotAktVV eine einfache elektronische Abschrift.
- Wird im Fall von § 31 Abs. 1 Nr. 4 lit. c NotAktVV in der Urkundensammlung nichts verwahrt, wird auch nichts in die elektronische Urkundensammlung eingestellt.

Für nach § 39a BeurkG erstellte **elektronische Zeugnisse** gelten demgegenüber die Vorgaben von § 34 Abs. 1 und 3 NotAktVV. Nach § 34 Abs. 3 S. 1 NotAktVV können elektronisch erstellte Dokumente in der elektronischen Urkundensammlung grundsätzlich entweder in ihrer originär elektronischen Form oder auch als elektronische Fassung des Ausdrucks, der in der Urkundensammlung verwahrt wird („*ausdrucken und scannen*"), verwahrt werden. Bleibt das elektronische Zeugnis aber nach § 45b Abs. 2 BeurkG in der Verwahrung des Notars, ist dieses nach § 34 Abs. 3 S. 2 Nr. 2 NotAktVV zwingend in seiner originär-elektronischen Form in der elektronischen Urkundensammlung zu verwahren.

63 Ausführlich dazu mit Blick auf die analoge wie auch die digitale Welt *Siegel/Berthold*, DNotZ 2022, 429 ff.

IX. Unterschriftsbeglaubigung (§ 40 BeurkG)

498 Die Unterschriftsbeglaubigung ist im **Präsenzverfahren** neben der Beurkundung nach den §§ 6 ff. BeurkG das „tägliche Brot“ des Notars. Sie ist ein **Sonderfall der Vermerkurkunde** und in § 40 BeurkG speziell geregelt.

1. Bedeutung

499 Die öffentliche Beglaubigung i.S.d. § 129 BGB wird beurkundungsrechtlich vor allem durch die Unterschriftsbeglaubigung gemäß § 40 BeurkG verwirklicht. Daneben ist zumindest mit Blick auf gesellschaftsrechtliche Vorgänge nunmehr auch die Signaturbeglaubigung durch die Beglaubigung einer qualifizierten elektronischen Signatur gemäß § 40a BeurkG möglich (siehe hierzu Rdn 526 ff.). Zu den Fällen, in welchen (zumindest) eine öffentliche Beglaubigung erforderlich ist, siehe Rdn 228 ff.

> *Beispiele:*
>
> Registeranmeldungen (wie etwa eine Handelsregisteranmeldung), grundbuchrechtliche Bewilligungen (wie etwa die Bewilligung eines Nießbrauchs), Nachgenehmigungen bzw. Vollmachtbestätigungen.

500 Die **Erklärung**, die über einer beglaubigten Unterschrift steht, bleibt **Privaterklärung** (siehe hierzu näher unter Rdn 502 ff.). In beweisrechtlicher Hinsicht profitiert sie dennoch von § 440 Abs. 2 ZPO. Wenn die Echtheit einer Unterschrift (aufgrund Beglaubigung) feststeht oder das unter einer Urkunde befindliche Handzeichen notariell beglaubigt ist, hat die über der Unterschrift oder dem Handzeichen stehende Schrift die Vermutung der Echtheit für sich. Man darf also grundsätzlich davon ausgehen, dass der über der Unterschrift bzw. über dem Handzeichen stehende Text vom Unterschreibenden stammt oder zumindest mit dessen Willen dort steht.

2. Vermerk

501 Unterschriftsbeglaubigungen werden in Form einer **Vermerkurkunde** gemäß § 39 BeurkG verfasst (siehe hierzu Rdn 485 ff.).

> *Formulierungsbeispiel:*
>
> Hiermit beglaubige ich die Echtheit der vorstehenden, vor mir vollzogenen (*alternativ*: anerkannten) Unterschrift von
>
> (...) *(Name, Geburtsdatum, Adresse)*,
>
> ausgewiesen durch (...)
>
> *(Ort, Datum, Unterschrift und Siegel des Notars)*

3. Erklärungsinhalt des Vermerks

502 Der Erklärungsinhalt des Beglaubigungsvermerks beschränkt sich darauf, dass die **Unterschrift**, welche beglaubigt wird, einer **bestimmten Person zugeordnet** wird. Dies geschieht dadurch, dass der Notar entweder bescheinigt, dass die Unterschrift von der betreffenden Person **vollzogen** wurde oder dass die betreffende Person ihre bereits geleistete Unterschrift **anerkannt** hat.

> *Weiterführender Hinweis:*
>
> Beweisrechtlich stellt die Feststellung über den Vollzug der Unterschrift in Gegenwart des Notars ein sonstiges Zeugnis gemäß § 418 ZPO dar, während die Feststellung über die Anerkennung der Unterschrift ein Zeugnis über die vor einer Urkundsperson abgegebene Erklärung gemäß § 415 BGB ist.

Die vom Notar errichtete öffentliche Urkunde beschränkt sich hierbei auf diesen Vermerk. 503
Das bedeutet insbesondere, dass die über der Unterschrift befindliche Erklärung selbst keine öffentliche Urkunde ist, sondern **Privaterklärung** des jeweiligen Beteiligten bleibt.

Die Beglaubigung durch den Notar **muss nicht unmittelbar nach Unterschriftsleistung** bzw. 504
nach Unterschriftsanerkennung erfolgen. Es genügt, wenn sich der Notar insoweit noch daran erinnert. Ebenso wenig müssen Unterschriftsleistung bzw. Unterschriftsanerkennung einerseits und Beglaubigung andererseits an demselben Ort erfolgen. Allerdings ist auch die amtliche Wahrnehmung des Notars hoheitliche Amtstätigkeit, sodass auch hierfür die allgemeinen Grundsätze gelten, insbesondere auch die §§ 10a, 11 BNotO. Das bedeutet konkret, dass der Notar grundsätzlich den Vollzug bzw. die Anerkennung der Unterschrift nicht außerhalb seines Amtsbereichs wahrnehmen darf, selbst wenn er den Vermerk erst an seinem Amtssitz unterzeichnet.

> *Praxistipp:*
>
> Bei der Unterschriftsanerkennung kann es vorkommen, dass von einem Beteiligten eine fremde Unterschrift anerkannt wird. Zwar bringt der Anerkennende auch in diesem Fall sein Bekenntnis zur Unterschrift zum Ausdruck; auch der Beglaubigungsvermerk ist insoweit nicht falsch (weil er nur bezeugt, dass die Unterschrift anerkannt wurde). Wenn der Notar allerdings erkennt, dass die Unterschrift nicht vom Anerkennenden stammt, darf er die Beglaubigung nicht vornehmen.
>
> Eine pragmatische Lösung besteht bei Zweifeln darin, den Erschienenen zur Sicherheit nochmal unterschreiben zu lassen und diese Unterschrift dann als vor dem Notar vollzogen zu beglaubigen.

4. Identifikation der Beteiligten

Die Person(en), deren Unterschrift beglaubigt wird, müssen – mit Ausnahme der Online-Ver- 505
fahren im Gesellschaftsrecht – in der Amtsstelle **persönlich erscheinen** und ihre Unterschrift in Gegenwart des Notars vollziehen bzw. anerkennen. Bei der Anerkennung muss die Unterschrift durch den Anerkennenden auch visuell erfasst werden. Es reicht also nicht aus, dass bloß ein Ausweisdokument vorliegt, etwa indem es per Post versandt wird. Dies würde keine Überprüfung dahingehend ermöglichen, dass die Unterschrift tatsächlich dem Erschienenen zuzuordnen ist.

> *Merke:*
>
> Eine telefonische oder durch sonstige Fernkommunikationsmittel vermittelte „Beglaubigung" einer Unterschrift ist im Regelfall weiterhin unzulässig!

Für die Identifikation gelten die bereits oben zur Beurkundung von Willenserklärungen ge- 506
nannten Grundsätze, weil § 40 Abs. 4 BeurkG auf § 10 BeurkG verweist (siehe hierzu Rdn 247 ff.). Jedoch gilt eine gewichtige Ausnahme: Ein **Zweifelsvermerk** gemäß § 10 Abs. 3 S. 2 BeurkG ist von der Verweisung des § 40 Abs. 4 BeurkG nicht erfasst und daher bei Unterschriftsbeglaubigungen **nicht möglich**. Vielmehr muss bei Zweifeln über die Identifizierung die Beglaubigung abgelehnt werden.

Das Identifizierungsmittel ist anzugeben (§ 40 Abs. 4 BeurkG i.V.m. § 10 Abs. 3 S. 1 BeurkG).

5. Handzeichenbeglaubigung

Während bei der Niederschrift einer Beurkundung nach den §§ 6 ff. BeurkG zwingend die 507
Unterschrift der Beteiligten gemäß § 13 Abs. 1 BeurkG erforderlich ist (siehe hierzu Rdn 429 ff.), kann gemäß § 40 Abs. 6 BeurkG auch ein **Handzeichen** beglaubigt werden. Bei Handzeichen handelt es sich um Zeichen, die kein Schriftzug sind. Insbesondere reichen ein Strich, ein Kreuz oder auch ein Fingerabdruck aus. Es genügt also eine irgendwie geartete, in der Urkunde verkörperbare Bekräftigungshandlung unter einem Text.

Praxistipp:

Handzeichen werden insbesondere bei Kranken und Gebrechlichen beglaubigt, die nicht mehr in der Lage sind, eine Unterschrift zu leisten. Insoweit ist die Beglaubigung des Handzeichens das Pendant zum Schreibzeugen gemäß § 25 BeurkG bei der Beurkundung gemäß §§ 6 ff. BeurkG (siehe hierzu Rdn 336 f.).

Wenn der Betroffene hingegen auch kein Handzeichen mehr leisten, sondern nur noch mündlich seine Genehmigung erklären kann, muss stattdessen die Beurkundung gemäß §§ 6 ff. BeurkG unter Zuhilfenahme eines Schreibzeugen gemäß § 25 BeurkG gewählt werden.

6. Blanko-Unterschriftsbeglaubigung (§ 40 Abs. 5 BeurkG)

508 Die Beglaubigung einer Unterschrift unter einem leeren Papier (Blanko-Beglaubigung) ist nach § 40 Abs. 5 BeurkG im Grundsatz möglich. Der Notar darf dies nur tun, wenn ihm dargelegt wird, dass eine solche Blanko-Beglaubigung notwendig ist, außerdem soll er dies in dem **Vermerk** ausdrücklich angeben. Andernfalls kann er die Beglaubigung ablehnen.

Praxistipp:

Die Gefahr von Fälschungen ist hier ungleich höher, da ein Dritter über der Unterschrift einen Text einfügen kann, zu dem sich der Unterschreibende ggf. gar nicht bekennt.

Eine Blanko-Beglaubigung wird in den seltensten Fällen notwendig sein. Zu denken ist etwa an die Notwendigkeit einer vorzeitigen Beglaubigung in Deutschland wegen baldiger Abreise ins Ausland, bevor der Text der zu beglaubigenden Erklärung genau feststeht. In der Regel wird aber auch in einem solchen Fall eine Beglaubigung bei der entsprechenden deutschen Auslandsvertretung möglich sein.

§ 40 Abs. 5 BeurkG ist auch entsprechend auf teilweise lückenhafte Texte anzuwenden, etwa wenn Ausfüllfelder in einem Formular noch nicht ausgefüllt sind.

7. Prüfungs- und Belehrungspflichten

509 § 17 BeurkG ist bei Beglaubigungen im Grundsatz nicht anwendbar, weshalb der Notar **keine Belehrungspflicht** über die rechtliche Tragweite des Geschäfts und dessen materielle Wirksamkeit hat. Stattdessen braucht er gemäß § 40 Abs. 2 BeurkG lediglich zu **prüfen**, ob Gründe bestehen, seine Amtstätigkeit zu versagen. Dabei handelt es sich insbesondere um **Mitwirkungsverbote** i.S.d. § 3 BeurkG und um **Ablehnungsgründe** gemäß § 4 BeurkG, insbesondere bei unerlaubten oder unredlichen Zwecken. Ebenso besteht eine Ablehnungspflicht bei ersichtlich **unwirksamen Rechtsgeschäften**, etwa aufgrund Formnichtigkeit.

Beispiel:

So sind etwa Unterschriften unter einem „Grundstückskaufvertrag" nicht zu beglaubigen, weil ein solcher Vertrag wegen § 311b Abs. 1 S. 1 BGB unwirksam ist. Dasselbe gilt für maschinenschriftlich verfasste Testamente oder auch für Zwangsvollstreckungsunterwerfungen.

510 Dies bedeutet, dass der Notar – anders als bei der Beurkundung gemäß §§ 6 ff. BeurkG – den Text über der zu beglaubigenden Unterschrift **nur auf Evidenz** zu überprüfen hat.

Praxistipp:

Diese Evidenzkontrolle bei der Unterschriftsbeglaubigung ist um einiges weitmaschiger als die „echte" materielle Richtigkeitsgewähr bei der Beurkundung gemäß §§ 6 ff. BeurkG. Dennoch ist auch die Evidenzkontrolle nicht auf die leichte Schulter zu nehmen. Insbesondere bei langen und nicht sofort verständlichen Texten ist es notwendig, diese vollständig durchzusehen, zumindest zu überfliegen.

Gerade im Zusammenhang mit sog. Reichsbürgern ist hier Vorsicht angesagt (siehe hierzu Rdn 95). Zwar muss die Erklärung, deren Unterschrift beglaubigt wird, nicht unbedingt rechtlich sinnvoll sein, allerdings liegt ein unerlaubter bzw. unredlicher Zweck bereits vor, wenn die Urkunde voraussichtlich der Täuschung des Rechtsverkehrs – ggf. auch im Ausland – zu dienen bestimmt ist. Eine Fehlvorstellung kann sich insbesondere auch daraus ergeben, dass die Urkunde mit dem notariellen Siegel versehen ist und daher einen besonders seriösen Anschein hat, obwohl sich der Beglaubigungsvermerk nur auf die Herkunft und Zuordnung der Unterschrift, nicht auf den Text bezieht.

Gerade bei derartigen Beglaubigungen ist es ein großer Mehrwert, wenn bereits der vorbereitende Mitarbeiter entsprechende Missbrauchspotentiale kritisch hinterfragt und frühzeitig erkennt.

Gemäß § 378 Abs. 3 FamFG, § 15 Abs. 3 GBO hat der Notar bei einem Register bzw. beim Grundbuchamt einzureichende Erklärungen zusätzlich vorab auf **Eintragungsfähigkeit** zu prüfen. Dabei handelt es sich um eine **über die allgemeinen Prüfpflichten hinausgehende Prüfung**, welche die grundsätzliche Eintragungsfähigkeit der entsprechenden Erklärung umfasst, nicht aber eine Prüfung der materiellen Richtigkeit. 511

Beispiel:

Wird etwa die Bewilligung der Eintragung einer Grunddienstbarkeit beglaubigt, prüft der Notar, ob eine Erklärung der Art, wie sie ihm vorgelegt wird, abstrakt zur Eintragung im Grundbuch geeignet ist. Er prüft hingegen etwa nicht, ob hinter dieser Bewilligung auch ein materiell-rechtlicher Rechtsgrund steht oder ob die in der Bestellung vorgetragenen Blattstellen und Flurstücksnummern korrekt sind.

Diese Prüfungspflichten dienen einerseits dem besonderen **Schutz der Erschienenen**, weil sie sicherstellen, dass Erklärungen, die beim Register oder Grundbuchamt eingereicht werden, auch grundsätzlich eintragungsfähig sind. Weiter dient diese Prüfung **der Entlastung der register- bzw. grundbuchführenden Stellen**.

Über die Vornahme dieser Prüfung ist ein sog. **Prüfvermerk** durch den Notar zu fertigen. Ohne Prüfvermerk kann die registerführende Stelle eine Zwischenverfügung erlassen. 512

Formulierungsvorschlag:

Hinweis an das Handelsregister (*alternativ*: Grundbuchamt): Prüfung gemäß § 378 Abs. 3 FamFG (*alternativ*: § 15 Abs. 3 GBO) ist erfolgt.

(Unterschrift des Notars)

Die Prüfung muss hierbei **nicht durch den beglaubigenden Notar** erfolgen. Es genügt, wenn diese irgendein Notar (etwa der Sozius oder ein Vertreter des beglaubigenden Notars) vornimmt. Sind **mehrere Notare an einem Beglaubigungsvorgang beteiligt**, muss nach richtiger Auffassung nur sichergestellt sein, dass ein Notar die Prüfung auf Eintragungsfähigkeit tatsächlich vorgenommen und in der Urkunde dokumentiert hat. In vielen Fällen wird sich anbieten, dass der die Beglaubigung vornehmende Notar die Prüfung übernimmt; dies ist aber keineswegs zwingend. 513

Merke:

Bei der Beglaubigung von Erklärungen, die einem Register oder dem Grundbuchamt vorgelegt werden, muss immer an den Prüfvermerk gemäß § 378 Abs. 3 FamFG bzw. § 15 Abs. 3 GBO gedacht werden!

Wenn der Notar allerdings eine zu beglaubigende Erklärung selbst **entworfen** hat, treffen ihn im Rahmen der Entwurfsverfassung **umfangreiche Prüfungs- und Belehrungspflichten** gemäß § 24 BNotO.

514 Eine weitere **Ausnahme** von der grundsätzlich abgeschwächten Belehrungspflicht bei der Beglaubigung stellt die **Versicherung des GmbH-Geschäftsführers** gemäß § 8 Abs. 3 GmbHG dar. Hierüber hat der Notar im Rahmen der zu beglaubigenden Handelsregisteranmeldung auch ausdrücklich zu **belehren** (§ 8 Abs. 3 S. 2 GmbHG).

8. Geschäftsfähigkeit

515 § 11 BeurkG gilt bei der Unterschriftsbeglaubigung aus systematischen Gründen nicht. Der Notar hat also die Geschäftsfähigkeit der Beteiligten nicht so eingehend zu prüfen wie bei einer Beurkundung. Allerdings hat der Notar im Rahmen seiner Prüfung über die Versagung der Amtstätigkeit die **Beglaubigung** dann **abzulehnen**, wenn er von der **Geschäftsunfähigkeit** des Beteiligten überzeugt ist.

Praxistipp:

Auch hier ist es von Vorteil, wenn bereits ein Mitarbeiter dem Notar eventuelle Bedenken an der Geschäftsfähigkeit mitteilt, die ihm während der Vorbereitung eines Beglaubigungsvorgangs auffallen.

516 Hat der Notar die beglaubigte Erklärung allerdings auch **entworfen**, hat er die Geschäftsfähigkeit **vollumfänglich zu prüfen**.

9. Körperliche Einschränkungen

517 Die Vorschriften über die Beurkundung von Willenserklärungen gemäß §§ 22 ff. BeurkG gelten hier nicht für die Beglaubigung. Der Notar hat allerdings aus **allgemeinen Amtspflichten** heraus, welche etwa auf die §§ 14 Abs. 1 S. 2, 24 Abs. 1 BNotO gestützt werden können, dafür Sorge zu tragen, dass körperliche **Einschränkungen** Beteiligter möglichst **umfassend ausgeglichen** und Missverständnisse, Zweifel oder Täuschungen ausgeschlossen werden.

Beispiele:

- Bei Blinden etwa ist nur die Beglaubigung durch Vollzug einer Unterschrift möglich, nicht durch Anerkennung einer bereits geleisteten Unterschrift. Denn ein Blinder kann die Unterschrift nicht sehen, zu welcher er eine Anerkennung abgibt. Weiter dürfte einem Blinden in der Regel die betreffende Erklärung vorzulesen oder zumindest in seiner wesentlichen Bedeutung zu erläutern sein.
- Mit Tauben und/oder Stummen hat sich der Notar in der Regel schriftlich zu verständigen. Gelingt dies nicht, hat er durch andere Verfahrensweisen – regelmäßig durch Hinzuziehung einer verständigungsfähigen dritten Person – eine angemessene Kommunikation sicherzustellen.

10. Auslandsberührung

a) Sprachunkundigkeit des Beteiligten

518 Wenn ein Beteiligter der Sprache nicht kundig ist, in welcher der zu beglaubigende Text abgefasst ist, treffen den Notar bei einer Unterschriftsbeglaubigung grundsätzlich nicht die Pflichten des § 16 BeurkG, da es sich nicht um eine Beurkundung nach den §§ 6 ff. BeurkG handelt. Vielmehr muss der Notar bei einem **Fremdentwurf nicht weiter prüfen**, ob der Beteiligte, der seine Unterschrift unter diesen Text setzt, diesen Text überhaupt gelesen hat und sprachlich verstehen kann. Die Erklärung selbst **bleibt eine Privaterklärung**. Hierbei kann es sich, wenn der Beteiligte sich damit zufriedengibt, auch um eine sog. Erklärung „*quel tel*" handeln, also eine Erklärung, deren Inhalt sehenden Auges nicht erfasst wird (Motto: „Es wird schon passen!").

Über seine gesetzlichen Pflichten hinaus wird der Notar mit dem Beteiligten aber im Regelfall – auch um seiner Plicht zur Evidenzkontrolle nachkommen zu können – zumindest kurz auch über den Inhalt der Privaterklärung sprechen und im Bedarfsfall ergänzende Erläuterungen anbieten.

Anders sieht es auch rechtlich aus, wenn der Notar die zu beglaubigende Erklärung **selbst entworfen** hat. In diesem Fall treffen ihn **umfangreichere Belehrungspflichten**. Zwar gilt § 16 BeurkG auch hier nicht, jedoch hat der Notar im Rahmen seines pflichtgemäßen Ermessens gemäß § 24 BNotO dafür zu sorgen, dass der Beteiligte die Erklärung versteht. Dies wird auch bei der Unterschriftsbeglaubigung in der Regel dadurch erfolgen, dass der Notar selbst übersetzt oder einen Dolmetscher heranzieht. 519

Praxistipp:

Teilweise wird bei sprachunkundigen Beteiligten aufgrund der abgesenkten Belehrungspflichten im Rahmen einer Unterschriftsbeglaubigung bewusst der Weg der nur zu beglaubigenden Nachgenehmigung gewählt.

Das bedeutet etwa, dass bei einem Ehepaar, bei dem nur ein Ehepartner deutsch spricht, die Beurkundung nur mit dem deutschsprachigen Ehepartner vorbehaltlich Genehmigung des nicht deutschsprachigen Ehepartners erfolgt. Die Nachgenehmigung durch den nicht deutschsprachigen Ehepartner kann dann grundsätzlich ohne Heranziehung eines Dolmetschers erfolgen.

Diese Vorgehensweise ist nicht grundsätzlich unzulässig, im Regelfall sollte aber dennoch das reguläre Verfahren zur Anwendung kommen und ein Dolmetscher eingesetzt werden. Soll im Ausnahmefall dennoch die Nachgenehmigungslösung zum Einsatz kommen, muss der Notar besonders große Sorgfalt walten lassen. Zum einen hat er hinsichtlich des beurkundeten, nachzugenehmigenden Vertrags zumindest eine **abgeschwächte Schutzpflicht** gemäß § 17 BeurkG auch gegenüber dem vollmachtlos Vertretenen. Zum anderen hat er auch im Rahmen der Unterschriftsbeglaubigung eine **erweiterte Belehrungs- und Betreuungspflicht** gegenüber dem Nachgenehmigenden, soweit er die Genehmigung selbst entworfen hat.

Es ist dem Notar daher angeraten, dem sprachunkundigen Beteiligten den Inhalt der nachzugenehmigenden Urkunde zumindest in den wesentlichen Grundzügen verständlich zu machen, ggf. unter Hinzuziehung eines Dolmetschers.

b) Sprachunkundigkeit des Notars

Ist der Notar der Sprache nicht mächtig, in welcher die zu beurkundende Erklärung abgefasst ist, stellt dies – anders als bei der Beurkundung nach §§ 6 ff. BeurkG – bei Beglaubigungen **keinen Ablehnungsgrund** dar. 520

Dies ergibt sich auch nicht daraus, dass der Notar nach § 40 Abs. 2 BeurkG Gründe zur Versagung seiner Amtstätigkeit zu prüfen hat. Denn entsprechend § 30 S. 4 BeurkG besteht eine Prüfungspflicht nicht, wenn der Notar der Sprache nicht kundig ist. Auch ein Vergleich mit § 40 Abs. 5 BeurkG, wonach die Blankobeglaubigung zumindest in Sonderfällen zulässig ist, bestätigt diesen Befund.

Allerdings wird teilweise davon ausgegangen, dass dem Notar in diesen Fällen ein **Grund für die Beglaubigung** geliefert werden muss. Daher ist ein entsprechender Hinweis im Beglaubigungsvermerk empfehlenswert, ebenso ein Hinweis darauf, dass der Notar die Sprache nicht verstehen kann. Schließlich ist es ratsam, auch den von den Beteiligten dargelegten wesentlichen Inhalt der Erklärung darzulegen. 521

Formulierungsbeispiel:

Die hier zu beglaubigende Erklärung ist nach Angabe in der chinesischen Sprache abgefasst. Der Notar versteht diese Sprache nicht. Nach Angabe handelt es sich bei der Erklärung um eine Grundstücksvollmacht zur Verwendung in China.

Von der beschriebenen Situation zu unterscheiden ist der Fall, dass die Erklärung zwar in einer Fremdsprache abgefasst ist, die der **Notar** allerdings **versteht**. In diesem Fall muss der Notar eine Prüfung dahingehend durchführen, ob seine **Amtstätigkeit zu versagen** ist. 522

Praxistipp:

Gerade bei englischsprachigen Erklärungen sollte diese Prüfung nicht zu oberflächlich erfolgen, weil englischsprachige Erklärungen aufgrund ihrer universellen Verwendbarkeit in der Welt besonders attraktiv für evtl. ungesetzliche Zwecke sind. Man denke etwa an die „Reichsbürger"-Problematik.

Es ist empfehlenswert, sich fremdsprachige Erklärungen grundsätzlich einen Tag im Voraus zur Prüfung zusenden zu lassen, um nicht im Rahmen einer ad-hoc-Beglaubigung in Zeitdruck zu geraten.

c) Fehlvorstellungen im Ausland über Reichweite der Beglaubigung

523 Im Ausland bestehen auch Fehlvorstellungen über den Umfang der öffentlichen Urkunde, also die Reichweite der Beglaubigung. Weil eine beglaubigte Urkunde ein Siegel und die Unterschrift eines Notars enthält, wird teilweise angenommen, der Notar habe auch die rechtliche Bedeutung (und gar die tatsächliche Richtigkeit) der vorangestellten Erklärung überprüft. Hier empfiehlt sich im Zweifel ein entsprechender klarstellender Vermerk.

Formulierungsbeispiel:

Der Notar hat darauf hingewiesen, dass er nur die Echtheit der vorstehenden Unterschrift geprüft hat und prüfen musste. Die vor der Unterschrift befindliche Erklärung hat er weder rechtlich noch sonst inhaltlich überprüft.

11. Nachträgliche Änderungen

524 Im Gegensatz zu einer nach den §§ 6 ff. BeurkG beurkundeten Niederschrift ist eine **nachträgliche Änderung** der vor einer beglaubigten Unterschrift stehenden Erklärung durch den Erklärenden – jedenfalls bei **in Papier erstellten Urkunden** – grundsätzlich möglich, da es sich bei dieser Erklärung weiterhin um eine Privaterklärung handelt.

525 Die Abänderung kann entweder durch den Unterzeichnenden selbst oder kraft Vollmacht durch einen Dritten erfolgen, dies gilt auch nach Start der elektronischen Urkundensammlung zum 1.7.2022. Die Vollmacht hierzu kann grundsätzlich auch dem Notar erteilt werden.

Praxistipp:

Im Verhältnis zum Grundbuchamt ergibt sich jedoch aus § 29 GBO, dass auch eine entsprechende Vollmacht zur Abänderung einer beglaubigten Erklärung wiederum in öffentlicher Form vorliegen muss.

Bei nachträglichen Änderungen, die in der Regel ja ersichtlich sind, ist allerdings die Echtheitsvermutung gemäß § 440 Abs. 2 ZPO getrübt, außerdem ist die Beweiskraft gemäß § 419 ZPO insgesamt gemindert. Das Grundbuchamt bzw. Register kann hier bei Zweifeln weitere Nachweise fordern.

Derartigen Bedenken kann begegnet werden, wenn der Notar von Vornherein mit gesiegelter Eigenurkunde bzw. – soweit nach Vorstehendem möglich – mit Randbemerkung feststellt, dass er zur entsprechenden Abänderung bevollmächtigt wurde.

X. Beglaubigung einer qualifizierten elektronischen Signatur (§ 40a BeurkG)

1. Bedeutung und Ablauf des Beglaubigungsverfahrens

526 Während nach der alten Fassung von § 129 BGB lange fraglich und umstritten war, ob eine **öffentliche Beglaubigung** i.S.d. BGB **auch durch Beglaubigung einer qualifizierten elektronischen Signatur** gemäß § 40a BeurkG bewerkstelligt werden kann, hat der Gesetzgeber dies mit Wirkung zum 1.8.2022 in § 129 Abs. 1 S. 1 BGB nunmehr ausdrücklich positiv klargestellt. Vorbehaltlich eines abweichenden gesetzlichen Anwendungsbefehls i.S.d. § 129 Abs. 1 S. 2

BGB sind daher Unterschriftsbeglaubigung und Signaturbeglaubigung nunmehr grundsätzlich auch aus Sicht des Zivilrechts rechtlich gleichwertig.

Aus Sicht des notariellen Verfahrensrechts ist eine Beglaubigung einer qualifizierten elektronischen Signatur grundsätzlich sowohl **im Präsenzverfahren als auch im Online-Verfahren** über das Videokommunikationssystem nach § 78p BNotO möglich. 527

Als **Regelverfahren** hat der Gesetzgeber in § 40a Abs. 1 S. 1 BeurkG auch bezüglich der Signaturbeglaubigung das **Präsenzverfahren** vorgesehen, das ohne Einschränkungen zulässig ist. Daneben tritt – allerdings nur im eingeschränkten Anwendungsbereich des Online-Beglaubigungsverfahrens (siehe Rdn 528) – die Möglichkeit einer Distanz-Beglaubigung per Videokonferenz mit dem Notar.

Nach § 40a Abs. 1 S. 2 BeurkG ist eine Signaturbeglaubigung verfahrensrechtlich allerdings **nur zulässig**, soweit dies durch Gesetz zugelassen ist. Nach einer zwischenzeitlich vom Gesetzgeber vorgenommenen nochmaligen **Erweiterung des Anwendungsbereichs der Online-Beglaubigung** erfasst dieser alle Beglaubigungen, die im Bereich des Gesellschaftsrechts vorzunehmen sind. 528

Das sind im Einzelnen

- gemäß § 12 Abs. 1 S. 2 HGB **Anmeldungen zum Handelsregister** von Einzelkaufleuten, Personenhandelsgesellschaften, Kapitalgesellschaften und Zweigniederlassungen der genannten Rechtsformen sowie von Kapitalgesellschaften nach dem Recht anderer EU- oder EWR-Mitgliedstaaten,
- gemäß § 5 Abs. 2 PartGG **Anmeldungen zum Partnerschaftsregister**,
- gemäß § 157 GenG **Anmeldungen zum Genossenschaftsregister** und
- gemäß § 77 BGB **Anmeldungen zum Vereinsregister**, ferner
- gemäß § 707a Nr. 2 BGB. i.V.m. § 12 HGB **Anmeldungen zum Gesellschaftsregister**.

Wirft man einen Blick auf den **Ablauf** der Beglaubigung einer qualifizierten elektronischen Signatur **im Präsenzverfahren**, ergeben sich zunächst keine wesentlichen Unterschiede zur Beglaubigung einer Unterschrift. Insbesondere mit Blick auf die Identifizierung des/der Beteiligten gelten auch insoweit die allgemeinen, aus dem Verfahren der Unterschriftsbeglaubigung bekannten Grundsätze (vgl. oben Rdn 498 ff.). 529

Abweichungen ergeben sich aus technischen Gründen allein mit Blick auf das der Beglaubigung zugrunde liegende, insoweit zwangsläufig elektronische Dokument sowie den Abschluss der Urkunde durch qualifiziert elektronische Signatur durch die Beteiligten und den Notar.

Wesentlicher Unterschied ist jedoch, dass es bei Signaturbeglaubigungen generell – d.h. im Präsenzverfahren wie auch im Online-Verfahren – **ausschließlich die Anerkennung einer qualifizierten elektronischen Signatur** geben kann. Eine vor dem Notar „vollzogene" qualifizierte elektronische Signatur scheidet hingegen schon deshalb aus, weil das Erstellen einer solchen Signatur ein rein technischer Vorgang ist, der sich der Wahrnehmung des Notars entzieht. Selbst wenn der Notar daher neben dem Beteiligten steht, wenn dieser die PIN zum Auslösen seiner Signatur eingibt, so kann er sich insbesondere bei Fernsignaturen dennoch nicht sicher sein, dass gerade hierdurch die Signatur ausgelöst wurde.

> *Praxistipp:*
>
> Es sollte daher vor Erstellung des Beglaubigungsvermerks stets eine Signaturprüfung vorgenommen werden, welche die Zugehörigkeit der Signatur zum Signierenden bestätigt. Zudem ist darauf zu achten, dass im Beglaubigungsvermerk stets von „*anerkennen*" gesprochen wird.

Wirft man demgegenüber einen Blick auf den **Ablauf des Online-Beglaubigungsverfahrens**, entspricht dieses weitgehend dem Verfahren zur Online-Beurkundung von Willenserklärungen. 530

So ist auch die Online-Beglaubigung zwingend und ausschließlich über das von der Bundesnotarkammer nach § 78p BNotO betriebene Videokommunikationssystem durchzuführen, dabei ist auch bei der Online-Beglaubigung gemäß § 40a Abs. 4 S. 2 BeurkG die über das System zur Verfügung gestellte zweistufige Identifizierung nach § 16c BeurkG zur Anwendung zu bringen (siehe oben Rdn 279 ff.).

Wie auch im Verfahren der Online-Beurkundung wird die originär elektronische Urkunde dadurch zum Abschluss gebracht, dass die Bundesnotarkammer jedem „Unterschriftspflichtigen" ein **qualifiziertes elektronisches Signaturzertifikat** zur Verfügung stellt, mit Hilfe dessen jeder Beteiligte nach Aufforderung durch den Notar eine qualifizierte elektronische Signatur an seiner zu beglaubigenden Erklärung anbringen kann. Der Notar kann seine das Verfahren abschließende qualifizierte elektronische Signatur entweder unmittelbar am Ende der Videokonferenz oder ggf. auch außerhalb dieser zu einem späteren Zeitpunkt anbringen.

2. Verfahrensrechtliche Besonderheiten

531 Abweichend vom Grundsatz des § 39a Abs. 3 S. 1 BeurkG sieht § 40a Abs. 3 BeurkG vor, dass bei einer **Online-Beglaubigung** das sonst grundsätzlich – insbesondere auch bei einer Signaturbeglaubigung im Präsenzverfahren – bestehende Erfordernis einer Signaturprüfung und Dokumentation des Prüfergebnisses entfällt.

Diese **Verfahrenserleichterung** ist deshalb angezeigt und berechtigt, weil im Online-Verfahren sichergestellt ist, dass die Signatur auf der Grundlage des verwendeten elektronischen Identifizierungsmittels unmittelbar durch die Zertifizierungsstelle der Bundesnotarkammer als Vertrauensdiensteanbieter im Sinne der eIDAS-Verordnung sicher erzeugt und durch den Berechtigten ausgelöst wird. Die unmittelbare Mitwirkung des Vertrauensdiensteanbieters gewährleistet im Rahmen der Online-Beglaubigung, dass Zweifel an der Integrität des zu signierenden Dokuments oder auch an der Zuordnung der qualifizierten elektronischen Signatur zu der diese anerkennenden Person gar nicht erst aufkommen können, eine entsprechende Signaturprüfung wäre daher eine reine Förmlichkeit und erübrigt sich in diesem Fall daher.

3. Vermerk

532 Signaturbeglaubigungen werden – je nach Verfahrensart – in Form einer **Vermerkurkunde** gemäß §§ 39, 39a BeurkG verfasst (siehe hierzu Rdn 485 ff.). Nach § 40a Abs. 2 S. 1 BeurkG muss im Beglaubigungsvermerk die Person bezeichnet werden, welche die qualifizierte elektronische Signatur anerkannt hat. Nach § 40a Abs. 2 S. 2 BeurkG soll weiterhin angegeben werden, ob die Beglaubigung **im Präsenz- oder im Online-Verfahren** erfolgt ist.

> *Formulierungsbeispiel: Präsenzverfahren*
>
> Ich beglaubige hiermit die Echtheit der heute (*fakultativ*: persönlich)[64] vor mir anerkannten qualifizierten elektronischen Signatur von
>
> (...) *(Name, Geburtsdatum, Adresse)*,
>
> ausgewiesen durch elektronischen Identitätsnachweis sowie durch aus dem elektronischen Speicher- und Verarbeitungsmedium des Personalausweises ausgelesenes und mir elektronisch übermitteltes Lichtbild.
>
> Die von mir heute vorgenommene Signaturprüfung hat ergeben, dass die Signatur von (...) *(Angabe des Vertrauensdiensteanbieters)* dem nicht gesperrten Zertifikat von (...) zugeordnet ist.
>
> *(ggf. Prüfvermerk nach § 378 Abs. 3 FamFG)*
>
> *(Ort, Datum, Unterschrift und Siegel des Notars)*

64 Der Klammerzusatz ist fakultativ und kann dazu verwendet werden, sprachlich noch stärker vom Verfahren der Online-Beglaubigung abzugrenzen.

Formulierungsbeispiel: Online-Verfahren

Ich beglaubige hiermit die Echtheit der heute vor mir mittels Videokommunikation (*empfohlen*: über das von der Bundesnotarkammer betriebene Videokommunikationssystem)[65] anerkannten qualifizierten elektronischen Signatur von

(…) *(Name, Geburtsdatum, Adresse)*,

ausgewiesen durch elektronischen Identitätsnachweis sowie durch aus dem elektronischen Speicher- und Verarbeitungsmedium des Personalausweises ausgelesenes und mir elektronisch übermitteltes Lichtbild.

(ggf. Prüfvermerk nach § 378 Abs. 3 FamFG)

(Ort, Datum, Unterschrift und Siegel des Notars)

4. Erklärungsinhalt des Vermerks

Wie bei der Unterschriftsbeglaubigung beschränkt sich der **Erklärungsinhalt des Beglaubigungsvermerks** auch bei der Signaturbeglaubigung darauf, dass die **qualifizierte elektronische Signatur**, welche beglaubigt wird, einer **bestimmten Person zugeordnet** wird. Dies geschieht dadurch, dass der Notar bescheinigt, dass die betreffende Person ihre bereits zuvor oder auch in Gegenwart des Notars (Präsenzverfahren) bzw. während einer Videokonferenz mit dem Notar (Online-Beglaubigung) an einem elektronischen Dokument angebrachte Unterschrift anerkannt hat. 533

Weiterführender Hinweis:

Die beweisrechtlichen Wirkungen einer Signaturbeglaubigung entsprechen ebenfalls denen einer Unterschriftsbeglaubigung, die Wirkungen der §§ 415 ff. ZPO gelten über § 371a ZPO für öffentliche elektronische Dokumente entsprechend (siehe oben Rdn 205 ff.). Auch bei der Signaturbeglaubigung ist allein der Beglaubigungsvermerk öffentliche Urkunde, die in dem elektronischen Dokument selbst enthaltenen Erklärungen stellen **Privaterklärungen** des jeweiligen Beteiligten dar.

Ähnlich wie auch bei der Unterschriftsbeglaubigung muss auch die Signaturbeglaubigung durch den Notar **nicht unmittelbar nach Anerkennung der qualifizierten elektronischen Signatur** erfolgen. Es genügt, wenn sich der Notar insoweit noch daran erinnert. Ebenso wenig müssen die Anerkennung der Signatur einerseits und die Beglaubigung andererseits an demselben Ort erfolgen. Allerdings gelten auch insoweit die allgemeinen Grundsätze, insbesondere auch die §§ 10a, 11 BNotO (siehe auch Rdn 36 ff.). 534

Im Rahmen der Online-Beglaubigung gelten insbesondere auch die besonderen Vorschriften der §§ 10a Abs. 3, 11 Abs. 3 BNotO (siehe auch Rdn 44).

5. Identifikation der Beteiligten

Soll eine qualifizierte elektronische Signatur vom Notar **im Präsenzverfahren** beglaubigt werden, erfolgt die Identifikation der Beteiligten weitgehend nach den für die Unterschriftsbeglaubigung geltenden Grundsätzen (vgl. § 10 Abs. 1, 2 und 3 S. 1 BeurkG i.V.m. § 40a Abs. 4 S. 1 BeurkG). Die Person(en), deren Signatur beglaubigt wird, müssen in der Amtsstelle **persönlich erscheinen** und ihre qualifizierte elektronische Signatur in Gegenwart des Notars anerkennen. 535

Soll im Anwendungsbereich der **Online-Beglaubigung**, d.h. bei einem gesellschaftsrechtlichen Vorgang, eine qualifizierte elektronische Signatur per Videokonferenz mit dem Notar anerkannt werden, gelten hinsichtlich der Identifikation des/der Beteiligten gemäß § 40a 536

65 Der Klammerzusatz zur Nutzung des von der Bundesnotarkammer betriebenen Videokommunikationssystems ist nach § 40a BeurkG nicht verpflichtend, empfiehlt sich aber dennoch, um zu dokumentieren, dass das gesetzlich vorgeschriebene Videokommunikationssystem verwendet und die Urkunde damit wirksam errichtet wurde.

Abs. 4 S. 2 BeurkG die Vorgaben des § 16c BeurkG für die Identifikation im Verfahren der Online-Beurkundung entsprechend. Auch bei der Online-Beglaubigung kommt daher das zweistufige Identifikationsverfahren unter Einsatz einer eID sowie eines aus dem Ausweis/Pass ausgelesenen Lichtbilds zum Einsatz (siehe oben Rdn 279 ff.), ein Zweifelsvermerk ist auch insoweit nicht vorgesehen.

6. Blanko-Signaturbeglaubigung (§ 40a Abs. 4 S. 1 BeurkG i.V.m. § 40 Abs. 5 BeurkG)

537 Wenngleich die praktische Relevanz noch geringer als bei der Unterschriftsbeglaubigung sein dürfte, ist es zumindest technisch nicht ausgeschlossen, dass der Notar mit dem Ansinnen konfrontiert wird, eine qualifizierte elektronische Signatur im Präsenz- oder auch im Online-Verfahren zu beglaubigen, die sich (noch) nicht auf ein konkretes oder zumindest auf ein (noch) nicht vollständiges elektronisches Dokument bezieht. Der ausdrückliche Verweis in § 40a Abs. 4 S. 1 BeurkG auf § 40 Abs. 5 BeurkG zeigt dies auch.

Schon aus rein tatsächlich-technischen Gründen dürfte dieses Szenario aber Theorie bleiben. Mit Erzeugung und Anbringung der erforderlichen qualifizierten elektronischen Signaturen durch den/die Beteiligten und den Notar am betreffenden elektronischen Dokument ist der (elektronische) Beglaubigungsvorgang abgeschlossen. **Nachträgliche Veränderungen** an dem zugrunde liegenden Dokument sind nicht mehr möglich, ohne dass dadurch zugleich die angebrachten **qualifizierten elektronischen Signaturen ungültig würden**. Dadurch verlöre die Urkunde für die Beteiligten jeglichen rechtlichen Wert.

Praxistipp:

Sollte sich der Notar dennoch mit einem entsprechenden Beglaubigungsauftrag konfrontiert sehen, ist entsprechend der für die Unterschriftsbeglaubigung geltenden Grundsätzen zu verfahren. Entsprechend § 40 Abs. 5 S. 2 BeurkG soll also in diesem Fall im Beglaubigungsvermerk angegeben werden, dass bei der Beglaubigung ein durch die qualifizierte elektronische Signatur gedecktes elektronisches Dokument noch nicht bzw. nicht vollständig vorhanden war.

7. Prüfungs- und Belehrungspflichten, Geschäftsfähigkeit

538 Keine Besonderheiten gelten hinsichtlich der dem Notar im Rahmen der Signaturbeglaubigung obliegenden Prüfungs- und Belehrungspflichten, insbesondere auch mit Blick auf die Überprüfung der Geschäftsfähigkeit des/der Beteiligten.

Die Ausführungen zur Unterschriftsbeglaubigung gelten insoweit entsprechend (siehe unter Rdn 509 ff.). Ähnlich wie auch § 16a Abs. 2 BeurkG für die Online-Beurkundung sieht § 40a Abs. 5 BeurkG auch für die Online-Beglaubigung einen **Verfahrensvorbehalt** für den Notar vor. Kann er mittels der Online-Beglaubigung die Erfüllung seiner Amtspflichten nicht gewährleisten, hat er den/die Beteiligten auf das Präsenzverfahren zu verweisen.

8. Körperliche Einschränkungen

539 Auch die Ausführungen zum Umgang mit körperlichen Einschränkungen bei der Unterschriftsbeglaubigung können im Grundsatz für die Signaturbeglaubigung entsprechend herangezogen werden (siehe oben Rdn 517).

540 **Zusätzliche Probleme** können aber bei der Beglaubigung einer qualifizierten elektronischen Signatur eines **Blinden** auftreten. Wie bereits hinsichtlich der Unterschriftsbeglaubigung ausgeführt, ist es einem Blinden mangels hinreichender Möglichkeit der sinnlichen Wahrnehmung im Rechtssinne nicht möglich, eine Unterschrift anzuerkennen, vielmehr kommt insoweit nur ein Leisten der Unterschrift in Gegenwart des Notars in Frage.

Da allerdings im Rahmen der Online-Verfahren gerade auch ein solches Leisten einer qualifizierten elektronischen Signatur schon aus technisch-tatsächlichen Gründen nicht möglich ist, wird die Beglaubigung einer qualifizierten elektronischen Signatur eines blinden Beteiligten im Online-Verfahren regelmäßig nicht möglich sein.

Während im Verfahren der Online-Beurkundung ggf. ein Schreib- bzw. Signaturzeuge i.S.v. § 25 BeurkG herangezogen werden kann (siehe oben Rdn 336 f.), besteht diese Möglichkeit im Rahmen der Online-Beglaubigung nicht. Dem Notar wird in derartigen Fällen nichts anderes übrigbleiben, als den Beteiligten **auf das Präsenzverfahren zu verweisen** und in diesem die Beglaubigung einer Unterschrift oder auch eines Handzeichens vorzunehmen.

9. Auslandsberührung

Keine Besonderheiten ergeben sich mit Blick auf den Umgang mit Vorgängen, die Bezüge zum Ausland aufweisen. Es gelten die Ausführungen zur Unterschriftsbeglaubigung entsprechend (siehe oben Rdn 518 ff.). 541

10. Nachträgliche Änderungen

Auch für den Umgang mit nachträglichen Änderungen an dem elektronischen Dokument, an welchem die beglaubigte qualifizierte elektronische Signatur angebracht ist, ergeben sich grundsätzlich keine Besonderheiten. 542

Ähnlich wie auch mit Blick auf eine Blanko-Signaturbeglaubigung i.S.v. § 40 Abs. 5 BeurkG (siehe Rdn 537) dürfte auch diese Problematik jedoch Theorie bleiben. Durch die Vornahme nachträglicher Veränderungen an dem zugrunde liegenden Dokument würden die angebrachten **qualifizierten elektronischen Signaturen ungültig**. Die Urkunde verlöre dadurch für den/die Beteiligten jeglichen rechtlichen Wert. Werden nachträglich Änderungen/Ergänzungen an dem der Signaturbeglaubigung zugrunde liegenden (elektronischen) Dokument erforderlich, ist daher aus technischen Gründen eine **Neuvornahme der Beglaubigung** regelmäßig unausweichlich.

XI. Abschriftsbeglaubigung (§ 42 BeurkG)

1. Begriff der Abschrift

Unter Abschrift im weiteren Sinne wird 543

- eine Abschrift im engeren Sinne,
- ein Abdruck oder
- eine Ablichtung eines Dokuments

verstanden (§ 39 Abs. 1 BeurkG).

Damit ist Abschrift nicht nur die Ablichtung, also die exakte fotomechanische Wiedergabe, sondern es reicht die **textliche bzw. wesensmäßige Wiedergabe** aus (Abdruck, Abschrift im engeren Sinne).

> *Beispiel:*
>
> Eine vorgelegte handschriftliche Urkunde kann nochmal mit dem Computer abgetippt werden. Die Unterschrift kann dann mit einem „*gez.*“ wiedergegeben werden. Ein evtl. vorhandenes Siegel kann mit „*L.S.*“ (*locus sigilli*) dargestellt werden.
>
> Theoretisch ist umgekehrt auch die handschriftliche Wiedergabe (Abschrift im engeren Sinne) einer Urkunde eine Abschrift.

2. Gegenstand der Beglaubigung

Gegenstand der Abschriftsbeglaubigung ist ein dem Notar vorgelegtes **Dokument**. Hierbei handelt es sich in der Regel um eine sog. Urschrift, also das **Original** einer Urkunde, welches man i.d.R. daran erkennt, dass es eine originale Unterschrift enthält. Insoweit ist ggf. eine genaue Prüfung erforderlich. 544

Weiterführender Hinweis:

Immer öfter kommt es vor, dass auch Urschriften nur noch maschinell wiedergegeben und nicht mehr unterschrieben werden. Mittlerweile ist es sogar erlaubt, öffentliche Urkunden mit einem maschinell ausgedruckten Siegel zu erstellen (vgl. etwa § 29 Abs. 3 GBO). Diese Entwicklung ist rechtspolitisch und berufsrechtlich in höchstem Maße kritisch zu sehen, weil es damit fast unmöglich ist, eine Urschrift eindeutig als solche zu erkennen.

545 Neben der Urschrift ist auch die Beglaubigung einer **beglaubigten Abschrift und einer Ausfertigung** möglich.

Praxistipp:

Es ist immer besonders darauf zu achten, dass der vorgelegte Gegenstand im Beglaubigungsvermerk korrekt bezeichnet wird, weil ggf. unterschiedliche Rechtsfolgen damit verbunden sind. Dies stellt auch § 42 Abs. 1 BeurkG ausdrücklich klar.

So muss bzw. sollte eine Vollmacht zum Zeitpunkt der Ausführung des Rechtsgeschäfts immer in Urschrift oder Ausfertigung vorliegen; eine beglaubigte Abschrift reicht nicht aus.

Notarstellen haben für die jeweilige Dokumentenart in der Regel unterschiedliche Beglaubigungsstempel. Hier gilt also: „Richtigen Stempel wählen!“

546 Schließlich ist auch die Beglaubigung einer **einfachen Abschrift** möglich (§ 42 Abs. 1 BeurkG). Ein derartiges Begehren sollte aber in besonders hohem Maße auf eine ggf. bestehende **Ablehnungspflicht** gemäß § 4 BeurkG, § 14 Abs. 2 BNotO (siehe hierzu sogleich Rdn 548) geprüft werden, weil allenfalls in Ausnahmefällen ein Bedürfnis nach der Beglaubigung einer einfachen Abschrift bestehen dürfte.

Das notarielle Siegel verleiht der beglaubigten Abschrift einen Grad an offiziellem Charakter, welchen die vorgelegte einfache Abschrift selbst nie hatte. Die Gefahr einer Täuschung des Rechtsverkehrs (insbesondere auch mit Blick auf das Ausland) ist folglich gerade mit Blick auf die Beglaubigung einer einfachen Abschrift enorm und sollte stets mitbedacht werden. Folgerichtig und konsequent ist daher auch die Regelung für Konsularbeamte, welche gemäß § 10 Abs. 3 Nr. 3 KonsularG keine Beglaubigung einer einfachen Abschrift durchführen sollen.

3. Inhalt des Beglaubigungsvermerks

547 Der Beglaubigungsvermerk bestätigt, dass das beglaubigte Dokument mit dem vorgelegten Dokument übereinstimmt. Diese **Übereinstimmungsprüfung** muss immer **vom Notar höchstpersönlich** vorgenommen werden!

Soll ein Ausdruck oder eine Abschrift eines **elektronischen Dokuments** beglaubigt werden, das mit einer oder auch mehreren qualifizierten elektronischen Signaturen versehen ist, soll nach § 42 Abs. 4 S. 1 BeurkG eine Signaturprüfung vorgenommen und deren Ergebnis im Beglaubigungsvermerk dokumentiert werden. Bei Vorhandensein **mehrerer** qualifizierter elektronischer Signaturen genügt gemäß § 42 Abs. 4 S. 2 BeurkG i.V.m. § 39a Abs. 3 S. 2 BeurkG ggf. die Überprüfung der Signatur des Notars (siehe oben Rdn 493).

Praxistipp:

Nicht empfehlenswert ist es, von den Beteiligten mitgebrachte Fotokopien als Grundlage für eine Beglaubigung zu verwenden, da in diesem Fall das Originaldokument und die Kopie akribisch verglichen werden müssen. Zeitsparender ist es in der Regel, das Dokument selbst zu kopieren.

Der Beglaubigungsvermerk kann entweder mit einem Stempel auf die Abschrift aufgebracht, auf die Rückseite der Abschrift kopiert oder auf ein separates Blatt gesetzt werden, welches mit der Abschrift mit Schnur und Siegel verbunden wird.

Formulierungsbeispiel:

Die Übereinstimmung dieses Dokuments mit der mir vorgelegten Urschrift (*alternativ*: Ausfertigung/beglaubigten Abschrift/einfachen Abschrift) wird hiermit beglaubigt.

4. Ablehnung der Beglaubigung

Der Notar hat die Beglaubigung zu versagen, wenn damit **unerlaubte oder unredliche Zwecke** verfolgt würden (§ 4 BeurkG, § 14 Abs. 2 BNotO). Hierbei sollte der Notar das zu beglaubigende Dokument zumindest seinem groben Inhalt nach erfassen, um derartige gesetzeswidrige Zwecke auszuschließen. Auch darf der Notar eine erkennbar verfälschte oder gefälschte Urkunde nicht beglaubigen. 548

5. Belehrungen

Eine Belehrungspflicht ist mit der Abschriftsbeglaubigung nicht verbunden. 549

6. Zweifels- und Unvollständigkeitsvermerk (§ 42 Abs. 2 BeurkG), auszugsweise beglaubigte Abschrift (§ 42 Abs. 3 BeurkG)

Erkennt der Notar **Anzeichen** dafür, dass das vorgelegte Dokument **lückenhaft oder gefälscht** ist, ist dies im Beglaubigungsvermerk festzustellen (§ 42 Abs. 2 BeurkG). 550

Ist der Notar von einer Fälschung positiv **überzeugt**, darf er auch nicht mit dem Vermerk nach § 42 Abs. 2 BeurkG beglaubigen, sondern muss die Beglaubigung ablehnen (§ 4 BeurkG, § 14 Abs. 2 BNotO).

Beglaubigt der Notar nur einen **Auszug** aus einem Dokument (z.B. nur einige Seiten aus einem mehrseitigen Dokument), ist dies im Beglaubigungsvermerk festzuhalten. Weiter ist dort festzuhalten, dass die Urkunde im Übrigen keine insoweit relevanten Bestimmungen enthält (§ 42 Abs. 3 BeurkG). 551

Formulierungsbeispiel:

Dies ist nur eine auszugsweise beglaubigte Abschrift. Hierzu versichere ich, Notar, dass die übrigen Teile der vorgelegten Urschrift (*alternativ*: beglaubigten Abschrift/Ausfertigung) über den Gegenstand des (...) keine weiteren Bestimmungen enthalten.

Praxistipp: 552

Wenn befürchtet wird, dass die beglaubigte Abschrift ggf. einer Fälschung unterzogen wird, etwa indem an den Beglaubigungsvermerk eine andere Urkunde angeheftet wird bzw. weitere Blätter angeheftet werden (das ist insbesondere bei einer einseitigen Vorlage zu befürchten, an die nur ein Farbdrucksiegel gesetzt wird), ist es ggf. ratsam, die **Anzahl der Seiten** der Vorlage in den Beglaubigungsvermerk mit aufzunehmen.

7. Auslandsberührung

Bei fremdsprachigen Urkunden, deren Sprache der Notar versteht, gelten die zur Ablehnungspflicht genannten Grundsätze (siehe Rdn 548). 553

Praxistipp:

Bei derartigen fremdsprachigen Urkunden bietet es sich an, diese grundsätzlich vorab zusenden zu lassen, um in Ruhe prüfen zu können, ob ein Versagungsgrund gemäß § 4 BeurkG, § 14 Abs. 2 BNotO besteht.

Soweit der Notar die Fremdsprache nicht versteht, ist er jedoch nicht gehalten, die Abschriftsbeglaubigung abzulehnen, nur weil ihm die Evidenzkontrolle hinsichtlich § 4 BeurkG, § 14 Abs. 2 BNotO nicht möglich ist. Vielmehr liegt der Fokus der Abschriftsbeglaubigung in der **Feststellung der Übereinstimmung einer Abschrift mit der Urschrift**. Diese Übereinstim- 554 mung kann der Notar auch dann bestätigen, wenn er die Sprache des Ursprungsdokuments nicht versteht.

555 Allerdings sollten – gerade bei Verwendung von Urkunden im Ausland – **Missverständnisse über den Prüfumfang des Notars vermieden** werden.[66] Allein die Unterschrift und das Siegel eines Notars können leicht dahingehend missverstanden werden, dass der Notar auch die inhaltliche und/oder rechtliche Richtigkeit der entsprechenden Urkunde geprüft hätte. Daher bietet sich ein **Hinweis auf den beschränkten Prüfumfang** des Notars an.

> *Formulierungsbeispiel:*
>
> Ich, Notar, weise darauf hin, dass ich nur die Übereinstimmung der Abschrift mit dem mir vorgelegten Dokument überprüft habe. Eine inhaltliche oder rechtliche Prüfung des Dokuments habe ich nicht vorgenommen und musste ich auch nicht vornehmen.

556 Weiter bietet es sich an, bei fremdsprachigen Dokumenten, die der Notar nicht versteht, zumindest den **Inhalt des Dokuments** darzustellen, den es **nach Angabe der Beteiligten** hat.

> *Formulierungsbeispiel:*
>
> Nach Angabe der Beteiligten handelt es sich bei dem vorgelegten Dokument um ein syrisches Universitätszeugnis.

557 Schließlich besteht die Gefahr, dass durch eine Abschriftsbeglaubigung ausländischer öffentlicher Urkunden das ggf. notwendige ausländische Legalisationsverfahren umgangen wird. Aus diesem Grunde sollte ggf. ein Hinweis folgen, dass die **Amtsbefugnis** des Unterzeichners **nicht geprüft** wurde.

> *Beispiel:*
>
> Die Urkunde eines nigerianischen *Notary Public* soll in Thailand verwendet werden. Hierzu dürfte ein Legalisationsverfahren erforderlich sein. Das bedeutet, dass die Urkunde durch eine nigerianische Behörde endbeglaubigt und sodann durch die thailändische Auslandsbehörde in Nigeria legalisiert wird. Nur auf diese Art und Weise ist sichergestellt, dass eine nochmalige Überprüfung der Amtsbefugnis des *Notary Public* erfolgt.
>
> Wenn hingegen eine Abschrift dieser Urkunde von einem deutschen Notar beglaubigt wird, könnte theoretisch das Bundesverwaltungsamt die Endbeglaubigung der Abschriftsbeglaubigung vornehmen und sodann eine Legalisierung durch die thailändische Auslandsvertretung in Deutschland stattfinden. Dieses Vorgehen ist ggf. schneller und unkomplizierter. Es ist aber auch erheblich unsicherer, weil an keiner Stelle die Amtsbefugnis des *Notary Public* überprüft wurde, sondern nur diejenige des deutschen Notars, der aber nur eine Abschriftsbeglaubigung vorgenommen hat. Das Legalisationsverfahren zwischen Nigeria und Thailand wurde daher faktisch „umgangen". Dies kann dadurch verhindert bzw. erschwert werden, dass nochmals ein ausdrücklicher Hinweis auf die fehlende Prüfung der Amtsbefugnis des Unterzeichners der öffentlichen Urkunde aufgenommen wird.

XII. Notarielle Bescheinigungen und Bestätigungen

558 Die bisher vorgestellten Beurkundungsarten bezogen sich lediglich auf die Darstellung von Tatsachen (Willenserklärungen und sonstige Vorgänge, z.B. Wissenserklärungen, Geschehnisse, Unterschriftsleistungen) und die damit zusammenhängenden Belehrungen durch den Notar.

Darüber hinaus gibt es eine **weitere Handlungsweise** des Notars, nämlich sog. Bescheinigungen bzw. Bestätigungen. Hierbei werden nicht allein Tatsachen in der Urkunde wieder-

66 Siehe hierzu und zu den folgenden Ausführungen näher das Rundschreiben der Bundesnotarkammer Nr. 2/2019 vom 13.5.2019.

gegeben. Vielmehr zieht der Notar **rechtliche Schlussfolgerungen**, er wird also quasi „rechtsgutachterlich“ tätig.

> *Weiterführender Hinweis:*
>
> Dies bedeutet nicht, dass der Notar bei den übrigen Urkunden keine rechtlichen Erwägungen anstellen muss – ganz im Gegenteil! Der Unterschied ist nur, dass bei den Urkunden gemäß §§ 8 ff., 36 ff. BeurkG nur die Ergebnisse dieser rechtlichen Erwägungen – etwa in Gestalt der „passenden“ Willenserklärungen bzw. Tatsachenbescheinigungen, aber auch als Belehrungen – Eingang in die Urkunde finden. Bei Bescheinigungen bzw. Bestätigungen hingegen ist die rechtliche **Schlussfolgerung** selbst **Hauptbestandteil** der Urkunde.

Teilweise werden derartige notarielle Rechtsgutachten ausdrücklich gesetzlich geregelt. Man spricht dann von *„Bescheinigung“*, bei nicht ausdrücklicher Regelung von *„Bestätigung“*. 559

Für notarielle Bescheinigungen bzw. Bestätigungen reicht in der Regel die **Vermerkform** gemäß § 39 BeurkG, wie dort für die Bescheinigung über die Eintragung in öffentlichen Registern ausdrücklich klargestellt wird. Eine elektronische Bescheinigung bzw. Bestätigung gemäß § 39a BeurkG ist ferner auch denkbar.

1. Gesetzlich ausdrücklich geregelte Fälle: Bescheinigung

a) Registerbescheinigung (§ 21 Abs. 1, Abs. 2 BNotO)

§ 21 Abs. 1, Abs. 2 BNotO handelt von sog. Registerbescheinigungen. Darunter sind notarielle Bescheinigungen zu verstehen, die über Umstände Rechtsauskunft geben, welche aus dem **Handelsregister** oder einem **ähnlichen Register** ersichtlich sind. Der Notar muss sich zuvor durch Einsichtnahme in das Register Gewissheit über die entsprechende Eintragung verschafft haben. Der Tag der Einsichtnahme ist in der Bescheinigung anzugeben. 560

Gegenstand der Bescheinigung kann jeder rechtserhebliche Umstand sein. Als Beispiele sind in § 21 Abs. 1 S. 1 BNotO genannt: 561

- Die **Vertretungsberechtigung**,
- das **Bestehen** einer juristischen Person oder Handelsgesellschaft,
- der **Sitz** einer juristischen Person oder Handelsgesellschaft,
- die **Firmenänderung**,
- die **Umwandlung**.

Die Bescheinigung hat hierbei gemäß § 21 Abs. 1 S. 2 BNotO die gleiche **Beweiskraft** wie ein Zeugnis des Registergerichts. Insbesondere reichen diese Bescheinigungen gemäß § 32 GBO aus, um einen Nachweis gegenüber dem Grundbuchamt zu führen. Ebenso gilt dies etwa gemäß § 69 BGB für den Nachweis der Vertretungsmacht gegenüber dem Vereinsregister.

Letztlich ersetzt also die Bescheinigung nach § 21 Abs. 1, Abs. 2 BNotO die beglaubigte Abschrift des jeweiligen Registerauszugs. 562

> *Weiterführender Hinweis:*
>
> Sinn und Zweck der Registerbescheinigung besteht darin, **den Nachweis gesellschaftsrechtlicher Tatsachen**, etwa der Vertretungsmacht, gegenüber dem Grundbuchamt und anderen Registerbehörden zu **erleichtern**.

Die Erleichterung besteht zum einen darin, dass bei umfangreichen und komplizierten Registerauszügen oder umfangreichen Strukturen (z.B. Konzernverhältnisse) ein Blick des Notars in das Handelsregister statt einer umfangreichen Beiheftung diverser Registerabschriften ausreicht.

Die weitere Erleichterung ist darin zu sehen, dass die Einsicht in das Handelsregister mittlerweile elektronisch erfolgt, sodass der Nachweis aufgrund einer beglaubigten Abschrift in der Praxis sehr schwerfällig wäre. Hierbei ist jedoch **äußerste Sorgfalt** notwendig, weil statt eines beglaubigten Handelsregisterauszugs nur noch die Bescheinigung des Notars übermittelt wird. Damit wirken sich Fehler des Notars bei der Bescheinigung unmittelbar auf die Eintragung im Register aus. Dies gilt umso mehr, als gemäß § 12 Abs. 2 BeurkG der Handelsregisterauszug nicht beigefügt werden muss.

Beispiel:

Wenn im Handelsregister bei einer GmbH zwei gesamtvertretungsberechtigte Gesellschafter aufgeführt sind, der Notar bescheinigt aber gegenüber dem Grundbuchamt versehentlich, dass nur ein – dann einzelvertretungsberechtigter – Geschäftsführer im Handelsregister vorgetragen seien, sind Willenserklärungen, die dieser eine Geschäftsführer allein für die GmbH abgibt, nichtig. Dies kann aber das Grundbuchamt nicht überprüfen, weil nur eine Notarbescheinigung mitgeliefert wurde. Wäre stattdessen eine beglaubigte Abschrift aus dem Handelsregister mitgeliefert worden, hätte das Grundbuchamt den Handelsregisterauszug selbst prüfen können und hätte eine solche Prüfung wegen § 29 GBO auch tatsächlich vorgenommen.

563 Registerbescheinigungen betreffen hauptsächlich das Handelsregister, sind aber auch für ähnliche Register vorgesehen (§ 21 Abs. 1 S. 1 BNotO). Unter ähnlichem Register sind zumindest mit öffentlichem Glauben versehene Gesellschaftsregister in Deutschland zu verstehen, etwa das **Genossenschafts-, Partnerschafts-** oder **Vereinsregister**.

Formulierungsbeispiel:

Durch Einsicht in das elektronische Handelsregister des Amtsgerichts (...) vom (...) bescheinige ich, Notar, dass dort

- unter HRA (...) die (...)-KG eingetragen und die (...)-GmbH, HRB (...), als deren Komplementärin vermerkt ist;
- unter HRB (...) die (...)-GmbH eingetragen und Frau (...) als alleinvertretungsbefugte und von den Beschränkungen des § 181 BGB befreite Geschäftsführerin eingetragen ist.

564 Auch eine Bescheinigung hinsichtlich **ausländischer Register** ist im Grundsatz nicht ausgeschlossen. Allerdings ist im Einzelfall zu prüfen, ob das entsprechende ausländische Register in seiner Funktion und Gestalt im Wesentlichen dem deutschen Register entspricht. Dies betrifft insbesondere die Frage des öffentlichen Glaubens und der Vorkehrungen für die Wahrheit des Registerinhalts. Zumindest ist die **Verantwortung des Notars** hierbei recht groß. Im Zweifel sollte von einer Bescheinigung hinsichtlich des Inhalts eines ausländischen Registers abgesehen werden.

b) Vollmachtbescheinigung (§ 21 Abs. 3 BNotO)

565 In ähnlicher Weise ermöglicht § 21 Abs. 3 BNotO dem Notar, mit denselben Beweiswirkungen eine **rechtsgeschäftliche Vertretungsmacht** aufgrund Vorlage einer Vollmachtsurkunde in öffentlicher Form zu bescheinigen. Diese Bescheinigung weist die Vertretungsmacht gegenüber dem Grundbuchamt hinreichend nach (§ 34 GBO).

Dem Notar muss jedoch die Vollmachtsurkunde in Urschrift oder Ausfertigung vorgelegen haben. Schließlich ist trotz der Beweiserleichterung des § 21 Abs. 3 BNotO eine **Beifügung der Vollmacht** gemäß § 12 S. 1 BeurkG erforderlich, weil sich § 12 S. 2 BeurkG nur auf Vertretungsbescheinigungen bezieht, die auf Grundlage einer Einsicht in das Handelsregisters erstellt worden sind.

Praxistipp:

Eine Bescheinigung gemäß § 21 Abs. 1 BNotO betrifft in der Regel die organschaftliche Vertretungsmacht (siehe hierzu Rdn 290). Im Fall der Prokura kann aber auch eine rechtsgeschäftliche Vertretungsmacht aus dem Handelsregister ersichtlich sein.

c) Satzungsbescheinigung (§ 54 Abs. 1 S. 2 GmbHG, § 181 Abs. 1 S. 2 AktG)

Bei GmbH und AG ist vorgesehen, dass der Notar nach der **Änderung der Satzung** eine **Bescheinigung** an das Handelsregister übermittelt, welche den gesamten Wortlaut der neuen Satzung beinhaltet (§ 54 Abs. 1 S. 2 GmbHG, § 181 Abs. 1 S. 2 AktG). Dies dient der erleichterten Einsichtnahme in das Handelsregister. 566

Der Notar hat hierbei zu bescheinigen, dass die geänderten Bestimmungen mit dem Beschluss über die Änderung des Gesellschaftsvertrags und die unveränderten Bestimmungen mit dem zuletzt zum Handelsregister eingereichten vollständigen Wortlaut übereinstimmen.

d) Notarbescheinigte Gesellschafterliste (§ 40 Abs. 2 GmbHG)

Bei Veränderungen im Bestand der Gesellschafter einer GmbH, an welchen der Notar mitgewirkt hat (also z.B. Geschäftsanteilsabtretung von GmbH-Anteilen), eine **Gesellschafterliste** an das Handelsregister zu übermitteln, welche diese Änderungen abbildet (§ 40 Abs. 2 GmbHG). Hierbei ist die ausdrückliche Bescheinigung erforderlich, dass die geänderten Eintragungen den Veränderungen entsprechen, an denen er mitgewirkt hat, und die übrigen Eintragungen mit dem Inhalt der zuletzt im Handelsregister aufgenommenen Liste übereinstimmen. 567

Weitere Details hierzu ergeben sich aus der auf Grundlage von § 40 Abs. 4 GmbHG erlassenen Gesellschafterlistenverordnung.[67]

> *Weiterführender Hinweis:*
>
> Zumindest in Bayern erhält die notarbescheinigte Gesellschafterliste auch eine eigene Urkundenverzeichnisnummer.

e) Übersetzungsbestätigung (§ 50 BeurkG)

Die schon angesprochene (siehe Rdn 419) Übersetzungsbestätigung gemäß § 50 BeurkG ist auch eine derartige Urkunde, selbst wenn § 50 BeurkG von einer Bestätigung und nicht von einer Bescheinigung spricht. 568

2. Gesetzlich nicht ausdrücklich geregelte Fälle: Bestätigung

Aus § 24 Abs. 1 S. 1 BNotO ergibt sich, dass der Notar auch **sonstige Bestätigungen** errichten kann, die nicht ausdrücklich im Gesetz geregelt sind. Dabei handelt es sich um Rechtsäußerungen des Notars, die ein besonderes Vertrauen im Rechtsverkehr genießen. Allerdings sind diese Bestätigungen – anders als teilweise die Bescheinigungen – nicht mit einer besonderen Beweis- oder Rechtswirkung ausgestattet. 569

a) Rangbestätigung

Ein typischer Fall ist die Rangbestätigung. Damit bestätigt der Notar, dass in seinen Augen keine Tatsachen bestehen, welche gegen eine beantragte Grundbucheintragung an einer bestimmten Rangstelle sprechen. 570

Rangbestätigungen kommen insbesondere in Betracht, wenn die gewünschte Eintragung im Grundbuch erfahrungsgemäß länger dauern wird, etwa bei der Eintragung einer Grundschuld oder auch einer Vormerkung. So sind manche Banken bereit, bereits nach Vorliegen einer Rangbestätigung über die Grundschuld ein Darlehen auszuzahlen, welches durch diese Grundschuld gesichert werden soll. Hierzu muss der Notar nicht nur den aktuellen Stand des Grundbuchs und den dort gestellten Antrag prüfen, sondern auch die sog. Markentabelle einsehen, in welcher alle beim Grundbuchamt eingegangenen Anträge vermerkt sind. 571

67 Siehe hierzu näher *Sagmeister*, Anmeldungen zum Registergericht, 3. Aufl. 2024, § 2 Rn 240 ff.

> *Praxistipp:*
>
> Eine derartige Rangbestätigung ist oftmals sehr haftungsträchtig, etwa weil keine Handhabe besteht, wenn das Grundbuchamt entgegen § 17 GBO die Bearbeitung von Eintragungen in einer anderen Reihenfolge als der des Eingangs vornimmt. Es muss insbesondere darauf geachtet werden, dass der Notar nicht entgegen § 14 Abs. 4 S. 1 BNotO eine Gewährleistung für eine bestimmte Rangstelle im Grundbuch übernimmt. Die Formulierung ist lediglich so zu wählen, dass der Notar in Bezug auf gewisse von ihm festgestellte Tatsachen rechtliche Schlussfolgerungen zieht.
>
> Insgesamt ist aufgrund dieser Haftungsrisiken von einer Rangbestätigung im Zweifel abzuraten.

b) Fälligkeitsmitteilung

572 Die häufigste Art einer derartigen Bestätigung ist wohl die **Fälligkeitsmitteilung**, in welcher der Notar auf Grundlage eingetretener, vorab in der Urkunde festgelegter Tatsachen bestätigt, dass die Fälligkeit eines Kaufpreises nach den Formulierungen in der Urkunde eingetreten ist.

c) Erweiterte Registerbestätigung

573 Schließlich ist es auch jenseits des § 21 Abs. 1, Abs. 2 BNotO – ohne die besonderen Beweiswirkungen – möglich, eine **Registerbestätigung** auszustellen, etwa über Einsichtnahmen in das Grundbuch.

574 Derartige Bescheinigungen haben seit der elektronischen Grundbuchführung deutlich an Praxisrelevanz gewonnen, weil in der Regel keine beglaubigten Grundbuchauszüge mehr angefordert werden, sondern die Grundbucheinsicht online erfolgt.

Ein beglaubigter Ausdruck aufgrund der Online-Handelsregistereinsicht ist nicht möglich (siehe hierzu Rdn 562). Möglich ist jedoch eben eine Registerbestätigung, in welcher der Notar bestätigt, dass der betreffende Ausdruck dem Bildschirminhalt im Rahmen des elektronischen Grundbuchabrufs entspricht.

3. Sonderfall: Notarielle Eigenurkunde

575 Keine notarielle Bescheinigung oder Bestätigung ist die notarielle Eigenurkunde. Hierbei handelt es sich um eine **notarielle Handlungsform eigener Art**, die nicht ausdrücklich gesetzlich festgelegt, aber in Rechtsprechung wie Literatur anerkannt ist. Teilweise wird sie aus § 24 Abs. 3 S. 2 BNotO hergeleitet.

576 In der Eigenurkunde gibt der **Notar** kraft einer **Vollmacht**, welche die Beteiligten ihm in einer von ihm errichteten Urkunde erteilt haben, eine **Erklärung im Namen der Beteiligten** ab, typischerweise eine Verfahrenserklärung. Das Vorgehen mittels Eigenurkunde ist **nur dann möglich,** wenn die entsprechende **Erklärung**, würde sie nicht durch den Notar, sondern durch Dritte abgegeben, **nicht beurkundet, sondern nur beglaubigt** werden müsste.

Gegen eine „Eigenbeurkundung" spricht nämlich § 6 Abs. 1 Nr. 1 BeurkG. Die Beglaubigung der Unterschrift einer dritten Person kann hingegen durch das Handeln des Notars kraft Vollmacht ersetzt werden. Wenn die entsprechende Urkunde die Unterschrift und das Siegel des Notars enthält, ist sie auch öffentliche Urkunde und genügt beispielsweise dem Formerfordernis des § 29 GBO.

577 Die Eigenurkunde ist nach richtiger Auffassung **nicht in das Urkundenverzeichnis einzutragen** und daher jedenfalls für sich betrachtet auch **nicht in der Urkundensammlung und der elektronischen Urkundensammlung zu verwahren.**[68] Es kann sich jedoch anbieten, die Eigenurkunde nach § 31 Abs. 4 Nr. 2 NotAktVV mit der jeweiligen Hauptturkunde in der Ur-

68 Ausführlich dazu mit Blick auf die analoge wie auch die digitale Welt *Siegel/Berthold*, DNotZ 2022, 429 ff.

kundensammlung zu verwahren. Bei Erstellung in Papier erfolgt das wohl regelmäßig in Urschrift bzw. bei originär elektronischer Erstellung als beglaubigter oder einfacher Ausdruck des elektronischen Dokuments.

Eine wie auch immer geartete Verbindung der Eigenurkunde mit der Haupturkunde ist rechtlich nicht vorschrieben, aber selbstverständlich möglich. Wird die Eigenurkunde wie beschrieben (auf freiwilliger Basis) mit der Haupturkunde in der Urkundensammlung verwahrt, muss diese unter Beachtung der Formvorgaben von § 34 Abs. 1–3 NotAktVV auch in die elektronische Urkundensammlung eingestellt werden.

Praxistipp:

Weitere Voraussetzung ist allerdings, dass der Notar im Rahmen seiner notariellen Tätigkeiten als Amtsträger handelt und nicht in eigenen Angelegenheiten. Der Notar kann selbstverständlich nicht eine Eintragungsbewilligung in Bezug auf ein eigenes Grundstück im Wege der Eigenurkunde erledigen. Vielmehr muss er hierzu einen Notarkollegen aufsuchen.

Voraussetzungen für eine notarielle Eigenurkunde sind also: 578

- Die Eigenurkunde wird **im Rahmen eines Beurkundungsverfahrens** abgegeben.
- Dem Notar wurde entsprechende **Vollmacht** erteilt.
- Die Erklärung in der Eigenurkunde ist nicht beurkundungs-, sondern allenfalls **beglaubigungsbedürftig**.
- Die Eigenurkunde ist **gesiegelt bzw.** mit einer **qualifizierten elektronischen Signatur** versehen.

Beispiele:

- die **Bewilligung** durch den Notar im Rahmen der sog. Bewilligungslösung beim Kaufvertrag,
- die Urkunde des Notars über die Entgegennahme der betreuungsgerichtlichen Genehmigung im Namen des Betreuers, deren Mitteilung an die andere Partei im Namen des Betreuers und deren Entgegennahme im Namen der anderen Partei aufgrund **Doppelvollmacht**,
- die **Identitätserklärung** nach Vermessung einer bereits aufgelassenen Teilfläche.

Praxistipp: 579

Aufgrund der Möglichkeit zur notariellen Eigenurkunde genügt zu Vollzugszwecken in der Regel die Vollmacht für den Notar. Eine Vollmacht für Notarangestellte sollte aus arbeitsrechtlichen Gründen in der Regel vermieden werden.

Im Einzelfall ist eine Mitarbeitervollmacht aber sinnvoll, etwa wenn zu erwarten ist, dass im Nachhinein zur „Reparatur" bzw. Anpassung an veränderte Rechts- oder Sachlagen beurkundungsbedürftige Erklärungen abzugeben sein werden und die Parteien nicht nochmals zur Beurkundung erscheinen möchten. Dies betrifft etwa die Abänderung von Teilungserklärungen bzw. Gemeinschaftsordnungen oder auch komplexere gesellschaftsrechtliche Gestaltungen.

XIII. Verwahrungsgeschäfte

1. Grundsätze

Notare sind gemäß § 23 BNotO auch zuständig, Geld, Wertpapiere und Kostbarkeiten, die ihnen von den Beteiligten übergeben sind, zur Aufbewahrung oder zur Ablieferung an Dritte zu übernehmen. Darüber hinaus ergibt sich aus § 24 Abs. 1 S. 1 BNotO auch die prinzipielle Zuständigkeit zur Verwahrung weiterer Gegenstände. 580

Da die Verwahrung nicht unmittelbar etwas mit Urkundenerrichtung zu tun hat, handelt es sich hierbei nicht um eine Urkundentätigkeit, sondern um eine **notarielle Amtstätigkeit eige-** 581

ner Art (§ 1 Abs. 1 BeurkG). Daher gilt etwa § 10a BNotO hierfür nicht. Außerdem **unterliegt** die Verwahrungstätigkeit auch **nicht der Urkundengewährungspflicht** des § 15 BNotO.

Die weiteren Details der Verwahrung von Geld, Wertpapieren und Kostbarkeiten sind in den §§ 57 ff. BeurkG geregelt.

2. Verwahrung von Geld

582 Die in der Praxis häufigste Form der notariellen Verwahrung ist die Verwahrung von Geld. § 57 Abs. 1 BeurkG regelt hierbei das Verbot, Bargeld zur Aufbewahrung oder zur Ablieferung an Dritte entgegenzunehmen. Bargeld unterliegt also nicht der notariellen Verwahrung in dem Sinne, dass es in der Amtsstelle verbleibt und nach Ablauf der Verwahrung gemäß der Verwahrungsanweisung wieder herauszugeben ist.

> *Praxistipp:*
>
> Nicht unter den Begriff des Bargelds fallen jedoch Münzsammlungen o.Ä., an denen ein besonderes Sachinteresse zur späteren Herausgabe in natura besteht.

583 Stattdessen ist Geldverwahrung über ein **Notaranderkonto** abzuwickeln (§ 58 BeurkG). Unter Notaranderkonto versteht man ein Konto, über welches der Notar verfügungsbefugt ist, das aber nicht seinen eigenen wirtschaftlichen Interessen, sondern im Wege eines treuhänderischen Rechtsverhältnisses den wirtschaftlichen Interessen Dritter, in der Regel der Urkundenbeteiligten, dient.

Nach den jüngst geänderten Sonderbedingungen für Anderkonten und Anderdepots von Notaren ist nunmehr auch die Entgegennahme von Bargeld zur sofortigen Einzahlung auf ein Anderkonto nicht mehr zulässig.[69]

a) Berechtigtes Sicherungsinteresse (§ 57 Abs. 2 Nr. 1 BeurkG)

584 Für die Verwahrung von Geld setzt § 57 Abs. 2 Nr. 1 BeurkG ein berechtigtes Sicherungsinteresse voraus. Das bedeutet, dass der Notar nicht auf bloßen Wunsch der Beteiligten oder wegen damit verbundener Vereinfachung des Vollzugs Geld zur Verwahrung entgegennehmen darf. Denn ein Anderkonto ist mit zusätzlichen Kosten für die Beteiligten sowie Zinsnachteilen verbunden.

Berechtigtes Sicherungsinteresse besteht immer **nur dann**, wenn auf andere Gestaltung als über Notaranderkonto ein Geschäft nicht ebenso sicher für die Beteiligten durchgeführt werden kann.

585 Letztlich liegt die Frage, ob ein berechtigtes Sicherungsinteresse besteht, im **individuellen Ermessen des Notars**. Nach Auffassung der Bundesnotarkammer in ihren Rundschreiben Nr. 1/1996 und Nr. 31/2000 besteht aber insbesondere in folgenden Fallgruppen regelmäßig ein berechtigtes Sicherungsinteresse:

- **Ablösung** von Verkäufergläubigern und **Finanzierung des Kaufpreises durch mehrere Kreditgeber**:
  Beim Grundstückskaufvertrag kann es zu Koordinations- und Verteilungsschwierigkeiten kommen, wenn mehrere finanzierende Gläubiger vorhanden sind und wenn die durch diese Gläubiger vorzunehmende Kaufpreiszahlung teilweise zur Ablösung von bisherigen Gläubigern des Verkäufers verwendet werden muss.
- Verringerung des in der **Eintragung der Auflassungsvormerkung** liegenden **Risikos** des Verkäufers:
  Beim Grundstückskaufvertrag ergibt sich ein Risiko, wenn der Käufer nach Eintragung der Auflassungsvormerkung und nach Vorliegen der sonstigen Fälligkeitsvoraussetzungen nicht zahlt. In diesem Fall muss – nach entsprechendem Rücktritt vom Kaufvertrag – der Verkäufer den Käufer notfalls auf Abgabe einer Löschungsbewilligung hinsichtlich der Auflassungsvormerkung verklagen. Allerdings hat die notarielle Praxis mittlerweile einige

69 DNotZ 2019, 801 f. (Ziff. 4).

Alternativgestaltungen hervorgebracht, welche dieses Risiko ebenso minimieren, etwa die Vollmacht zur Abgabe einer Löschungsbewilligung oder aber die auflösend bedingte Vormerkung. Allerdings übernimmt bei diesen Modellen der Notar eine größere Verfahrensverantwortung als beim Anderkonto.

- Herbeiführung eines möglichst **frühen Besitzübergangs**:
  Der Käufer kann unabhängig von sonstigen Fälligkeitsvoraussetzungen allein durch Zahlung auf das Anderkonto einen ggf. gewünschten möglichst frühen Besitzübergang herbeiführen, ohne dass dies eine ungesicherte Vorleistung des Verkäufers darstellen würde.
- Vereinbarung eines **festen Fälligkeitstermins**:
  Ein Anderkonto ermöglicht die Festlegung eines datumsmäßig festgelegten Fälligkeitstermins, ohne dass sonstige äußere Fälligkeitsvoraussetzungen (u.a. Bewilligungen, Genehmigungen) vorliegen müssen.
- **Aufgebotsverfahren** bei Grundpfandrechtsbrief:
  Ist der zur Löschung eines Briefgrundpfandrechts erforderliche Brief nicht vorhanden, muss ein zeitaufwändiges Aufgebotsverfahren durchgeführt werden. Soll dennoch der Besitzübergang bereits früher eintreten, kann zur Absicherung der Beteiligten die Abwicklung des Restkaufpreises über Anderkonto geboten sein.
- Kauf aus der **Zwangsversteigerung**:
  Aufgrund der Notwendigkeit, dass der die Zwangsversteigerung betreibende Gläubiger seinen Antrag zurücknehmen und die weiteren beigetretenen Gläubiger dem zustimmen müssen, kann die Abwicklung über Anderkonto angemessen sein.

Praxistipp:

Die Frage, ob die Abwicklung eines Vertrages über Notaranderkonto erfolgen soll, liegt im Ermessen des Notars. Insgesamt ist aber hinsichtlich der Nutzung von Anderkonten Zurückhaltung geboten.

Merke: 586

Verwahrungsgeschäfte erfolgen in aller Regel im Zusammenhang mit einer Beurkundung. Dennoch ist es auch möglich, „isolierte" Verwahrungen vorzunehmen. Hier ist aber mit Blick auf die Wahrung der Amtspflichten besondere Sorgfalt walten zu lassen.

b) Verwahrungsanweisung (§ 57 Abs. 2 Nr. 2, Nr. 3 BeurkG)

Im Zusammenhang mit der Verwahrung muss dem Notar eine **schriftliche Verwahrungsanweisung** vorliegen (§ 57 Abs. 2 Nr. 2, Abs. 4 BeurkG). Der Notar muss diese Verwahrungsanweisung schriftlich angenommen haben, es sei denn, diese ist in einer von ihm entworfenen Urkunde enthalten (§ 57 Abs. 5 BeurkG). 587

Notwendige Bestandteile der Verwahrungsanweisung sind gemäß § 57 Abs. 2 Nr. 2 BeurkG: 588

- Anweisender,
- Empfangsberechtigter,
- zeitliche Bedingungen der Verwahrung,
- sachliche Bedingungen der Verwahrung,
- Auszahlungsvoraussetzungen.

Diese Bestimmungen sind hinsichtlich der Masse und ihrer Erträge zu formulieren. Erfüllt die Verwahrungsanweisung diese Voraussetzungen nicht, hat der Notar die Verwahrung zurückzuweisen.

Insgesamt ist vor allem darauf zu achten, dass die Auszahlungsvoraussetzungen **so genau wie möglich formuliert** sind: 589

- Wer ist Empfangsberechtigter?
- In welchem Verhältnis zueinander?
- Wann genau ist die Auszahlung vorzunehmen?
- Wer erhält die ggf. erzielten Erträge der Verwahrung; wer hat ggf. anfallende Verwahrentgelte u.Ä. zu tragen?

Gleichzeitig sollten sie sich nur auf Tatsachen beziehen, die der Notar sicher und **ohne großen Aufwand selbst überprüfen** kann. Wertungen sollten darin nicht enthalten sein.

590 Weiter empfiehlt es sich, im Hinblick auf einen etwaigen Widerruf der Auszahlungsanweisung ausdrücklich festzulegen, ob die **Einweisung einseitig oder mehrseitig** erfolgt.

> *Merke:*
>
> Oftmals entsprechen im Rahmen eines Grundstückskaufvertrags die Auszahlungsvoraussetzungen den Fälligkeitsvoraussetzungen bei Direktzahlung. Bisweilen gehen sie aber noch darüber hinaus, wenn etwa statt der Eintragung der Vormerkung die Eigentumsumschreibung abgewartet werden soll.

> *Beispiel:*
>
> Wie bereits erwähnt, sind die Auszahlungsvoraussetzungen möglichst exakt, aber auch so zu fassen, dass der Notar sie leicht und rechtssicher erfassen kann. Daher ist z.B. als Auszahlungsvoraussetzung nicht zu formulieren, dass „*das Eigentum auf den Käufer übergegangen ist*", sondern vielmehr, dass „*die elektronische Grundbucheinsicht durch den Notar ergeben hat, dass die Eintragung des Eigentumswechsels auf den Käufer erfolgt ist*".

c) Widerruf der Verwahrungsanweisung (§ 60 BeurkG)

591 Die Verwahrungsanweisung ist das Kernstück des Sicherungsmechanismus, welcher mit dem Anderkonto verbunden ist. Der Notar muss sich strikt an diese Verwahrungsanweisung – und insbesondere an die darin enthaltene Auszahlungsanweisung – halten.

Die Verwahrungsanweisung kann hierbei **nachträglich geändert**, ergänzt oder widerrufen werden (§ 57 Abs. 4 BeurkG), allerdings natürlich nur **einstimmig** durch alle Anweisenden.

592 Oftmals dient die Verwahrungsanweisung allerdings nicht der Sicherung einer Partei, sondern derjenigen mehrerer Parteien. Die Verwahrungsanweisung rührt von all denjenigen Parteien her, welche ein Sicherungsinteresse am Anderkonto haben, in der Regel sind dies alle Urkundenbeteiligten. Ratsam ist es, in der Urkunde **festzulegen**, **wer Anweisender** ist. Ansonsten ist dies im Wege der Auslegung zu ermitteln.

> *Beispiel:*
>
> Wird ein Notaranderkonto eingerichtet, weil der Immobilienkäufer einen frühzeitigen Besitzübergang begehrt, dient das Notaranderkonto samt Verwahrungsanweisung den Interessen von Käufer und Verkäufer: Der Verkäufer möchte das Geld erhalten, sobald seine Verpflichtungen erfüllt sind (also spätestens mit Eigentumsumschreibung auf den Käufer), der Käufer möchte den von ihm gezahlten Kaufpreis abgesichert wissen, bis er das Eigentum am Kaufgegenstand erhalten hat.

593 Ein Widerruf der Verwahrungsanweisung kann daher nur durch alle Anweisenden erfolgen (§ 60 Abs. 2 BeurkG). Ist der Widerruf der Verwahrungsanweisung hingegen nicht ausnahmslos durch alle Anweisenden erfolgt, ist dies für den Notar grundsätzlich unbeachtlich. Der Notar muss die Verwahrungsanweisung also weiterhin beachten.

594 Die Verwahrungsanweisung läuft ins Leere, wenn das zugrundeliegende Rechtsverhältnis nicht besteht oder rückabzuwickeln ist.

> *Beispiel:*
>
> Bei einem Immobilienkaufvertrag wird die Abwicklung über Anderkonto vereinbart. Sodann ficht eine Partei den Vertrag wirksam an, sodass er nichtig ist. In diesem Fall läuft die Verwahrungsanweisung, welche ja vor dem Hintergrund des erfolgreichen Vollzugs des Vertrags formuliert wurde, ins Leere.

595 Beruft sich ein (isoliert) Widerrufender darauf, dass das zugrundeliegende Rechtsverhältnis nicht bestehe oder rückabzuwickeln sei, beseitigt dieser Widerruf zwar nicht die Verwah-

rungsanweisung, weil der Widerruf der anderen Anweisenden fehlt. Allerdings muss der Notar in einem solchen Fall gemäß § 60 Abs. 3 S. 1, 2 BeurkG **jede Auszahlung unterlassen**, bis das Schicksal des Vertrags geklärt ist. Hierfür bietet § 60 Abs. 3 S. 3 Nr. 2 BeurkG ein spezielles Verfahren, in welchem der Notar den Widerrufenden mittelbar zwingen kann, ein gerichtliches Verfahren zur Klärung herbeizuführen. Alternativ kann der Notar auch mit einem **Vorbescheid** agieren (siehe hierzu Rdn 92 ff.).

Weiterführender Hinweis:

Insgesamt liegt § 60 BeurkG die Erwägung zugrunde, dass ein Notar nicht als Richter fungiert, der bei Meinungsverschiedenheiten der Beteiligten eine Entscheidung trifft. Vielmehr muss dies im Zweifel durch ein Gericht festgestellt werden.

Praxistipp:

Im Übrigen sollte bei einer Widerrufssituation im Rahmen eines Notaranderkontos sofort der Notar selbst informiert werden.

d) Absehen von Auszahlung

§ 61 BeurkG regelt Sonderfälle, in denen der Notar von Amts wegen keine Auszahlung aus dem Anderkonto veranlassen darf. 596

Dies ist zum einen der Fall, wenn hinreichende Anhaltspunkte für **unerlaubte oder unredliche Zwecke** vorliegen (§ 61 Nr. 1 BeurkG).

(Siehe hierzu im Rahmen der Urkundentätigkeit bereits Rdn 95 ff.).

Weiter muss der Notar von einer Auszahlung absehen, wenn einem Auftraggeber hierdurch erkennbar ein **unwiederbringlicher Schaden** droht (§ 61 Nr. 2 BeurkG). Dies gilt aber nicht, wenn der Schaden zu einem Risiko gehört, das bereits bei Beurkundung des zugrundeliegenden Vertrags Berücksichtigung gefunden hat. Vielmehr muss es sich um ein Risiko handeln, das erst nach Beurkundung aufgetreten ist, etwa die Insolvenz eines Beteiligten. 597

e) Notaranderkonto (§ 58 BeurkG, § 10 Abs. 2–5 DONot)

§ 58 BeurkG sowie § 10 DONot enthalten weitere Detailbestimmungen zum Notaranderkonto. Das Notaranderkonto ist bei einem **im Inland zum Geschäftsbetrieb befugten Kreditinstitut oder bei der Deutschen Bundesbank** einzurichten (§ 58 Abs. 2 S. 1 BeurkG). Dabei müssen die von der Generalversammlung der Bundesnotarkammer jeweils beschlossenen Bedingungen zugrunde gelegt werden (§ 10 Abs. 2 DONot).[70] 598

Sammelanderkonten sind nicht zulässig (§ 58 Abs. 2 S. 3 BeurkG). Weiter soll eine ortsnahe Bank herangezogen werden (§ 58 Abs. 2 S. 2 BeurkG). 599

Schließlich kann **nur der Notar persönlich, sein Vertreter oder der Notariatsverwalter** über das Anderkonto **verfügen** (§ 58 Abs. 3 S. 1 BeurkG). Ein- und Auszahlungen sind unverzüglich im bargeldlosen Zahlungsverkehr durchzuführen (§ 58 Abs. 3 S. 5 BeurkG).

Die **Kommunikation** mit dem notaranderkontenführenden Kreditinstitut ist bisher im Grundsatz nur auf dem **Papierweg** möglich. Allerdings sind die Grundlagen für eine **elektronische Notaranderkontenführung** in § 10 Abs. 3 DONot gelegt. Dies setzt aber voraus, dass die Generalversammlung der Bundesnotarkammer in Abstimmung mit den Kreditinstituten ergänzende Sonderbedingungen für die elektronische Notaranderkontenführung beschließt, die der elektronischen Notaranderkontenführung zugrunde zu legen sind. Derzeit steht der Beschluss dieser Sonderbedingungen noch aus, er ist aber zeitnah zu erwarten. 600

Anderkontenführende Banken sind außerdem als **Dienstleister** i.S.d. § 26a BNotO aufzufassen und daher grundsätzlich schriftlich zur **Verschwiegenheit** zu verpflichten (§ 26a Abs. 3 601

70 Derzeit geltende Fassung veröffentlicht in DNotZ 2019, 801.

S. 2 BNotO).[71] Eine **Ausnahme** stellen Sparkassen dar, falls deren Mitarbeiter (und nicht nur bestimmte Organmitglieder) nach dem jeweils anwendbaren Sparkassengesetz gesetzlich zur Verschwiegenheit i.S.d. § 26a Abs. 6 S. 2 BNotO verpflichtet sind. Eine weitere Ausnahme ist gegeben, wenn die Beteiligten ausdrücklich auf die Verschwiegenheitsvereinbarung verzichtet haben (§ 26a Abs. 5 BNotO). Oftmals weigern sich Banken, die Verschwiegenheitsverpflichtung nach § 26a Abs. 3 S. 2 BNotO abzugeben. In diesen Fällen ist dann zwingend die Variante des § 26a Abs. 5 BNotO zu wählen, also der Verzicht der Beteiligten auf die Verschwiegenheitsvereinbarung.

602 Die Führung eines Notaranderkontos im Wege des **Online-Banking** ist nunmehr ebenfalls möglich. Eröffnet wurde diese Möglichkeit durch § 10 Abs. 3 DONot n.F. Voraussetzung hierfür ist jedoch, dass die ergänzenden Sonderbedingungen der Bundesnotarkammer für die elektronische Notaranderkontenführung[72] zum Inhalt der Vereinbarung mit der Bank gemacht werden.

3. Verwahrung von Wertpapieren, Kostbarkeiten, sonstigen Gegenständen

603 Die erwähnten Grundsätze (Rdn 582 ff.) – naturgemäß ohne die Ausführungen zum Anderkonto – gelten auch für die Verwahrung von Wertpapieren und Kostbarkeiten (§ 62 BeurkG). Hier ist nochmals zu betonen, dass der Notar eine beantragte Verwahrung nicht übernehmen muss, weil § 15 BNotO insoweit nicht gilt. Insbesondere bei sehr wertvollen Kostbarkeiten kann der Notar daher eine Verwahrung ohne Weiteres ablehnen.

604 Auch die Verwahrung von **sonstigen Gegenständen** kann der Notar übernehmen, muss dies aber nicht. Rechtsgrundlage hierfür ist dann § 24 Abs. 1 S. 1 BNotO, wobei auch insoweit eine Orientierung an den §§ 57 ff. BeurkG ratsam ist, soweit dies auf die konkrete Verwahrungssituation passt.

4. Büroorganisation

605 Die Führung von Notaranderkonten bzw. die sonstige Verwahrung ist mit einem nicht zu unterschätzenden **Verwaltungs- und Organisationsaufwand** im Notarbüro verbunden. Aufgrund der mit Verwahrungstätigkeiten verbundenen großen Haftungsrisiken, aber auch angesichts von Missbrauchsgefahren werden Verwahrungsgeschäfte von den Aufsichtsbehörden intensiv geprüft.

606 Die Verwaltung und Dokumentation der Verwahrungsgeschäfte obliegt hierbei in der Regel den **Mitarbeitern** des Notars. Dies betrifft insbesondere:

- die **Führung des Verwahrungsverzeichnisses** (§§ 21 ff. NotAktVV, zu beachten aber insoweit der „Notarvorbehalt“ in § 30 NotAktVV),
- die **Belegführung** (§ 10 Abs. 4 S. 1 DONot),
- die **Endabrechnung** (§ 10 Abs. 5 S. 1 DONot).

Hinsichtlich der Details dieser Büroorganisation wird auf das in dieser „Ausbildungsreihe für Notarfachangestellte“ erschienene Werk zur Büroorganisation Bezug genommen.[73]

5. Ablehnung der Verwahrung

607 Eine Verwahrung ist – neben geldwäscherechtlichen Gesichtspunkten (siehe hierzu Rdn 169 ff.) – dann abzulehnen, wenn dies nicht mit den notariellen Amtspflichten vereinbar ist, insbesondere wenn erkennbar **unerlaubte oder unredliche Zwecke** verfolgt werden (§ 14 Abs. 2 BNotO).

71 Vgl. auch das Rundschreiben der Bundesnotarkammer Nr. 4/2018 vom 17.4.2018.
72 DNotZ 2022, 802.
73 *Jurkat*, Büroorganisation, 3. Aufl. 2024.

Ziff. III. der Richtlinienempfehlungen der Bundesnotarkammer[74] konkretisieren diese Ablehnungspflicht mit Blick auf Verwahrungen. Demnach darf der Notar nicht dulden, dass sein Amt zur **Vortäuschung von Sicherheiten** benutzt wird. Besonders sorgfältige Prüfung ist notwendig, wenn die Verwahrung nicht im Zusammenhang mit einer Beurkundung erfolgt. 608

XIV. Urkundenvollzug

Nach der Beurkundung ist es in sehr vielen Fällen nicht damit getan, dass die Urkunde im Urkundenarchiv verwahrt wird. Vielmehr ist die Urkunde zuvor zu vollziehen, d.h. die in der Urkunde vorgesehenen **Rechtswirkungen** sind **herbeizuführen**. Dies gilt insbesondere im Immobilien- und im Gesellschaftsrecht. 609

Hierzu wird auf das in dieser „Ausbildungsreihe für Notarfachangestellte“ erschienene Werk zum Urkundenvollzug verwiesen.[75]

XV. Grundbuch- und Registereinsicht

Nach § 21 Abs. 1 BeurkG soll sich der Notar bei Geschäften, welche im Grundbuch eingetragene oder einzutragende Rechte zum Gegenstand haben, über den **Grundbuchinhalt** unterrichten. Tut er dies nicht, soll er nur beurkunden, wenn die Beteiligten darauf bestehen; dies soll er in der Niederschrift vermerken. 610

> *Praxistipp:*
>
> Es sollte immer dann, wenn das Grundbuch betroffen ist, eine Grundbucheinsicht vorgenommen werden, da diese aufgrund der elektronischen Einsichtsmöglichkeit mittlerweile nicht mehr mit großem Aufwand (und auch nicht mit hohen Kosten) verbunden ist. Allenfalls in Ausnahmefällen (kein berechtigtes Interesse der Beteiligten an Grundbucheinsicht, technische Probleme) kann von einer Grundbucheinsicht abgesehen werden.
>
> Besitzt der Notar keinen Zugang zum elektronischen Grundbuchabruf des betroffenen Bundeslands, kann er die Grundbucheinsicht ggf. bei einem dort ansässigen Kollegen erbitten.

Die Pflicht zur Grundbucheinsicht erfasst aber nur Fälle der Beurkundung nach den §§ 6 ff. BeurkG, nicht Fälle der Beglaubigung (es sei denn, der Notar hat den zugrundeliegenden Entwurf verfasst). Die Grundbucheinsicht darf der Notar hierbei auf zuverlässige Mitarbeiter delegieren, d.h. der Notar muss nicht etwa höchstpersönlich beim Ausdruck des Grundbuchauszugs zugegen sein. 611

> *Praxistipp:*
>
> Indes ist es üblich und sinnvoll, im Rahmen der Beurkundung nochmals den Grundbuchstand zu überprüfen. Hierzu sollte dem Notar in seine Beurkundungsakte auch ein aktueller Grundbuchauszug gelegt werden bzw. der vorliegende ggf. ältere Grundbuchauszug zumindest nochmals auf Aktualität überprüft werden.

Die Grundbucheinsicht sollte möglichst **aktuell** sein, zumindest nicht älter als zwei Wochen. Aufgrund der elektronischen Abrufmöglichkeit dürfte es allerdings möglich sein, am Tag der Beurkundung standardisiert das Grundbuch nochmals einsehen zu lassen. Hierbei muss aus Kosten- und Arbeitsgründen nicht unbedingt ein neuer Grundbuchauszug gefertigt werden, wenn sich aus dem **Veränderungsnachweis** ergibt, dass die entsprechende Blattstelle seit dem Abrufdatum des letzten Grundbuchauszugs nicht mehr verändert wurde. 612

74 Diese wurden in Ziff. III der Richtlinien für die Amtspflichten und sonstigen Pflichten der Mitglieder der Landesnotarkammer Bayern nach § 67 Abs. 2 BNotO unverändert übernommen.

75 *Volmer*, Vollzug von Kaufverträgen, 3. Aufl. 2024.

Praxistipp:

In der Urkunde sollte immer der Tag der letzten Grundbucheinsicht vermerkt sein. Wurde die Aktualität mittels Veränderungsnachweises sichergestellt, sollte auch darauf Bezug genommen werden.

Formulierungsbeispiel:

Aufgrund Einsicht in das Grundbuch (...) vom (...), seitdem unverändert gemäß Veränderungsnachweis vom heutigen Tage.

613 § 21 Abs. 1 BeurkG bezieht sich nur auf den Grundbuchauszug. Allerdings ergibt sich aus § 17 Abs. 1 BeurkG auch die Pflicht des Notars zur Konsultation ähnlicher **anderer Register**. Dies betrifft namentlich das Handels-, Vereins-, Genossenschafts- und Partnerschaftsregister.

XVI. Behandlung der Urkunden, Akten und Verzeichnisse

614 Die Behandlung der Urkunden ist insbesondere in den §§ 44 ff. BeurkG, §§ 12 ff. DONot geregelt, die Führung von Akten und Verzeichnissen in den §§ 35 f. BNotO, §§ 7 ff. NotAktVV.

615 Diese Themen sind das „tägliche Brot" des Notariatsangestellten. Sie werden bereits ausführlich in dieser „Ausbildungsreihe für Notarfachangestellte" erschienenem Werk zur Büroorganisation behandelt.[76] An dieser Stelle werden daher – anknüpfend an die Ausführungen zum Umgang mit Niederschriften und Vermerken (siehe dazu oben Rdn 233 ff., Rdn 494 ff.) – nur punktuell einige weitere Aspekte herausgegriffen, die im Rahmen des Berufs- und Beurkundungsrechts besonders erwähnenswert sind.

1. Urschrift

616 Die in **Papierform** errichtete Urschrift einer **Niederschrift**, also die Originalurkunde, verbleibt nach § 45a Abs. 1 S. 1 BeurkG in der Regel in der **Urkundensammlung** des Notars (vgl. dazu § 31 Abs. 1 Nr. 2 NotAktVV) und wird als **elektronische Fassung der Urschrift** nach § 34 Abs. 2 Nr. 1 NotAktVV in der **elektronischen Urkundensammlung** verwahrt.

617 Eine in **Papierform** errichtete **Vermerkurkunde** wird den Beteiligten demgegenüber im Regelfall in Urschrift ausgehändigt, sofern diese nicht die Verwahrung verlangen (§ 45a Abs. 2 BeurkG). Stattdessen ist dann eine (nicht notwendig beglaubigte) Abschrift in der **Urkundensammlung** zu verwahren, wenn der Notar auch den dazugehörigen Entwurf gefertigt hat. Im Übrigen kann eine solche (beglaubigte) Abschrift nach Ermessen des Notars zur Urkundensammlung genommen werden (siehe auch Rdn 494 ff.).

Abhängig von der rechtlichen Qualität des in der Urkundensammlung verwahrten Dokuments ist die Vermerkurkunde in der **elektronischen Urkundensammlung** unter Beachtung der Vorgaben von § 34 Abs. 2 NotAktVV zu verwahren. Entscheidet sich der Notar bei einer Beglaubigung ohne Entwurf gegen eine Verwahrung einer (beglaubigten) Abschrift in der Urkundensammlung, findet sich insoweit auch in der elektronischen Urkundensammlung nichts. Der Beglaubigungsvorgang ist in diesem Fall vielmehr allein im **Urkundenverzeichnis** dokumentiert (siehe auch Rdn 494).

618 Eine gemäß §§ 16b, 40a BeurkG erstellte **elektronische Urkunde**, welche in der elektronischen Urkundensammlung verwahrt wird (vgl. dazu § 34 Abs. 3 S. 1 und 2 Nr. 1 und 2 NotAktVV sowie Rdn 233 ff., Rdn 494 ff.), gilt gemäß § 45 Abs. 3 BeurkG als Urschrift im Sinne des Beurkundungsgesetzes (**elektronische Urschrift**). Für diese gelten die für Papierurkunden geltenden Vorgaben grundsätzlich entsprechend.

619 Ein nach **§ 16b BeurkG** erstelltes **elektronisches Dokument** bleibt nach § 45b Abs. 1 S. 1 BeurkG in der Verwahrung des Notars. Nach § 45b Abs. 1 S. 2 BeurkG sollen auch **keine Ver-**

76 *Jurkat*, Büroorganisation, 3. Aufl. 2024.

vielfältigungen der elektronischen Niederschrift (insbesondere mit Blick auf die an dieser angebrachten qualifizierten elektronischen Signaturen) ausgehändigt werden.

Zur Verwahrung in der Urkundensammlung siehe § 31 Abs. 1 Nr. 3 NotAktVV sowie Rdn 233 ff.

Ein nach **§ 39a BeurkG** erstelltes **elektronisches Dokument** darf hingegen nur unter den Voraussetzungen von § 45b Abs. 2 S. 2 BeurkG in Verwahrung genommen werden. Ansonsten ist es nach § 45b Abs. 2 S. 4 BeurkG auszuhändigen

Zur Verwahrung in der Urkundensammlung siehe § 31 Abs. 1 Nr. 5 NotAktVV sowie Rdn 494 ff.

Elektronische Vervielfältigungen dieses elektronischen Dokuments können nach § 45b Abs. 2 S. 3 BeurkG jederzeit und ohne weitere Voraussetzungen ausgehändigt werden.

Auch die Urschrift einer in **Papierform** errichteten Urkunde, die keine Vermerkurkunde ist, 620 kann herausgegeben werden, wenn sie **im Ausland** verwendet werden soll (§ 45a Abs. 1 BeurkG). In diesem Fall müssen sämtliche Personen zustimmen, die eine Ausfertigung verlangen können. Eine zusätzlich gefertigte Ausfertigung tritt dann in der Urkundensammlung an die Stelle der Urschrift.

> *Praxistipp:*
>
> Eine solche Zustimmung der Beteiligten zur Herausgabe der Urschrift sollte dokumentiert werden.

Ist die (in **Papierform** errichtete) **Urschrift zerstört oder abhandengekommen**, kann sie 621 durch eine beglaubigte Abschrift einer noch vorhandenen beglaubigten Abschrift oder Ausfertigung ersetzt werden (§ 46 Abs. 1 BeurkG).

Ist die durch Einscannen der Urschrift entstandene **elektronische Fassung der Urschrift** i.S.d. §§ 45 Abs. 2, 56 BeurkG **zerstört oder abhandengekommen**, sieht § 46 Abs. 2 BeurkG einen Wiederherstellungsmechanismus für diese vor. Dieser gilt gemäß § 46 Abs. 3 BeurkG weitgehend auch im wohl eher theoretischen Falle der Zerstörung einer **elektronischen Urschrift**, d.h. einer gemäß §§ 16b, 40a BeurkG originär elektronisch erstellten Urkunde.

2. Ausfertigung (§ 47 BeurkG)

Die (einfache) Ausfertigung vertritt die Urschrift im **Rechtsverkehr** (§ 47 BeurkG). 622

> *Merke:*
>
> Von einer Vermerkurkunde kann keine Ausfertigung erstellt werden!

Der Unterschied zwischen der beglaubigten Abschrift und der Ausfertigung besteht darin, dass die beglaubigte Abschrift nur die inhaltliche Übereinstimmung mit der Urschrift nachweist, aber nicht die Urschrift selbst ersetzt.

Immer wenn es also auf den Besitz der Urkunde und nicht nur auf deren Inhalt ankommt, muss eine Ausfertigung erteilt bzw. vorgelegt werden. Oben wurden bereits wichtige derartige Fälle behandelt:

- die **Vollmachtsurkunde** (siehe Rdn 295 ff.),
- diverse **Nachweise der Vertretungsmacht**, der **Verfügungsmacht** und der **Erbenstellung** (siehe Rdn 297 ff.).

> *Beachte:*
>
> Zu beachten gilt es, dass auch nach Einführung der **Online-Beurkundung** im Gesellschaftsrecht eine Ausfertigung zumindest vorerst unverändert **zwingend in Papierform** erstellt werden muss. Es gibt aus technischen Gründen derzeit noch keine Möglichkeit, eine Ausfertigung in elektronischer Form zu erstellen (vgl. dazu § 49 Abs. 1 BeurkG).

623 Weiter sind Ausfertigungen u.a. erforderlich, wenn eine beurkundete Willenserklärung in verkörperter Form zugehen muss. Dies betrifft insbesondere folgende Fälle:

- Herbeiführung der **Bindungswirkung** des § 873 Abs. 2 BGB,
- **adoptionsrechtliche Einwilligungserklärung** (§§ 1750 Abs. 1 S. 3 BGB),
- **Anfechtung** eines **Erbvertrags** (§ 2282 Abs. 3 BGB),
- **Rücktritt** vom **Erbvertrag** (§ 2296 Abs. 2 S. 2 BGB),
- **Widerruf** eines **gemeinschaftlichen Testaments** (§ 2271 Abs. 1 S. 1 BGB i.V.m. § 2296 Abs. 2 S. 2 BGB).

3. Besonderheiten bei Verfügungen von Todes wegen

624 Hinsichtlich Verfügungen von Todes wegen (Einzeltestamente, gemeinschaftliche Testamente, Erbverträge) gelten gemäß §§ 27 ff. BeurkG einige beurkundungsrechtliche Besonderheiten. Dies betrifft:

- die ausdrückliche Dokumentation über die Feststellungen zur **Geschäftsfähigkeit** (§ 28 BeurkG), siehe hierzu Rdn 339 ff.,
- die Zuziehung eines **Zeugen oder zweiten Notars** (§ 29 BeurkG), siehe hierzu auch Rdn 328 ff.,
- das Regel-Ausnahme-Verhältnis hinsichtlich schriftlicher **Übersetzung** (§ 32 BeurkG), siehe hierzu Rdn 416,
- die Verfügung von Todes wegen durch **Übergabe einer Schrift** (§ 30 BeurkG, § 2232 S. 1 Alt. 2 BGB),
- die **Verschließung** der Verfügung von Todes wegen in Umschlag (§ 34 Abs. 1 S. 1–3 BeurkG),
- die besondere amtliche **Verwahrung** (§ 34 Abs. 1 S. 4 BeurkG, § 344 Abs. 1 Nr. 1 FamFG),
- die Mitteilungspflicht an das **Zentrale Testamentsregister** bei der Bundesnotarkammer (§ 34a BeurkG),
- die Niederschrift **ohne Unterschrift des Notars** (§ 35 BeurkG), siehe hierzu Rdn 437 ff.

Soweit in diesem Buch nicht ohnehin Ausführungen zu den genannten Fragen erfolgen, wird auf die Ausführungen im Band zum Erbrecht der „Ausbildungsreihe für Notarfachangestellte" Bezug genommen.[77]

4. Herausgabe von Urkunden

625 § 51 BeurkG legt fest, wer ein Recht auf die **Erteilung von Ausfertigungen und Abschriften** sowie ein **Einsichtsrecht** in Urkunden hat. Dies sind zunächst bei Niederschriften gemäß §§ 6 ff. BeurkG alle materiell und formell Beteiligten (§ 51 Abs. 1 Nr. 1 BeurkG).

(Zu den Begrifflichkeiten siehe Rdn 119 ff., 249).

626 Bei sonstigen Urkunden kann deren Herausgabe verlangen, wer die Aufnahme der Urkunde verlangt hat (§ 51 Abs. 1 Nr. 2 BeurkG). Gemäß § 51 Abs. 2 BeurkG können die formell oder materiell Urkundenbeteiligten in der Niederschrift oder durch besondere Erklärung etwas anderes bestimmen.

Hiervon wird fast in jeder Urkunde Gebrauch gemacht. Denn am Ende einer Urkunde wird (in der Regel unter der **Überschrift „*Verteiler*" bzw. „*Abschriften*"**) genau festgelegt, welcher Beteiligte eine Abschrift der Urkunde erhält. Hierbei werden oftmals auch Außenstehende genannt, etwa der Finanzierungsgläubiger.

> *Weiterführender Hinweis:*
>
> Diese Aufzählung der „Empfangsberechtigten" einer Urkunde erfüllt mehrere Zwecke zugleich. Zum einen dient sie der Erleichterung der Vollzugspraxis, weil der Notarmitarbeiter auf einen Blick ersehen kann, an wen eine Abschrift bzw. Ausfertigung zu erteilen ist. Zum anderen liegt darin gleichzeitig – zumindest was außenstehende Dritte anbelangt

77 *Junk*, Erbrecht, 2. Aufl. 2023, § 2 Rn 174 ff.

– die verschwiegenheits- und datenschutzrechtliche Einwilligung zur Weitergabe der Urkunde. Allerdings sollte allein schon aus Gründen der Datensparsamkeit bei außenstehenden Dritten immer die Möglichkeit bedacht werden, dass auch auszugsweise Abschriften erstellt werden können.

Schließlich ist § 21 GrEStG zu beachten. Nach dieser Vorschrift dürften beglaubigte Abschriften und Ausfertigungen hinsichtlich eines **grunderwerbsteuerlich relevanten Vorgangs** erst erteilt werden, wenn die entsprechenden grunderwerbsteuerlichen Anzeigen in allen Teilen vollständig an das Finanzamt abgesandt wurden. 627

5. Vollstreckbare Ausfertigung (§ 52 BeurkG)

a) Bedeutung

Die vollstreckbare Ausfertigung ist eine besondere Art der Ausfertigung. Sie bildet den sog. **Vollstreckungstitel** gemäß § 795 Abs. 1 Nr. 5 ZPO, mit welchem der Gläubiger eines Anspruchs, wegen dessen sich der Schuldner in notarieller Urkunde der sofortigen Zwangsvollstreckung unterworfen hat, **direkt vollstrecken** kann, ohne den Schuldner zuvor verklagen zu müssen. Der Vollstreckungstitel ist dasjenige Dokument, das dem Vollstreckungsorgan – also etwa dem Gerichtsvollzieher oder dem Rechtspfleger – im Original übermittelt werden muss, damit er die Vollstreckung vornimmt. 628

Beispiel:

In der Kaufvertragsurkunde hat sich der Käufer – wie üblich – wegen des Kaufpreiszahlungsanspruchs der sofortigen Zwangsvollstreckung in sein gesamtes Vermögen unterworfen.

Auf Grundlage dieser Zwangsvollstreckungsunterwerfung kann der Verkäufer sich vom Notar eine vollstreckbare Ausfertigung erteilen lassen, mit welcher er beispielsweise sofort zum Gerichtsvollzieher gehen und in bewegliche Gegenstände des Käufers vollstrecken kann.

Weiterführender Hinweis: 629

Das Zwangsvollstreckungsverfahren ist ein sehr formalisiertes Verfahren. Das drückt sich beispielsweise in den sehr förmlichen Voraussetzungen zur Erteilung einer vollstreckbaren Ausfertigung aus. Außerdem macht sich die Formalisierung auch darin bemerkbar, dass das Vollstreckungsorgan (also z.B. der Gerichtsvollzieher oder der Rechtspfleger beim Vollstreckungsgericht) im Grundsatz keine Umstände prüfen muss, die außerhalb des Vollstreckungstitels liegen. Vielmehr müssen Einwendungen durch den Vollstreckungsschuldner im Wege der sog. Zwangsvollstreckungsrechtsbehelfe gerichtlich geltend gemacht werden. Dies entlastet das Vollstreckungsverfahren vor einer Überfrachtung mit Schuldnereinwendungen und macht es effizient.

§ 52 BeurkG verweist hinsichtlich der vollstreckbaren Ausfertigung auf die „*dafür bestehenden Vorschriften*“. Damit sind insbesondere die §§ 794 ff. ZPO gemeint.

b) Vollstreckungsklausel

Kernelement einer vollstreckbaren Ausfertigung ist die sog. Vollstreckungsklausel. Diese sollte wortwörtlich mit dem Gesetzestext in § 725 ZPO übereinstimmen. 630

§ 725 ZPO Vollstreckungsklausel

(...)

Vorstehende Ausfertigung wird dem usw. (Bezeichnung der Partei) zum Zwecke der Zwangsvollstreckung erteilt.

(...)

631 Der **Gläubiger** ist hierbei möglichst **genau** zu **bezeichnen**, bei natürlichen Personen etwa mit Geburtsdatum und Anschrift, bei juristischen Personen mit Handelsregisternummer, Geschäftsanschrift und Sitz.

> *Praxistipp:*
>
> Der Bestimmung des § 725 ZPO ist auch zu entnehmen, dass die Vollstreckungsklausel am Schluss der Urkunde stehen muss, was auch schon darin zum Ausdruck kommt, dass die Klausel von „*vorstehender*" Ausfertigung spricht. Daher ist es nicht möglich, den Ausfertigungsvermerk an den Anfang der Urkunde zu setzen, wie es in manchen Notarstellen aufgrund der rein praktischen Erleichterung bei beglaubigten Abschriften und einfachen Ausfertigungen gehandhabt wird.

c) Zuständigkeit des Notars

632 Der Notar ist zunächst zuständig, vollstreckbare Ausfertigungen von denjenigen **Urkunden** zu erteilen, **die er verwahrt** (§ 797 Abs. 2 ZPO). Unter den Voraussetzungen des § 796c ZPO kann auch ein **Anwaltsvergleich** von einem Notar mit der Vollstreckungsklausel versehen werden.

633 Schließlich kann ein **Schiedsspruch** gemäß § 1053 Abs. 4 ZPO und eine **ausländische notarielle** Urkunde nach § 55 Abs. 3 S. 1 AVAG in Verbindung mit Art. 50, 31 ff. EuGVÜ vom Notar für vollstreckbar erklärt werden. Bei europäischen Verordnungen ist mittlerweile allerdings überwiegend die direkte Vollstreckung von im Ursprungsmitgliedstaat vollstreckbaren Urkunden vorgesehen.

> *Merke:*
>
> Bei Sonderkonstellationen, insbesondere auch mit Auslandsberührung, sollte mit dem Notar Rücksprache gehalten werden!

d) Klauselerteilung und Klauselumschreibung

634 Wie bereits erwähnt, ist das Zwangsvollstreckungsverfahren ein sehr formalisiertes Verfahren. Dies gilt auch im Rahmen der Erteilung der vollstreckbaren Ausfertigung durch den Notar. Der Notar prüft vor der Erteilung der Ausfertigung lediglich

- die **Existenz** und **Wirksamkeit** einer **Zwangsvollstreckungsunterwerfung**,
- die (formelle) **Berechtigung** des **Antragstellers**,
- die **Fälligkeit** des zugrundeliegenden **Anspruchs**, welche durch öffentliche oder öffentlich beglaubigte Urkunden zu führen ist (§§ 726, 795 ZPO).

635 Auf den Nachweis der Fälligkeit des Anspruchs kann aber grundsätzlich auch verzichtet werden, was oftmals geschieht. Jedoch ist ein derartiger **Nachweisverzicht** in einigen Verbraucherschutzkonstellationen problematisch.

636 Weiter prüft der Notar auch sonstige Anweisungen, die ggf. im Rahmen der Zwangsvollstreckungsunterwerfung erteilt wurden.

> *Beispiel:*
>
> Bei der Zwangsvollstreckungsunterwerfung eines Immobilienverkäufers wird wegen des Räumungsanspruchs oftmals ein bestimmtes Datum genannt, welches überschritten sein muss.

637 Schließlich können sich im Rahmen der Erteilung einer vollstreckbaren Ausfertigung weitere **Sonderprobleme** ergeben, so etwa hinsichtlich

- **Gläubigermehrheiten** (Teilgläubiger, Gesamtgläubiger),
- **Schuldnermehrheiten** (Teilschuldner, Gesamtschuldner),
- Beschränkungen der vollstreckbaren Ausfertigung (**Teilbeträge**),
- **Klauselumschreibung** gemäß §§ 727 ff. ZPO (z.B. bei Rechtsnachfolge).

Praxistipp:

Insgesamt gilt, dass der Notarfachangestellte hier nur eine gewisse Sensibilität entwickeln muss. Die Detailfragen sind angesichts der Komplexität und Haftungsträchtigkeit der Materie vom Notar selbst zu lösen.

e) Anzahl der vollstreckbaren Ausfertigungen

Die vollstreckbare Ausfertigung ist grundsätzlich **nur einmal** zu erteilen. Dies ist dadurch begründet, dass die vollstreckbare Ausfertigung einen Vollstreckungstitel für den Gläubiger bildet, mit der dieser die Zwangsvollstreckung betreiben kann, wobei das jeweilige Vollstreckungsorgan das Bestehen des zugrundeliegenden Anspruchs nicht prüft. 638

Könnte ein Gläubiger unendlich viele vollstreckbare Ausfertigungen verlangen, könnte er mehrmals in das Vermögen vollstrecken. Der Gerichtsvollzieher oder der Rechtspfleger beim Vollstreckungsgericht prüft nämlich nicht, ob schon einmal vollstreckt wurde oder nicht.

Beispiel:

Arno Arm hat sich gegenüber Rasso Raff der Zwangsvollstreckung in sein gesamtes Vermögen wegen eines Zahlungsanspruchs von 30.000 EUR unterworfen. Würden Herrn Raff nun zwei vollstreckbare Ausfertigungen erteilt, könnte er mit der ersten Ausfertigung zum Gerichtsvollzieher Mächtig gehen und z.B. ein Kraftfahrzeug des Herrn Arm pfänden und sich 30.000 EUR auskehren lassen. Mit der zweiten Ausfertigung könnte er sodann zu Gerichtsvollzieher Prächtig gehen, eine wertvolle Münzsammlung des Herrn Arm pfänden lassen und sich nochmals 30.000 EUR auskehren lassen.

Herr Arm müsste sich dagegen dann mit einem Vollstreckungsrechtsbehelf wehren. Diese Gefahr soll dadurch gebannt werden, dass nur eine vollstreckbare Ausfertigung erteilt wird.

In Ausnahmefällen, vor allem bei **Verlust** einer vollstreckbaren Ausfertigung, kann dennoch eine weitere vollstreckbare Ausfertigung erteilt werden. Hierbei muss gemäß § 733 Abs. 1 ZPO (das „*kann*" ist als „*muss*" zu lesen) allerdings der Schuldner gehört werden. Die weitere vollstreckbare Ausfertigung ist gemäß § 733 Abs. 3 ZPO auch ausdrücklich als solche zu bezeichnen. 639

§ 3 Prüfe dein Wissen

A. Aufgaben des Notars, Historie und Kammerwesen

Frage 1: 1

Wie beschreibt § 1 BNotO die Wesenszüge des Notaramtes?

Antwort:

Der Notar ist gemäß § 1 BNotO unabhängiger Träger eines öffentlichen Amtes, der für die Beurkundung von Rechtsvorgängen und andere Aufgaben auf dem Gebiet der vorsorgenden Rechtspflege in den Ländern bestellt wird.

(Vgl. § 1 Rdn 8).

Frage 2: 2

Was charakterisiert das deutsche System der vorsorgenden Rechtspflege?

Antwort:

Während die staatlichen Gerichte dafür zuständig sind, bereits entstandene Streitigkeiten zwischen Rechtssubjekten zu entscheiden und einer rechtlichen Lösung zuzuführen, sorgt der Notar als ein wesentlicher Baustein des deutschen Systems der vorsorgenden Rechtspflege dafür, dass derartige Streitigkeiten idealerweise erst überhaupt nicht aufkommen.

(Vgl. § 1 Rdn 9 ff.).

Frage 3: 3

Was sind die gesetzlichen Aufgaben des Notars?

Antwort:

- § 20 BNotO sieht vor, dass zu den Aufgaben des Notars die Vornahme von Beurkundungen jeder Art gehört. Im Mittelpunkt steht dabei in der notariellen Praxis regelmäßig die Beurkundung von Willenserklärungen i.S.d. §§ 6 ff. BeurkG (ggf. i.V.m. §§ 16a ff. BeurkG).
- Weiter gehört dazu die Beurkundung von tatsächlichen Vorgängen i.S.d. §§ 36 ff. BeurkG sowie die Beglaubigung von Unterschriften i.S.d. § 40 BeurkG, von qualifizierten elektronischen Signaturen i.S.d. § 40a BeurkG und von Abschriften i.S.d. § 42 BeurkG.
- Zu nennen sind weiter die Vornahme von Verlosungen, die Aufnahme von Vermögensverzeichnissen, das Anlegen von Siegeln und die Ausstellung von Bescheinigungen über amtlich wahrgenommene Tatsachen.
- In den Aufgabenkreis des Notars fällt weiterhin die Verwahrung von Wertgegenständen und Geld i.S.d. §§ 57 ff. BeurkG, das Einholen behördlicher Genehmigungen, die Beratung der Beteiligten außerhalb von gerichtlichen Verfahren sowie die Erstellung von Urkundsentwürfen.

(Vgl. § 1 Rdn 11).

Frage 4: 4

Welche zwei Erscheinungsformen des Notariats gibt es in Deutschland und wie können diese jeweils kurz charakterisiert werden?

Antwort:

Es gibt in Deutschland aus historischen Gründen zwei Ausprägungen des Notariats:

- Zum einen das hauptberufliche Notariat, das dadurch gekennzeichnet ist, dass der Amtsträger nach Absolvieren der beiden juristischen Staatsexamina und einer mindestens dreijährigen Ausbildungszeit als Notarassessor zum Notar ernannt wird und diesen Beruf in der Folge exklusiv und ausschließlich ausübt.
- Der Anwaltsnotar ist demgegenüber (zumindest dem gesetzlichen Leitbild nach) nur im Nebenberuf Notar und übt daneben auch den Beruf des Rechtsanwalts aus. Neben den

beiden juristischen Staatsexamina setzt die Ernennung zum Anwaltsnotar auch das erfolgreiche Bestehen der notariellen Fachprüfung voraus.

(Vgl. § 1 Rdn 13 ff.).

5 **Frage 5:**

Wie viele Notarkammern gibt es in Deutschland? Wie sind diese organisiert und was sind deren wesentliche Aufgaben? Wie ist die Bundesnotarkammer organisiert und was sind ihre wesentlichen Aufgaben?

Antwort:

- Es gibt in Deutschland insgesamt 21 Notarkammern.
- (Zwangs-)Mitglieder in diesen Notarkammern sind die Notare, die im Bezirk der jeweiligen Notarkammer ihren Sitz haben.
- Wesentliche Organe der Notarkammern sind der Vorstand und die Kammerversammlung.
- Die Aufgaben der Notarkammern sind in § 67 BNotO beschrieben. Es gibt Pflichtaufgaben und Aufgaben, die ergänzend auf freiwilliger Basis wahrgenommen werden können. Im Wesentlichen geht es um Standesaufsicht und Standesvertretung.
- Die Bundesnotarkammer ist als Kammer der Notarkammern eine Verbandskörperschaft mit den beiden Hauptorganen Präsidium und Generalversammlung.
- Die gesetzlichen Aufgaben der Bundesnotarkammer sind in den §§ 78 ff. BNotO beschrieben. Im Kern geht es um Aufgaben, welche die Gesamtheit der in Deutschland tätigen Notare betreffen und deshalb sinnvollerweise auf Bundesebene gebündelt werden.

(Vgl. § 1 Rdn 18 ff.).

B. Berufsrecht

I. Der Notar als unabhängiger Träger eines öffentlichen Amtes (§ 1 BNotO)

6 **Frage 6:**

Beschreiben Sie kurz die Anforderungen, welche § 14 Abs. 3 BNotO an den Notar stellt.

Antwort:

- § 14 Abs. 3 S. 1 BNotO verlangt vom Notar zunächst, dass er sich des ihm anvertrauten öffentlichen Amtes würdig erweist.
- Gemäß § 14 Abs. 3 S. 2 BNotO hat er zudem auch jedes Verhalten zu vermeiden, das den Anschein erwecken könnte, dass er gegen die ihm gesetzlich auferlegten Pflichten verstößt bzw. verstoßen könnte. Insbesondere hat er schon den Anschein der Abhängigkeit oder Parteilichkeit nach besten Kräften zu vermeiden.

(Vgl. § 2 Rdn 10 ff.).

7 **Frage 7:**

Wie kann die Versorgung der rechtssuchenden Bevölkerung mit notariellen Leistungen gesichert werden, wenn ein Notar kurz- oder auch langfristig bzw. dauerhaft nicht vor Ort ist oder nicht mehr in der Lage ist, sein Amt zu führen?

Antwort:

- Gemäß dem Grundsatz der persönlichen Amtsausübung hat der Notar der rechtssuchenden Bevölkerung möglichst umfassend zur Verfügung zu stehen.
- Unter den Voraussetzungen der §§ 39 ff. BNotO kann dem Notar zur Deckung kurzfristigen Vertretungsbedarfs ein Notarvertreter bestellt werden, der das Amt in der Zeit seiner Abwesenheit vertretungsweise ausfüllt.
- Unter bestimmten Voraussetzungen ist auch die Bestellung eines ständigen Notarvertreters möglich, der dann bei Vertretungsbedarf im Einzelfall nicht jeweils gesondert von der Aufsicht bestellt werden muss.

- Ist das Notaramt insbesondere aufgrund Versterbens des bisherigen Amtsinhabers oder wegen der Verlegung des Amtssitzes durch diesen dauerhaft verwaist, bestellt die Aufsicht einen Notariatsverwalter, der das Amt fortführt bis seitens der Landesjustizverwaltung eine Entscheidung über eine Neubesetzung oder auch eine Einziehung der Notarstelle getroffen wird.

(Vgl. § 2 Rdn 13 ff.).

Frage 8: 8

Was ist der Amtsbereich des Notars, was der Amtsbezirk? Darf der Notar über die Grenzen von Amtsbereich und Amtsbezirk hinausgehend tätig werden und wenn ja in welchen Fällen? Beachten Sie auch die Regelungen für Online-Verfahren.

Antwort:

- Der Amtsbereich des Notars ist nach § 10a Abs. 1 BNotO regelmäßig der Bezirk des Amtsgerichts, in welchem der Notar seinen Amtssitz hat.
- Der Amtsbezirk des Notars ist demgegenüber gemäß § 11 Abs. 1 BNotO der Bezirk des Oberlandesgerichts, in welchem er seinen Amtssitz hat.
- Der Notar darf seinen Amtsbereich nur verlassen, wenn besondere berechtigte Interessen der Rechtssuchenden dies erfordern Dies wird angenommen in folgenden Fällen:
  - Gefahr im Verzug,
  - Fertigung eines Entwurfes durch den Notar mit anschließender, aus unvorhersehbaren Gründen notwendig werdender Beurkundung außerhalb des Amtsbereichs,
  - Vornahme einer gemäß § 21 GNotKG wegen falscher Sachbehandlung für die Beteiligten kostenfreien Beurkundung (die regelmäßig dazu dienen soll, die infolge eines Fehlers des Notars eingetretenen Rechtsfolgen einer Beurkundung zu korrigieren),
  - Vorliegen einer besonderen Vertrauensbeziehung zwischen den Beteiligten und dem Notar (nicht hingegen zwischen den Beteiligten und den Mitarbeitern des Notars) und
  - Aufenthalt eines im Amtsbereich des Notars wohnenden Beteiligten in einem Krankenhaus außerhalb des Amtsbereichs.
- Der Amtsbezirk darf demgegenüber gemäß § 11 Abs. 2 BNotO nur bei Vorliegen einer Genehmigung der Aufsichtsbehörde verlassen werden. Anders ist dies nur bei Gefahr im Verzug. Die Anforderungen an einen solchen Notfall sind nochmals deutlich höher als bei einem Überschreiten der Grenzen des eigenen Amtsbereichs. Erforderlich ist die Gefahr, dass die dringend notwendige Amtshandlung durch einen ortsnahen Notar nicht mehr rechtzeitig vorgenommen werden kann und der Urkundsgewährungsanspruch gemäß § 15 BNotO in der Folge leer zu laufen droht.
- Für die Online-Verfahren im Gesellschaftsrecht hat der Gesetzgeber mit Wirkung zum 1.8.2022
  - in § 10a Abs. 3 BNotO für den Amtsbereich und
  - in § 11 Abs. 3 BNotO für den Amtsbezirk

  Sonderregelungen geschaffen, die eine Fortschreibung des für das Funktionieren des Notarwesens essenziellen Prinzips einer „*örtlichen Radizierung*" des Notars als öffentlichem Amtsträger auch in der digitalen Welt sicherstellen.

(Vgl. § 2 Rdn 36 ff.).

Frage 9: 9

Welche Beschränkungen bringt das öffentliche Amt des Notars im Hinblick auf Nebenbeschäftigungen und die Zulässigkeit beruflicher Verbindungen mit sich?

Antwort:

- Gemäß § 8 Abs. 1 BNotO darf der Notar grundsätzlich nicht zugleich Inhaber eines besoldeten Amtes sein. Es besteht aber die Möglichkeit von Ausnahmen durch die zuständige Landesjustizverwaltung (was insbesondere im Hinblick auf die hauptamtliche Übernahme kommunaler Spitzenämter relevant werden kann).

- Gemäß § 8 Abs. 2 BNotO darf der Notar grundsätzlich keinen weiteren Beruf ausüben. Der Anwaltsnotar darf jedoch zugleich den Beruf des Patentanwalts, des Wirtschaftsprüfers, des Steuerberaters und des vereidigten Buchprüfers ausüben.
- Nach § 8 Abs. 3 BNotO bedarf der Notar der Genehmigung der Aufsichtsbehörde für die Übernahme einer Nebentätigkeit gegen Vergütung, insbesondere zu einer gewerblichen Tätigkeit und zum Eintritt in den Vorstand, Aufsichtsrat, Verwaltungsrat oder ein sonstiges Organ einer auf Erwerb gerichteten Gesellschaft, Genossenschaft oder eines in einer anderen Rechtsform betriebenen wirtschaftlichen Unternehmens.
- § 8 Abs. 4 BNotO sieht schließlich im Sinne einer Rückausnahme vor, dass der Notar für einige Tätigkeiten keiner Genehmigung bedarf. Dazu zählen insbesondere die Tätigkeiten als Testamentsvollstrecker, Insolvenzverwalter, Vormund und Schiedsrichter.
- Hauptberufliche Notare wie auch Anwaltsnotare dürfen sich nach § 9 Abs. 1 S. 1 BNotO nur mit am selben Amtssitz bestellten Notaren zur gemeinsamen Berufsausübung verbinden bzw. mit diesen gemeinsame Geschäftsräume haben. Überörtliche Sozietäten sind danach grundsätzlich nicht erlaubt.
- Anwaltsnotare dürfen sich gemäß § 9 Abs. 2 BNotO aber weiterhin miteinander, mit anderen Mitgliedern einer Rechtsanwaltskammer sowie mit Patentanwälten, Steuerberatern, Steuerbevollmächtigten, Wirtschaftsprüfern und vereidigten Buchprüfern zur gemeinsamen Berufsausübung verbinden oder mit ihnen gemeinsame Geschäftsräume unterhalten. Dabei ist zu beachten, dass eine Sozietät insoweit jeweils nur in Bezug auf die rechtsanwaltliche Berufsausübung möglich ist. Das Notaramt selbst ist nicht sozietätsfähig (vgl. § 9 Abs. 2 S. 3 BNotO).
- Gehört ein Anwaltsnotar zugleich Verbindungen nach § 9 Abs. 1 BNotO und § 9 Abs. 2 S. 1 BNotO an, sind diese gemäß § 9 Abs. 2 S. 3 BNotO strikt zu trennen. Dies gilt insbesondere auch mit Blick auf die ansonsten bei Verbindungen i.S.v. § 9 Abs. 2 S. 1 BNotO üblichen Abreden zur Verteilung des notariellen Gebührenaufkommens. Solcherlei Abreden sind bei Beteiligung eines Anwaltsnotars an mehreren beruflichen Verbindungen i.S.v. § 9 Abs. 1, 2 S. 1 BNotO nicht zulässig.
- In beiden Fällen sind zudem die Anforderungen des § 9 Abs. 3 BNotO zu beachten.

(Vgl. § 2 Rdn 55 ff.).

10 **Frage 10:**

In welchem Rhythmus finden beim Notar Geschäftsprüfungen statt?

Antwort:

- Im Regelfall werden Geschäftsprüfungen alle vier Jahre durchgeführt (§ 17 DONot).
- Anderes gilt nur bei neubestellten Notaren, die gemäß § 93 Abs. 1 S. 3 BNotO erstmals innerhalb der ersten zwei Jahre ihrer Tätigkeit zu prüfen sind.
- Bei Bedarf sind gemäß § 92 Abs. 1 S. 2 BNotO auch jederzeit Zwischenprüfungen und Stichproben möglich.

(Vgl. § 2 Rdn 64 ff.).

11 **Frage 11:**

Welche Sanktionen drohen dem Notar bei einem Dienstvergehen?

Antwort:

- Im Falle eines Dienstvergehens i.S.d. § 95 BNotO können von der Dienstaufsicht die in § 97 BNotO genannten Disziplinarmaßnahmen verhängt werden. Diese reichen von einem Verweis über eine Geldbuße bis hin zu einer (vorübergehenden, vgl. dazu für den Anwaltsnotar § 97 Abs. 3 BNotO) Entfernung aus dem Amt.
- In minderschweren Fällen („*Pflichtverletzungen leichterer Art*“) kann die Notarkammer außerhalb eines Disziplinarverfahrens auch eine Ermahnung i.S.d. § 75 BNotO aussprechen. Der Aufsichtsbehörde steht in diesem Fall parallel dazu gemäß § 94 BNotO das ebenfalls vordisziplinarische Mittel der Missbilligung zur Verfügung.

(Vgl. § 2 Rdn 69).

II. Gebührenerhebung (§ 17 BNotO)

Frage 12: 12

Welche Vorgaben sieht die BNotO für die Gebührenerhebung durch den Notar vor?

Antwort:

- § 17 Abs. 1 BNotO verpflichtet den Notar zunächst, für seine Tätigkeit die gesetzlich vorgeschriebene Gebühr zu erheben. Erforderlich ist dafür die Erteilung einer den Anforderungen des § 19 GNotKG gerecht werdenden Kostenberechnung.
- Der Notar ist weiterhin zumindest im Grundsatz verpflichtet, diese Gebühren bei Bedarf auch zwangsweise durchzusetzen.
- Schließlich ist das Verbot der Gebührenteilung gemäß § 17 Abs. 1 S. 4 BNotO zu beachten. Danach darf der Notar im Zusammenhang mit einem Amtsgeschäft weder Vorteile versprechen oder gewähren, noch darf er Dritte an den Gebühren beteiligen. Dritter ist beim Anwaltsnotar, der nach § 9 Abs. 2 BNotO soziiert ist, nicht der Sozius, mit welchem sich der Anwaltsnotar in seiner Funktion als Rechtsanwalt zur gemeinsamen Berufsausübung verbunden hat. Gehört der Anwaltsnotar hingegen mehreren Verbindungen nach § 9 Abs. 1 BNotO und § 9 Abs. 2 S. 1 BNotO an, sind diese gemäß § 9 Abs. 2 S. 3 BNotO strikt zu trennen. Dies gilt insbesondere auch mit Blick auf die Verteilung des notariellen Gebührenaufkommens. Der nicht-notarielle Sozius i.S.v. § 9 Abs. 2 BNotO ist in diesem Fall Dritter i.S.v. § 17 Abs. 1 S. 4 BNotO.

(Vgl. § 2 Rdn 73 ff.).

III. Urkundsgewährung

Frage 13: 13

Was versteht man unter dem Urkundsgewährungsanspruch? Wann besteht dieser und wann nicht? Beachten Sie ggf. auch die Online-Verfahren.

Antwort:

- § 15 Abs. 1 S. 1 BNotO legt dem Notar die Verpflichtung auf, seine Urkundstätigkeit i.S.d. § 10a BNotO nicht ohne ausreichenden Grund zu verweigern. Der Anspruch besteht demnach nur bei Vorliegen eines ausreichenden Ablehnungsgrundes nicht.
- Eine Ablehnungspflicht des Notars besteht zunächst in den Fällen des § 14 Abs. 2 BNotO, § 4 BeurkG, bei Vorliegen eines Mitwirkungsverbotes gemäß § 16 BNotO, § 3 BeurkG sowie bei der Beurkundung von Willenserklärungen bei Vorliegen eines Ausschließungsgrundes nach den §§ 6, 7 und 27 BeurkG. Für die Online-Verfahren sind die Sondervorschriften der §§ 16a Abs. 2, 40a Abs. 5 BeurkG zu beachten, die den Notar zu einer Verweisung auf das Präsenzverfahren anhalten, wenn er die Erfüllung seiner Amtspflichten im Online-Verfahren nicht gewährleisten kann.
- Ein Ablehnungsrecht des Notars besteht gemäß § 15 Abs. 1 S. 2 BNotO zunächst im Hinblick auf eine Beurkundung in fremden Sprachen, weiterhin in Ausnahmesituationen zudem in Ausübung der Schutzfunktion des Notars gemäß § 17 BeurkG und (zumindest vorübergehend) im Falle der Verhinderung aus tatsächlichen Gründen bzw. bei Vorliegen einer Gefahr für Leib und Leben. Schließlich kann ein nichtbezahlter Kostenvorschuss (vorübergehend) gemäß §§ 15, 16 GNotKG zur Ablehnung berechtigen.

(Vgl. § 2 Rdn 84 ff.).

IV. Beurkundungszwecke

Frage 14: 14

Benennen Sie schlagwortartig die wesentlichen Funktionen und Zwecke des Beurkundungsverfahrens.

Antwort:
- Warnung und Übereilungsschutz,
- Klarstellung und Beweis, Vollstreckbarkeit,
- Materielle Richtigkeitsgewähr, Kontrolle auch im Interesse Dritter bzw. im öffentlichen Interesse,
- Beratung und Betreuung – Willenserforschung, Schutz unerfahrener und ungewandter Beteiligter.

(Vgl. § 2 Rdn 128 ff.).

V. Verschwiegenheitspflicht (§ 18 BNotO)

15 **Frage 15:**

Was besagt der Grundsatz der Verschwiegenheit? Welche Ausnahmen gibt es von diesem Grundsatz? Welche praktischen Folgewirkungen hat der Grundsatz?

Antwort:
- Gemäß § 18 BNotO ist der Notar zur Wahrung strikter Verschwiegenheit bezüglich der ihm im Rahmen seiner Amtstätigkeit bekannt gewordenen Angelegenheiten verpflichtet.
- Von der grundsätzlichen Pflicht zur Verschwiegenheit ausgenommen sind gemäß § 18 Abs. 1 S. 2 BNotO zwar offenkundige und bedeutungslose Umstände, solche sind aber nur im absoluten Ausnahmefall anzunehmen.
- Es besteht weiterhin die Möglichkeit, dass die Beteiligten (alle, die bezüglich der betreffenden Information verfügungsbefugt sind) den Notar ganz oder teilweise von seiner Verschwiegenheitspflicht befreien.
- Zudem ist eine Einschränkung der Verschwiegenheitspflicht im Einzel- und Ausnahmefall im Rahmen einer umfassenden Güter- und Pflichtenabwägung möglich.
- Folge der Verschwiegenheitspflicht des Notars ist insbesondere, dass er die Vorgaben der §§ 26, 26a BNotO befolgen muss.

(Vgl. § 2 Rdn 138 ff.).

16 **Frage 16:**

Benennen Sie fünf gesetzliche Mitteilungs- und Auskunftspflichten, die aufgrund gesetzlicher Anordnung zu einer Durchbrechung der notariellen Verschwiegenheitspflicht führen.

Antwort:
- §§ 18, 20 GrEStG – grunderwerbsteuerpflichtige Vorgänge;
- § 34 ErbStG – Erwerb von Todes wegen, Schenkungen, Zweckzuwendungen;
- § 54 EStDV – Gründung, Strukturmaßnahmen und Geschäftsanteilsabtretungen bei Kapitalgesellschaften sowie Anmeldung einer Zweigniederlassung einer ausländischen Kapitalgesellschaft;
- § 43 Abs. 2, 6 GwG – Geldwäscherechtliche Wissens- bzw. Sachverhaltsmeldung (Letztere i.V.m. den Meldetatbeständen der GwGMeldV-Immobilien und allgemein unter Beachtung der Vorgaben von § 18 BNotO);
- § 195 Abs. 1 BauGB – Gutachterausschuss;
- § 379 FamFG (vormals § 125a FGG) – unrichtige, unterbliebene oder unvollständige Handelsregisteranmeldung;
- § 40 GmbH – Geschäftsanteilsabtretungen;
- §§ 1626c und 1626d BGB – Sorgerechtserklärungen;
- §§ 29, 29b und 30 PStG – Beurkundungen in Personenstandsangelegenheiten;
- §§ 61, 70 GBO – Bildung von Teilhypotheken-, Teilgrundschuld- und Teilrentenschuldenbriefen;
- § 840 ZPO – Pfändung von Guthaben auf Notaranderkonten;
- § 34a BeurkG – Benachrichtigung des zentralen Testamentsregisters und
- § 18a UStG – zusammenfassende Meldung (ZM) innergemeinschaftlicher Dienstleistungen (vgl. Rundschreiben der Bundesnotarkammer Nr. 7/2010).

(Vgl. § 2 Rdn 151 ff.).

VI. Geldwäsche

Frage 17: 17

In welchen Fällen ist der Notar Verpflichteter nach den Vorschriften des Geldwäschegesetzes?

Antwort:

- Gemäß § 2 Abs. 1 Nr. 10 GwG werden Notare vom Anwendungsbereich des GwG erfasst, wenn sie an der Planung und Durchführung folgender Rechtsgeschäfte mitwirken:
  - Kauf und Verkauf von Immobilien, also alle Grundstückskaufverträge einschließlich Bauträgerverträge;
  - Kauf und Verkauf von Gewerbebetrieben, bei Anteilsabtretungen, zumindest dann, wenn durch die konkrete Abtretung sich die einfache Mehrheit im Unternehmen ändert;
  - Verwahrungstätigkeiten i.S.v. § 23 BNotO und sonstige Verwahrungstätigkeiten nach § 24 BNotO;
  - sämtliche Vorgänge, bei denen der Notar an der Gründung einer Gesellschaft beteiligt ist (Beurkundung des Gesellschaftsvertrages, Registeranmeldung);
  - Umwandlungsvorgänge, die zum Entstehen eines neuen Rechtsträgers führen;
  - sonstige Umwandlungsvorgänge, wenn sie sich als Erwerb eines Gewerbebetriebes darstellen;
  - sämtliche weitere gesellschaftsrechtliche Vorgänge, die in Zusammenhang mit Geldwäsche und Terrorismusfinanzierung stehen könnten;
- Vollmachten unterliegen dann den Identifizierungspflichten, wenn sie die in § 2 Abs. 1 S. 1 Nr. 10 GwG genannten Geschäfte unmittelbar betreffen, also Vollmachten zur Veräußerung bestimmter Grundstücke. Allgemeine Vollmachten (insbesondere General- und Vorsorgevollmachten) fallen nicht unter das GwG, da es gerade nicht um die Mitwirkung an einem der Kataloggeschäfte geht.

(Vgl. § 2 Rdn 171 ff.).

Frage 18: 18

In welchen Fallkonstellationen treffen den Notar allgemeine Sorgfaltspflichten nach dem GwG?

Antwort:

§ 10 Abs. 3 S. 1 Nr. 1–4 GwG beschreibt zunächst die Fallkonstellationen, in denen allgemeine Sorgfaltspflichten ausgelöst werden. In der notariellen Praxis besonders bedeutsam ist insoweit die Nr. 1, nach der die Sorgfaltspflichten bei der Begründung einer Geschäftsbeziehung zu erfüllen sind.

(Vgl. § 2 Rdn 177).

Frage 19: 19

Welchen Inhalt haben die allgemeinen Sorgfaltspflichten nach dem GwG?

Antwort:

- Die allgemeinen Sorgfaltspflichten sind in § 10 Abs. 1 Nr. 1–5 GwG geregelt.
- Insbesondere von Bedeutung für die notarielle Praxis ist die Vorgabe des § 10 Abs. 1 Nr. 1 GwG, wonach eine Identifizierung des Vertragspartners und gegebenenfalls der für ihn auftretenden Person nach Maßgabe des § 11 Abs. 4 GwG und des § 12 Abs. 1 und 2 GwG sowie die Prüfung, ob die für den Vertragspartner auftretende Person hierzu berechtigt ist, zu erfolgen hat.
- § 10 Abs. 1 Nr. 2 GwG verlangt weiterhin, dass der Notar ermittelt, ob der Vertragspartner für einen wirtschaftlich Berechtigten handelt und, soweit dies der Fall ist, dass er den wirtschaftlich Berechtigten nach Maßgabe der §§ 11 Abs. 5, 12 Abs. 3 und 4 GwG identifiziert.
- Weitere allgemeine Sorgfaltspflicht ist nach § 10 Abs. 1 Nr. 3 GwG, dass der Verpflichtete Informationen über den Zweck und die angestrebte Art der Geschäftsbeziehung einholen

und bewerten muss, soweit sich diese im Einzelfall nicht bereits zweifelsfrei aus der Geschäftsbeziehung ergeben.
- Nach § 10 Abs. 1 Nr. 4 GwG hat der Notar mit angemessenen, risikoorientierten Verfahren weiterhin zu überprüfen, ob es sich bei dem Vertragspartner oder dem wirtschaftlich Berechtigten um eine politisch exponierte Person (PeP), um ein Familienmitglied oder um eine bekanntermaßen nahestehende Person handelt.
- § 10 Abs. 1 Nr. 5 GwG verpflichtet den Notar schließlich, die Geschäftsbeziehung kontinuierlich auf neue Anhaltspunkte für geldwäscherechtlich relevante Umstände zu überwachen.

(Vgl. § 2 Rdn 178 ff.).

20 **Frage 20:**

Wann gelten vereinfachte, wann verstärkte Sorgfaltspflichten nach dem GwG?

Antwort:
- Gemäß § 14 GwG muss der Notar nur vereinfachte Sorgfaltspflichten erfüllen, soweit er unter Berücksichtigung der in den Anlagen 1 und 2 des GwG genannten Risikofaktoren feststellt, dass in bestimmten Bereichen (insbesondere im Hinblick auf Kunden, Transaktionen und Dienstleistungen oder Produkte) nur ein geringes Risiko der Geldwäsche oder der Terrorismusfinanzierung besteht.
- Zusätzlich zu den allgemeinen Sorgfaltspflichten hat der Notar demgegenüber verstärkte Sorgfaltspflichten zu erfüllen, wenn er im Rahmen der konkreten Risikobewertung festgestellt hat, dass ein höheres Risiko vorliegt (§ 15 GwG).

(Vgl. § 2 Rdn 191 f.).

21 **Frage 21:**

Welche Besonderheiten gelten bezüglich der Meldepflicht von Notaren nach dem GwG? Gehen Sie auf die sog. Wissens- und Sachverhaltsmeldungen ein.

Antwort:

§ 43 Abs. 2 GwG sieht eine Einschränkung der in § 43 Abs. 1 GwG statuierten grundsätzlich umfassenden Meldepflicht vor. Diese besteht dann nicht, wenn sich der meldepflichtige Sachverhalt auf Informationen bezieht, die der Verpflichtete im Rahmen eines der Schweigepflicht unterliegenden Mandatsverhältnisses erhalten hat. Die Meldepflicht bleibt jedoch bestehen, wenn der Verpflichtete (positiv) weiß, dass der Vertragspartner das Mandatsverhältnis für den Zweck der Geldwäsche, der Terrorismusfinanzierung oder einer anderen Straftat genutzt hat oder nutzt (sog. Wissensmeldung).

Mit Blick auf Immobilientransaktionen hat das Bundesministerium der Finanzen im Einvernehmen mit dem Bundesministerium der Justiz durch die auf § 43 Abs. 6 GwG gestützte GwGMeldV-Immobilien mit Wirkung zum 1.10.2020 zudem bestimmte Sachverhalte festgelegt, die vom Notar stets und damit bezüglich der gesetzlichen Schutzzwecke kenntnis- und verdachtsunabhängig an die FIU zu melden sind (sog. Sachverhaltsmeldung).

(Vgl. § 2 Rdn 194).

C. Beurkundungsrecht

I. Die öffentliche Urkunde

22 **Frage 22:**

Was ist der Unterschied zwischen einer öffentlichen und einer privaten Urkunde?

Antwort:
- Die öffentliche Urkunde erbringt vollen Beweis der darin bezeugten Tatsachen. Das bedeutet, dass ein Richter nur dann das Gegenteil annehmen darf, wenn er hiervon überzeugt ist. Bloße Zweifel genügen nicht.

- Die Privaturkunde hingegen beweist nur voll, dass eine Erklärung abgegeben wurde. Alle anderen Tatsachen (etwa Erklärungsinhalt, Identität der Beteiligten, Zeit und Ort der Erklärungsabgabe) unterfallen der freien richterlichen Beweiswürdigung.

(Vgl. § 2 Rdn 199 ff.).

II. Beurkundungsarten und sonstige notarielle Zuständigkeiten

Frage 23: 23

Worin unterscheidet sich eine Urkunde nach §§ 6 ff. BeurkG im Verfahren von Urkunden nach §§ 36 ff. BeurkG? Gehen Sie in diesem Zusammenhang auch auf Besonderheiten bezüglich elektronischer Möglichkeiten ein.

Antwort:

- Die Urkunde gemäß §§ 6 ff. BeurkG wird vom Notar vorgelesen und vom Notar und von allen Beteiligten unterschrieben. Bei elektronischen Niederschriften werden die Unterschriften des/der Beteiligten wie auch des Notars durch qualifizierte elektronische Signaturen ersetzt.
- Sonstige Niederschriften nach §§ 36 ff. BeurkG werden nicht vorgelesen und nur vom Notar unterschrieben bzw. mit Blick auf Vermerke i.S.d. §§ 39 ff. BeurkG ggf. mit einer qualifizierten elektronischen Signatur versehen.

(Vgl. § 2 Rdn 203 ff.).

III. Formvorschriften

Frage 24: 24

Was ist der Unterschied zwischen einer Formvorschrift und einer Verfahrensvorschrift?

Antwort:

- Eine Formvorschrift regelt, welche Form ein bestimmtes Rechtsgeschäft haben muss. So muss z.B. der Grundstückskaufvertrag nach § 311b Abs. 1 S. 1 BGB beurkundet werden. Ein Verstoß gegen eine Formvorschrift führt in der Regel zur Nichtigkeit des Rechtsgeschäfts gemäß § 125 BGB.
- Eine Verfahrensvorschrift regelt hingegen nur die Ausgestaltung der jeweiligen Form, so etwa die Details des Beurkundungsverfahrens. Verstöße führen nur dann zur Nichtigkeit, wenn sie besonders gewichtig sind, insbesondere wenn gegen sog. Muss-Vorschriften verstoßen wird.

(Vgl. § 2 Rdn 212).

Frage 25: 25

Wovon hängt ab, ob eine an sich nicht beurkundungsbedürftige Erklärung durch eine andere beurkundungsbedürftige Erklärung auch beurkundungsbedürftig wird?

Antwort:

- Eine Erklärung wird beurkundungsbedürftig, wenn sie mit der beurkundungsbedürftigen Erklärung „*stehen und fallen*“ soll, wenn also ein Abhängigkeitsverhältnis herrscht.
- Wenn hingegen nur die nicht beurkundungsbedürftige Erklärung von der beurkundungsbedürftigen Erklärung abhängig sein soll (und nicht umgekehrt), greift die Beurkundungspflicht nicht auf die nicht beurkundungsbedürftige Erklärung über.

(Vgl. § 2 Rdn 217 ff.).

IV. Grundlagen zur Verwahrung von Niederschriften nach §§ 6 ff. BeurkG (ggf. i.V.m. §§ 16a ff. BeurkG) in Urkundensammlung und elektronischer Urkundensammlung

Frage 26: 26

Was ist unter dem Prinzip der formkongruenten Verwahrung zu verstehen?

Antwort:

Die Form des in der elektronischen Urkundensammlung verwahrten Dokuments muss mindestens dem Formniveau des in der papierförmigen Urkundensammlung verwahrten Dokument entsprechen. Wenn also etwa eine Urschrift in der papierförmigen Urkundensammlung verwahrt wird, muss in die elektronische Urkundensammlung eine elektronische Fassung dieser Vorschrift hochgeladen werden.

(Vgl. § 2 Rdn 230).

27 **Frage 27:**

Was besagt das Prinzip „*Mehr geht immer*"?

Antwort:

Das Formniveau eines in der elektronischen Urkundensammlung verwahrten Dokuments kann höher sein als das vom Niveau eines in der papierförmigen Urkundensammlung verwahrten Dokuments. Wenn also in der papierförmigen Urkundensammlung eine beglaubigte Abschrift verwahrt wird, kann in der elektronischen Urkundensammlung beispielsweise auch eine elektronische Fassung der beglaubigten Abschrift verwahrt werden.

(Vgl. § 2 Rdn 230 ff.).

V. Beurkundung von Willenserklärungen

28 **Frage 28:**

Was ist unter den Online-Verfahren im Gesellschaftsrecht zu verstehen?

Antwort:

Hierbei handelt es sich um ein neuartiges Beurkundungsverfahren, dass eine Beurkundung per Videokonferenz erlaubt, bei der die Beteiligten nicht in Präsenz in der notariellen Amtsstelle erscheinen. Dieses Verfahren ist für einen eingeschränkten Anwendungsbereich im Gesellschaftsrecht zugelassen und wird exklusiv über ein von der Bundesnotarkammer bereitgestelltes System betrieben. Dieses zeichnet sich insbesondere durch eine hochsichere Identifikation der Beteiligten aus.

(Vgl. § 2 Rdn 236 ff.).

29 **Frage 29:**

Was ist eine Willenserklärung?

Antwort:

Willenserklärung ist die Äußerung eines Willens, der unmittelbar auf die Herbeiführung einer Rechtsfolge gerichtet ist.

(Vgl. § 2 Rdn 235).

30 **Frage 30:**

Nach welchen Vorschriften richtet sich die Beurkundung von Willenserklärungen? Beachten Sie auch die Online-Beurkundungen im Gesellschaftsrecht.

Antwort:

Grundsätzlich nach §§ 6 ff. BeurkG.

Im Rahmen der Online-Beurkundung im Gesellschaftsrecht sind vorrangig die Sondervorschriften der §§ 16a ff. BeurkG zu beachten. Vorbehaltlich dieser finden aber grundsätzlich gemäß § 16b Abs. 1 S. 2 BeurkG auch die §§ 6 ff. BeurkG entsprechende Anwendung.

(Vgl. § 2 Rdn 237 ff.).

31 **Frage 31:**

Sind Beschlüsse im Gesellschaftsrecht Willenserklärungen?

Antwort:

Nein, Beschlüsse im Gesellschaftsrecht sind keine Willenserklärungen.

(Vgl. § 2 Rdn 477).

Frage 32: 32

Was ist der Unterschied zwischen einer Muss- und einer Soll-Vorschrift?

Antwort:

- Ein Verstoß gegen eine Muss-Vorschrift führt zur Unwirksamkeit der Urkunde, während ein Verstoß gegen eine Soll-Vorschrift allein disziplinarische Folgen für den Notar hat.
- In der notariellen Praxis spielt diese Unterscheidung aber kaum eine Rolle, da sich der Notar auch an alle Soll-Vorschriften zu halten hat.

(Vgl. § 2 Rdn 239).

Frage 33: 33

Was ist der Unterschied zwischen einem formellen und einem materiellen Urkundenbeteiligten?

Antwort:

- Ein formell Urkundenbeteiligter ist ein Erschienener, der für sich selbst oder für jemand anderen eine Willenserklärung abgibt.
- Ein materiell Urkundenbeteiligter ist, für wen durch sich selbst oder durch einen anderen eine Willenserklärung abgegeben wird.

(Vgl. § 2 Rdn 118 ff., 243).

Frage 34: 34

Worauf muss bei einer Identifizierung durch asyl- und aufenthaltsrechtliche Lichtbildausweise besonders geachtet werden?

Antwort:

Enthält der Ausweis die Bemerkung, dass die Angaben zur Person auf den Angaben des Inhabers beruhen? In diesem Fall ist eine zweifelsfreie Identifizierung nicht möglich. Eine Beurkundung ist allenfalls mit Zweifelsvermerk statthaft.

(Vgl. § 2 Rdn 257).

Frage 35: 35

Ist ein Zweifelsvermerk hinsichtlich der Identifikation auch bei Beglaubigungen möglich?

Antwort:

- Nein, dieser ist nicht möglich, weil §§ 40 Abs. 4, 40a Abs. 4 S. 1 BeurkG nicht auf § 10 Abs. 3 S. 2 BeurkG verweisen.
- Eine Beglaubigung muss bei Zweifeln also abgelehnt werden.

(Vgl. § 2 Rdn 263, 500).

Frage 36: 36

Ist eine nachträgliche Identifizierung eines Beteiligten, der im Beurkundungstermin seinen Ausweis vergessen hat, möglich? Gehen Sie auf Präsenz- und Online-Verfahren ein.

Antwort:

- Dies ist im Präsenzverfahren bei Beurkundungen gemäß §§ 6 ff. BeurkG möglich. Wie insbesondere § 10 Abs. 9 S. 1, 3 GwG zeigt, gilt dies grundsätzlich auch im Anwendungsbereich des Geldwäschegesetzes, anders nur, wenn der Verpflichtete weiß, dass die Rechtsberatung bewusst für den Zweck der Geldwäsche oder der Terrorismusfinanzierung genutzt wurde oder wird.
- Im Übrigen (also insbesondere bei Beglaubigungen) ist eine nachträgliche Identifizierung hingegen im Präsenzverfahren nicht möglich.

- Im Rahmen der Online-Verfahren im Gesellschaftsrecht ist eine nachträgliche Identifizierung bereits aus technischen-tatsächlichen Gründen nicht möglich, die Identifizierung muss vielmehr unmittelbar im Rahmen der Videokonferenz nach den Vorgaben von § 16c BeurkG erfolgen.

(Vgl. § 2 Rdn 266 ff.).

37 **Frage 37:**

Welche Besonderheiten hinsichtlich der Identifizierung gelten im Anwendungsbereich des Geldwäschegesetzes?

Antwort:

- Hier ist eine Identifizierung in aller Regel nur mit einem gültigen amtlichen Lichtbildausweis möglich, der die Passpflicht im Inland erfüllt.
- Weiter muss bei juristischen Personen auch der sog. wirtschaftlich Berechtigte offengelegt werden.

(Vgl. § 2 Rdn 179 ff., 276 ff.).

38 **Frage 38:**

Welche Arten der Vertretungsmacht gibt es?

Antwort:

- rechtsgeschäftliche Vertretungsmacht;
- organschaftliche Vertretungsmacht;
- gesetzliche Vertretungsmacht.

(Vgl. § 2 Rdn 282 ff.).

39 **Frage 39:**

Richtet sich die Form einer Vollmacht immer nach der Form des Geschäfts, für das sie erteilt wird?

Antwort:

- Nein, das ist gemäß § 167 Abs. 2 BGB gerade nicht der Fall.
- Allerdings existieren zahlreiche Sondervorschriften wie etwa § 29 GBO, § 2 Abs. 2 GmbH oder § 12 Abs. 1 S. 2 HGB, die für eine Vollmacht eine besondere Form vorschreiben.
- Ferner kann der Notar auch im Rahmen seines Verfahrensermessens eine strengere Form der Vollmacht vorsehen und einfordern, als dies materiell-rechtlich notwendig ist.

(Vgl. § 2 Rdn 286 ff.).

40 **Frage 40:**

Was versteht man unter der Rechtsscheinwirkung einer Vollmachtsurkunde?

Antwort:

- Das bedeutet, dass auch eine widerrufene Vollmacht weiter gilt, wenn dem anderen Vertragsteil eine Vollmachtsurkunde vorgelegt wird und dieser Vertragsteil gutgläubig ist.
- Unter Vollmachtsurkunde ist hierbei die Urschrift oder die Ausfertigung der Vollmacht zu verstehen.

(Vgl. § 2 Rdn 289 f., 615).

41 **Frage 41:**

Was ist der Unterschied zwischen dem Handeln eines Stellvertreters einerseits und eines Ermächtigten bzw. einer Partei kraft Amtes andererseits?

Antwort:

- Der Stellvertreter gibt eine Willenserklärung in fremdem Namen ab.
- Der Ermächtigte bzw. die Partei kraft Amtes hingegen gibt eine Willenserklärung im eigenen Namen ab, verfügt damit aber aufgrund der eingeräumten Verfügungsbefugnis über ein fremdes Recht.

- Der Stellvertreter muss nur bei der Abgabe der Willenserklärung Rechtsmacht haben, der Ermächtigte bzw. die Partei kraft Amtes hingegen in der Regel bis zur Vollendung des vorgenommenen dinglichen Rechtsgeschäfts.

(Vgl. § 2 Rdn 291 ff.).

Frage 42: 42

Worauf ist bei Vorlage einer notariell beurkundeten Vollmacht im Beurkundungstermin (in Präsenz und online) zu achten?

Antwort:

- Im Präsenz- wie auch im Online-Verfahren muss eine Ausfertigung der Vollmacht vorgelegt werden, die auf den Namen des Bevollmächtigten lautet.
- Die Vollmacht muss in beglaubigter Abschrift der Urkunde beigefügt werden. Hierbei ist darauf zu achten, dass die Übereinstimmung mit der vorgelegten Ausfertigung beglaubigt wird, nicht etwa mit einer beglaubigten Abschrift („*richtiger Beglaubigungsstempel*“).

(Vgl. § 2 Rdn 539).

Frage 43: 43

Welche „Checkliste“ ist beim Handeln eines Vertreters immer gedanklich durchzugehen?

Antwort:

- Ist Stellvertretung überhaupt möglich?
- Ist die Vollmacht formgültig?
- Liegt ein Insichgeschäft vor?
- Liegt die erforderliche Vollmachtsurkunde vor?
- Reicht der Umfang der Vollmacht aus?

(Vgl. § 2 Rdn 310).

Frage 44: 44

Ist es möglich, eine vergessene Vollmacht nachzureichen?

Antwort:

- Ja, dies ist prinzipiell möglich, aber nicht ratsam, da in diesem Fall der Gutglaubensschutz nicht besteht. Vielmehr sollte mit einer Nachgenehmigung bzw. Vollmachtbestätigung gearbeitet werden.
- Der Notar sollte sich auf eine Nachreichung der Vollmacht jedenfalls dann nicht einlassen, wenn er nicht einmal eine einfache Abschrift der behaupteten Vollmacht zu Gesicht bekommen hat.

(Vgl. § 2 Rdn 312 ff.).

Frage 45: 45

Was ist der Vorteil einer Vollmachtbestätigung gegenüber einer Nachgenehmigung?

Antwort:

- Bei einer Vollmachtbestätigung (insbesondere im Immobilienrecht) bestätigt der Vollmachtgeber eine bereits bestehende formlose Vollmacht in der Form des § 29 GBO. Das bedeutet, dass er bereits bei Beurkundung gebunden war und zur Not gerichtlich gezwungen werden kann, die Vollmacht in der gehörigen Form abzugeben.
- Die Nachgenehmigung hingegen kann jederzeit verweigert werden.

(Vgl. § 2 Rdn 317).

Frage 46: 46

Welche Besonderheiten sind bei der Beurkundung mit hör-/sprachbehinderten Beteiligten zu beachten?

Antwort:
- Muss ein Zeuge bzw. zweiter Notar hinzugezogen werden oder verzichten alle Beteiligten darauf? Gegebenenfalls: Darf der Zeuge bzw. zweite Notar mitwirken oder unterliegt er einem Verbot gemäß § 26 BeurkG?
- Verlangt der Beteiligte die Zuziehung eines Gebärdensprachendolmetschers?
- Ist eine schriftliche Verständigung mit dem Beteiligten möglich? Wenn nein, ist zwingend eine Verständigungsperson hinzuzuziehen.

(Vgl. § 2 Rdn 320 ff.).

47 **Frage 47:**

Welche Besonderheit ist bei einem schreib- bzw. signaturbehinderten Beteiligten zu beachten?

Antwort:

Bei der Beurkundung von Willenserklärungen ist zwingend ein sog. Schreib- bzw. Signaturzeuge hinzuzuziehen, der im Urkundeneingang erwähnt wird und die Urkunde anstelle des behinderten Beteiligten unterschreibt bzw. mit einer qualifizierten elektronischen Signatur versieht.

(Vgl. § 2 Rdn 330).

48 **Frage 48:**

Welche zwei Fragen sind im Rahmen der Prüfung der Geschäftstätigkeit zu stellen?

Antwort:
- Überschreitet der Beteiligte die Altersgrenze (i.d.R. – bei Anwendbarkeit deutschen Rechts – 18 Jahre für unbeschränkte Geschäftsfähigkeit)?
- Ist die „Geistestätigkeit“ beim entsprechenden Beteiligten ungestört?

(Vgl. § 2 Rdn 334 ff.).

49 **Frage 49:**

Ist die Geschäftsfähigkeit im Beurkundungsverfahren immer zu prüfen?

Antwort:
- Ja, diese ist immer zu prüfen. Allerdings darf bei nicht schwer erkrankten Volljährigen von der Geschäftsfähigkeit ausgegangen werden.
- Bei Verfügungen von Todes wegen ist die Geschäftsfähigkeit immer positiv festzustellen. Auch bei anderen Urkunden (etwa General- und Vorsorgevollmachten) ist es aber ratsam, immer Angaben über die Geschäftsfähigkeit zu machen.

(Vgl. § 2 Rdn 340 ff.).

50 **Frage 50:**

Welches sind die Grundelemente der notariellen Belehrungs- und Betreuungspflicht?

Antwort:
- Willenserforschung;
- Sachverhaltsklärung;
- Belehrung der Beteiligten;
- klare und eindeutige Wiedergabe der Erklärungen in der Urkunde;
- Errichtung wirksamer bzw. unanfechtbarer Urkunden;
- Schutz ungewandter Beteiligter vor Benachteiligung.

(Vgl. § 2 Rdn 347).

51 **Frage 51:**

Hat der Notar im Rahmen der Erforschung des Sachverhalts auch Ermittlungs- und Eingriffsbefugnisse?

Antwort:
- Nein, diese hat er nicht. Vielmehr muss und darf er auf die Angaben der Beteiligten vertrauen.
- Allerdings sollte der Notar, soweit möglich, Einsicht in Unterlagen nehmen, um nicht allein von den oft ungenauen mündlichen Angaben der Beteiligten abhängig zu sein.
- Weiter sollte der Notar auch alle eigenen Möglichkeiten zur Sachverhaltsklärung nutzen, etwa Einsichtnahmen in Register und Grundbuch.

(Vgl. § 2 Rdn 352).

Frage 52: 52

Muss der Notar über die wirtschaftlichen und steuerlichen Risiken eines Urkundengeschäfts belehren?

Antwort:
- Nein, das muss er nicht. Er hat lediglich über rechtliche Aspekte zu belehren, nicht über die Wirtschaftlichkeit eines Vertrags.
- Steuerrechtlich hat er grundsätzlich auch nicht zu belehren, außer über die Möglichkeit der Entstehung von Erbschaft- und Schenkungsteuer. Allerdings bieten sich hier in typischen Fällen kurze Hinweise auf gegebenenfalls entstehende Steuern an. Schließlich ist erhöhte Sorgfalt zu wahren, wenn der Beteiligte eine steuerlich günstige Gestaltung wünscht oder steuerlich beraten ist.
- Über anfallende Kosten muss ein Notar unaufgefordert nicht belehren. Fragen, die ihm gestellt werden, sind aber selbstverständlich zutreffend zu beantworten.
- Wenn der Notar über seine Pflichten hinaus belehrt, muss die Belehrung aber richtig sein.

(Vgl. § 2 Rdn 357).

Frage 53: 53

In welchen Konstellationen muss der Notar darauf hinwirken, dass die Willenserklärung durch den materiell Beteiligten selbst oder durch eine Vertrauensperson abgegeben wird?

Antwort:
- Im Rahmen von Verbraucherverträgen mit Blick auf den Verbraucher.
- Ein Verbrauchervertrag ist ein Vertrag, der zwischen einem Unternehmer und einem Verbraucher geschlossen wird.
- Vertrauenspersonen sind Personen, die dem Verbraucher näher stehen als der anderen Vertragspartei, etwa Verwandte, Freunde und Bekannte, auch Rechtsanwälte, nicht aber etwa ein Makler oder ein Bauträger. Auch Angestellte des Notars sind keine Vertrauenspersonen in diesem Sinn.

(Vgl. § 2 Rdn 365 ff., 369 f.).

Frage 54: 54

Wann muss der Vertragsentwurf zwingend zwei Wochen vor der Beurkundung übersendet worden sein?

Antwort:

Bei Verbraucherverträgen mit Blick auf den Verbraucher, wenn es sich um ein nach § 311b Abs. 1 S. 1 oder Abs. 3 BGB beurkundungsbedürftiges Rechtsgeschäft handelt.

(Vgl. § 2 Rdn 371 f.).

Frage 55: 55

Gibt es Ausnahmen von dieser Zwei-Wochen-Frist?

Antwort:
- Grundsätzlich sind Ausnahmen möglich, die Gründe hierfür sind in der Urkunde dann darzustellen. Diese Ausnahmefälle sind aber sehr selten.

- Insbesondere ist notwendig, dass der Schutzzweck bereits auf andere Weise erfüllt ist. Dies wird nur in den allerwenigsten Situationen der Fall sein.

(Vgl. § 2 Rdn 372).

56 **Frage 56:**

Was sind die Zwecke der Verlesungspflicht einer notariellen Urkunde gemäß § 13 BeurkG?

Antwort:
- Herstellung der Verbindung zwischen Urkundentext und Willen der Beteiligten;
- Kenntnisnahme der Beteiligten;
- Selbstkontrolle des Notars.

(Vgl. § 2 Rdn 376).

57 **Frage 57:**

Was ist der Unterschied zwischen einer echten und einer unechten Anlage?

Antwort:
- Echte Anlagen werden Bestandteil der öffentlichen Urkunde und unterliegen der Verlesungspflicht. Sie sind lediglich räumlich von dem Mantel der Urkunde getrennt.
- Unechte Anlagen werden nicht verlesen und sind kein Bestandteil der öffentlichen Urkunde, werden aber mit ihr ausgefertigt.

(Vgl. § 2 Rdn 377 ff.).

58 **Frage 58:**

Welche grundlegenden Aspekte sind im Rahmen einer Verweisungsurkunde gemäß § 13a BeurkG zu beachten?

Antwort:
- Gegenstand der Verweisung ist eine nach §§ 6 ff. BeurkG (ggf. i.V.m. §§ 16a ff. BeurkG) errichtete Urkunde. Notar- oder Personenidentität ist nicht erforderlich.
- Die Beteiligten müssen Kenntnis von der Verweisungsurkunde haben und auf Verlesen und/oder Beifügen verzichten.
- In der Urkunde muss ausdrücklich die Verweisung, der Verzicht der Beteiligten und die Belehrung des Notars über die Folgen der Verweisung enthalten sein.
- Die Verweisungsurkunde muss bei der Beurkundung mindestens in beglaubigter Abschrift vorliegen.
- § 17 Abs. 2a S. 2 Nr. 2 BeurkG erfordert auch die (rechtzeitige) Übersendung der Verweisungsurkunde.
- Es dürfen keine geschäftswesentlichen Vereinbarungen missbräuchlich ausgelagert werden.
- Die Verweisung hat zur Folge, dass der Text der Verweisungsurkunde zum Bestandteil der verweisenden Urkunde wird.

(Vgl. § 2 Rdn 387 ff.).

59 **Frage 59:**

Welche grundlegenden Aspekte sind im Rahmen einer Verweisungsurkunde gemäß § 14 BeurkG zu beachten? Gehen Sie auch auf das Online-Verfahren ein.

Antwort:
- Gegenstand einer Verweisung sind nur die in § 14 Abs. 1 S. 1 und 2 aufgeführten Inhalte. Eine erweiternde Analogie ist nicht zulässig. Dies betrifft also insbesondere Bilanzen, Inventare, Bestandsverzeichnisse und nicht grundbuchrelevante Erklärungen im Rahmen von Grundpfandrechten.
- Die Beteiligten müssen auf das Vorlesen verzichten, ihnen muss die Verweisungsurkunde zur Kenntnisnahme vorgelegt und auf jeder Seite unterschrieben werden. Dies ist in der Urkunde ausdrücklich festzustellen.

- Im Online-Verfahren ist die Unterschrift der Beteiligten auf jeder Seite entsprechend nachzubilden. Dies kann entweder dadurch geschehen, dass jede einzelne Seite von den Beteiligten qualifiziert elektronisch signiert wird. Praktikabler dürfte es sein, die Beteiligten in Papierform im Vorfeld unterzeichnen zu lassen und einen Scan dieses Dokuments dann zum Bestandteil der Urkunde zu machen.
- § 17 Abs. 2a S. 2 Nr. 2 BeurkG erfordert auch die Übersendung der Verweisungsurkunde.

(Vgl. § 2 Rdn 400 ff.).

Frage 60: 60

Welche Bedeutung hat die Urkundensprache?

Antwort:
- Die Urkundensprache entscheidet über die Frage, ob Übersetzungen nötig sind. Nur wenn jeder Beteiligte die Urkundensprache versteht, ist keine Übersetzung notwendig. Dies gilt auch bei mehreren parallelen Urkundensprachen.
- Urkundensprache muss nicht Deutsch sein, sondern kann auch jede andere Sprache sein, die der Notar beherrscht.

(Vgl. § 2 Rdn 410).

Frage 61: 61

Welche Art von Übersetzung ist notwendig?

Antwort:
- Grundsätzlich ist immer eine mündliche Übersetzung nötig.
- Darüber hinaus kann auch eine schriftliche Übersetzung angefertigt werden. Dies geschieht auf Verlangen des sprachunkundigen Beteiligten. Bei Verfügungen von Todes wegen muss der Beteiligte positiv auf die schriftliche Übersetzung verzichten.

(Vgl. § 2 Rdn 411).

Frage 62: 62

Was versteht man unter Internationalem Privatrecht? Muss der Notar dieses beherrschen?

Antwort:
- Internationales Privatrecht ist das sog. Kollisionsrecht. Dieses bestimmt, welches Rechtssystem auf einen Sachverhalt mit Auslandsberührung Anwendung findet.
- Internationales Privatrecht ist innerstaatliches Recht und muss vom Notar beherrscht werden. Davon zu unterscheiden ist ausländisches materielles Recht, welches der Notar nicht kennen muss.

(Vgl. § 2 Rdn 414 ff.).

Frage 63: 63

Welche unterschiedlichen Verfahren zur Erlangung der förmlichen Voraussetzungen für eine grenzüberschreitende Urkundenanerkennung gibt es?

Antwort:
- Direktanerkennung (keine Förmlichkeiten);
- Apostille;
- Legalisation.

(Vgl. § 2 Rdn 421).

Frage 64: 64

Welche Funktionen erfüllen die Unterschriften bzw. qualifizierten elektronischen Signaturen der Beteiligten unter bzw. an der Urkunde?

Antwort:
- Verschriftlichter bzw. elektronisch gesicherter Ausdruck der Genehmigung durch den Beteiligten;
- Zuordnung der Genehmigung zum jeweiligen Beteiligten.

(Vgl. § 2 Rdn 425).

65 **Frage 65:**

Kann eine vergessene Unterschrift bzw. qualifizierte elektronische Signatur eines Beteiligten bzw. des Notars nachgeholt werden?

Antwort:
- Die Unterschrift eines Beteiligten kann im Präsenzverfahren nur mittels eines Nachtragsvermerks nachgeholt werden, welchen der Beteiligte und der Notar unterschreiben.
- Die Unterschrift des Notars kann im Präsenzverfahren durch einen Nachtragsvermerk des Notars nachgeholt werden, in welchem er ein gegebenenfalls späteres Datum der Unterschrift angibt.
- Für im Rahmen der Online-Beurkundung vergessene qualifizierte elektronische Signaturen der Beteiligten wie auch des Notars gilt dasselbe entsprechend.

(Vgl. § 2 Rdn 426 ff.).

66 **Frage 66:**

Was ist die äußerste Grenze für einen Nachtragsvermerk gemäß § 44a Abs. 2 S. 1 und 2 BeurkG?

Antwort:
- Der Wille der Beteiligten kann nicht übergangen werden.
- Es darf sich nur um eine Richtigstellung handeln, nicht um eine Ergänzung.

(Vgl. § 2 Rdn 439).

67 **Frage 67:**

Wie ist ein solcher Nachtragsvermerk urkundentechnisch zu behandeln? Gehen Sie auch auf das Online-Verfahren ein.

Antwort:
- Die in Papier erstellte Urschrift darf nicht mehr verändert werden – der Nachtragsvermerk ist zu siegeln und ihr anzuheften bzw. anzukleben.
- Bei Ausfertigungen bzw. Abschriften darf aber die Abänderung direkt in den Text übernommen werden.
- Eine im Online-Verfahren erstellte elektronische Urschrift darf ebenfalls nicht mehr verändert werden – der Nachtragsvermerk ist vielmehr in einer gesonderten (elektronischen) Urkunde festzuhalten.

(Vgl. § 2 Rdn 443).

VI. Eide und eidesstattliche Versicherungen (§ 38 BeurkG, § 22 BNotO)

68 **Frage 68:**

Was ist der Unterschied zwischen Aufnahme und Abnahme einer eidesstattlichen Versicherung?

Antwort:
- Die Aufnahme ist die bloße Protokollierung der Wissenserklärung durch den Notar (bzw. die zuständige Behörde) und begründet bei falscher Angabe noch keine Strafbarkeit.
- Die Abnahme ist die unmittelbare Entgegennahme der Erklärung durch den Notar (bzw. die zuständige Behörde) und begründet die Strafbarkeit.

(Vgl. § 2 Rdn 451).

69 **Frage 69:**

Inwieweit muss der Notar seine Zuständigkeit zur Auf-/Abnahme von Eiden und eidesstattlichen Versicherungen prüfen?

Antwort:
- Wird der Notar um die Abnahme einer eidesstattlichen Versicherung zur Verwendung im Inland ersucht, muss er vollständig prüfen, ob er hierfür nach einem Spezialgesetz zuständig ist.
- Wird der Notar (1.) um die Aufnahme einer eidesstattlichen Versicherung oder (2.) um die Abnahme einer eidesstattlichen Versicherung oder eines Eides im Ausland ersucht, reicht es, wenn die Beteiligten vortragen, die Urkunde werde zur Vorlage (1.) bei einer deutschen Behörde oder (2.) bei einer ausländischen Behörde benötigt. Auf diese Angaben darf sich der Notar verlassen.

(Vgl. § 2 Rdn 452 ff.).

Frage 70: 70

Ist die Unterschriftsbeglaubigung unter einer als „*eidesstattliche Versicherung*" bezeichneten Erklärung zulässig?

Antwort:
- Diese ist grundsätzlich zulässig, weil § 38 BeurkG lediglich die Fälle in Bezug nimmt, bei denen die Erklärung Bestandteil der Urkunde sein soll, und insoweit eine Abgrenzung zum unzulässigen Tatsachenzeugnis vornimmt.
- Eine Privaterklärung, die beglaubigt wird, ist demgegenüber gestattet.
- Allerdings darf und sollte die Beglaubigung einer „*eidesstattlichen Versicherung*", die der Vorlage bei einer Nicht-Behörde im Inland dienen soll, abgelehnt werden.

(Vgl. § 2 Rdn 465 ff.).

Frage 71: 71

Ist die Beglaubigung bzw. Beurkundung eines „*affidavit*" zulässig?

Antwort:
- Im Grundsatz ist die Beglaubigung bzw. Beurkundung eines „*affidavit*" zulässig.
- In aller Regel genügt hierfür eine Unterschriftsbeglaubigung.
- Wenn das jeweils in Rede stehende „*affidavit*" seiner Funktion nach aber der deutschen eidesstattlichen Versicherung nahekommt, ist gemäß § 38 BeurkG zu beurkunden.

(Vgl. § 2 Rdn 468 ff.).

VII. Sonstige Niederschriften (§§ 36 ff. BeurkG)

Frage 72: 72

Worin unterscheidet sich eine sonstige Niederschrift nach §§ 36 BeurkG von der Beurkundung gemäß §§ 6 ff. BeurkG?

Antwort:
- Eine sonstige Niederschrift wird vom Notar nicht vorgelesen.
- Eine sonstige Niederschrift wird nur vom Notar unterzeichnet.
- Eine Niederschrift hat nur Wahrnehmungen des Notars zum Gegenstand, die sich nicht auf von den Beteiligten abgegebene Willenserklärungen beziehen. Gesellschaftsrechtliche Beschlüsse sind hierbei nicht als Willenserklärungen zu werten.

(Vgl. § 2 Rdn 472, 474).

Frage 73: 73

Worin zeichnet sich eine Vermerkurkunde gemäß § 39 BeurkG gegenüber einer sonstigen Niederschrift gemäß §§ 36 ff. BeurkG aus?

Antwort:
- Die Vermerkurkunde ist ein Unterfall der sonstigen Niederschrift.
- In der Vermerkurkunde wird nur das Ergebnis der notariellen Wahrnehmungen zusammengefasst und nicht der Verlauf der Wahrnehmungen niedergelegt.

(Vgl. § 2 Rdn 477, 479 ff.).

VIII. Unterschrifts- und Signaturbeglaubigung (§§ 40, 40a BeurkG)

74 **Frage 74:**

Was ist der Erklärungsinhalt des Unterschrifts- bzw. Signaturbeglaubigungsvermerks?

Antwort:

- Der Beglaubigungsvermerk beschränkt sich darauf, dass die Unterschrift unter einem Text von einer bestimmten Person vor dem Notar vollzogen oder anerkannt wurde bzw. dass die an einem elektronischen Dokument angebrachte qualifizierte elektronische Signatur von einer bestimmten Person gegenüber dem Notar anerkannt wurde.
- Die Erklärung über der beglaubigten Unterschrift bzw. das elektronische Dokument, an welchem die qualifizierte elektronische Signatur angebracht ist, bleiben Privaterklärung.

(Vgl. § 2 Rdn 494, 496 ff.).

75 **Frage 75:**

Inwiefern unterscheidet sich die im Rahmen einer Unterschrifts- bzw. Signaturbeglaubigung vorzunehmende Identifikation von derjenigen bei der Beurkundung nach §§ 6 ff. BeurkG (ggf. i.V.m. §§ 16a ff. BeurkG)?

Antwort:

- Grundsätzlich ist die Identifikation auf dieselbe Art und Weise vorzunehmen.
- Allerdings ist im Rahmen einer Unterschrifts- und Signaturbeglaubigung ein Zweifelsvermerk nicht möglich. Vielmehr muss bei Zweifeln an der Identität eine Beglaubigung abgelehnt werden. Dies ergibt sich mit Blick auf das Präsenzverfahren daraus, dass §§ 40 Abs. 4, 40a Abs. 4 S. 1 BeurkG nicht auf § 10 Abs. 3 S. 2 BeurkG verweisen. Für im Online-Verfahren vorgenommene Signaturbeglaubigungen gilt Entsprechendes über § 40a Abs. 4 S. 2 BeurkG.

(Vgl. § 2 Rdn 499 f.).

76 **Frage 76:**

Wann empfiehlt sich eine Handzeichenbeglaubigung?

Antwort:

Diese empfiehlt sich, wenn derjenige, dessen Zustimmung zu einer Erklärung beglaubigt werden soll, nicht mehr zu einer Unterschrift fähig ist, insbesondere aufgrund Krankheit oder Gebrechlichkeit.

(Vgl. § 2 Rdn 501).

77 **Frage 77:**

Ist eine sog. **Fernbeglaubigung** möglich?

Antwort:

- Zumindest im weiterhin dem Regelfall entsprechenden Präsenzverfahren: Nein. Eine Fernbeglaubigung ist insoweit nicht möglich und sogar strafbar.
- Vielmehr muss derjenige, der die Unterschrift vollzieht oder anerkennt bzw. eine qualifizierte elektronische Signatur außerhalb eines Online-Beglaubigungsverfahrens anerkennt, dies immer in höchstpersönlicher Präsenz des Notars tun.
- Im Anwendungsbereich der Online-Beglaubigung im Gesellschaftsrecht (vgl. § 40a Abs. 1 S. 2 BeurkG i.V.m. den entsprechenden spezialgesetzlichen Anwendungsbefehlen) ist seit dem 1.8.2022 allerdings nunmehr die Anerkennung einer qualifizierten elektronischen Signatur auch über das von der Bundesnotarkammer betriebene Videokommunikationssystem nach § 78p BNotO möglich.

(Vgl. § 2 Rdn 499).

Frage 78: 78

Inwieweit unterscheidet sich die Intensität der notariellen Prüfungs- und Belehrungspflicht bei der Unterschrifts- bzw. Signaturbeglaubigung von derjenigen bei der Beurkundung von Willenserklärungen?

Antwort:

- Das Prüfungs- und Belehrungsniveau ist deutlich abgesenkt.
- Gleichwohl muss auch hier der Notar prüfen, ob es Gründe gibt, seine Amtstätigkeit zu versagen. Es reicht hierbei aus, wenn der Notar eine Evidenzkontrolle vornimmt.
- Wenn der Notar allerdings den Text, unter welchem eine Unterschrift beglaubigt wird, bzw. das elektronische Dokument, an welchem eine qualifizierte elektronische Signatur angebracht werden soll, selbst entworfen hat, treffen ihn weitergehende Prüfungs- und Belehrungspflichten, die § 24 BNotO entspringen.

(Vgl. § 2 Rdn 503 ff.).

Frage 79: 79

Inwieweit muss der Notar im Rahmen einer Unterschrifts- bzw. Signaturbeglaubigung die Geschäftsfähigkeit des Erschienenen überprüfen?

Antwort:

- Auch hier ist das Prüfniveau abgesenkt.
- Der Notar muss gleichwohl seine Mitwirkung versagen, wenn er von der Geschäftsunfähigkeit des Beteiligten überzeugt ist.

(Vgl. § 2 Rdn 509 f.).

Frage 80: 80

Wie wirken sich körperliche Einschränkungen der Beteiligten auf eine Unterschrifts- bzw. Signaturbeglaubigung aus?

Antwort:

- Die detaillierten Regelungen der §§ 22 ff. BeurkG gelten für die Unterschriftsbeglaubigung nicht.
- Gleichwohl hat der Notar schon aus seinen allgemeinen Amtspflichten heraus dafür zu sorgen, dass eventuelle Defizite von Beteiligten aufgrund körperlicher Beeinträchtigungen hinreichend kompensiert werden.

(Vgl. § 2 Rdn 511).

Frage 81: 81

Welche Besonderheiten sind im Rahmen einer Unterschrifts- bzw. Signaturbeglaubigung zu beachten, wenn Auslandsberührung in Rede steht?

Antwort:

- Der Notar muss die Privaterklärung, unter welcher die Unterschrift beglaubigt wird, bzw. das der Signaturbeglaubigung zugrunde liegende elektronische Dokument grundsätzlich nicht tiefergehend prüfen und auch nicht zu dieser/diesem belehren, es sei denn, er hat die Erklärung bzw. das elektronische Dokument selbst entworfen.
- Es ist unschädlich, wenn ein Beteiligter den Inhalt dieses Textes/elektronischen Dokuments nicht versteht. Allerdings muss der Notar nach allgemeinen Grundsätzen dennoch je nach Wunsch des Beteiligten eine gewisse Transparenz herstellen.
- Ebenso ist es grundsätzlich unschädlich, wenn diese Erklärung/das elektronische Dokument in einer dem Notar nicht verständlichen Sprache abgefasst ist. Der Notar sollte seine Sprachunkundigkeit aber zur Klarstellung ausdrücklich in der Urkunde festhalten. Ratsam ist es auch, den von den Beteiligten behaupteten Inhalt der Erklärung/des elektronischen Dokuments kurz wiederzugeben.
- Fehlvorstellungen im Ausland über die Reichweite der notariellen Beglaubigung kann begegnet werden, indem ausdrücklich betont wird, dass sich die notarielle Prüfung nicht auf

den Inhalt der Erklärung erstreckt, sondern lediglich die Zuordnung der darunter befindlichen Unterschrift bzw. der an einem elektronischen Dokument angebrachten qualifizierten elektronischen Signatur zu einer bestimmten Person beinhaltet.

(Vgl. § 2 Rdn 512 ff.).

82 **Frage 82:**

Ist eine nachträgliche Änderung einer Erklärung möglich, unter der sich eine beglaubigte Unterschrift befindet bzw. an der eine qualifizierte elektronische Signatur angebracht ist?

Antwort:

- Bei einer unterschriftsbeglaubigten Erklärung: Ja. Diese Änderung ist möglich, da die Erklärung eine Privaterklärung bleibt.
- Allerdings darf der Notar (oder auch ein sonstiger Dritter) diese Änderung nur aufgrund Vollmacht vornehmen.
- Bei einer Änderung kann aber der Beweiswert der Urkunde gemindert sein.
- Bei einer Signaturbeglaubigung scheidet eine nachträgliche Änderung des elektronischen Dokuments, an welchem die qualifizierte elektronische Signatur angebracht ist, im Präsenz- wie auch Online-Verfahren schon aus technischen Gründen aus. Durch nachträgliche Änderung des elektronischen Dokuments würden die angebrachten qualifizierten elektronischen Signaturen ungültig, die elektronische Urkunde würde damit ihren rechtlichen Wert vollständig verlieren. Die Signaturbeglaubigung müsste ggf. nochmals vollständig neu vorgenommen werden.

(Vgl. § 2 Rdn 518 f.).

IX. Abschriftsbeglaubigung (§ 42 BeurkG)

83 **Frage 83:**

Was kann Gegenstand einer Abschriftsbeglaubigung sein? Gehen Sie auch auf elektronische Dokumente ein.

Antwort:

- Urschrift;
- Ausfertigung;
- beglaubigte Abschrift;
- einfache Abschrift (von dieser ist jedoch abzuraten, weil das einen nicht bestehenden Schein im Rechtsverkehr auslösen kann).

Grundsätzlich ist darauf zu achten, dass der Beglaubigungsvermerk auf die richtige Vorlagenart Bezug nimmt. Soll ein Ausdruck oder eine Abschrift eines elektronischen Dokuments beglaubigt werden, das mit einer qualifizierten elektronischen Signatur versehen ist, soll nach § 42 Abs. 4 S. 1 BeurkG im Beglaubigungsvermerk das Ergebnis der Signaturprüfung dokumentiert werden. Bei Vorhandensein mehrerer qualifizierter elektronischer Signaturen genügt gemäß § 42 Abs. 4 S. 2 BeurkG i.V.m. § 39a Abs. 3 S. 2 BeurkG ggf. die Überprüfung der Signatur des Notars.

(Vgl. § 2 Rdn 538 ff.).

84 **Frage 84:**

Muss die zu beglaubigende Abschrift immer eine fotomechanische Wiedergabe des Ausgangsdokuments sein?

Antwort:

- Nein, das ist nicht notwendig (aber meistens üblich).
- Eine rein textliche Wiedergabe reicht aus.

(Vgl. § 2 Rdn 537).

85 **Frage 85:**

Wann darf die Beglaubigung abgelehnt werden?

Antwort:
- Wenn erkennbar unerlaubte oder unredliche Zwecke verfolgt werden, sodass der Notar seine Urkundentätigkeit zu versagen hat.
- Falls Lücken, Durchstreichungen etc. bestehen, hat der Notar dies in seinem Beglaubigungsvermerk zum Ausdruck zu bringen.

(Vgl. § 2 Rdn 542).

Frage 86: 86

Welche Besonderheiten sind im Zusammenhang mit einer Auslandsberührung zu beachten?

Antwort:
- Es sollte gegebenenfalls klargestellt werden, dass sich die notarielle Prüfung auf die Prüfung der Übereinstimmung zwischen Ausgangsdokument und Abschrift beschränkt.
- Um bei einer ausländischen öffentlichen Urkunde die Umgehung eines ausländischen Legalisationsverfahrens zu erschweren, kann außerdem der Vermerk aufgenommen werden, dass auch die Amtsbefugnis des Unterzeichnenden nicht geprüft wurde.

(Vgl. § 2 Rdn 547 ff.).

X. Notarielle Bescheinigungen und Bestätigungen

Frage 87: 87

Worin zeichnen sich notarielle Bescheinigungen bzw. Bestätigungen aus?

Antwort:
- Es werden nicht allein Tatsachenwahrnehmungen des Notars niedergelegt, sondern auch rechtliche Schlussfolgerungen des Notars.
- Von einer Bescheinigung spricht man, wenn diese eine ausdrückliche gesetzliche Grundlage hat.
- Von einer Bestätigung spricht man, wenn diese auf der allgemeinen Grundlage von § 24 BNotO errichtet wird.

(Vgl. § 2 Rdn 552 f.).

Frage 88: 88

Was sind die wichtigsten Fälle einer Bescheinigung bzw. Bestätigung?

Antwort:
- Bescheinigung:
  - Registerbescheinigung (§ 21 Abs. 1, Abs. 2 BNotO);
  - Vollmachtsbescheinigung (§ 21 Abs. 3 BNotO);
  - Satzungsbescheinigung (§ 54 Abs. 1 S. 2 GmbHG, § 181 Abs. 1 S. 2 AktG);
  - notarbescheinigte Gesellschafterliste (§ 40 Abs. 2 GmbHG);
  - Übersetzungsbestätigung (§ 50 BeurkG).
- Bestätigung:
  - Rangbestätigung;
  - Fälligkeitsmitteilung;
  - erweiterte Registerbestätigung.

(Vgl. § 2 Rdn 553 ff.).

Frage 89: 89

Was ist unter einer notariellen Eigenurkunde zu verstehen?

Antwort:
- Die notarielle Eigenurkunde ist eine allein vom Notar verfasste und mit seiner Unterschrift versehene Urkunde, welche der Notar im Rahmen einer ihm erteilten Vollzugsvollmacht abgibt.
- Zugrunde liegen darf nur eine Willenserklärung, welche nicht dem Beurkundungszwang unterliegt.

- Meist erfolgt die Eigenurkunde zum Nachweis einer grundbuchrelevanten Erklärung in öffentlicher Form.

(Vgl. § 2 Rdn 569 ff.).

XI. Verwahrungsgeschäfte

90 **Frage 90:**

Was kann der Notar verwahren?

Antwort:

- Grundsätzlich kann der Notar jeden körperlichen Gegenstand verwahren.
- Gesetzlich genauer geregelt ist die Verwahrung von Geld, Kostbarkeiten und Wertpapieren.

(Vgl. § 2 Rdn 574 ff.).

91 **Frage 91:**

Ist der Notar zur Annahme eines Verwahrungsauftrags verpflichtet?

Antwort:

Nein, der Urkundengewährungsanspruch gilt hier nicht, weil es sich bei der Verwahrung nicht um eine Urkundstätigkeit i.S.d. § 15 BNotO handelt.

(Vgl. § 2 Rdn 575).

92 **Frage 92:**

Darf von Anderkonten ohne weitere Voraussetzungen Gebrauch gemacht werden?

Antwort:

Nein, die Einrichtung eines Anderkontos erfordert – wie übrigens jede andere Verwahrung auch – ein berechtigtes Sicherungsinteresse.

(Vgl. § 2 Rdn 578 ff.).

93 **Frage 93:**

Ist die Verwahrung von Bargeld zulässig?

Antwort:

- Nein, die Verwahrung von Bargeld ist nicht zulässig, stattdessen muss hierfür ein Anderkonto eingerichtet werden.
- Auch die Entgegennahme von Bargeld zur sofortigen Einzahlung auf ein Anderkonto ist nach den geltenden Anderkontenbedingungen nicht mehr zulässig.

(Vgl. § 2 Rdn 576 f.).

XII. Registereinsicht

94 **Frage 94:**

Wie aktuell sollte ein Register- oder Grundbuchauszug bei der Beurkundung sein?

Antwort:

- Dieser sollte so aktuell wie möglich sein, am besten tagesaktuell. Ein entsprechender Abruf ist aufgrund der elektronischen Abrufmöglichkeit auch nicht mehr mit großem Aufwand verbunden.
- Möglich ist es auch, einen tagesaktuellen Veränderungsnachweis abzurufen, aus dem hervorgeht, dass seit der letzten Einsichtnahme keine Veränderungen stattgefunden haben. Dies sollte in der Urkunde dann ausdrücklich festgestellt werden.

(Vgl. § 2 Rdn 605).

XIII. Behandlung der Urkunden, Akten und Verzeichnisse

Frage 95: 95

Nach welchen Vorschriften richtet sich die Behandlung der Urkunden, Akten und Verzeichnisse insbesondere?

Antwort:

Nach den §§ 44 ff. BeurkG, §§ 12 ff. DONot und §§ 7 ff. NotAktVV sowie §§ 35 f. BNotO.

(Vgl. § 2 Rdn 607).

Frage 96: 96

In welchen Fällen kann die Urschrift einer notariellen Urkunde an Beteiligte herausgegeben werden? Gehen Sie auch auf elektronisch errichtete Urkunden ein.

Antwort:

- Eine Vermerkurkunde wird immer in Urschrift an die Beteiligten herausgegeben.
- Eine sonstige Urkunde kann bei Zustimmung aller Beteiligten dann herausgegeben werden, wenn sie zur Verwendung im Ausland benötigt wird.
- Dies gilt auch entsprechend für originär elektronisch errichtete Urkunden. Maßgeblich hierfür ist § 45b BeurkG: Eine Vermerkurkunde kann an die Beteiligten elektronisch ausgehändigt werden (§ 45b Abs. 2 S. 4 BeurkG), eine sonstige Urkunde nicht (§ 45b Abs. 1 S. 2 BeurkG). Für sonstige Urkunden ist eine elektronisch beglaubigte Abschrift auszugeben (oder in Papierform eine Ausfertigung bzw. eine beglaubigte Abschrift).

(Vgl. § 2 Rdn 609 f.).

Frage 97: 97

In welchen Fällen ist die Vorlage einer Ausfertigung nötig bzw. sinnvoll?

Antwort:

- bei der Vollmachtsurkunde;
- bei diversen Nachweisen der Vertretungs- und Verfügungsmacht;
- beim Erbschein;
- wenn eine beurkundete Willenserklärung in verkörperter Form zugehen muss.

Zu beachten ist, dass von einer Vermerkurkunde (z.B. Unterschriftsbeglaubigung) keine Ausfertigung gefertigt werden kann.

(Vgl. § 2 Rdn 615 f.).

Frage 98: 98

Welche Bedeutung hat die vollstreckbare Ausfertigung?

Antwort:

Die vollstreckbare Ausfertigung ist ein Vollstreckungstitel, welcher dem Gläubiger eines Anspruchs, wegen dessen der Schuldner sich der sofortigen Zwangsvollstreckung unterworfen hat, ermöglicht, direkt ein Vollstreckungsorgan mit der Vollstreckung zu beauftragen, ohne zuvor Klage erheben zu müssen.

(Vgl. § 2 Rdn 621 ff.).

Stichwortverzeichnis

fette Zahlen = Paragrafen, magere Zahlen = Randnummern